股权纠纷商事诉讼

实战指南

彭　涛◎主编
朱时敏　麻婷婷◎副主编

法律出版社 LAW PRESS · CHINA

编 委 会

主　编　彭　涛

副主编　朱时敏　麻婷婷

撰稿人（以撰写章节为序）

朱时敏　何国文　彭　涛　林　睿

禄子文　王　博　毕登科

撰写说明

近年来,公司股权纠纷中的案件数量逐年上升,案件的复杂程度亦在增加。股权纠纷中股东为了各自利益的最大化,往往在“极限”方向上动用各种法律手段,因而股权纠纷经常涉及民事、行政以及刑事三大诉讼。而这些诉讼能否胜诉的关键都在于股东权利的客观事实经过法院适用法律之后作出怎样的法律状态判断,因而法院在股权纠纷中的实务裁判规则对于案件的走向就相当重要。本书的目的在于总结股权纠纷实战的法院裁判规则,以便于为处理股权纠纷的律师、法官以及研究股权纠纷的学者提供借鉴。

为了让研究股权纠纷的法律界同仁在处理公司股权纠纷中的诉讼有基础性的参考书籍,我们组织了北京德恒(西咸新区)律师事务所长期参与股权纠纷方面的诉讼专家、高级合伙人以及资深律师为主体形成编写团队,兼容吸收其他方面的专业人员组成团队撰写本书,从实务角度来谈股权纠纷诉讼中的疑难问题以及法院的相关裁判理由与规则。

法学研究的最终目的在于服务社会,实现法治对社会发展的推动作用。撰写和出版本书,能在总结实务经验的基础上,有效地形成规范指引,让法律界人士在处理公司股权纠纷时“有据可循”,并能起到指引案件方向和规范案件操作的作用。

和传统法学著作相比,本书不追求体系的完整性,只求贴近实践,使读者能够快速掌握处理股权纠纷商事诉讼关键点所需的实务技巧。

如果各位读者对本书有修改意见或者需要研讨的案件可以和编者联系,联系电话及电子邮箱如下:彭涛律师电话 13992870069,电子邮箱 sxszpt@163. com。

彭　涛

2020 年 10 月 8 日

目　　录

第一章　股东资格确认

在公司法的司法实践中，股东资格确认纠纷比较多见且对当事人关系重大。从最高人民法院司法裁判文书网检索的数据看，以股东资格确认作为民事诉由的案件多达24, 379宗。由于我国民间投资者对公司作为企业组织形式的认识不足，很多投资者和企业家无法区分公司与个人或者合伙经营方式的制度差异是引发公司股东资格纠纷的主要原因。公司法作为组织法具有非常强的国家强制性，私人之间的约定往往并不被法律认可。本章主要介绍在法律层面上，如果发生股东资格纠纷应该依照何种思路去适用法律，作者尽量会照顾非法律专业人士的阅读，但毕竟法律是专业化程度非常高的领域，因此我们更多是站在律师及法官的视角来讨论股东资格确认这一主题的。

第一节　股东资格确认之诉的请求权基础

一、股东资格确认之诉的当事人

当事人的任何请求必须有法律上的依据，否则无法得到法律的保护，律师和法官将支持该请求的法律依据称为请求权基础。股东资格确认在法律上，其本质是股东作为公司这一社团的成员资格的确认，属于身份的确认，区别于给付请求。尽管多数情况下，股东资格确认会关系到股东财产利益，但并不必然。例如，在公司刚刚设立，各位股东尚未缴纳出资的情况下公司的资产为零，此时确认股东资格非但不是直接追求财产上的利益，反而可能是为当事人股东自己设定出资的义务。

就成员权关系而言，股东身份的确认只涉及股东与公司之间的关系，因此当事人提起股东资格确认之诉应当以公司为被告。最高人民法院《关于适用〈中华人民共和国公司法〉若干问题的规定(三)》(以下简称《公司法司法解释三》)第21条可以支持我们的判断。此外我们还可以在公司法上找到依据,《中华人民共和国公司法》(以下简称《公司法》)第3条系界定何谓公司的条款,该条规定有限责任公司的股东以其认缴的出资额为限对公司承担责任,股份有限公司的股东以其认购的股份为限对公司承担责任。这一条规定的是股东的有限责任问题,但也确认了在公司制度中,股东通常只与公司发生关系。股东之间的关系多是通过合同法或者侵权法而发生。除此之外,《公司法》第31条和第32条直接规定了公司有确认股东身份的义务,具体表现为公司有义务给股东签发出资证明书和置备股东名册。

司法实践中有些诉讼的案由是股东资格确认之诉,但是被告却不是公司。我们认为这主要是案由定位不准确导致的。例如,在欧某某与林某某股东资格确认纠纷案中,法官将案由界定为股东资格确认之诉,却不以公司为被告。

案例1.1　欧某某与林某某股东资格确认纠纷案

该案中法官认为:"宏润公司在本案中已确认欧某某名下的3%涉案股权归属于林某某,林某某与宏润公司之间对涉案股权的归属并不存在争议。本案实质是林某某与欧某某之间就名义股东与实际出资人之间的股权归属所产生的争议,林某某以欧某某为被告,宏润公司为第三人提起本案诉讼,各方当事人的诉讼地位恰当。欧某某主张本案应列宏润公司为被告,缺乏事实和法律依据,本院不予支持。"①

从上述案例可以看出,关于实际投资人的股东资格问题,在实际投资人和公司之间并不存在争议。按此表述,实际投资人就已经具备了股东资格,此时对实际投资人而言就不存在确认其在公司中股东资格的诉讼利益。因此本案并非股东资格确认诉讼,而是实际出资人与名义投资人之间的委托关系的确认之诉。

由于公司尤其是有限责任公司作为社团其成员资格的任何变动都可能影响到其他股东的利益,因此依据《民事诉讼法》第56条的规定,其他股东可以作为无独立请求权的第三人参加诉讼,并有权在诉讼中就当事人是否具有股东资格参与事实审查。除公司现有的股东之外,如果有公司的外部人与争议股权有利害关系

① (2015)粤高法民二提字第9号民事判决书。

也可以以第三人身份参加诉讼。值得注意的是,《公司法司法解释三》第 21 条规定,当事人向人民法院起诉请求确认股东资格的,应当以公司为被告,与案件争议股权有利害关系的人作为第三人参加诉讼。该司法解释可能还需要进一步的解释。首先,如果股东资格确认之诉并不存在争议股权,只是单纯的股东身份确认问题,那么哪些人可以成为第三人?其次,是否公司所有的股东都可以视为与争议股权有利害关系还是只是个别股东?

应该说,《公司法司法解释三》第 21 条关于第三人的解释是针对《民事诉讼法》第 56 条的解释,解释不具有法律漏洞填补的性质,因此该解释不可限缩《民事诉讼法》第 56 条的规定。按照《民事诉讼法》第 56 条的规定,凡与案件结果有法律上的利害关系的人都可以作为第三人参加诉讼。哪些人会与股东资格确认存在利害关系,这需要在《公司法》中寻找依据。

根据《公司法》第 25 条的规定,有限责任公司设立时全体股东应当在章程上签名、盖章。这一规定实际上将有限责任公司的章程赋予了合同的意义,因此对于那些主张在设立时就具有股东身份的纠纷,全体在章程上签章的股东都应当被视为利害关系人。《公司法》第 71 条同时规定,有限责任公司的股东向股东以外的人转让股权的时候,应当经过其他股东过半数同意。因此如果股东资格争议与股权转让有关,公司全体股东也可以作为利害关系人参加诉讼。

值得讨论的是,如果因继承关系获得股东资格发生争议,其他股东是否可以作为第三人参加诉讼。按照《公司法》第 75 条的规定,除非章程另有规定,否则自然人股东死亡后,其合法继承人可以依法继承股东资格。根据该规定我们认为,当章程规定股权不得继承的时候,其他股东可依据章程而与争议股东存在利害关系进而获得诉讼第三人地位,否则其他股东不能作为第三人参加诉讼,只有与被继承的股权有利害关系的人才可以参加诉讼。

对于股份有限公司而言,我国法律极力淡化股东之间的关系。一般来说股东仅与公司之间发生关系。但是《公司法》第 79 条、第 93 条以及第 94 条规定了股份有限公司发起人之间的法律关系。在发起人协议上签字的股东相互之间存在利害关系,因此只有在发起人的股东资格纠纷中,其他发起人才可以作为第三人参加诉讼。如果股东资格是因募集或者转让获得,只有与争议股权有利害关系的人才可以作为第三人参加诉讼。

案例1.2 李某某与桂阳沪农商村镇银行股份有限公司股东资格确认纠纷案

该案中,原告李某某与第三人济草堂公司签署了《隐名股东协议书》,约定李某某以济草堂公司名义投资但实际享有股东的一切权利包括在目标公司的管理权、表决权等,后李某某要求显名以目标公司桂阳沪农商村镇银行股份有限公司为被告,而第三人只有涉案股份名义股东济草堂公司,股份公司其他股东均未作为第三人参与诉讼。①

对于小型的股份有限公司而言,其本质上与有限责任公司更为类似。很多公司会在章程中规定限制股权的转让条款。如果该股权转让限制条款有效,那么公司的其他股东可依据章程而与争议股东存在利害关系,可以作为第三人参加诉讼。但是法律对股份公司章程是否有权限制股权转让并未明确规定。实践中法官的认识也很不一致。有的法官认为,公司法属于私法范畴,本着私法自治的理念,只要章程的内容不违反法律法规禁止性规定就是合法有效的;②而另一些法官则认为,《公司法》第137条明确规定股东持有的股份可以依法转让,且第141条在允许章程对股份转让限制的时候,仅限于允许章程对董事、监事、高级管理人员转让股份进行限制,因此法官们认为,只有根据《公司法》第141条的股权转让限制是有效的,其他无效。③

我们认为,上述两种观点都值得商榷。首先,公司法虽然属于私法,但是股份有限公司具有很强的国家干预性,缘于股份有限公司设立的目的是向公众筹款,这一点区别于有限责任公司。至少在我们仍然实行公司二元制的情况下,存在这样的立法目的。因此,并非《公司法》没有禁止性规定章程就可以任意规定。从比较法的角度看,德国《股份法》第23条规定,只有在明确允许的情况下,股份公司的章程才可以作出与法律相背离的规定。这一原则与法律没有禁止性规定则自由的原则有非常大的区别。但德国法也只是禁止与法律相背离,如果法律没有最终规定④,则公司章程可以自由规定。我国《公司法》第137条规定,股东持有的股份可以依法转让。这一规定是否属于德国法上的最终规定,如果章程对股份转让

---

① (2017)湘1002民初531号民事判决书。

② (2014)浙台商终字第154号民事判决书。

③ (2017)赣11民终1330号民事判决书。

④ 这里的"最终规定"指的是法律对等事项的终极规定,此等规定章程不可自由更改。

进行限制是否与《公司法》第137条相背离,这一点需要进行解释。

从系统解释的角度看,我国《公司法》第71条规定,有限责任公司的股权是不可自由转让的,但第137条则采取了与第71条完全不同的立法态度,规定股份有限公司的股份可以依法转让。另外,第141条在涉及章程对公司股份转让限制的时候,只提到了可以对董事、监事、高级管理人员的股份进行限制。我们还应当注意,法律只是规定了股份可以转让,如果章程对股份转让的限制并不最终阻碍股份的转让,那么应该不能视为对法律的违背。例如,如果章程规定职工激励股只能在内部转让,或者只能转让给公司,或者规定公司有权否定某些受让人,此等限制都应该被理解为并不最终阻碍股权的转让。

二、股东资格确认之诉的请求权基础

股东资格确认之诉的目的在于请求公司承认股东的资格,因此其法律依据应当是公司对股东资格承认的相关条款。具体而言,《公司法》第31、32、73条规定了有限责任公司有义务确认股东的身份;《公司法》第130条规定了股份有限公司有确认股东身份的义务。股东可以根据上述四个条款请求公司签发出资证明书、将自己的姓名或名称登记于股东名册并办理工商登记。但公司在履行上述义务之前应当先确认股东资格,而确认股东资格的前提条件是股东按照法律及章程的规定实施了认缴出资的行为或者依法继受了股东资格。

就有限责任公司而言,公司在下列情况下有义务确认股东资格:一是股东依据《公司法》第25条在公司章程上签章;二是股东依据《公司法》第25、27条的规定认缴出资;三是依据《公司法》第71条规定受让股份;四是依据《公司法》第75条的规定继承股份。我们将在后文详细讨论上述股东确认之诉的请求权基础。

法官和律师应当注意,不能认为《公司法》第32条是确认是否具有股东资格的条款。《公司法》第32条规定,记载于股东名册的股东,可以依据股东名册主张行使股东权利,实践中很多人误认为这是确定股东资格的关键节点,他们认为如果一个股东没有被登记在股东名册上,即便他认购了股份或者购买了股权甚至已经实际出资也不能确定为公司的股东。与之相类似的观点还有人将《公司法》第32条第3款登记作为股东资格确认的关键点,他们认为只有登记在工商部门的股东才能视为公司的正式股东,否则不具有资格。

我们可以从《公司法》第32条的表述来解释为什么该条不是确定股东资格的

实质性条款。首先看股东名册,第 32 条规定公司应当置备股东名册。从文义上就可以得知,置备股东名册是为了方便公司知道自己有哪些股东,股东名册是用作查询和证明的作用而不是设定资格的行为。其次关于工商登记,法律已经有明确的规定,未经登记或变更登记的股东不得对抗第三人。因此登记只是为了公示的目的对公司之外的人具有对抗效力,而不是股东资格设定的行为。同样,《公司法》第 31 条规定公司应当签发出资证明书也不是设定资格的行为,第 73 条同理。

作为法官应当注意的是,司法解释虽然可以出现在判决书中作为裁判依据,但在有法律依据的时候应当首先适用法律。2006 年最高人民检察院《关于司法解释工作的规定》第 5 条规定,最高人民检察院制定并发布的司法解释具有法律效力。人民检察院在起诉书、抗诉书、检察建议书等法律文书中,需要引用法律和司法解释的,应当先援引法律,后援引司法解释。2007 年最高人民法院《关于司法解释工作的规定》第 27 条规定,司法解释施行后,人民法院作为裁判依据的,应当在司法文书中援引。人民法院同时引用法律和司法解释作为裁判依据的,应当先援引法律,后援引司法解释。

根据上述司法解释与法律的关系,我们就能正确处理如何适用《公司法司法解释三》第 21、22、23 条的规定。具体而言,《公司法司法解释三》第 21 条是对《民事诉讼法》第 56 条的解释,它只能在某些方面明确《民事诉讼法》第 56 条,而不能替代。这样就能理解我们上文讨论中谈到的,股东资格确认之诉的第三人并不能限制于司法解释提到的与争议股权有关的人。同样,《公司法司法解释三》第 22 条实际上是对我们前面讨论的股东资格确认请求权基础条款的解释。第 22 条只提到了在股东已经出资或者认缴出资以及通过受让和继承等方式继受股权情况下的股东资格确认,该司法解释实际上是对《公司法》第 31、32、73、130 条的解释。对于股东在章程上签章的行为而导致的股东资格确认问题并未提及。法官不能因为司法解释没有提及而否认在因章程上签章而获得的股东资格。

第二节 因签署章程而获得股东资格

私法自治在很大程度上指的是社会团体自治和法人自治,早期欧洲法人甚至享有立法权和司法裁判权。公司法人在传统意义上属于社团法人,即法人应该有自己的成员，这区别于财团法人，后者没有成员。社团法人也区别于我国的社会团体法人，后者指的是非营利的社团法人。法人自治必须在章程之下自治，因此章程对法人而言就相当于宪法，章程一个最基础的功能就是规定哪些人可以成为公司法人的成员以及如何成为公司的成员。我国《公司法》第11条规定，设立公司必须依法制定公司章程，公司章程对公司股东、董事、监事、高级管理人员具有约束力。第25条规定，有限责任公司章程应当载明的事项中有股东的姓名或者名称以及股东的出资方式、出资额和出资时间，同时要求股东在公司章程上签字。值得注意的是，对于股份公司的章程我国法律并不要求章程记载股东的姓名和名称，只是要求必须规定公司设立方式，后者属于如何成为公司成员的内容。

一、章程对于股东资格的意义

章程对于股东资格而言，其任务是应当规定哪些人可以成为股东，以及如何成为股东，没有必要在章程中确定哪些人是股东。但是一旦按照章程的规定成为股东的人便可以享有章程规定的权利和负担章程设定的义务。我国《公司法》在股份公司部分只规定了哪些人可以以及如何成为公司的股东，并未要求章程中必须记载股东的姓名和名称。因此章程对于股东资格的意义在于，如果没有按照公司章程的规定要求和方式加入公司就无法取得公司股东资格。

章程关于成为股东的规定内容分两部分，一部分是法律规定必须记载的，另一部分是公司可以自由规定。按照《公司法》第23～28条的规定，公司章程必须规定成为股东需要认缴出资，有限责任公司还要求将股东姓名或名称记载在章程中，股东在章程上签字。这里有几个问题需要讨论：(1)是否可以认缴出资额为零？(2)如何认定认缴行为及其法律效力？(3)是否只要认缴行为生效就具有股东资格而无须实际缴纳？(4)实际完成出资而没有形式上的认缴行为是否可以成为股东？(5)如果只是完成了认缴行为，而没有完成公司自由规定的其他行为能否成为公司股东？例如，章程规定张三除认缴出资外还需与公司签订合同允许公司使用其某项技术。(6)如果股东的名称没有在章程中记载是否影响股东资格？(7)如果股东没有在章程上签字是否影响股东资格？

零元出资只是一个理论问题，理论上零元出资是合法的，法律并没有规定股东最低出资额，1元出资是合法的，既然1元出资合法那么就没有必要禁止零元出资。而《公司法》第34条又规定全体股东可以约定不按照出资比例分取红利，第

42 条规定章程可以规定股东表决权可以不按出资比例行使。这样就为零元出资提供了合法性基础。我国采取注册资格制度，所谓的注册资本，按照《公司法》第 26 条的规定指的是全体股东认缴的出资额。注册资本的要求和公示是为了保护公司债权人，它的目的并不是解决公司内部股东之间权利的分配问题。作为理论问题，零元出资可以供法官在审判时使用，但是律师在为企业提供非诉讼法律服务时应当谨慎，因为零元出资可能会被法官认定为非法，从而否认股东资格。

假如零元出资是合法的，并可获得股东资格，那么就需要通过其他的形式来确定股东资格，公司章程上应当记载该零元出资的股东姓名并要求该股东在公司章程上签字。从我国《公司法》关于有限责任公司的规定看，确定股东资格的关键或者权威文件应该是公司章程上记载有某股东的姓名或名称并且该股东在公司章程上签章。

案例 1.3　黄某某与宁远县新城房地产开发有限公司股东资格确认纠纷案

该案中，黄某某与毛氏姐弟共同出资拟进行房地产项目开发，在购买土地使用权时，尚有案外人肖某等三人参与了土地使用权的购买，在此过程中黄某某、毛氏姐弟分别出资 127.4 万元、50 万元、29 万元。后黄某某与毛氏姐弟三人以土地使用权出资共同设立新城公司，公司章程规定黄某某占股 75%，毛氏姐弟各占股 12.5%，肖某等三人未参与公司的设立。公司成立后，毛氏姐弟中姐姐以领取现金和房产的方式从公司领取共计近 160 万元回报，肖某等三人也领取了相应的投资回报。后黄某某主张，毛氏姐弟与肖某等三人一样已经拿到自己的投资回报，毛氏姐弟不是公司的真实股东只是挂名股东。此案经历了四审，湖南省高级人民法院以及最高人民法院均认为毛氏姐弟应当是公司的股东。

最高人民法院法官在判决中写道："依据我国公司法的规定，在有限公司设立时认缴了出资并被记载于公司章程的人，即为公司股东，其持股份额为公司章程中认缴的相应出资额。至于该股东在签署公司章程后是否实际缴纳了所认缴的出资，并不影响其股东身份。"湖南省高级人民法院曾经认定虽然毛氏姐弟是股东，但是其占有的股份不能按照章程的规定认定，而应该按其实际出资占公司注册资本的比例认定。湖南省高级人民法院的判决被最高人民法院法官否认。最高人民法院法官认为，是否具有股东资格以及拥有多少股权均应当按照公司章程的记载认定。

在黄某某与宁远县新城房地产开发有限公司股东资格确认纠纷案中，毛氏姐弟和案外人肖某一样都已经将当初购买土地使用权的投资本息收回，但由于毛氏姐弟被章程记载为股东，而肖某等三人没有被记载于公司章程而不具有股东身份。这一案件充分体现了公司章程在确认股东资格问题上的重要性。

二、认缴行为的认定

认缴出资行为是一个复杂的法律行为。通常，认缴行为可以通过两种方式进行，在章程中明确地记载了各股东认缴出资的金额以及出资方式和时间等具体信息后，股东在章程上签字的行为就视为有效的认缴行为。除此之外，还可以通过公司与股东分别签订认缴协议的方式进行。通过认缴协议的方式认缴出资的，除了认缴人需要和公司签订认缴协议外，还应当完成法律要求的其他行为。例如，其他股东对新加入股东的认可，这种认可在公司新设的情况下，表现为全体股东在章程上签字，对新增资本的认缴，公司应当召开股东大会经2/3以上表决权的股东通过。有限责任公司还需要经过原有股东优先认购权的行使和放弃阶段。

总体来说，认缴行为需要的书面材料包括公司章程、认缴协议[①]、股东大会决议、优先认购权放弃确认书（在有新股东加入的情况下适用）。因此认缴行为虽然在有些情况下，仅仅是认缴人与公司之间签署的协议，但不能简单地认定为是一种公司与认缴人之间的合同关系，该协议还约束认缴人与公司其他股东。按《公司法》第28条的规定，股东不按照章程或者认缴协议的规定缴纳出资的，除应当向公司足额缴纳出资外，还应当向已经足额缴纳出资的股东承担违约责任。

一般情况下，只要完成认缴行为就具有股东资格，而无须实际缴纳出资。这一点最高人民法院在黄某某与宁远县新城房地产开发有限公司股东资格确认纠纷案中已经确定。值得讨论的是，如果公司章程或者认缴协议中规定了股东的其他义务，当这些义务牵涉认缴行为效力的时候，仅仅在章程上签字或者签署认缴协议不一定就具有股东资格。例如，如果认缴协议或公司章程规定某股东应当与公司签订知识产权许可协议并将此作为其成为股东的前提，那么认缴协议的签署并不能使该股东获得股东资格，他还需要满足附加条件。

---

① 如果公司章程中包括认缴协议，则认缴协议不是必需的。

对于有限责任公司如果股东认缴出资后，拒不按照章程的规定缴纳出资，他仍然具有股东的资格，其他股东只能通过股东会议将其除名才可以免除其股东资格。这一点在《公司法司法解释三》第 17 条有明确的规定。值得注意的是，《公司法司法解释三》第 17 条实际上规定了股东的失权制度，是对《公司法》（2018 年修订）第 34、42、186 条的解释。按照上述条款的规定，当一个股东未履行任何出资义务，或者抽逃了全部出资后，其实缴资本为零，就不能拥有公司的分红权、表决权和剩余财产取回权，当股东失去了作为股东的基本权利之后，实际上就等于丧失了股东资格。

但是以募集方式设立的股份有限公司的情况有所不同。《公司法》第 86 条规定，招股说明书应当附有章程，并载明本次募集股的起止期限及逾期未募足时认股人可以撤回所认股份的说明。针对该条，《公司法司法解释三》第 6 条还进行了填补：如果认股人逾期不缴纳出资的，经公司发起人催缴后在合理期间内仍未缴纳，该认缴行为可被撤销。① 从上述法律规定可见，对于以募集方式发行的股份，其认缴行为的成立，必须是整个募集行为实际成功后，认缴人才能获得股东资格。

三、没有签署章程对股东资格的影响

如果股东按照章程的规定认缴了出资，但是没有在章程上签章，公司章程中也没有记载该股东的姓名或名称，该认缴人仍然具有股东资格。如前文我们分析的，决定股东资格的关键是股东是否按照公司章程的规定认缴出资，公司章程至少应当规定如何能够成为股东。股东姓名是否被记载在章程上，股东是否在章程上签章并非必须。但是如果股东姓名被记载在公司章程中，且该股东在章程上签字，该行为视为认缴出资行为。

公司章程中没有股东姓名及没有股东签章并不影响股东资格，这一点可以从《公司法》第 73 条得到支持。《公司法》第 73 条规定，股权转让之后，公司应当修改公司章程和股东名册中有关股东及其出资额的记载。需要注意的是，第 73 条规定的公司章程的修改只是为了将受让股东记载于公司章程，而该记载并不影响股东资格。这一点已经被《公司法司法解释三》第 24 条确认。该条款规定，当事

---

① 《公司法司法解释三》第 6 条规定，股份有限公司的认股人未按期缴纳所认购股份的股款，经公司发起人催缴后在合理期间内仍未缴纳，公司发起人对该股份另行募集的，人民法院应当认定该募集行为有效。该规定实际上是赋予了发起人撤销原认缴协议的权利。

人依法履行出资义务或者依法继受取得股权后，公司未依据《公司法》第31、32条的规定签发出资证明书、记载于股东名册并办理公司登记机关登记，当事人请求公司履行上述义务的，人民法院应当支持。另外《公司法司法解释三》第23条也规定，在确认股东资格时，当事人应当证明已经受让股权，且没有违反法律法规强制性规定，法院才可以对股东资格进行确认。

实践中公司在登记时，工商部门会对公司登记文件作形式审查，因此有限责任公司章程中一定会有公司股东姓名的记载并有股东签字。有两种情况在实践中常见，第一种情况是全部股东的姓名以及出资额均被记载在公司章程中，但是股东出资额的记载和实际情况不符，且签名都不是股东亲自签名而是由代办机构代签，且多半没有被代签股东正式的授权；第二种情况是部分股东姓名被记载在公司章程中，而另一部分认缴出资的股东姓名并没有出现在公司章程中，这部分股东也没有签名。

针对上述第一种情况，依据我国《公司法》第32条规定，公司登记机关登记的内容只具有对抗效力，公司实际情况与登记情况不一致的以公司实际情况为准。所谓的公司实际情况，实践中能证明公司实际情况的证据往往只有三种，一是公司备存的章程，二是公司的设立协议，三是公司设立过程中的投资协议。发生争议的时候，多半是部分没有被记载在公司章程中的股东资格需要被确认。而该股东有设立协议或者投资协议的证据来证明自己的股东资格。还有一种情况是，争议股东没有任何协议证据，但是实际上已经完成出资行为，这一点我们放在后面讨论。

当公司备存的章程与登记的章程不一致时，登记的章程依法只有对抗效力，公司备存的章程效力优先，当然如果有相反证据证明的除外。如果公司备存章程和登记章程中都未记载某股东姓名，而该股东按照章程规定的认缴方式已经认缴出资，该股东是否具有股东资格值得讨论。按照我们上述的分析，章程与股东资格的关系在于股东只要按照章程规定的方式认缴出资便可成为公司股东。那么如何理解股东已经按照章程规定的方式认缴出资，尤其是在章程对出资方式没有具体详细规定的情况下。例如，仅仅是某股东与公司签署了认缴或者出资协议，是否可以确定为完成了认缴行为？或者如果仅仅是某股东与其他几位已经被登记在章程中的股东签署了认缴或者投资协议，是否就可以认定为完成了认缴出资行为？我们认为，章程规定认缴出资的方式，虽然可以由章程自由规定，但在章程没有规定的时候,可以参照《公司法》中其他有关股东资格条件的条款进行解释。《公司法》第71条规定,股东向外部人转让股权应当征得其他股东过半数通过。第71条的规定为有限责任公司股东资格设定了一个缺省性要件。在缺省状态下,一个人要想成为有限责任公司的股东,必须经过公司其他股东过半数通过。

按照上述分析,如果某股东的姓名没有被登记在公司章程中也没有在工商登记部门登记,那么股东与公司或其他股东的投资协议、认缴协议可以作为股东资格确认的依据。这一点被《公司法司法解释三》第22条第1项确认。但是该协议应当被其他股东过半数同意。如果是公司与某股东的投资协议,应当有公司其他股东过半数的同意书。

还有一点需要注意的是,通常从文义上理解,认缴协议默认为一经签署即具有股东资格,无须实际缴纳出资,而投资协议从文义上理解,只能证明双方设定了投资和接受投资的义务,并不当然发生股东资格的确认。除非投资协议中有关于股东资格获得的明确规定。其理由在于,我们一般将投资协议理解为合同行为,而将认缴协议认定为公司设立行为。

在黄某某与宁远县新城房地产开发有限公司股东资格确认纠纷案中,黄某某主张公司章程记载的股东姓名和各股东的出资额只是为了公司登记之用,非各方当事人真实意思。湖南省高级人民法院和最高人民法院均在判决书中认为,章程的约定如果没有其他证据证明非各方当事人的真实意思表示,应当认为有效。从法院的意见可知,如果黄某某有充分的证据证明章程记载与事实不符,其主张可能被支持。可见,股东之间或者股东与公司之间的投资协议或者认缴协议可以作为股东资格确认的证据。在另一个案件中,法院也持类似的观点。

案例1.4 红日升食品有限公司、曹某某股东出资纠纷案

该案中法官认为:"股东出资是指公司股东在公司设立或增加资本时,按照法律、公司章程的规定以及认股协议的约定,向公司交付财产或履行其他给付义务以取得股权的行为。出资包括公司设立时的出资及公司增资时的出资。出资包括认缴出资和实缴出资两个环节。股东认缴出资,是股东向公司作出缴纳出资的意思表示。股东实缴出资,是指股东实际向公司缴纳出资,将股东个人财产让渡给公司。有关股东认缴出资的证据主要是公司章程。股东认缴出资的证据是最

基础、最根本的证据。股东认缴出资，是投资人成为股东的起点。如果股东没有认缴出资的意思，即使从表象上看，股东有向公司提供资金的行为，但如果不是出于出资的意思，也不能认定为缴纳出资。”①

在分析如何认定认缴行为时法官的意见是：“《中华人民共和国公司法》第二十五条规定，有限责任公司章程应当载明股东的姓名或者名称；股东的出资方式、出资额和出资时间；股东应当在公司章程上签名、盖章。本案中，红日升食品有限公司（以下简称红日升公司）举示的红日升公司章程修正案中没有曹某某的签字。红日升公司举示的 2009 年 7 月 21 日红日升公司新股东会决议及红日升公司 2009 年 7 月 23 日企业档案，红日升公司承认该两份证据中曹某某的签字不是曹某某本人书写。因此，红日升公司举示的以上证据不能证明曹某某同意向红日升公司认缴出资的意思。”

从上述法官的分析可以看出，法官将章程作为认缴出资行为的主要证据。除此之外，法官还考察了章程修正案、股东会决议以及企业档案，将其作为考察股东是否存在认缴出资行为的证据，并确认，股东认缴出资是投资人成为股东的起点。

第三节　因实际缴纳出资而获得股东资格

因实际缴纳出资也可能成为公司的股东。其法律依据主要是《民法典》第 490 条。前文我们已经讨论过，《公司法》第 28 条将股东出资行为界定为股东与公司以及其他股东之间的合同行为。② 因此出资行为可以准用《民法典》的相关规定。《民法典》第 490 条规定，法律行政法规或当事人约定采用书面方式订立合同，当事人未采用书面形式但一方已经履行主要义务，对方接受的该合同成立。实际出资可以成为确认股东的依据，得到了《公司法司法解释三》第 22 条的认可。该条规定，已经依法向公司出资的可以作为确认股权的证据之一。

---

① （2019）黑民申 1998 号民事裁定书。

② 通常认为，股东出资行为是公司作为社团法人的成员加入行为，区别于合同行为，前者是根据社团章程发生效力，后者是根据双方合意发生效力。而公司依据章程自治时并非成员合意，而是多数决，但我国《公司法》第 28 条将出资行为界定为契约行为。只是该契约行为仍然与普通合同有所区别，它不但受合同法的调整还要受公司法的调整。

值得注意的是,依据《民法典》第490条需要实际缴纳出资人与公司之间存在出资的合意,也就是出资人应该有出资成为股东的意思表示,公司应该有接纳其成为股东的意思表示。其中,公司有接纳其出资的意思表示,还包括有股东会决议或者公司1/2以上股东的同意,否则即使实际缴纳了出资也不能认定为该行为是出资行为。这一点也在实践中被法官认可,在红日升食品有限公司(以下简称红日升公司)与曹某某股东出资纠纷案中,黑龙江省高级人民法院法官认为,“如果股东没有认缴出资的意思,即使从表象上看,股东有向公司提供资金的行为,但如果不是出于出资的意思,也不能认定为缴纳出资”。[①]

一、欠缺出资要件

如前文所述,出资行为属法律行为,应当包括当事人的出资和接受出资的意思表示。如果当事人与公司之间存在资金转账但欠缺出资的意思表示亦无法构成出资行为。实际缴纳出资只是对当事人认缴出资法律行为所设定义务的履行,其本身不是认缴出资行为。但根据《民法典》第490条的规定,如果当事人之间存在非书面的认缴行为,且有实际缴纳出资也应该认定该行为有效。因此,当事人认缴出资的行为包括书面的和口头或者事实上的认缴行为。欠缺认缴意思表示不能认定为完成了认缴出资行为。

在红日升公司与曹某某股东出资纠纷案中,[②]曹某某实际向红日升公司转账160万元,且红日升公司将该资金交给验资机构进行验资,并修改了公司章程将曹某某的姓名登记在公司章程之中。法院最终认定,没有证据支持曹某某有向红日升公司出资的意思表示,曹某某与红日升公司股东签订的《投资协议书》上约定的是,曹某某与红日升公司共同作为股东新设立另一个股份公司,并无加入红日升公司的意思表示。最终法院判定曹某某不是红日升公司的股东。

在另一个案件中,出资行为因欠缺股东会决议而被认定为无效。

案例1.5 王某某等10人与泗洪县界集医院股东确认纠纷案

2007年股东孙某违反医院股东会决议,擅自以入股出资目的与医院职工王某

---

① (2019)黑民申1998号民事裁定书。
② (2018)黑10民终1061号民事裁定书。

某等13人签订认股协议,后王某某等向医院实际缴纳出资,且医院财务部门向投资股东签发的收据载明股金不得转让。该案因为认缴出资行为没有被公司股东会决议承认而被二审法院以及江苏省高级人民法院判定无效。①

案例1.6 金某某、密山市誉诚房地产开发有限公司股东资格确认纠纷案

该案中金某某已经实际向公司缴纳出资263万元,收据注明投资款,并且召开了股东会议,会议通过了金某某作为公司股东的决议。但由于公司持股50%的股东汪某未参加且不予追认,法院最终判定股东会决议无效,不能确认金某某为密山市誉诚房地产开发有限公司股东。②

按照最高人民法院《关于适用〈中华人民共和国公司法〉若干问题的规定(四)》(以下简称《公司法司法解释四》)第5条的规定,股东会决议未达到《公司法》或者章程规定的通过比例的,该决议应当是不成立,而不是无效。

二、出资要件的补充

实践中很多当事人误以为只要公司接受了自己实际缴纳的出资,或者公司以为只要已经将投资人缴纳的出资进行了验资,并计入资本项下,当事人便完成了出资行为。公司法非诉讼业务律师应当注意,在当事人已经实际缴纳出资后,督促当事人签署出资行为所必要的文件。

1. 表明投资行为属认缴出资行为的文件。这些文件包括投资人签名和公司签章的投资协议。在投资协议中至少应当记载下列事项:(1)该投资行为旨在使投资人成为公司股东而不是债权人;(2)该投资行为已经被公司股东会依法和依据章程通过,或者已经获得公司1/2以上表决权股东的同意,如果是多数股东同意的情形,还应当注意该表决权的人数是否符合公司章程的规定;(3)明确投资人成为股东的条件。如是否在实际缴纳出资之日就具有股东资格,或者是否需要修改公司章程并在章程上记载股东姓名,或者是否以完成工商登记为确认股东资格条件。通常情况下,因为我国《公司法》明确规定登记只是对抗效力,为避免纠纷,最好不要约定以登记为成为股东的条件。但根据协议自由的原则,如果投资协议

① (2013)苏商申字第534号民事裁定书。

② (2019)黑民终230号民事判决书。

明确规定变更登记是股东资格确认的条件,该约定应当有效。

除了投资协议外,公司章程也是表明投资行为属认缴出资行为的文件。公司章程既可以是初始章程也可以是对章程的修正案。在公司章程或修正案中至少应当记载股东的姓名或名称,认缴出资的金额,出资方式等。

2. 公司股东会决议。公司股东会决议是公司作为投资协议一方意思表示真实有效的证据。认缴出资协议不同于普通的合同,仅有法定代表人的签章或者其他足以构成表见代理的股东、高管的签章都不能作为公司有意接纳新股东的证据。如前所述,成为公司的股东,不仅是公司与股东之间的关系,还关系到公司现有其他股东。股东会决议可能因违反法律或者公司章程的规定而被认定为不成立、无效和可撤销,这一点在《公司法司法解释四》中有具体的规定。值得讨论的是,《公司法司法解释四》第 6 条规定,股东会或者股东大会、董事会决议被人民法院判决确认无效或者撤销的,公司依据该决议与善意相对人形成的民事法律关系不受影响。如何理解司法解释中该条在股东资格确认案中的适用值得法官和律师注意。

我们认为,该条司法解释针对的是公司作为一方当事人与善意相对人签订的合同不受股东会决议无效或被撤销的影响。该条实际上可以看作是对《民法典》第 61、170 条的解释。《民法典》第 170 条规定,以法人或者非法人组织的名义实施民事法律行为,对法人或者非法人组织发生效力。法人或者非法人组织对执行其工作的人员职权范围的限制,不得对抗善意相对人。据此我们认为,《公司法司法解释四》第 6 条的规定应当做如下限制性理解:只有当公司与相对人签订的合同属于公司法定代表人法定职权范围内的事务时,股东大会对法定代表人的权力限制不得对抗善意相对人。这一理解的关键在于,法律将股东会决议理解为法人的内部事务,相对人只需考察公司的外部意思表示即可,不必深入考察法人的内部事务。[①] 但是当股东会决议在某个交易中,不是公司的内部事务,而是相对人必须与之达成一致意见的必要条件时,股东会决议的效力就应当约束该相对人。此时不适用《民法典》第 61、170 条,也不适用《公司法司法解释四》第 6 条。在投资入股协议以及股份认购行为中,股东会决议是必要条件,而不仅仅是公司的内部事务。

---

① 参见朱广新:《论法人与非法人组织制度中的善意相对人保护》,载《法制研究》2017 年第 3 期。

正如我们前文所述，认缴协议并非简单的公司与投资人之间的关系，它还关系到公司的其他股东对新加入股东的认可，股东大会的通过是新股东加入的法定必要条件，非单纯以公司名义签订合同就可以成立。法律要求有限责任公司新入股东需要得到其他股东多数通过是因为法律认可股东之间的人身信用关系。具有人身依附属性的法律行为通常被认为不适用善意相对人制度。因此如果股东会决议被确认无效或者被撤销，因该股东会决议而获得的股东资格也将因此而无效，不因投资人的善意与否而改变。

3. 出资证明、股东名册以及工商登记。根据《公司法》第 31、32 条的规定，出资证明书、股东名册以及工商登记并非确认股东资格的条件，只是证明股东资格的证据，其中工商登记只有对抗效力。正因为出资证明书以及股东名册具有证明股东资格的作用，因此实践中投资者实际缴纳出资后，可通过要求公司出具出资证明书以及记载股东名册、变更工商登记以加强对股东资格的确认。

第四节　隐名股东确认问题

隐名股东资格确认问题在《公司法司法解释三》第 24 条中已经有明确的解释，隐名股东不具有股东资格，隐名股东要获得股东资格必须经过公司其他股东过半数通过。该解释认为，有限责任公司的实际出资人与名义出资人订立合同，约定由实际出资人出资并享有投资权益，以名义出资人为名义股东，实际出资人与名义股东对该合同效力发生争议的，人民法院应当认定该合同有效。但是实际出资人要想从隐名股东变为显名股东，必须经公司其他股东半数以上同意，否则公司名义股东是具有股东资格的。

一、委托合同

按照《公司法司法解释三》第 24 条规定，所谓的隐名投资要求实际出资人与名义出资人之间存在一个委托投资的合同。法律并未要求该委托合同必须是书面的，但是实践中，实际出资人往往因为无法证明其与名义出资人之间的委托投资关系而败诉。因此谨慎地签订书面委托合同在隐名投资中是非常必要的。该委托协议至少应当包含当事人以下意思表示：(1) 由实际出资人出资并享有投资利益;(2)以名义出资人为名义股东。我们认为该委托合同实际上就是信托合同。我国《信托法》第2条规定:"本法所称信托,是指委托人基于对受托人的信任,将其财产权委托给受托人,由受托人按委托人的意愿以自己的名义,为受益人的利益或者特定目的,进行管理或者处分的行为。"该条给信托设定的构成要件为:(1)委托人将财产权委托给受托人;(2)受托人按委托人的意愿以自己的名义为受益人的利益或特定目的进行管理或处分。隐名投资关系符合法律对信托关系的界定。

值得注意的是,《信托法》第8条规定,设立信托应当采取书面方式。同时《民法典》第469条又规定,法律规定采用书面形式的,应当采用书面形式签订合同。因此在一般情况下,如果仅仅是口头的委托投资合同其是否成立可能存在争议。但《民法典》第490条规定,应当采用书面方式订立的合同,当事人未采用书面合同但一方已经履行主要义务,对方接受的,该合同成立。尽管《民法典》承认了口头的信托合同可以因委托人已经履行主要义务而被承认,但是实践中委托人还需要有其他的证据证明双方当事人之间存在委托的意思表示。

在欧某某与林某某股东资格确认纠纷案中,法官因为委托人未能提供证据证明当事人之间的委托意思表示而否认了隐名投资关系。

案例1.7　欧某某与林某某股东资格确认纠纷案

广东省再审判决书中法官做了如下判断:"本案中,林某某提供了相关的汇款出资凭证主张其为实际出资人,但未能提供其与欧某某曾就代持涉案股权订立过合同的证据。林某某主张与欧某某对代持涉案股权有过口头约定,但欧某某予以否认,林某某未能提供其他证据予以证明。而宏润公司的工商登记资料及股东名册均记载欧某某为涉案股权的股东,欧某某亦曾出席宏润公司的股东会议并予以签名。综上,林某某提供的证据不足以证明欧某某代其持有宏润公司3%的涉案股权。"①

二、假名出资

所谓的假名出资,是指公司股东因为各种目的假借他人名义认缴出资并假借他人名义进行公司登记,甚至公司的股东名称、公司章程中记载的都是他人姓名。

① (2015)粤高法民二提字第9号民事判决书。

通常情形下,被假名者对自己被登记为公司股东并不知情,且公司其他股东都知道被假名者并非公司股东,公司股东是实际出资人。假名股东与名义股东的区别在于,名义股东与实际出资人之间会有一个委托合同,该合同可以形成书面上的或者事实上的委托关系,而假名股东与实际出资人之间并不存在委托关系。被假名者不在公司章程中签字,未对公司做出任何认缴出资的意思表示,且不会参加公司的股东会。名义股东通常会在公司章程中签字,并在名义上完成认缴出资行为,并且名义股东会参加公司的股东会。因此,在假名出资的情况下,公司股东仍然是实际出资人,不能适用《公司法司法解释三》第 24 条。《公司法司法解释三》第 24 条的适用前提是:(1)公司为有限责任公司而不是股份有限公司;(2)实际出资人与名义出资人订立了委托合同。

我们认为,《公司法司法解释三》第 28 条所称的冒用他人名义出资并登记的情形就属于假名出资行为。该条司法解释规定,在冒名出资的情况下,公司或者其他股东、公司债权人请求被冒名者承担责任的,法院不予支持。有人认为,该条解释并未规定在此种情况下,公司的股东应当是谁。我们认为,此时公司股东当然应当是实际出资人。姓名或者名称只是为了称呼或者锁定行为人,不应当因为冒用他人名称或者使用假名而改变对行为人的锁定。

典型的假名股东与名义股东是容易区分的,例如冒用他人姓名的情形。实践中存在的一些非典型的假名股东则很难区分。有些情况下,被假名者知道自己的名字用于公司登记,并默许或者同意实际出资人使用自己的名字,甚至会在被假名者与实际出资人之间签订一个书面的合同。该合同甚至约定的内容与《公司法司法解释三》第 24 条一样:约定由实际出资人出资并享有投资权益,以被假名者为名义股东。此时就需要判断该被假名者是假名股东还是名义股东,假名股东并不拥有股东资格而名义股东拥有股东资格。我们认为,应当从以下几个方面来区分假名股东与名义股东。

(1)是否存在委托关系。尽管假名股东与实际出资人之间也可能存在合同关系,但二者之间仅仅是借用姓名、身份证等关系,实际出资人并未委托显名人代他认缴出资,并代为在公司中行使股东权利;而名义股东与隐名股东之间应当存在一个委托合同,该合同约定隐名股东委托名义股东代为出资,代为行使股东权利。通过一些细节可以识别,如被假名者往往不会在章程上签字,其名字往往是由实际出资人签署,或者被公司代理注册机构签署。最重要的是,被假名者不会出席股东会议，不会行使股东权利。换言之，如果被假名者亲自在公司章程上签名，并出席公司会议在公司会议尤其是股东会上行使股东的权利，那么他就是名义股东，应依法拥有公司有股东资格。

(2)公司其他股东是否知道并承认实际出资人的股东地位。假名出资应该被公司其他所有成员知晓并认可实际出资人才是股东。假名股东的实质，只是借用他人的姓名，假名行为不得隐瞒公司及公司成员。假名也许有其他隐瞒目的，例如，实际出资人的家属、债权人或者为了规避某些法律法规，但其目的不得是隐瞒公司或公司股东。需要说明的是，即使公司知道实际出资人的存在，如果公司没有承认实际出资人的地位而只是认可名义股东的地位，此时该实际出资人仍然只能适用《公司法司法解释三》第 24 条才能获得股东资格。

区分假名股东与名义股东除了在股东资格纠纷案件中的意义外，还有一些其他的意义。在很多抽逃出资，以及债权人追究未出资股东责任时，法律应当追究拥有股东资格人的责任而不能追究被假名者的责任。《公司法司法解释三》第 28 条只是提到了，在冒名的情形下，被冒名人不必承担责任。我们认为，如果被假名者知道并认可出资者使用自己的名称，而公司、其他股东或者债权人作为善意者对被假名者有信赖利益的情况下，可以要求实际出资人与被假名者一起承担连带责任。如果其他股东或者债权人对被借名者没有信赖利益，即使被假名者同意使用自己的名字，也不应当承担《公司法》上的股东责任。这里所称的信赖利益，指的是债权人应当证明其之所以与公司发生债权债务关系，是基于对被假名者的信任。只有在这种情况下，债权人的损失与被假名者同意他人使用自己的姓名之间才存在因果关系，否则债权人请求非公司股东的被假名者承担责任是没有法律依据的。

《公司法司法解释三》第 13 条规定的是股东未全面履行出资义务，债权人可以在其出资范围内要求该股东承担补偿赔偿责任。这里的股东当然指的是公司的真实股东。同时《公司法司法解释三》第 26 条又规定，名义股东不能以自己不是实际出资人而对债权人提出抗辩，并没有排除被假名者的抗辩权。由此我们坚持，只有具有股东身份的人才需要承担补充赔偿责任，而不能仅仅依据工商登记。我们的观点可以从审判实践中找到支持的依据。

案例 1.8 张某与马鞍山启诚小额贷款有限公司、赵某某股东资格确认纠纷案

本案中法官认为："因工商部门股东登记是依据公司创设机关的意思表示而作出的，无权赋予他人股东资格或否决他人股东资格，故仅仅是履行法定管理职责而作出的宣示性登记，并非设权性登记，并无创设股东资格的效力，股东资格亦不是工商登记的产物。"①

关于要求假名者与被假名者承担连带责任的法律依据可以参照 2018 年最高人民法院《关于审理建设工程施工合同纠纷案件适用法律问题的解释（一）》第 7 条的规定。该条规定，缺乏资质的单位或者个人借用有资质的建筑施工企业的名义签订建设工程合同，发包人请求出借方与借用方对建设工程质量不合格等因出借资质造成的损失承担连带责任的，人民法院应当予以支持。实际上，我们认为该条是对《民法典》第 500 条缔约过失责任的解释。值得讨论的是，通常认为缔约过失责任仅限于参与缔结合同的双方，合同外的第三人是否承担第 500 条的缔约过失责任存在争议。② 我们认为这里应当将《民法典》第 500 条的当事人理解为争议当事人，而不是合同当事人。如果第三人在合同订立过程中存在第 500 条的情况，也可以依据该条追究其缔约过失责任。最高人民法院《关于审理建设工程施工合同纠纷案件适用法律问题的解释（二）》第 4 条就是对这种解释的支持。

实践中有些法官根据商事外观主义以及善意第三人等制度，认为知情的被假名者应当承担股东补偿赔偿责任。该观点在逻辑上不能自圆其说。假设商事外观原则和善意第三人制度可以被使用在股东补充赔偿责任之中，那么那些不知情的被假名者也是符合上述原则和制度的。而《公司法司法解释三》第 28 条明确地排除了被假名者的补偿赔偿责任。

案例 1.9 曹某某与盐城市银耀钢材贸易有限公司买卖合同纠纷案

该案中法官认为，被借用姓名的肖某某对自己被假名事实知情并同意，因此

① (2018)皖 05 民初字第 71 号民事判决书。

② 参见郭平宜：《第三人侵害缔约关系的民事责任研究》，西南政法大学 2009 年博士学位论文，第 48 页。

判决肖某某对债权人承担股东抽逃出资的补充清偿责任。在该案判决书中,法官明确表述,被冒名股东,应该不知晓自己的名字被他人冒用。①

鉴于此,对于非诉讼律师而言,实践中应当提醒当事人,同意他人借用自己姓名注册公司的法律风险,但是对于法官而言,我们认为该判决缺乏法律依据。

另一个值得讨论的案例是李某某与桂阳沪农商村镇银行股份有限公司股东资格确认纠纷案。

案例 1.10 李某某与桂阳沪农商村镇银行股份有限公司股东资格确认纠纷案

2012 年 6 月 20 日,李某某与济草堂公司签订《隐名股东协议书》,该协议书约定:"由甲方向目标公司(桂阳沪农商村镇银行股份有限公司)(以下简称目标公司)投资,乙方作为名义股东登记于目标公司章程、股东名册及其他工商登记资料中。甲方向目标公司注资人民币 200 万元,占目标公司 4% 的股份,以上资金均由甲方实际足额投入,乙方未实际投资。……2. 乙方作为名义股东应向目标公司及目标公司的股东披露隐名股东李某某已实际向目标公司出资 200 万元,占目标公司 4% 的股权,实际的股东权益归属于隐名股东李某某。名义股东已特别授权实际出资人李某某行使股东的权利义务,在符合条件时,显名股东无条件将其在目标公司的名义股份转让给甲方且不再收取转让金及其他费用。二、目标公司具体的经营管理事务和决策,名义股东作为目标公司的发起人、原始股东,名义股东在目标公司享有的权利和承担的义务,名义股东已特别授权给实际出资人,名义股东在目标公司相应的经营管理事务和决策权等均由实际出资人李某某行使(李某某也可委托第三人代行使)。"同时,目标公司股东名册中股东济草堂公司的备注一栏记载:实际出资人为李某某。②

在上述案例中李某某不但是实际出资人而且实际享有并行使在目标公司中的股东权利,且其股东身份也得到了目标公司及其股东的认可,因此该《隐名股东协议》实际上是《假名股东协议》,本案中目标公司实际享有权利的股东应当是李某某而不是济草堂公司。该案判决中,法官适用了《公司法司法解释三》第 24 条

① (2014)苏商终字第 394 号民事判决书。

② (2017)湘 1002 民初 531 号民事判决书。

将该案按照委托投资处理值得商榷。

三、股东会不同意

当隐名股东要求显名且能够按照《公司法司法解释三》第 24 条获得公司其他股东过半数同意的时候，隐名股东就能顺利地成为显名股东，这一点无须过多讨论。值得一提的是，《公司法司法解释三》的第 24 条实际上是对《公司法》第 71 条的解释。也就是说，隐名股东转为显名是通过股权转让的方式实现的。如果隐名股东不能获得其他股东过半数同意，那么他就不能从显名股东手中获得股东资格。此时公司的股东还是显名股东。

关于《公司法司法解释三》第 24 条应当是对《公司法》第 71 条的解释，司法实践中有判例支持这种看法。

案例 1.11　朱某某、江西松柏实业有限公司股权转让纠纷案

本案中法官认为："朱某某与蔡某某所签订的《投资协议书》中有关投资权益的约定，属于实际出资人朱某某与名义股东蔡某某之间的内部约定，在实际出资人与名义股东之间，实际出资人的投资权益应当依据双方合同确定并依法得到保护，但基于合同的相对性，仅在合同双方内部产生法律约束，并不能发生对外效力。实际出资人请求办理股东变更登记，就已突破了其与名义股东之间合同约定的范围，实际出资人将从公司外部进入公司内部而成为公司的成员。为维护公司内部关系的稳定，应当参照《中华人民共和国公司法》第七十二条第二款，经由公司其他股东过半数同意时，实际出资人才能取代原名义股东成为公司股东。"①

剩下的问题是，如何处理显名股东与隐名股东之间的合同关系。首先应当肯定的是，当隐名股东不能依法成为显名股东时，其与显名股东之间的委托出资合同依然有效，是因为它并不符合《民法典》关于合同无效或者可变更可撤销的条件。隐名股东只能继续按照合同约定享有投资带来的收益，而不能参与公司的经营活动。这种关系不能界定为委托关系，如果是委托关系，那么委托人或受托人基于《民法典》第 934 条的规定可以任意解除；这种关系也不能界定为借贷关系，

① （2019）赣民终 180 号民事判决书。

如果是借贷关系,则完全违背当事人的真实意思表示,无论是委托人还是受托人都不能同意。我们认为这种合同应当界定为信托关系,这一点在前文已经论述。

在审判实践中,有些法官并不支持隐名投资的信托关系,而是将其认定为委托理财关系。例如,在刘某与吉某、杭州麦田立家慧益创业投资有限公司委托理财合同纠纷案中,法院认定了隐名投资关系,但同时认为该隐名投资关系不符合信托关系的构成要件,属于委托理财合同关系。

案例1.12 刘某与吉某、杭州麦田立家慧益创业投资有限公司委托理财合同纠纷案

该案中法院论证如下:“本院认为,民事信托合同纠纷是以个人财产为抚养、赡养、处理遗产等目的而设立的信托关系所发生的纠纷,是非营业信托;受托人有权以自己的名义管理处分信托财产。而本案原告与被告吉某虽签订了《辽宁奥克化学集团有限公司股权认购及代持凭证书》,但该凭证书没有明确信托目的,没有受托人的管理或者处分权限和范围,也没有受托人的报酬等事项的明确约定,不符合民事信托法律关系的构成要件。被告吉某受委托为原告等人认购、代持涉案股权,并根据原告要求的时间、价格出售股权;被告吉某从原告处收取的股权认购价为4.08元/股,而其从奥克公司认购的价格为4元/股,被告吉某辩称差价0.08元/股系认购股权的交易费用,但未能提供足够的证据予以证明,故本院认定被告吉某收取了原告0.08元/股的费用,但该费用是确定的,而不是根据业绩收取报酬,更符合委托理财法律关系的构成要件,故本院认为本案应认定为委托理财合同纠纷,应适用合同法的相关规定。”①

我们认为上述法官的论证有待商榷。首先,所谓信托关系的构成要件应当从《信托法》第2条中分析,只要符合下列事实就构成信托意思表示:(1)委托人将财产权委托给受托人;(2)受托人按照委托人的意愿以自己的名义对信托财产进行管理或处理。按照信托法的规定,典型的隐名投资合同完全符合信托的事实构成。其次,该案中法院将隐名合同界定为委托理财合同关系,实际上委托理财在多数情况下,都是通过信托的方式进行的,只有极少数的委托理财适用委托代理

---

① (2010)杭滨商初字第361号民事判决书。

合同关系。

实践中比较典型的判例有杨某某等与桂林桂冶创业投资有限公司股东资格确认纠纷案和王某与广西银基矿业有限责任公司股东资格确认纠纷案。[①] 该类案件都是国有企业改制过程中实际出资人与名义股东签订了信托合同,后实际出资人想要解除信托关系成为公司的正式股东,但因为没有获得公司其他股东过半数同意,最终法院判决实际出资人不能获得股东资格。实际出资人与名义股东之间依然维持信托关系。尤其值得注意的是,在桂林桂冶公司案中,名义股东已经与实际出资人解除了信托关系,由于未经公司其他股东过半数同意,实际出资人仍然不能获得股东资格。在信托关系被解除后,受托人只需要将信托财产及收益返还给委托人即可,公司的股东仍然是受托人。

如果我们将隐名股东与显名股东之间的关系界定为信托关系,那么《公司法司法解释三》第 25 条的规定则是有待商榷的。该解释认为,当名义股东将登记于其名下的股权未经实际出资同意而处分的时候,人民法院应当按照原《物权法》第 106 条善意取得制度处理。我们认为,适用原《物权法》第 106 条的前提是,名义股东是无权处分人,而按照《公司法司法解释三》第 24 条名义股东就是公司的合法真实股东,应该是有权处分人。因此我们认为,对名义股东擅自处分股权的行为不能按善意取得制度处理,而应当按照《信托法》第 22 条的规定处理。《信托法》第 22 条规定:"受托人违反信托目的处分信托财产或者因违背管理职责、处理信托事务不当致使信托财产受到损失的,委托人有权申请人民法院撤销该处分行为,并有权要求受托人恢复信托财产的原状或者予以赔偿;该信托财产的受让人明知是违反信托目的而接受该财产的,应当予以返还或者予以赔偿。前款规定的申请权,自委托人知道或者应当知道撤销原因之日起一年内不行使的,归于消灭。"

按照《信托法》的规定,当显名股东擅自处分的时候,隐名股东必须先在知道撤销原因之日起一年内行使撤销权;换言之,在撤销之前,该处分行为是有效的。如果超过了撤销权的除斥期间,该处分行为将始终有效。只有当隐名股东依法成功地撤销了显名股东的处分权的时候,显名股东就成为无权处分人,这个时候接受股权的受让人才需要依据《民法典》第 311 条行使善意取得权。如果按照《民法

---

① (2019)桂 02 民终 456 号民事判决书;(2017)桂 0303 民初 831 号民事判决书。

典》第 311 条的规定，隐名股东可以一开始就向受让人主张取回股权，按信托法隐名股东必须先提起撤销之诉，且该撤销权只有一年的除斥期间。

第五节　股东资格的继受

股东资格可以因继承、赠与和转让而继受。对于公众公司（在我国主要指的是上市公司）而言继受股东资格通常没有什么障碍，但对于封闭公司尤其是有限责任公司而言，继受股东资格会受到公司章程以及股东会决议的限制，实务中股东资格的继受时间节点也是争议的焦点内容。

一、继承

根据《公司法》第 75 条的规定，有限责任公司自然人股东死亡后，其合法继承人可以继承股东资格；但是，公司章程另有规定的除外。按照通说也就是法律人的共识，遗产在被继承之前属于继承人共同共有，当股权作为遗产的时候也应当按照该规则认定。问题在于上述共识只是涉及财产的共有，而股东资格作为身份权无法当然根据财产权而共有。

同时，法律文义上的表述为继承人“可以”继承股东资格。按此文义应当理解为，继承人也可以不继承股东资格，只是继承股权中的财产权利。因此，继承人的股东资格，不会因继承开始就当然获得，还必须由继承人向公司做出明确的意思表示，是否愿意成为公司的股东。如果继承人不愿意成为股东，那么继承人可以依据《公司法》第 71 条将股权进行转让，或者公司可以依据《公司法》第 177 条通过减少注册资本的程序注销该股权。

如果继承人通过继承法最终被确定为股权的继承人，那么这些继承人依据《公司法》第 75 条当然取得股东资格。当继承人为多人时，股权将被分割，公司股东人数会增加。这一点，可以从《公司法》第 75 条作出当然解释。域外法《德国有限责任公司法》第 18 条可以作为上述解释的参考。德国法规定，除非公司章程有限制，在继承和转让时，股份可以被分割。

需要讨论的是，在继承人根据继承法最终被确认为继承人之前，被继承财产处于共有状态时，如何确定公司的新股东。从逻辑上分析只有三种可能性：(1) 由于没有最终确定继承人,此时各继承人均无权向公司表明愿意成为股东并因此获得股东资格,不得参与公司的经营决策活动;(2)虽然没有最终确定为继承人但该股权不能没有人行使,因此各继承人均有权向公司表示愿意成为股东并因此具有股东资格;(3)如果各继承人均具有股东资格,如何分配其权利的大小不好确定,应当将各继承人视为临时社团,作为一个主体对待,只能以共同继承人的名义行使权利,其内部必须共同决策,最终以统一的意思表示对公司呈现。我们认为上述第三种处理方法更符合公司和各继承人的利益。

案例1.13　山东华星石油化工集团有限公司、聂某股东资格确认纠纷股东知情权纠纷案

该案中,山东华星石油化工集团有限公司(以下简称华星公司)股东聂某某去世,三位继承人中有两位在继承时放弃对华星公司的股东资格继承权,另一位聂某向华星公司主张股东资格并行使知情权。华星公司认为该继承人不具有股东资格,理由是有一位继承人在放弃股东资格继承权时未成年,该放弃行为无效,被继承人聂某某的股东资格处于继承的不确定状态,继承人聂某无权成为华星公司的股东。①

华星公司的主张属于我们上述第一种逻辑分析。该案一审法官认为,继承人聂某作为原股东的合法继承人,无论其他继承人是否放弃股东资格继承权,其均有权继承相应份额的股权并成为华星公司的股东。本案法官按前文第二种逻辑思路认定继承人的股东资格。我们认为虽然就本案而言,法官的判决结果并无问题,但法官对《公司法》第75条股东资格继承的解释无法在其他案例中普遍适用。法官认为无论继承最终如何确定,每个继承人最终都能得到相应的继承份额,因此每个继承人都是公司的股东。如果在一个案件中,继承人众多,使得有限责任公司的人数超过法定的最多人数将如何处理?我们认为就华星公司案而言,如果未成年的继承人的放弃行为无效,那么其与继承人聂某可以基于对被继承股权的共同共有而与聂某共享一个股东资格,这样华星公司还是不能阻止聂某股东知情权的行使。

---

① (2019)鲁民终272号民事判决书。

《公司法》规定,公司章程可以对股东资格的继承进行不同于立法的规定。这里的章程规定是否可以是当股东死亡后继承开始而尚未确定正式继承人之前。换言之,公司在事前没有章程规定的情况下,是否可以在事后通过修改公司章程阻止继承人成为公司的股东?

我们认为按照《公司法》第75条的规定,公司及其他股东无权在事后通过修改章程的途径阻止继承人获得股东资格。从文义上看,《公司法》第75条规定的章程应该指的是在继承开始之前的章程而不是事后的章程。继承人可以继承股东资格是法律默认的规定。

案例1.14　启东市建都房地产开发有限公司、周某股东资格确认纠纷案

该案中最高人民法院认为:"本案中,2007年9月12日建都公司章程第二十条规定'自然人股东死亡后,其合法继承人可以继承股东资格'。2009年2月11日、2009年4月29日、2012年3月29日建都公司章程删除了2007年9月12日章程第二十条股东资格允许继承的条款;同时第七条规定股东不得向股东以外的人转让股权……股本金实行动态持股管理办法。对免职、调离、终止合同、退休等人员及时办理股权转让手续……2015年1月10日建都公司章程第七条在前述章程规定基础上增加第三款规定,对正常到龄退休、长病、长休、死亡的股东,应及时办理股权转让手续,股东退股时,公司累计有盈余的,持股期间按本人持股额每年享受20%以内回报。被继承人周某某自2011年诊断患病,至2015年12月4日去世,前述章程的修订,其作为法定代表人均有参与,且签字确认。公司章程作为公司的自治规则,是公司组织与活动最基本与最重要的准则,对全体股东均具有约束力。正确理解章程条款,应在文义解释的基础上,综合考虑章程体系、制定背景以及实施情况等因素加以分析。"法院最终认定继承人周某无权继承股权。[①]

二、赠与及转让

赠与及转让获得股东资格的法律依据都应当是《公司法》第71条,根据该条规定,一个标准的股权转让应当包括以下程序和法律文件:(1)半数同意的公司股东会决议;(2)其他股东的优先权放弃承诺书;(3)股权转让协议(最好是经公证

① (2018)最高法民终88号民事判决书。

的)；(4)受让人持转让合同和转让人声明通知公司；(5)公司依据《公司法》第73条，注销原股东的出资证明书，向新股东签发出资证明书，并修改公司章程和股东名册中的相关记载；(6)变更工商登记内容。实践中，欠缺上述任何一个程序或者文件都可能引发股权转让的争议。

就股东资格的获得而言，在股权转让中最具讨论意义也通常是争议焦点的问题是，受让人何时取得股东资格。我们的意见是，在转让行为符合：(1)半数股东同意，且优先权人承诺放弃；(2)股权转让协议生效，受让人即可取得股东资格。其后出资证明书的重新签发、章程以及股东名册的修改，包括工商登记的变更都是公司应该履行的义务。其中，受让人持有效证明通知公司的行为属于解除公司的抗辩权，并不影响股东资格的获得。

在曹某某等与海南鑫灏房地产有限公司股权转让纠纷案中，二审法院的法官非常准确地分析了股权转让中，股东资格获得的时间节点问题。

案例1.15 曹某某等与海南鑫灏房地产有限公司股权转让纠纷案

该案中法官写道："我国的股权转让不是类似于物权法关于不动产登记那样的登记制度，工商部门对公司股东的登记本身并无创设股东资格的效力，其本质上属于证权性登记，具有对抗第三人宣示股东资格的证明功能，工商登记不具有确认股东资格的决定性的法律效力。原审判决认定，股东资格的取得，是以登记于公司股东名册或是登记机关为前置程序，无法律依据。"①

上述理解也得到了《公司法司法解释三》的支持。《公司法司法解释三》第27条规定，股权转让后尚未向登记机构变更登记的，原股东将仍登记于其名下的股权转让的，按《民法典》第311条善意取得的规定处理。善意取得的前提是无权处分，这证明未办理工商登记变更并不影响受让人股东资格的获得。该条实际上是对《公司法》第32条的解释。《公司法》第32条明确规定，工商登记仅具有对抗第三人的效力，而不具有股东资格变动的效力。

另一个备受争议的问题是，没有经过股东会过半数同意的股权转让合同效力的问题。我们认为，当转让人和受让人签订了股权转让协议后，该协议只要没有

① (2014)海中法民二终字第179号民事判决书。

违反《民法典》第一编第六章第三节的规定则该协议即为有效。但是在没有经过股东会过半数同意以及其他股东放弃优先受让权之前该合同是否生效处于待定状态。此时受让人尚未获得股东资格。其理由在于,对于公司尤其是有限责任公司而言,股权之中不仅包含有财产性质的权利,还有身份性质的权利,即所谓的成员权。对于成员权而言,一个新的股东要想被接受,应当有其他股东过半数同意。优先购买权也是对维持公司股东身份关系的补充。因此在没有被其他股东过半数同意之前,受让人不能获得股东资格。除非转让人有欺诈行为,否则因为股东会不通过而使得转让不能实现,受让方不得追究对方的违约责任。在王某甲与昆明领尚餐饮管理有限公司、王某乙股权转让纠纷案中,法官的判决支持上述理解。

案例1.16　王某甲与昆明领尚餐饮管理有限公司、王某乙股权转让纠纷案

该案中法官在判决书中写道:“被告王某乙没有书面通知陈某等五位其他股东是否同意转让或行使优先购买权,未取得过半数股东同意,该《股权转让协议》不符合法定转让条件,股权转让不发生法律效力。”①

有学者主张对于股权转让协议应当适用区分原则。他们认为,股转转让协议仅仅设定了转让人对受让人的义务,即让与股权的义务,股权要真正实现转移变动还需要完成类似动产的交付行为或者不动产的登记才发生权利变动的效果。按照这种理论,如何认定股权交付行为成为进一步争议的问题,一说登记于股东名册是交付行为,一说工商登记变动是交付行为。从我们上面对股东名册和工商登记的意义讨论中可知,股东名册的造册以及工商登记的变动只是股东获得资格后公司应尽的义务,而不是股权变动的条件。我们无法从股转转让行为中分离出一个独立的交付行为。

实际上,区分原则在物权法中的适用,是法律为了保护具有强烈支配性质的物权,防止债权对物权的损害。因此区分原则伴随的还有物权优先原则。但是股权更多的是对公司的请求权与成员权,因此在股权转让的时候,应当参照债权转让的规则而不是物权的转让规则。我们的理解可以找到德国法的佐证。债权因

① (2016)云0112民初7118号民事判决书。

为其本身以请求权为特征,因此无须也很难在转让的时候适用设定负担与权利处分两个步骤。这一点在曹某某等与海南鑫灏房地产有限公司股权转让纠纷案中,法官已经清楚地说明。实际上股权转让与债权转让相似,因此股权转让的生效时间应当参照适用《民法典》第 546 条的规定,该条规定:债权人转让权利的,应当通知债务人。未经通知,该转让对债务人不发生效力。

基于上述分析,我们认为只要满足两个条件股权即可发生转让:(1)其他股东半数同意,且优先权被放弃;(2)股权转让合同生效。受让人获得股东资格的时间节点按二者后发生的时间确定。受让人通知公司并不是股权转让的变动要件,而是公司的抗辩事由。换言之,如果股权已经转让,但受让人并未持有效证明通知公司,那么当股权被再次转让给第三人,且第三人基于《公司法司法解释三》第 27 条善意取得的时候,受让人不得向公司主张权利。如果受让人已经通知公司其受让股份的事实,而第三人善意取得的情况下,受让人得向公司及有过错的高管主张侵权责任。

值得注意的是,实践中当事人往往会约定股权变动的条件,或者设定股权变动的形式要件。常见的约定是当事人将股权转让款的交付或者工商登记的变更约定为股权变动的形式,依据契约自由的原则此类约定当然有效。

案例 1.17　张某某与海阳市军创置业发展有限公司股东资格确认纠纷案

该案中烟台市中级人民法院法官李学泉、董玉新、张秀波认为:“一般情况下,在股权对外转让中,股权转让合同生效后,受让人的股东资格自转让人或受让人将股权转让事实通知公司之日取得。但在当事人有特别约定情况下,股权转让合同有效,并不当然取得股东资格。如股权转让合同对股权的转让有特殊约定,或者股权转让合同无效、被撤销或解除的情况下,还需满足股权转让合同约定的义务,才能取得股东资格。在实践中,往往把股权转让款的支付作为股权转让的一个前提条件。……本案上诉人与原审第三人签订的《股权转让协议》对股权转让的价格和付款时间都做了明确约定,并特别约定转让款累计至 1200 万元后将股权变更到乙方(上诉人)指定人员名下。此约定,是双方当事人的真实意思表示,是股权变动的前提条件,未违背法律法规的强行性规定,合法有效,对双方都有拘束力。因此,上诉人要取得股权,须满足此条件,因此,上诉人取得股东资格也必须满足此条件。”①

股东资格确认之诉的直接目的是请求法院确认某种事实状态,并不涉及权利的行使或者变动问题,因此股东资格确认之诉不适用《民法典》第188条诉讼时效的规定。需要讨论的是,在因股权转让继受股东资格的案件中,如果原告按照法律规定并未获得股东资格,那么纠纷就停留在股权转让合同纠纷阶段。例如,如果股权转让合同中约定了,受让方应当全额支付价款后,出让方才将股权变更登记到受让方名下。此种表述应当理解为,受让方支付价款在先,出让方交付股权的方式是变更工商登记。此时当受让方已经依据约定支付全额款项而没有变更登记时,受让方并不是当然获得股东资格,但他有权请求对方履行交付义务。此种纠纷就应当适用诉讼时效的规定。

在北京市造纸包装工业公司等股东资格确认纠纷案中,原告请求被告公司以及股权转让合同中的转让方协助办理股权变更登记。被告及第三人均以原告请求超过诉讼时效为由进行抗辩,一、二审法官均认为,该案为股东资格确认纠纷案不适用诉讼时效的规定,同时判决被告及第三人即股权转让合同中的转让方,配合办理工商登记变更。②

---

① (2018)鲁06民终3375号民事判决书。

② (2014)二中民终字第00286号民事判决书。

第二章　股东出资

第一节　公司资本

公司是以营利为目的、有独立财产的社团法人。公司资本是记载于公司章程并由股东出资构成的公司财产。公司资本不同于公司资产，公司资产是指属于公司所有且可以支配的全部财产。

案例2.1　贾某富、旌德县新义莹石有限公司股东出资纠纷案

在贾某富、旌德县新义莹石有限公司股东出资纠纷案中，[①]最高人民法院认为：公司资本不同于公司资产。公司的资产不仅包括公司资本，还包括公司对外负债、公司的资产收益和经营收益等，其外延比公司资本大，公司资本仅是公司资产中股东出资部分。同样，公司资本也不同于公司净资产。公司净资产是指公司全部资产减去全部负债后的余额，除了包括公司资本外，还包括可分配利润、资本公积金和盈余公积金等。

公司资本在公司存在及营运的整个过程中扮演着极其重要的角色：对公司而言，它既是公司获取独立人格的必备要件，又是公司得以营运和发展的物质基础；对股东而言，它既是股东出资和享有相应权益的体现，又是股东对公司承担有限责任的物质基础；对债权人而言，它既是公司债务的总担保，又是债权人实现其债权的重要保障。公司资本有三大原则：

第一，资本确定原则，指公司设立时应在章程中载明公司的资本总额，并由发起人认足或募足，现行《公司法》中股东对非货币出资承担出资差额补足的责任就

---

① (2018)最高法民终390号民事判决书。

是资本确定原则的具体规定。

第二,资本维持原则,指公司在存续过程中,应保持与其资本额相当的财产,并防止公司资本的实质性减少,以达到保护债权人利益及社会交易安全的目的。比如公司股东不得抽逃出资;公司亏损未弥补之前,不得向股东分配红利;公司原则上不得回购自己的股权。

案例 2.2 湖北通顺高速公路有限公司、天津国泰恒生实业发展有限公司建设工程施工合同纠纷案

在湖北通顺高速公路有限公司(以下简称湖北通顺公司)、天津国泰恒生实业发展有限公司建设工程施工合同纠纷案①中,最高人民法院认为:湖北道广公司与湖北通顺公司在人员、经营范围及财务资金方面出现实质上的混同,违背了独立法人应贯彻的资本确定原则、资本维持原则、资本不变原则,严重影响了湖北道广公司对外清偿债务的能力,严重损害了债权人的合法权益。原审判决认为湖北通顺公司与湖北道广公司属于关联公司人格混同并无不当。

第二节 股东出资的形式

股东出资是股东最重要、最基本的义务,股东应当按期足额缴纳公司章程中规定的各自所认缴的出资额。

《公司法》第 27 条规定:股东可以用货币出资,也可以用实物、知识产权、土地使用权等可以用货币估价并可以依法转让的非货币财产作价出资。《公司登记管理条例》第 14 条规定:"股东的出资方式应当符合《公司法》第二十七条的规定,但股东不得以劳务、信用、自然人姓名、商誉、特许经营权或者设定担保的财产等作价出资。"由此可见,作为股东出资的财产须是可用货币作价、可依法转让的,非法律法规规定的不能用于出资的财产。

根据《公司法》第 28 条第 1 款的规定,股东以货币出资的,应当将货币出资足额存入公司在银行开设的账户;以非货币财产出资的,应当依法办理其财产权的

① (2018)最高法民申 2964 号民事裁定书。

转移手续。其中实物出资,以动产出资的应该以实际交付为准;以不动产出资的,还应该办理相应的产权转移登记;以知识产权或者非专利技术出资的,出资人必须是该知识产权或非专利技术的合法所有人,如需要办理相应的变更登记的,出资人还应当办理变更登记。

一、非货币出资的评估作价

在非货币出资的情况下,一般都需要对非货币的实物等进行评估后作价出资,但是评估作价是否包含股东按照公平合理的原则协商确定价值?

按照我国《公司法》第27条"对作为出资的非货币财产应当评估作价,核实财产,不得高估或者低估作价。法律、行政法规对评估作价有规定的,从其规定"以及《公司法司法解释三》第9条"出资人以非货币财产出资,未依法评估作价,公司、其他股东或者公司债权人请求认定出资人未履行出资义务的,人民法院应当委托具有合法资格的评估机构对该财产评估作价。评估确定的价额显著低于公司章程所定价额的,人民法院应当认定出资人未依法全面履行出资义务"之规定,股东以非货币出资的,未依法评估作价不是其履行出资义务的前提条件,只有公司、其他股东或者公司的债权人向法院主张以非货币出资的股东未全面履行出资义务时,法院才会启动评估作价程序。

案例2.3 湖北美力高科技实业股份有限公司与荆州市美力世纪房地产开发有限公司股东出资纠纷案

在湖北美力高科技实业股份有限公司(以下简称美力高科技公司)与荆州市美力世纪房地产开发有限公司股东出资纠纷案[①]中,最高人民法院认为:《公司法司法解释三》第9条规定,"出资人以非货币财产出资,未依法评估作价,公司、其他股东或者公司债权人请求认定出资人未履行出资义务的,人民法院应当委托具有合法资格的评估机构对该财产评估作价。评估确定的价额显著低于公司章程所定价额的,人民法院应当认定出资人未依法全面履行出资义务"。本案中美力高科技公司和向某良在公司章程中对涉案土地的使用权协商价格是1500万元,只要办理了土地使用权过户手续,就应当视为美力高科技公司全面履行了出资义务。

① (2013)民申字第2479号民事裁定书。

案例2.4　本溪北方煤化工有限公司、攀海国际有限公司股东出资纠纷案

在本溪北方煤化工有限公司、攀海国际有限公司(以下简称攀海公司)股东出资纠纷案①中,最高人民法院认为:《中华人民共和国中外合资经营企业法实施条例》(2001年修订)第22条规定:合营者可以用货币出资,也可以用建筑物、厂房、机器设备或者其他物料、工业产权、专有技术、场地使用权等作价出资。以建筑物、厂房、机器设备或者其他物料、工业产权、专有技术作为出资的,其作价由合营各方按照公平合理的原则协商确定,或者聘请合营各方同意的第三者评定。根据上述法律规定,攀海公司用以出资的机器设备,其作价经攀海公司与北台钢铁公司按照公平合理的原则协商确定即可,并非必须由第三方进行价值鉴定。

由此可见,在中外合资企业中,双方亦可通过协商评估作价的方法确认非货币出资的价值。但是,如果公司、其他股东或者公司的债权人向法院提出非货币出资的股东未全面履行出资义务时,在法院重新评估非货币出资的价格与出资时非货币出资的评估价格存在差异时,是否能够轻易认定非货币出资的股东未全面履行出资义务?

案例2.5　广西丰华房地产开发有限公司、北京丰泽房地产开发有限公司股东出资纠纷案

在广西丰华房地产开发有限公司(以下简称丰华公司)、北京丰泽房地产开发有限公司(以下简称丰泽公司)股东出资纠纷案②中,该案的主要争议焦点为新华书店集团在2006年向丰华公司以非货币财产出资时,其资产作价是否高估;新华书店集团以建筑物基础作价1200万元进行出资,出资时委托鉴定机构对该实物进行评估的价格亦为1200万元,最高人民法院认为:新华书店集团向丰华公司出资时已就案涉建筑物基础的房地产市场价格进行评估,并经过验资以及丰泽公司和丰华公司的确认,丰泽公司和丰华公司当时并未对此提出异议;该院曾委托(约2012年。——编者注)中联资产评估集团广西有限公司对本案建筑物基础的价值进行评估,评估结果为10,876,000元,与1200万元相近。

由此可见,即使在诉讼中对非货币出资的评估与出资当时的评估价格存在差

① (2016)最高法民终745号民事判决书。
② (2018)最高法民申1632号民事裁定书。

异，但是由于评估所依据的基准时间、市场环境等因素的变化，会导致评估结果存在合理的差异，只要该差异在合理范围内，就不宜轻易认定非货币出资的股东未全面履行出资义务。

二、经营许可证作价出资问题

案例2.6 中国金谷国际信托投资有限责任公司与天津市冶金供销运输总公司清算组破产纠纷案

在中国金谷国际信托投资有限责任公司（以下简称金谷公司）与天津市冶金供销运输总公司（以下简称运输公司）清算组破产纠纷案①中，最高人民法院认为："经营许可证系政府对于企业从事特定行业所发放的经营许可证书，其性质属于行政许可，该证书依法不得转让，属于禁止流通物，其本身并不具备资产价值。故债务人的有关经营许可证不得计入该公司资产总额，债权人上述申诉内容没有法律依据，本院依法不予支持。"

三、以土地出资应当注意的事项

以划拨土地出资前，应该先办理土地变更手续。根据《土地管理法》第56条、《城镇国有土地使用权出让和转让暂行条例》第43条等规定，划拨土地系土地使用者无偿取得，是一种有限制的土地使用权，只能按照划拨土地用途使用，一般情况下划拨土地使用权人无权对划拨土地进行转让、出租或抵押等处分，不得作为公司出资使用。因此划拨土地使用权只能在变更为出让土地使用权后才能出资。

案例2.7 海南三亚国家级珊瑚礁自然保护区管理处、周某某等与海南三亚国家级珊瑚礁自然保护区管理处、周某某等股东出资纠纷案

在海南三亚国家级珊瑚礁自然保护区管理处、周某某等与海南三亚国家级珊瑚礁自然保护区管理处、周某某等股东出资纠纷案②中，周某某的诉讼请求之一是"请求判令珊瑚礁管理处一个月内按合同约定履行出资义务，将9454m^2 土地和码

① （2005）最高法民二监字第56号民事裁定书。

② （2016）最高法民再87号民事判决书。

头权属过户登记至中海公司名下”,而该涉案土地性质为划拨土地。

本案中一审、二审法院均基本支持了周某某的该诉讼请求,但最高人民法院认为,“最高人民法院《关于适用〈中华人民共和国公司法〉若干问题的规定(三)》第八条规定的本意就是考虑到在司法实践中如果划拨土地使用权存在的权利瑕疵可以补正,且在法院指定的合理期限内实际补正的,可以认定当事人以划拨土地使用权出资的效力。但能否补正瑕疵的决定权在于土地所属地方政府及其土地管理部门,人民法院判断出资行为的效力应以瑕疵补正的结果作为前提,即人民法院应当在诉讼过程中给当事人指定合理的期间,由其办理相关的土地变更手续,并视变更手续完成的结果再行作出判决”。在该案再审审理过程中,法院又为当事人指定了两个月的合理期限办理土地变更登记手续,但当事人未能在法院指定的期间内完成土地变更登记行为,即其无法自行补正划拨土地使用权出资的瑕疵。最终最高人民法院撤销了本案一审、二审有关判令“将三土房(2001)字第0975号土地证记载的9454m^2土地使用权移转登记至中海公司名下”的判项,仅确认了“海南三亚国家级珊瑚礁自然保护区管理处未全面履行对三亚中海生态旅游发展有限公司的股东出资义务”。

如果以集体土地出资,则须经县级以上人民政府批准。

案例2.8 北京治政工贸发展有限公司股东出资纠纷案

在北京治政工贸发展有限公司股东出资纠纷案①中,北京市高级人民法院认为:《土地管理法》(2004年修订)第60条规定:“农村集体经济组织使用乡(镇)土地利用总体规划确定的建设用地兴办企业或者与其他单位、个人以土地使用权入股、联营等形式共同举办企业的,应当持有关批准文件,向县级以上地方人民政府土地行政主管部门提出申请,按照省、自治区、直辖市规定的批准权限,由县级以上地方人民政府批准。”依据该规定,以集体所有土地使用权出资的,应依照前述规定经相关部门批准。若股东或投资人以土地使用权出资并未依法取得相关部门批准的情况下,公司或者其他股东,要求该股东将集体土地交付公司占有、使用,不符合《土地管理法》的上述规定,不应得到支持。

① (2016)京民申2849号民事裁定书。

四、出资资金来源不合法对出资效力的影响

案例2.9 姜某某与李某某、马某某股权转让纠纷案

在最高人民法院审理的姜某某与李某某、马某某股权转让纠纷案①中，最高人民法院认为：关于以违法犯罪所得的资金出资是否导致出资无效的问题，由于货币是种类物，货币占有人推定为货币所有人，因此货币出资投入公司后，公司作为善意相对人即对该笔货币出资享有所有权，出资相应转化为公司的独立财产，故出资资金来源非法并不影响出资行为的有效性，亦不影响出资人据此取得的初始股东资格。马某某认为，李某某向新世纪公司的出资系非法挪用的资金，故李某某不具备新世纪公司的股东资格。最高人民法院经审理后认为，根据《公司法司法解释三》第7条"以贪污、受贿、侵占、挪用等违法犯罪所得的货币出资后取得股权的，对违法犯罪行为予以追究、处罚时，应当采取拍卖或者变卖的方式处置其股权"之规定，对于以违法犯罪所得的资金进行出资的行为，司法机关应当追究、处罚该违法犯罪行为，并有权以拍卖或者变卖的方式处置股权，即追缴出资人已经取得的股权，剥夺其股东资格。上述司法解释表明用非法行为获得的资金出资并不影响出资行为的效力。因此，李某某仍然具有合法的股东资格，并基于股东身份而享有股东优先购买权。

案例2.10 山东省昌邑市华星矿业有限责任公司诉姜某先股东资格确认和公司赢余分配权纠纷案

在最高人民检察院公报案例"山东省昌邑市华星矿业有限责任公司诉姜某先股东资格确认和公司赢余分配权纠纷案"②中，山东省昌邑市铁矿改制为昌邑市华星矿业有限责任公司（以下简称华星公司），姜某先作为公司的发起人为完成企业的改制工作，挪用昌邑市铁矿的财产33.1万元，其中14万元作为自己向华星公司的出资。华星公司召开股东大会，39名股东（无姜某先）出席会议，以举手表决方式一致通过了股东大会决议，其中决议第2条内容为"根据公司法和有关规定，

① （2014）最高法民申字第1705号民事裁定书。

② （2009）鲁民再字第4号民事判决书。

以及(2003)昌刑重字第1号判决书的判决,姜某先因挪用企业资金,犯了挪用资金罪,不得担任公司的董事、经理、董事长,并因其14万元属于挪用的企业资金,所以不享有股权,取消其股东资格"。为请求华星公司支付分红和股权利息,姜某先向潍坊市中级人民法院提起诉讼,并在一审的第二次庭审中增加确认其股东资格的诉讼请求。一审法院支持了姜某先诉请确认"原告姜某先是被告华星公司的股东资格"的诉讼请求。二审法院亦认定姜某先的出资已经到位。判决生效后,最高人民检察院向最高人民法院申请抗诉,最高人民法院指令山东省高级人民法院再审。山东省高级人民法院作出(2009)鲁民再字第4号再审判决,认为参照2006年施行的《公司法》第27条关于非法财产不得作为出资的规定精神,应认定姜某先股东资格无效。

我们认为,出资资金来源是否合法并不影响股东资格的获得。原因在于公司登记机关既无法确认也没有权力确定出资人用于出资的财产是否合法获得。《公司法司法解释三》第7条的规定,可以支持我们的理解。在华星公司诉姜某先股东资格案中,法官错误地理解了《公司法》第27条的规定。该条规定的是,有些财产不能用作出资,例如集体土地所有权或者其他法律规定禁止流通的财产。该条文并未规定,非法获得的财产不能用于出资。

五、动产出资以实际交付为准

案例2.11 中国长城资产管理公司乌鲁木齐办事处与新疆华电工贸有限责任公司、新疆华电红雁池发电有限责任公司、新疆华电苇湖梁发电有限责任公司等借款合同纠纷案

在最高人民法院公报案例中国长城资产管理公司乌鲁木齐办事处(以下简称长城乌鲁木齐办事处)与新疆华电工贸有限责任公司(以下简称工贸公司)、新疆华电红雁池发电有限责任公司(以下简称红雁池发电公司)、新疆华电苇湖梁发电有限责任公司(以下简称苇湖梁发电公司)等借款合同纠纷案①中,长城乌鲁木齐办事处要求工贸公司向其偿还借款本息,同时以工贸公司的股东红雁池发电公司、苇湖梁发电公司、哈密发电公司、喀什发电公司、昌吉热电公司、红能公司、金

① (2008)最高法民二终字第79号民事判决书。

马公司、安装公司未履行出资义务为由，要求其承担连带清偿责任。其中工贸公司章程规定，红雁池发电公司以价值300万元的设备出资、苇湖梁发电公司以价值200万元的设备出资、哈密发电公司以价值150万元的设备出资、喀什发电公司以价值150万元的设备出资、昌吉热电公司以价值150万元的设备出资。2006年9月28日，新疆宏昌有限责任会计师事务所就工贸公司股东补缴及置换出资事宜出具(2006)8－074号《验资报告》，证明红雁池发电公司、苇湖梁发电公司、哈密发电公司、喀什发电公司、昌吉热电公司补缴及置换的出资均已到位。红雁池发电公司、苇湖梁发电公司、哈密发电公司、喀什发电公司、昌吉热电公司与工贸公司就作为补足出资的机器设备办理了所有权移交手续。但是，前述物资并未向工贸公司实际交付，仍由各股东占有、使用。本案一审法院审理认为，红雁池发电公司、苇湖梁发电公司、哈密发电公司、喀什发电公司、昌吉热电公司在工贸公司成立后已经决议补足、置换出资，并就补足、置换出资办理了验资手续，补足、置换的出资财产也办理了所有权移交手续，应当认定其补足了出资、出资已经全部到位。

长城乌鲁木齐办事处上诉至最高人民法院，最高人民法院认为：在工贸公司设立过程中，红雁池发电公司、苇湖梁发电公司、哈密发电公司、喀什发电公司、昌吉热电公司作为出资的库房未办理所有权变更手续，属于出资不到位。后经工贸公司股东会同意，上述股东承诺将各自的储油罐、供油泵等相关设备置换房产作为实物重新出资。但至本案诉前，上述设备未实际交付工贸公司，仍由股东单位占有、使用，工贸公司出具的实物交接手续未能反映本案的真实情况。上述设备属于动产，根据原《物权法》第23条的规定，动产物权的设立和转让，自交付时发生效力。动产所有权的转移以实际交付为准。本案上述股东承诺出资的相关设备并未实际交付给工贸公司，应当认定上述股东未能实际履行实物出资承诺，相关出资没有实际到位。新疆宏昌有限责任会计师事务所出具的(2006)8－074号《验资报告》以及工贸公司补足出资的相关工商登记备案资料未能反映真实出资情况，本院不予采信。

本案的一审、二审法院对股东是否履行出资义务作出了截然不同的认定，一审法院根据股东实物出资已经经过验资且有所有权移交手续认定股东履行了出资义务。但我们认为本案中以非货币的动产出资，必须实际交付给公司后，公司才能享有物的权益，并以此开展生产经营并获取利益；根据我国原《物权法》(《民法典》第234条)的规定,动产的物权转移必须以实际交付作为认定完成的交付的标准。故,本案二审法院认为该动产仅存在形式上的交付但实际并未交付,属于出资没有到位。

第三节 瑕疵出资

一般情况下瑕疵出资的常见情形为虚假出资或者抽逃出资导致的未履行出资义务或者未全面履行出资义务。

虚假出资,是指发起人、股东并未交付货币、实物或者未转移财产权,以骗取公司登记的行为。

虚假出资的本质特征是未支付相应对价而取得公司股东资格,虚假出资在实践中往往有以下表现形式:以无实际现金或高于实际现金的虚假的银行进账单、对账单骗取验资报告,从而获得公司登记;以实物、工业产权、非专利技术、土地使用权出资,但未办理财产权转移手续;作为出资的实物、工业产权、非专利技术、土地使用权的实际价值显著低于公司章程所定价额;或者以虚假的专利证书、土地使用权证书等,骗取公司登记。

抽逃出资,是指公司发起人或者股东将已经缴纳并打进设立账户的货币出资或已经转移了所有权的财产等出资又抽逃出去。

《公司法司法解释三》第12条规定的抽逃出资包括以下四种情形:(1)制作虚假财务会计报表虚增利润进行分配;(2)通过虚构债权债务关系将其出资转出;(3)利用关联交易将出资转出;(4)其他未经法定程序将出资抽回的行为。与其他瑕疵出资行为相比,股东抽逃出资具有复杂性、模糊性和隐秘性的特点,法律规定也无法通过列举方式完全穷尽,故该司法解释第4项为一个兜底条款。

认定抽逃出资应当符合如下几个要件:第一,抽逃出资的时间点是公司成立和注册资本投入之后;第二,股东对其投入公司的出资有抽回的行为;第三,这种抽回行为未经法定程序,违反《公司法》的规定;第四,在抽回该出资后,股东在注册资本中所占的份额和出资金额并没有随之改变。

一、超额出资的取回,是否构成抽逃出资

案例2.12　江门市江建建筑有限公司与江门市金华物业投资管理有限公司、江门市金华投资有限公司执行异议之诉案

江门市江建建筑有限公司与江门市金华物业投资管理有限公司(以下简称金华物业公司)、江门市金华投资有限公司执行异议之诉案①中,针对股东林某培在注册资金之外对公司的投资属于股东对公司的借款还是属于公司的资本公积金。最高人民法院认为:(一)林某培对江门市金华投资有限公司(以下简称金华投资公司)的额外出资不是借款,而属于资本公积金,林某培对金华投资公司所谓的借款债权并不成立。首先,金华投资公司1995年设立时,公司章程规定首期投资总额1.46亿元,而公司注册资本只有100万元,故包括林某培在内的各股东还需额外出资,公司章程第11条也因此规定各股东"应按工程进度及各方相应的出资额按期投入资金"。但对于股东在注册资本之外的出资属于什么性质,章程并未明确规定。1993年1月7日财政部发布的《房地产开发企业会计制度》第311号科目"资本公积"部分规定:"一、本科目核算企业取得的资本公积,包括接受捐赠、资本溢价、法定资产重估增值、资本汇率折算差额等"对于资本溢价的范围,第2款明确规定"投资人交付的出资额大于注册资本而产生的差额,作为资本溢价"。《公司法》(1994年7月1日起施行)第178条规定,国务院财政主管部门规定列入资本公积金的其他收入,应当列入公司资本公积金。据此可知,股东对公司的实际出资大于应缴注册资本部分的,应属于公司的资本公积金。金华物业公司主张林某培对金华投资公司多缴的出资属于林某培对金华投资公司的借款,但未提供证据证明双方事先对该出资的性质为借款以及借款期限、借款利息等有特别约定,在此情形下,根据财政部的规定,林某培多缴的出资应为资本公积金,而非借款。其次,《国务院关于固定资产投资项目试行资本金制度的通知》(国发〔1996〕35号)规定:从1996年开始,对各种经营性投资项目,包括国有单位的基本建设、技术改造、房地产开发项目和集体投资项目,试行资本金制度,投资项目必须首先落实资本金才能进行建设;在投资项目的总投资中,除项目法人从银行或资金市

① (2013)最高法民提字第226号民事判决书。

场筹措的债务性资金外，还必须拥有一定比例的资本金；投资项目资本金，是指在投资项目总投资中，由投资者认缴的出资额，对投资项目来说是非债务性资金，项目法人不承担这部分资金的任何利息和债务；投资者可按其出资的比例依法享有所有者权益，也可转让其出资，但不得以任何方式抽回；投资项目的资本金一次认缴，并根据批准建设的进度按比例逐年到位。本案中的金华商业中心项目是金华投资公司挂靠城建公司开发的，金华商业中心于1996年1月开工建设，1999年完工，国务院上述通知对其具有规范效力。因此，认定林某培对金华投资公司的出资为资本公积金，符合国务院的相关规定，具有政策依据。再次，二审期间，被申请人提供的手写书证记载："金华投资公司注册资本为一百万元，现将各股东多投入的资本转为资本公积金。"由此证明，金华投资公司各股东对多缴出资的性质为资本公积金也是明知并认可的。最后，二审期间，被申请人提供的林某培通过香港科埠公司向金华投资公司出资的53张会计凭证原始记录即为"资本公积"；……（二）资本公积金属于公司的后备资金，股东可以按出资比例向公司主张所有者权益，但股东出资后不能抽回，也不得转变为公司的债务计算利息，变相抽逃。2003年5月14日，金华投资公司董事会决议用本案的房产抵顶林某培多投入的出资本息，实质是将林某培本属于资本公积金的出资转变为公司对林某培的借款，并采用以物抵债的形式予以返还，导致林某培变相抽逃出资，违反了公司资本充实原则，与公司法和国务院上述通知的规定相抵触，故董事会决议对林某培借款债权的确认及以物抵债决定均应认定为无效。

二、未经法定程序的减资涉嫌抽逃出资

案例2.13　高某杰、张某锋股东资格确认纠纷再审审查与审判监督案

在高某杰、张某锋股东资格确认纠纷再审审查与审判监督案[①]中，高某杰认为张某忠等19人经高某杰（时任公司董事长）同意，从公司财务处领取其当时入股的全部资金，故张某忠等19人应退出公司，其股权比例应当由47.4%增加至84.77%。最高人民法院认为，根据公司资本维持原则，公司在存续过程中，应当保持与其资本额相当的财产以防止公司资本的实质性减少，维持公司偿债能力，

① (2019)最高法民申5080号民事裁定书。

保护债权人利益，对此，我国《公司法》第35条也规定，公司成立后，股东不得抽逃出资；原审判决认定熙海公司成立之初向部分股东退还股金的行为造成熙海公司实有资本减少，熙海公司减资并未经过法定程序以及熙海公司自设立后在工商部门的注册登记从未变更，股东退股时也未进行相应的工商变更登记，据此认定应以原工商登记的47.4%确定高某杰的股权比例，本院不持异议。

案例2.14 安徽新集煤电（集团）有限公司与如东县农村信用合作联社、上海恒德置地有限公司借款合同纠纷案

在安徽新集煤电（集团）有限公司（以下简称煤电公司）与如东县农村信用合作联社、上海恒德置地有限公司（以下简称恒德公司）借款合同纠纷案[①]中，煤电公司原系恒德公司股东，煤电公司与恒德公司签订《还款及股权转让协议》，根据该协议，恒德公司以其开发的恒德花园一、二期房折价4562.18万元并加现金70.82万元一并抵给煤电公司，煤电公司退出恒德公司。

从上述事实可以看出，该协议虽名为股权转让协议，但是恒德公司实际是以公司自有资产作为对价抵给煤电公司，煤电公司退出恒德公司，恒德公司的资产减少。因此，本案所涉的股权转让并非法律意义上的股权转让，其实质是恒德公司注册资金的减少。本案因公司资产的减少缩小了公司承担责任的能力，直接影响到公司债权人的利益，所以，法律对公司减少资本规定了比增加资本更加严格的法律程序。

1993年《公司法》第186条规定："公司需要减少注册资本时，必须编制资产负债表及财产清单。公司应当自作出减少注册资本决议之日起十日内通知债权人，并于三十日内在报纸上至少公告三次。债权人自接到通知书之日起三十日内，未接到通知书的自第一次公告之日起九十日内，有权要求公司清偿债务或者提供相应的担保。公司减少资本后的注册资本不得低于法定的最低限额。"1993年《公司法》第188条第2款规定："公司增加或者减少注册资本，应当依法向公司登记机关办理变更登记。"

本案中，恒德公司在退股或减资时均没有明确的财产清单；未进行减资公告，就进行实际减资。1997年10月6日，煤电公司在既没有董事会的决议也没有公

① （2010）最高法民提字第79号民事判决书。

告的情况下,就进行以房抵股、以房抵债的减资行为。而董事会的减资决议在1998年7月8日才作出,恒德公司于1998年6月10日、15日、17日才进行减资公告,即在实质性减资的一年后才作出董事会决议并进行公告。恒德公司在办理减资登记时,没有向工商机关提交公司以房产抵偿煤电公司剩余的200多万元债务的事实资料,违反了如实提交变更资料的法定义务。故煤电公司从恒德公司退出的行为,违反了减资的法定程序,应认定为名为减资,实为抽逃出资。

前述两个案例:第一个案例系用公司自有资金直接向股东支付"退股款",亦未经任何公司注册资金减少的法定程序;第二个案例系将股东的出资退还给股东后,才履行公司减资手续。故两案例中的退股股东均被认定为抽逃出资。

三、公司为股东清偿债务可能涉嫌抽逃出资

案例2.15 玉门市勤峰铁业有限公司、汪某峰、应某吾与李某平、王某刚、董某股权转让纠纷案

在玉门市勤峰铁业有限公司(以下简称勤峰公司)、汪某峰、应某吾与李某平、王某刚、董某股权转让纠纷案[①]中,最高人民法院认为:《还款协议》约定,汪某峰、应某吾依据《股权转协议》应向李某平等三人支付的1700万元和100万元共计1800万元转化为债务,勤峰公司承诺对该笔债务提供担保。该约定不符合2005年《公司法》第30条(2013年12月28日修改后《公司法》第35条)关于股东缴纳出资后不得抽回的规定。李某平等三人与汪某峰、应某吾原均为勤峰公司股东,其间发生股权转让由公司提供担保,即意味着在受让方不能支付股权转让款的情形下,公司应向转让股东支付转让款,从而导致股东以股权转让的方式从公司抽回出资的后果。在未经公司注册资本金变动及公示程序的情形下,股东不得以任何形式用公司资产清偿其私人债务否则构成实质的返还其投资。因此,《还款协议》中关于勤峰公司承担担保责任的部分内容因不符合公司法的有关规定,应认定无效,勤峰公司不应承担担保责任。原法院关于勤峰公司担保有效,并据此判令勤峰公司向李某平等三人承担担保任属于适用法律错误,本院予以纠正。[②]

① (2012)最高法民二终字第39号民事判决书。

② 最高人民法院民事审判第二庭编:《最高人民法院商事审判指导例·公司与金融》,中国民主法制出版社2013年版,第245~256页。

案例2.16 四川奶奇乐乳业有限公司、四川菊乐食品有限公司与濮某駜、濮某等股东出资纠纷案

在四川奶奇乐乳业有限公司(以下简称奶奇乐公司)、四川菊乐食品有限公司与濮某駜、濮某等股东出资纠纷案①中,奶奇乐公司系外商独资企业,股东为罗伯特,公司注册资金90万美元。该公司成立后,罗伯特任公司董事长,濮某駜任公司副董事长及总经理,濮某任公司副总经理。奶奇乐公司在成立初期,向美国国际小母牛项目组织成都办事处(以下简称小母牛项目成都办事处)借款人民币9,858,382.47元用于购买土地和建房,罗伯特向小母牛项目成都办事处借款人民币685.58万元用于出资。濮某駜、濮某在经营管理期间以奶奇乐公司的资产向小母牛项目成都办事处偿还罗伯特的注册资金借款,其用奶奇乐公司财产归还罗伯特个人用于出资的债务,直接造成奶奇乐公司法人资产的减少,构成对奶奇乐公司财产权益的损害,构成抽逃出资。

在上述案例中,公司为股东清偿债务的行为,实质上导致公司资产减少,缩小了公司承担责任的能力,并且在公司为股东清偿债务后,股东并未向公司偿还债款,直接影响到公司债权人的利益,构成抽逃出资。故,在实践中,公司为股东清偿债务的行为有被认定为抽逃出资的法律风险。

四、股东出资转化为股东借款可能构成抽逃出资

案例2.17 青岛森田金属音像公司诉日本SAN-R株式会社出资纠纷案

在青岛森田金属音像公司(以下简称森田公司)诉日本SAN-R株式会社出资纠纷案②中,森田公司作出董事会决议,决议内容为:日方21万美元的现金出资中16万美元作为借款资金投入,即每年一次按10%回报返其利益,这部分资金不再享受公司股本增值权利和经营风险,余下5万美元与24万美元的技术投资共29万美元,占公司总投资的27.88%作为股权投入,参与公司可分配利润的分配,利益同享风险共担。该董事会决议作出后,2006年3月30日,被告日本SAN-R

① (2016)最高法民申2652号民事裁定书。
② (2015)青民四初字第63号民事判决书。

株式会社法定代表人为原告出具收条一份，该收条载明：今收到森田公司2005年投资利息16,000美元。

本案中，森田公司的上述董事会决议的内容未经法定程序，将已经成为注册资本的被告投入的部分资金的性质变更为借款，该笔资金虽然仍在公司内，但根据股东会决议的内容，已经变更成了借款，不再承担资本金的风险，且款项的所有权已经由公司变更为股东，这一变更使原本属于公司的资本金重新成为被告所有的款项，使被告可以随时将该部分款项收回，构成了对资本金的实质性抽离，而抽离该部分资金后，被告在注册资本中所占的比例和出资金额并未改变。因此，该股东会决议关于给付该笔资金利息的约定，违背了公司资本充实原则，违反了我国现行《公司法》第35条股东不得抽回出资的规定，符合抽逃资本的要件。

五、未经法定程序分红可能被认定为抽逃出资

案例2.18 赵某勋与辽宁中智房屋开发有限公司股权确认纠纷案

在赵某勋与辽宁中智房屋开发有限公司（以下简称中智公司）股权确认纠纷案[①]中，最高人民法院认为：本案中，中智公司未经法定程序，在其他股东未分红的情况下，单独给付赵某勋预期分红，作为买断其股权的对价，存在损害其他股东和公司债权人合法利益的可能性。鉴于中智公司退还赵某勋1500万元股权投资款和1000万元红利后，双方没有办理相应的减资或股权变更手续，赵某勋亦否认上述行为为退股，从而导致赵某勋在已没有实际出资的情况下仍具有股东身份并继续享有股东权利。根据《公司法司法解释三》第12条之规定，赵某勋的上述行为属于“其他未经法定程序将出资抽回的行为”，应认定为抽逃出资。

实践中，在公司不存在利润的情况下或者未按照法律规定提取法定公积金或弥补亏损的情况下，进行利润分配，涉抽逃出资。

① （2013）最高法民申字第286号民事裁定书。

六、以公司自有资产出资涉嫌虚假出资

案例 2.19 贾某富、旌德县新义莹石有限公司股东出资纠纷案

在最高人民法院审理的贾某富、旌德县新义莹石有限公司(以下简称新义莹石公司)股东出资纠纷案[①]中,一审已查明,贾某富、陈某玲于2010年8月2日召开股东会,决定新义莹石公司注册资本由2000万元变更为5000万元,其中贾某富以实物增资2700万元,陈某玲以实物增资300万元。其间,新义莹石公司委托东南评估事务所对公司自有的资产进行评估,并委托南方会计师事务所进行了验资,办理了工商变更登记手续。

一审认为,贾某富、陈某玲将公司的资产作为自有资产进行出资,并未实际履行出资义务,构成虚假出资;最高人民法院在二审判决中予以确认。

将公司资产作为出资,办理工商变更登记后,公司的注册资金调增,股东在公司所占的股权比例相应提高,股东并未支付增资的相应对价,公司的资本金并未实际增加,构成虚假出资。

第四节 股东未履行出资或未全面履行出资义务的相关责任

一、未履行出资义务股东的责任

《公司法》第28条规定,股东应当按期足额缴纳公司章程中规定的各自所认缴的出资额。股东不按照前款规定缴纳出资的,除应当向公司足额缴纳外,还应当向已按期足额缴纳出资的股东承担违约责任。第35条规定,公司成立后,股东不得抽逃出资。《公司法司法解释三》第13条第1、2款规定,股东未履行或者未全面履行出资义务,公司或者其他股东请求其向公司依法全面履行出资义务的,人民法院应予支持。公司债权人请求未履行或者未全面履行出资义务的股东在未出资本息范围内对公司债务不能清偿的部分承担补充赔偿责任的,人民法院应

① (2018)最高法民终390号民事判决书。

予支持。第 14 条规定,股东抽逃出资,公司或者其他股东请求其向公司返还出资本息的,人民法院应予支持。根据上述法律规定,未履行或未全面履行出资义务的股东的主要责任为对公司出资的补足责任、对其他股东的违约责任、在公司不能清偿债权人债务时在出资范围内对不能清偿部分承担补充赔偿责任。

在最高人民法院审理的贾某富、旌德县新义莹石有限公司股东出资纠纷案[①]中,一审法院认为,贾某富、陈某玲构成抽逃出资、虚假出资,依法应当返还抽逃出贷款 1680 万元,补缴出资 3000 万元,并从抽逃出资、虚假出资之日起,按照中国人民银行同期同类贷款利率标准支付利息至款项实际缴清之日止;二审法院予以维持。

案例 2.20　洪某凯与江西萍钢实业股份有限公司追偿权案

在最高人民法院审理的洪某凯与江西萍钢实业股份有限公司(以下简称萍钢公司)追偿权案[②]中,杨某平、洪某凯、江某付均为平宇公司股东,2012 年 4 月 23 日,杨某平、尹某、洪某凯、江某付、汤某 5 人将居民身份证交给中介机构办理增资业务,将公司注册资本增资至 1000 万元,共计增加注册资本 900 万元。其中,杨某平增资 450 万元,尹某增资 135 万元,洪某凯增资 135 万元,江某付增资 90 万元,汤某增资 90 万元。该 900 万元款项由中介机构转入农行 6404 验资账户,待办理验资手续之后,900 万元增资款即于 2012 年 4 月 24 日全部转回中介机构,上述 5 股东一直未补足认缴增资。在一审中萍钢公司的诉讼请求为判令平宇公司支付萍钢公司款项 17,674,919.39 元及利息,并要求洪某昆、杨某平、洪某凯、江某付、唐某南对上述诉讼请求承担连带清偿责任。

一审法院认定杨某平、洪某凯、江某付的行为系抽逃出资,故判令杨某平、洪某凯、江某付在抽逃出资的范围内对平宇公司上述不能清偿的部分承担连带清偿责任。二审法院及再审法院均对该判项予以维持。

二、发起人的责任

公司发起人创立公司的行为具有合伙合同的性质,因此发起人不但要为自己

---

① (2018)最高法民终 390 号民事判决书。

② (2019)最高法民再 106 号民事判决书。

的出资行为负责，还要为其他的发起人的出资行为承担连带责任。《公司法司法解释三》第13条第3款规定，股东在公司设立时未履行或者未全面履行出资义务，公司、其他股东或者公司债权人可请求公司的发起人与被告股东承担连带责任。

有关发起人的法律含义，根据《公司法司法解释三》第1条之规定，为设立公司而签署公司章程、向公司认购出资或者股份并履行公司设立职责的人，应当认定为公司的发起人，包括有限责任公司设立时的股东。

案例2.21　北京庄明设备有限公司、中铁十八局集团有限公司借款合同纠纷、保证合同纠纷案

在最高人民法院审理的北京庄明设备有限公司、中铁十八局集团有限公司（以下简称中铁十八局）借款合同纠纷、保证合同纠纷案①中，青岛庄明从建安公司借款人民币5000万元，建安公司将该债权转让给了中铁十八局。特卫公司与庄明能源公司系青岛庄明的股东，特卫公司以相当于298.80万美元的人民币现金出资，占注册资本总额的6%；庄明能源以现汇出资2938.20万美元，占注册资本总额的59%；以专有技术出资1743万美元，占注册资本总额的35%。特卫公司以货币实际出资77.11万美元（折合500万元人民币），庄明能源出资900万美元；股东累计出资977.11万美元。中铁十八局诉请判令庄明能源、特卫公司对借款承担连带清偿责任。

本案一审法院认定特卫公司及庄明能源尚有4002.89万美元未出资，根据《公司法司法解释三》第13条的规定，特卫公司及庄明能源应在其未出资本息范围内对公司债务不能清偿的部分承担连带补充赔偿责任，遂判令庄明能源和特卫公司在其未出资4002.89万美元的本息范围内对本判决第一项、第二项所列青岛庄明应偿还债务（5000万元本息。——编者注）承担连带清偿责任。

特卫公司（未上诉。——编者注）在二审庭审中称，中铁十八局起诉特卫公司是因为基于青岛庄明注册资金不到位，但特卫公司只是占6%的青岛庄明的小股东，一审判决判令特卫公司与庄明能源承担连带责任是对《公司法司法解释三》第

① （2016）最高法民终717号民事判决书。

13 条的扩大解释和适用，加大了特卫公司作为小股东的出资义务和责任。最高人民法院根据《公司法司法解释三》第 13 条之规定维持了一审判决。

三、董事、高级管理人员、实际控制人的责任

根据《公司法司法解释三》第 13 条第 4 款、第 14 条之规定，股东在公司增资时未履行或者未全面履行出资义务或者抽逃出资，公司、其他股东、债权人可要求未遵守法律、行政法规和公司章程，对公司未尽忠实义务和勤勉义务的董事及高级管理人员承担相应责任；此外，公司债权人还可以要求公司的实际控制人在抽逃出资的股东在抽逃出资本息范围内对其承担连带责任。

案例 2.22 石嘴山青年曼莲花汽车有限公司、石嘴山青年乘用车有限公司股东出资纠纷案

在石嘴山青年曼莲花汽车有限公司、石嘴山青年乘用车有限公司股东出资纠纷案[①]中，最高人民法院认为：从本案股权结构及国马公司组织结构可知，浙江乘用车集团、金华汽车制造公司、青年汽车集团系国马公司的实际控制人，庞某年、王某丹、庞某萍、孙某海、傅某、厉某平为国马公司董事。《公司法司法解释三》第 14 条第 1 款规定："股东抽逃出资，公司或者其他股东请求其向公司返还出资本息、协助抽逃出资的其他股东、董事、高级管理人员或者实际控制人对此承担连带责任的，人民法院应予支持。"浙江乘用车集团、金华汽车制造公司、青年汽车集团作为国马公司的实际控制人，违反公司法规定，协助国马公司股东抽逃出资，应对本案所涉抽逃出资本息承担连带责任。庞某年、王某丹、庞某萍、孙某海、傅某、厉某平作为国马公司董事，违反对公司的忠实义务，亦应对本案所涉抽逃出资本息承担连带责任。

但是，在股东以提供虚假验资报告的方式进行虚假出资时，有证据证明董事、监事、高级管理人员未尽相应管理职责，才能要求董事、监事、高级管理人员就虚假出资的本息承担连带责任。

---

① （2018）最高法民终 913 号民事判决书。

案例2.23　深圳市雪樱花实业有限公司、深圳市雪樱花食品有限公司股东出资纠纷案

在深圳市雪樱花实业有限公司(以下简称雪樱花公司)、深圳市雪樱花食品有限公司(以下简称食品公司)股东出资纠纷案①中,最高人民法院认为:《公司法》第147条第1款规定,董事、监事、高级管理人员应当遵守法律、行政法规和公司章程,对公司负有忠实义务和勤勉义务。原审查明,郭某婴和食品公司两次增资时均提供了相应的验资报告。彭某怀、彭某生、张某云、杨某琳作为公司董事,对于股东出资不具有直接验资的法定职责,其信赖郭某婴和食品公司提供的验资报告并据以履行相应的管理职能,不具主观过错。在没有其他相反证据证明的情况下,雪樱花公司关于彭某怀、彭某生、张某云、杨某琳未尽忠诚勤勉义务的主张,缺乏相应的事实和法律依据,依法不予采信。

公司的法定代表人一般系公司的管理者,如果公司股东进行抽逃出资或虚假出资,法定代表人相对具有更高的管理义务及注意义务。

案例2.24　王某忠、王某股东出资纠纷案

在王某忠、王某股东出资纠纷案②中,最高人民法院认为:在现有证据能够认定该500万元系虚假增资的情况下,王某忠作为增资时高科公司的法定代表人,又系高科公司增资变更登记手续的经办人,一、二审法院认定其对于虚假增资的情况明知,判决其在虚假增资范围内就案涉债务承担补充赔偿责任,并无明显不当。

四、股权受让人的责任

根据《公司法司法解释三》第19条的规定,在有限责任公司的股东未履行或者未全面履行出资义务即转让股权,且受让人对此知道或者应当知道的情况下,公司有权要求股东履行出资义务、受让人对此承担连带责任,同时结合《公司法司法解释三》第13条,其他股东亦有权要求股东履行出资义务、受让人对此承担连带责任;公司债权人请求未履行或者未全面履行出资义务的股东在未出资本息范

① (2018)最高法民申6184号民事裁定书。

② (2018)最高法民申3309号民事裁定书。

围内对公司债务不能清偿的部分承担补充赔偿责任的，同时请求前述受让人对此承担连带责任的，人民法院应予支持。股东一旦认缴出资便对公司负有实缴出资的义务，股东权转让实际上是股东将对公司的权利和义务一并转让。由于义务的转让须经权利人同意，在股权转让的情形下，股东义务的转让需同时为公司及公司债权人的双重同意方为有效。鉴于此，最高人民法院将股权受让人界定为对与目标股权相关债务的加入，受让人与转让人对该债务承担连带责任。

在受让人不知且不应知其受让股权存在出资假设时，应该推定受让人并无债的加入意思表示，因其为善意，法律不应让其与转让人承担连带责任。

案例2.25　陈某军与黄某股东出资纠纷案

在陈某军与黄某股东出资纠纷案①中，最高人民法院认为：即使黄某对美景公司的涉诉40%股权自陈某军处受让而来，但在美景公司尚未收到上述股权所对应的出资额的情况下，参照《公司法司法解释三》第18条第1款之精神，股权受让人黄某亦负有向公司缴纳出资之义务。就股东向公司应承担的出资义务，因《公司法司法解释三》第13条第1款规定其他股东可以请求该股东向公司履行，故美景公司股东陈某军诉请黄某履行包括上述40%股权在内的全部未出资的91%股权对应的出资义务，具有法律依据。

五、中介机构的责任

中介机构，是指在公司设立中依法承担资产评估、验资、验证的机构，按照我国现行相关法律的规定，中介机构通常包括会计师事务所、审计师事务所和金融机构。

在司法实践中，验资机构因出具虚假或不实验资报告或资金证明而被要求承担民事责任的事例已较为多见，就该类验资机构的民事责任问题，最高人民法院先后作出三个批复、一个复函、一个通知，具体为下：《最高人民法院关于金融机构为行政机关批准开办的公司提供注册资金验资报告不实应当承担责任问题的批复》（法复〔1996〕3号）、《最高人民法院关于会计师事务所为企业出具虚假验资证明应如何处理的复函》（法涵〔1996〕56号）、《最高人民法院关于验资单位对多个案件债权人损失应如何承担责任的批复》（法释〔1997〕10号）、《最高人民法院关

① （2015）最高法民申字第2591号民事裁定书。

于会计师事务所为企业出具虚假验资证明应如何承担责任问题的批复》(法释〔1998〕13 号)、《最高人民法院关于金融机构为企业出具不实或者虚假验资报告资金证明如何承担民事责任问题的通知》(2002 年 2 月 9 日最高人民法院法〔2002〕21 号)。通过前述文件可以总结出,金融机构为企业提供不实、虚假的验资报告或者资金证明,或会计师事务所、验资单位公司出具不实的验资报告,相关当事人使用该报告或者证明,与该企业进行经济往来而受到损失的,应当由该企业承担民事责任。对于该企业财产不足以清偿债务的,由中介机构在验资不实部分或者虚假资金证明金额范围内承担责任,但是企业登记时出资人未足额出资但后来补足的,中介机构责任免除。

案例 2.26　诸城正本有限责任会计师事务所、马某霞股东出资纠纷案

在诸城正本有限责任会计师事务所(以下简称正本会计师事务所)、马某霞股东出资纠纷案[①]中,正本会计师事务所声称其在审验兴创公司增资时到诸城农商行取得了加盖银行印鉴的询证函,但经司法鉴定,该询证函上诸城农商行的公章印文系印刷形成。法院据此认为正本会计师事务所未尽到出资审验义务。最高人民法院认为,因正本会计师事务所在验资报告中确认涉诉增资到位,在目前增资未到位的情况下,该所应当向马某霞承担相应的法律责任。

案例 2.27　贾某富、旌德县新义莹石有限公司股东出资纠纷案

在最高人民法院审理的贾某富、旌德县新义莹石有限公司股东出资纠纷案[②]中,法院认为:"关于南方会计师事务所应否对贾某富、陈某玲虚假增资行为承担补充赔偿责任问题。按照独立审计基本准则要求,验资机构应当恪守独立、客观、公正的原则,保持应有的职业谨慎,其中对房屋、建筑物、机器设备等实物资产出资的,应当验证其产权归属及出资者是否如期、足额投入被审验单位,并办理财产权转移手续。本案中,东南评估事务所为新义莹石公司核实资产价值而出具的皖东评(2010)23 号《资产评估报告书》明确载明评估的资产为新义莹石公司所有,

---

① (2018)最高法民申 4631 号民事裁定书。

② (2018)最高法民终 390 号民事判决书。

南方会计师事务所在未核实其产权的情况下直接验证为贾某富、陈某玲所投入，并出具了皖南变验(2010)第284号《验资报告》。贾某富、陈某玲依据该虚假的验资报告办理了工商变更登记手续，南方会计师事务所对贾某富、陈某玲虚假增资行为具有重大过错。根据《中华人民共和国注册会计师法》第四十二条规定和《最高人民法院关于会计师事务所为企业出具虚假验资证明应如何承担责任问题的批复》第二条规定，南方会计师事务所应对贾某富、陈某玲虚假增资行为承担补充赔偿责任。"

在该类案件中，中介机构承担的是过错侵权责任，因为其验资或评估授权行为为债权人提供了不真实的信息，债权人基于对该信息的信赖而与债务人进行交易并受到损失，中介机构的评估不实或虚假验资行为导致债权人对债务人本应享有之债权无法顺利实现。故，当金融机构为债务人出具虚假的资金证明，是否应当对债权人承担赔偿责任，还应该审查债权人的损失是否基于对中介机构的信任而造成。

案例2.28 深圳市商业银行宝安支行与湖南长炼兴长集团有限责任公司、深圳民鑫实业有限公司、广东金汇源投资担保有限责任公司、西北亚奥信息技术股份有限公司、吴忠仪表集团有限公司、深圳国安会计师事务所有限公司返还资金保证合同纠纷案

在深圳市商业银行宝安支行(以下简称宝安支行)与湖南长炼兴长集团有限责任公司(以下简称兴长公司)、深圳民鑫实业有限公司(以下简称民鑫公司)、广东金汇源投资担保有限责任公司(以下简称金汇源公司)、西北亚奥信息技术股份有限公司(以下简称西北亚奥公司)、吴忠仪表集团有限公司(以下简称吴忠仪表公司)、深圳国安会计师事务所有限公司返还资金保证合同纠纷案①中，宝安支行为金汇源公司出具虚假询证函，债权人要求宝安支行为此承担债权责任。最高人民法院认为：宝安支行是否存在侵权行为，以及兴长公司的损失发生与宝安支行的侵权行为之间是否存在因果关系，是认定宝安支行是否应当对金汇源公司的两个瑕疵出资股东即西北亚奥公司和吴忠仪表公司不能承担瑕疵出资责任时，在虚假验资范围内承担补充赔偿责任的关键。鉴于兴长公司与金汇源公司签订保证

① (2007)最高法民二终字第26号民事判决书。

合同时,加盖有宝安支行的银行询证函尚未出具,兴长公司并非基于对该银行询证函上载明的追加出资内容的信赖而签订的保证合同,其有关金汇源公司因追加出资不实所造成的担保责任不能完全实现的损失与加盖有宝安支行的银行询证函之间没有必然的因果关系。兴长公司与金汇源公司签订保证合同时,虽然金汇源公司的新章程和股东会决议对追加出资已经作出决议和记载,但章程的记载与股东会决议的通过与宝安支行是否承担赔偿责任没有任何关系,兴长公司应是基于对金汇源公司的信赖签订的保证合同,而非基于对加盖宝安支行公章的资金证明的信赖。因此,兴长公司关于宝安支行应当对西北亚奥公司和吴忠仪表公司瑕疵出资责任承担相应的赔偿责任的主张,缺乏事实依据和法律依据,本院不予支持。

此外,即使金融机构出具了虚假的资金证明,但如果该证明并非用以验资,则金融机构也不应为企业的出资不实承担责任。

案例2.29　中国农业银行股份有限公司溧阳市支行与江苏耀德资产管理有限公司、溧阳市供销合作总社、溧阳众诚会计师事务所有限公司借款合同纠纷案

在中国农业银行股份有限公司溧阳市支行(以下简称溧阳支行)与江苏耀德资产管理有限公司(以下简称耀德公司)、溧阳市供销合作总社(以下简称溧阳供销社)、溧阳众诚会计师事务所有限公司借款合同纠纷案①中,最高人民法院认为:关于二审法院适用《最高人民法院关于金融机构为企业出具不实或虚假验资报告资金证明如何承担民事责任问题的通知》(法〔2002〕21号)作出判决是否得当问题。该通知第1条规定,"出资人未出资或者未足额出资,但金融机构为企业提供不实、虚假的验资报告或者资金证明,相关当事人使用该报告或者证明,与该企业进行经济往来而受到损失的,应当由该企业承担民事责任。对于该企业财产不足以清偿债务的,由出资人在出资不实或者虚假资金额范围内承担责任";第4条规定,"企业登记时出资人未足额出资但后来补足的,或者债权人索赔所依据的合同无效的,免除验资金融机构的赔偿责任"。本案中,首先,耀德公司作为不良金融资产的受让人,其主张权利时长江商城早已被注销主体资格,故耀德公司从未和

① (2010)最高法民提字第136号民事判决书。

长江商城有过经济往来,更没有因经济往来而遭受损失;其次,溧阳支行加盖公章的《资金来源证明》是用于长江商城基建项目报批,而并非用于长江商城的注册验资。因此,溧阳支行不应作为验资机构为溧阳供销社的出资不到位行为向耀德公司承担赔偿责任。二审法院判令溧阳支行承担赔偿责任,属于认定事实和适用法律错误,应予纠正。

第五节　瑕疵出资股东权利及限制

一、享有股东资格

瑕疵出资的股东,其出资不实或者抽逃资金等瑕疵出资情形不影响股权的设立和享有;股东可对其持有的股权进行转让;除章程另有规定外,股东可按认缴出资行使表决权。

案例2.30　曾某、甘肃华慧能数字科技有限公司股权转让纠纷案

在曾某、甘肃华慧能数字科技有限公司(以下简称甘肃华慧能公司)股权转让纠纷案①中,最高人民法院认为:现行《公司法》确立了认缴资本制,股东是否足额履行出资义务不是股东资格取得的前提条件,股权的取得具有相对独立性。股东出资不实或者抽逃资金等瑕疵出资情形不影响股权的设立和享有。本案中,曾某已依约将所持目标公司70%的股权变更登记在甘肃华慧能公司名下,履行了股权转让的合同义务。甘肃华慧能公司通过股权受让也已取得目标公司股东资格,曾某的瑕疵出资并未影响其股东权利的行使。此外,股权转让关系与瑕疵出资股东补缴出资义务分属不同法律关系。

在最高人民法院于2003年5月15日作出的《关于胡克诉王卫平、李立、李欣股东权纠纷一案的答复》中,也可以看出最高人民法院认为关于股东未出资,亦未向股权转让人支付对价,但是在已经办理了相应的工商登记的情况下,并不影响该股东的股东资格的取得。

---

① (2019)最高法民终230号民事判决书。

在公司章程未对瑕疵出资的股东表决权进行限制的情况下，其他股东以该股东未实缴出资或未全面实缴出资，要求限制其表决权，没有法律依据。

案例 2.31 潘某、冯某勇与公司有关的纠纷案

在公司章程未对瑕疵出资的股东表决权进行限制的情况下，其他股东以该股东未实缴出资或未全面实缴出资，要求限制其表决权，没有法律依据。在潘某、冯某勇与公司有关的纠纷案[①]中，厦门市中级人民法院认为：因盛健医疗公司在工商登记部门备案的《章程修正案》等资料载明公司现股东冯某勇（出资比例 51%）、潘某（出资比例 49%），在公司章程未作另行规定的情况下，冯某勇有权根据《公司法》第 42 条的规定按照出资比例行使表决权。至于潘某主张冯某勇抽逃公司注册资金或未实际出资到位，故不得行使表决权或表决权应受限制的问题，与本案不属于同一法律关系，不属于本案审理范围。且即便存在抽逃出资或未履行出资义务的行为，根据《公司法司法解释三》第 16 条的规定，在公司章程或股东会决议未对抽逃出资或未履行出资义务的股东的表决权作出限制规定的情况下，亦无法直接认定股东对公司决议无表决权或表决权应受限制。

二、瑕疵出资的权利限制

根据《公司法司法解释三》第 16 条之规定，股东未履行或者未全面履行出资义务或者抽逃出资，可以对其利润分配请求权、新股优先认购权、剩余财产分配请求权等股东权利作出相应的合理限制，但是进行该限制的前提条件是公司章程相关限制的规定或者股东会就限制股东权利作出相关决议；在没有相关章程或决议的情况下，股东径行提起有关限制股东权利的诉讼，法院不予支持。

案例 2.32 仲圣控股有限公司与鲁能仲盛置业（青岛）有限公司、山东慧谷商贸有限公司与公司有关的纠纷案

在仲圣控股有限公司（以下简称仲圣控股）与鲁能仲盛置业（青岛）有限公司

① （2018）闽 02 民终 1736 号民事判决书。

(以下简称鲁能仲盛)、山东慧谷商贸有限公司与公司有关的纠纷案[①]中,鲁能仲盛请求判令"1.仲圣控股向鲁能仲盛补缴抽逃的出资2450万元人民币,并赔偿抽逃出资期间给鲁能仲盛造成的利息损失;2.确认仲圣控股在补足出资及赔偿上述利息损失前,不享有对鲁能仲盛49%股权的股东权利,包括但不限于知情权、表决权、利润分配请求权及新股认购权"。法院认为,"在本案认定仲圣控股构成抽逃出资的情况下,根据《最高人民法院关于适用〈中华人民共和国公司法〉若干问题的规定(三)》第十六条的规定,仲圣控股的利润分配权是否受到限制亦属于鲁能仲盛自治范畴,应由鲁能仲盛董事会决定,法院不应径行裁判"。

三、股东资格的解除

根据《公司法司法解释三》第17条之规定,有限责任公司的股东未履行出资义务或者抽逃全部出资,经公司催告缴纳或者返还,其在合理期间内仍未缴纳或者返还出资,公司以股东会决议解除该股东的股东资格。但是,股东虽抽逃出资被解除股东资格,但该股东因之前拥有的股份比例所享有的权益并未丧失,公司应对股东退出时的财产权益进行清算,以保障其合法的财产利益。

案例2.33 侯某清与李某忠、朱某勋、山西兴安宁煤业有限公司与公司有关的纠纷案

在侯某清与李某忠、朱某勋、山西兴安宁煤业有限公司(以下简称兴安宁公司)与公司有关的纠纷案[②]中,侯某清因抽逃全部出资,股东会作出决议,一致同意解除侯某清的股东资格。山西省高级人民法院认为:股东的除名权是一种形成权,不需要征求被除名股东意见。在公司中股东资格丧失,不需要被除名股东的配合。根据双方陈述的事实和公司法的有关规定,2009年10月10日李某忠、朱某勋以侯某清侵犯公司利益和其他股东利益为由,作出将侯某清从公司除名的股东会决议合法有效,但是法院同时认为,"侯某清虽因抽逃出资被解除股东资格,但侯某清因之前拥有的股份比例所享有的权益并未丧失,兴安宁公司仍应对侯某清退出时的财产权益进行清算,以保障其合法的财产利益"。

---

① (2016)最高法民终324号民事判决书。

② (2013)晋商终字第9号民事判决书。

本案终审判决作出后，侯某清向最高人民法院申请再审，最高人民法院作出(2015)民申字第2332号民事裁定书驳回侯某清的再审申请。

四、股东瑕疵出资责任的免除

根据《公司法司法解释三》第13条第2款之规定，未履行或者未全面履行出资义务的股东已经承担在未出资本息范围内对公司债务不能清偿的部分承担补充赔偿责任的，其他债权人提出相同请求的，人民法院不予支持。即，瑕疵出资的股东如在其他案件中已经向债权人在出资范围内承担相应的责任，且其承担的责任已经超过其出资不实部分，其他债权人再要求股东履行出资不实的责任，法院不予支持。

案例2.34 三亚嘉宸房地产开发有限公司与海马汽车集团股份有限公司股东损害公司债权人利益责任纠纷案

在三亚嘉宸房地产开发有限公司(以下简称嘉宸公司)与海马汽车集团股份有限公司(以下简称海马公司)股东损害公司债权人利益责任纠纷案[①]中，最高人民法院认为：本案中，海马公司已先后将其用以出资的位于海口市金盘工业开发区金盘路的18,172.45平方米的土地使用权[证号为海口市国用(2004)第002036号]和厂房实际交付通海公司使用，海马公司虽未办理上述资产的权属变更登记，但并未影响通海公司对该财产的利用和处分，也未使通海公司及其债权人承担可能无法处分该项出资财产的法律风险。且从上述资产的实际处置情况看，海马公司的上述资产已经实际承担了通海公司的另案债务，嘉宸公司作为另案的债权人也已取得了相应资产的拍卖价款。虽然通海公司设立过程中存在《通海公司章程》仅规定了海马公司用以出资的非货币财产为工厂场地的土地使用权、砂现场的土地使用权和提取权，而具体出资财产指向不明；以及海马公司未按照《外商投资企业申请登记表》载明的出资缴纳期限缴纳出资，而是在通海公司设立后陆续履行的缴纳出资义务，包括通过另案拍卖执行完成的出资等不规范的情形。但鉴于，一是鄂发会验字(1996)第228号《验资报告》载明海马公司已经分两期出资分别为11,217,300法郎、18,934,981.28法郎，已远高于《通海公司章程》中载明的

---

① (2015)最高法民二终字第85号民事判决书。

海马公司应缴纳出资额1725万法郎;二是嘉宸公司并未举出充分证据证明海马公司的上述出资财产存在出资不实的事实;三是通海公司于1992年设立时我国《公司法》尚未实施,实践中公司设立行为均不规范等原因,本院对于嘉宸公司关于海马公司应当承担出资不实责任的主张,不予支持。

第六节 股东出资纠纷的管辖及诉讼时效

一、管辖

根据《民事诉讼法》第26条以及最高人民法院《关于适用〈中华人民共和国民事诉讼法〉的解释》(以下简称《民事诉讼法司法解释》)第22条的规定,公司设立、确认股东资格、分配利润、解散等纠纷提起的诉讼,股东名册记载、请求变更公司登记、股东知情权、公司决议、公司合并、公司分立、公司减资、公司增资等纠纷提起的诉讼,由公司住所地人民法院管辖。

(一)基于股东之前签署的投资协议、合作协议等产生的纠纷,一方股东要求另一方基于协议承担相应责任的,可以约定管辖。

案例2.35 国民信托有限公司、西安市新里程投资有限公司股东出资纠纷案

在国民信托有限公司(以下简称国民信托)、西安市新里程投资有限公司(以下简称新里程公司)股东出资纠纷案①中,郭某星、张某向一审法院起诉请求:1. 确认国民信托抽逃在新里程公司的出资344,686,000.01元,并判令国民信托向新里程公司返还出资本息;2. 确认国民信托对新里程公司不享有抽逃出资部分的股权表决权、股权转让权、利润分配请求权、新股优先认购权、剩余财产分配请求权等股东权利。国民信托认为,该案是基于股东间《投资协议》产生的纠纷,应当由合同约定的管辖法院管辖,该协议约定:"因本协议引起或与本协议有关的任何争议……任何一方均有权将争议提交国民信托所在地有管辖权的人民法院通过诉讼解决。"故请求将该案移送北京高院管辖。

① (2018)最高法民辖终140号民事裁定书。

一审法院认为，该案系因国民信托实缴出资后因抽逃出资引起的纠纷，该《投资协议》已经履行完毕，不属于因《投资协议》引起或与该协议有关的任何争议，故国民信托提出应当依据《投资协议》第13.2条约定管辖的理由不能成立。该案系股东出资纠纷，原则上以《民事诉讼法》中管辖的相关规定为基础，但应综合考虑公司所在地等因素来确定管辖法院。故，应该由新里程公司所在地法院管辖。

最高人民法院认为：从该起诉请求看，第一项请求是第二项请求的基础，第二项请求是建立在第一项请求之上的，因此，本案的管辖权应当以第一项请求来确定。

首先，因抽逃出资并不属于《民事诉讼法》第33条规定的专属管辖，故可以约定管辖。而本案的本质是原被告基于《投资协议》追究另一方的违约责任，如果国民信托确实存在郭某星、张某所诉的抽逃出资行为，那么该行为应当认为是因《投资协议》引起或者与《投资协议》有关，因为抽逃的是"出资"，而不是其他，抽逃出资实质上与出资不到位无异，结果都是原被告订立《投资协议》的目的不能实现。因此，国民信托是否抽逃出资，宜认定为是"因本协议引起或与本协议有关的"纠纷。这样解释，更符合原被告订立《投资协议》中约定管辖条款的真实意思，因为该管辖条款约定的目的在于纠纷发生时将纠纷交由国民信托所在地有管辖权的人民法院管辖。根据原被告之间签订的《投资协议》约定的协议管辖条款，本案应由北京市高级人民法院管辖。

其次，如果本案不应当适用约定管辖，那么是否应当适用《民事诉讼法》第26条和《民事诉讼法司法解释》第22条。国民信托和新里程公司认为，本案的原被告是公司的股东，新里程公司只是案件的第三人，本院认为，《民事诉讼法》第26条是关于公司诉讼的规定。该条规定："因公司设立、确认股东资格、分配利润、解散等纠纷提起的诉讼，由公司住所地人民法院管辖。"《民事诉讼法司法解释》第22条规定："因股东名册记载、请求变更公司登记、股东知情权、公司决议、公司合并、公司分立、公司减资、公司增资等纠纷提起的诉讼，依照民事诉讼法第二十六条规定确定管辖。"这样规定的理论依据是，在公司作为被告的情况下，当然由公司住所地人民法院管辖，这与"原告就被告"的一般管辖规定并无特别之处，否则《民事诉讼法》也就没有专门规定第26条之必要。《民事诉讼法》第26条规定的特别之处就在于，在公司作为原告，被告是公司的股东、董事、监事、高管等的情况下,如果案件由被告住所地的人民法院管辖,人民法院在审理案件时,需要到公司住所地调阅有关资料,可能不便利,因此,为了方便诉讼、提高诉讼效率,《民事诉讼法》第26条作了上述规定。从以上分析可知,适用前述两条的前提条件之一是:公司要么是被告,要么是原告。在公司为第三人的情况下,除非是根据《公司法》第151条提起的股东代表诉讼,否则不具有适用《民事诉讼法》第26条的前提。本案中,新里程公司既不是被告,也不是原告,只是第三人,且本案又不是根据《公司法》第151条提起的股东代表诉讼,因此,本案不能适用《民事诉讼法》第26条和《民事诉讼法司法解释》第22条的规定,上述两条规定中也没有规定股东抽逃出资案件由公司住所地法院管辖。

(二)争议解决中约定的仲裁条款只能约束合同各方,不能约束合同之外的第三方。

案例2.36 青年汽车集团有限公司、浙江青年乘用车集团有限公司股东出资纠纷案

在青年汽车集团有限公司、浙江青年乘用车集团有限公司股东出资纠纷案①中,最高人民法院认为:"本案为股东出资纠纷中的抽逃出资纠纷,案涉《投资合同书》及《补充合同书》《补充合同书(四)》《补充合同书(五)》虽然约定了仲裁条款,但被上诉人宁夏石嘴山市矿业(集团)有限责任公司并不是这一系列合同的一方当事人,根据合同相对性原理,该约定对被上诉人不发生法律效力。在石嘴山国马科技股份有限公司的章程中亦未有仲裁条款。基于以上两点理由,上诉人关于本案不应由人民法院管辖,应移交仲裁的主张,无合同及法律依据,本院不予支持。原裁定认定事实清楚,适用法律正确,依法应予维持。"

二、诉讼时效

公司资本充实是其开展正常经营活动的保证,也是其对外承担民事责任的保证,如果出资请求权适用诉讼时效的规定,则不利于对其他完成出资义务的股东以及公司债权人的合法权益的保护。《公司法司法解释三》第19条规定:"公司股

① (2017)最高法民辖终103号民事裁定书。

东未履行或者未全面履行出资义务或者抽逃出资,公司或者其他股东请求其向公司全面履行出资义务或者返还出资,被告股东以诉讼时效为由进行抗辩的,人民法院不予支持。”此外,最高人民法院《关于审理民事案件适用诉讼时效制度若干问题的规定》第 1 条亦规定,“当事人可以对债权请求权提出诉讼时效抗辩,但对下列债权请求权提出诉讼时效抗辩的,人民法院不予支持:……(三)基于投资关系产生的缴付出资请求权……”

前述规定,同样适用于在股东虚假出资中,有关中介机构的赔偿责任案件。在最高人民法院审理的贾某富、旌德县新义莹石有限公司股东出资纠纷二审民事判决书①中,法院认为,南方会计师事务所虽非负有出资义务的公司股东,但新义莹石公司要求南方会计师事务所对贾某富、陈某玲履行出资义务承担补充责任,实际是基于投资关系产生的缴付出资请求权。参照上述规定,该院对南方会计师事务所提出的诉讼时效抗辩不予采纳。

第七节 其 他

一、超额出资部分的性质认定

超额出资即股东实际出资大于公司登记注册的股东认缴的出资,对于超额部分的性质如何认定?在实践中,有两种观点,一种观点认为,对于超额部分应该认定为公司的资本公积金;另一种观点认为,超额部分应该为公司向该股东的借款。

案例 2.37 海南三亚国家级珊瑚礁自然保护区管理处、周某梅等与海南三亚国家级珊瑚礁自然保护区管理处、周某梅等股东出资纠纷案

在海南三亚国家级珊瑚礁自然保护区管理处、周某梅等与海南三亚国家级珊瑚礁自然保护区管理处、周某梅等股东出资纠纷案②中,该案中涉案公司注册资金 500 万元,周某梅认缴出资 350 万元,案件中周某梅主张以双方签订的《合作合同》按照其实际投资调整股权比例。该案一审法院认为,“股东对公司的出资(投入)

---

① (2018)最高法民终 390 号民事判决书。

② (2016)最高法民再 87 号民事判决书。

以公司章程规定的出资额为限,并按出资数额确定出资比例;超出公司章程规定的股东出资数额,不属于股东对公司承担的出资义务。因此,在没有公司章程的规定或者股东大会决议为依据的情况下,周某梅仅依据《合作合同》关于调整股东持股比例的约定,以及前述《建筑工程结算书》为根据,请求按其实际投入资金变更股东持股比例,没有法律依据,不予支持。"

案例2.38 曲靖市东方置地实业有限公司与深圳市东方置地集团有限公司企业借贷纠纷案

在曲靖市东方置地实业有限公司(以下简称曲靖东方公司)与深圳市东方置地集团有限公司企业借贷纠纷案①中,最高人民法院认为:曲靖东方公司主张其收到深圳市东方置地集团有限公司(以下简称深圳东方公司)提供的62,777.9万元款项系深圳东方公司对该公司的增资款,但曲靖东方公司并未提供证据证明该公司作出了增资决议或者公司股东之间有增资的约定。在曲靖东方公司没有证据表明上述62,777.9万元款项系深圳东方公司提供给曲靖东方公司的增资款或无须返还之款项的情形下,深圳东方公司要求曲靖东方公司返还上述款项的诉讼请求,本院予以支持。在曲靖东方公司实际收到了涉诉款项且无正当理由不予归还的情况下,本院对《借款合同》《借款借据》及其相应的《公证书》,以及《催款函》等争议事实不再予以审理。曲靖东方公司请求本院向公证机关调取上述《公证书》的公证过程及相关存档资料,本院亦不再考虑。

结合上述案例,笔者认为,公司增资涉及股东实际出资额超出认缴出资额时,一般不宜轻易认定为股东对公司的增资款或者资本公积金,除非有能够证明股东之间有增资或出资等的相关证据。股东实际出资额超出认缴出资额,在公司、股东未举证证明对该超出出资部分系增资或出资的情况下,应当认定公司对股东超出认缴出资财产的取得、占有没有法律依据,公司有义务在占有该部分资产的范围内向股东退还。

① (2013)最高法民二终字第119号民事判决书。

二、股东是否可以要求按照实际出资比例确认股权

案例2.39　陈某新、邱某平股东出资纠纷案

在最高人民法院审理的陈某新、邱某平股东出资纠纷案[①]中，星泰公司在新余市工商行政管理局登记备案的章程载明：星泰公司注册资本为600万元，陈某新以货币出资200万元，占33.34%；章某来、邱某各以货币出资200万元，各占33.33%；此外，陈某新、邱某平、章某来签订了《星泰公司合股投资补充协议》，约定"根据目前投资现状，经三股东协商一致同意，以投产时间为准对投资比例进行调整，以签字为准"。陈某新在本案中以其在星泰公司实际出资2,631,576.46元，邱某平在星泰公司实际出资20万元，章某来在星泰公司实际1,123,264.40元为由，诉请以星泰公司各股东的实际出资数额为依据确认相应的股权比例。

最高人民法院认为，根据《公司法》第25、26条的规定，有限责任公司的注册资本为在公司登记机关登记的全体股东认缴的出资额，但并不要求股东在公司设立时一次性实缴出资，公司章程可以对股东实际缴纳出资的方式、分期缴纳的时间和数额作出具体的规定。因股东认缴的出资数额系股东意思自治事项，不同于股东实际缴纳出资这一履行行为，其诉讼请求应否得到支持，关键在于星泰公司的各股东是否就修改公司章程规定的认缴数额、出资比例等事项形成了有效的股东会决议。

《公司法》第43条第2款规定："股东会会议作出修改公司章程、增加或者减少注册资本的决议，以及公司合并、分立、解散或者变更公司形式的决议，必须经代表三分之二以上表决权的股东通过。"因此，星泰公司的注册资本总额、各股东的出资比例的变更，必须经代表2/3以上表决权的股东通过，形成公司决议。本案中，陈某新、章某来、邱某平于2010年3月29日签订的《星泰公司合股投资补充协议》是经星泰公司全体股东一致表示同意的书面文件，可以认定星泰公司就股东之间出资比例的调整形成了决议，但该补充协议的内容仅是拟对投资比例进行调整的约定，并不包括公司注册资本数额应当如何调整的事项。陈某新在本案中自述星泰公司于2012年4月6日投产，实际投产时间晚于前述补充协议的签订

---

① （2018）最高法民申168号民事裁定书。

时间,对这一期间股东的投资现状有无发生变化,以及变化后应当如何调整,各股东之间并未议及,而且根据陈某新、章某来、邱某平缴纳出资的实际情况,这一调整必然涉及星泰公司注册资本的变更。一审判决根据该补充协议以星泰公司股东的实际出资数额为依据认定各该股东的股权比例,混淆了股东的认缴出资与实际缴纳出资之间的关系,系司法权对公司自治事项的僭越,其判决结果明显不当。申请人陈某新关于以公司股东各自实际缴纳的出资来认定相应的出资比例的诉讼理由,并无相应的事实和法律依据,本院不予支持。

案例2.40 海南悦信集团有限公司与厦门源昌房地产开发有限公司公司盈余分配纠纷案

在海南悦信集团有限公司(以下简称悦信集团)与厦门源昌房地产开发有限公司(以下简称源昌公司)公司盈余分配纠纷案①中,最高人民法院认为:悦信集团主张其汇给源昌公司的2000万元系投资款,源昌公司对此予以否认,并主张该笔款项系其他开发项目款,源昌公司已通过退款和债务抵销方式结清。根据民事诉讼的举证责任分配原则,悦信集团负有证明案涉2000万元为投资款的义务,但其未能提供相应的出资证明或投资合同,亦未能证明其与源昌公司之间存在增资的合意,一审法院对悦信集团投资源昌公司的事实不予认定并无不当。

综上,注册资本及股东出资比例的变动并非资本的进入(或流出),需要经代表2/3表决权的股东通过,并形成公司决议。

三、在多个股东未履行出资义务时,债权人是否可以选择股东进行诉讼

案例2.41 湖北千翔实业有限公司、十堰鼎寅实业有限公司建设工程施工合同纠纷案

在湖北千翔实业有限公司(以下简称千翔公司)、十堰鼎寅实业有限公司(以下简称鼎寅公司)建设工程施工合同纠纷案②中,宏程公司是由十堰市宏三和投资管理有限公司(以下简称宏三和投资公司)和宏三和精密实业(集团)有限公司

---

① (2013)最高法民申字第1374号民事裁定书。

② (2019)最高法民申2186号民事裁定书。

(中国香港)(以下简称宏三和精密公司)两家法人公司发起,千翔公司、鼎寅公司、十堰东盈物流有限公司(以下简称东盈公司)共5家法人股东认缴出资设立,在本案一审、二审中车城公司未向宏三和投资公司和宏三和精密公司提出赔偿请求。再审申请人千翔公司认为生效判决遗漏当事人,违反法定程序。

最高人民法院认为:根据《公司法司法解释三》第13条第2款的规定,公司债权人请求未履行或者未全面履行出资义务的股东在未出资本息范围内对公司债务不能清偿的部分承担补充赔偿责任的,人民法院应予支持。本案中,宏程公司的5家法人股东均未按照约定履行出资义务,但基于车城公司并未对宏三和投资公司和宏三和精密公司提出赔偿请求,基于不告不理原则,原审未追加宏三和投资公司和宏三和精密公司参加诉讼并无不当。

四、《公司法司法解释三》第13、14条溯及力问题

《公司法》于1993年12月29日第八届全国人民代表大会常务委员会第五次会议通过,自1994年7月1日起施行,此后《公司法》经过五次修订,随后,自2014年3月1日起至今,最高人民法院先后颁布了四个司法解释。

有很多公司的成立时间较长,在成立之时,对公司相关人员的权利、义务、责任等并未规定或规定得不够细化,因此产生相关司法解释在针对历史遗留案件的适用问题。最高人民法院《关于适用〈中华人民共和国公司法〉若干问题的规定(一)》(以下简称《公司法司法解释一》)第1条规定:“公司法实施后,人民法院尚未审结的和新受理的民事案件,其民事行为或事件发生在公司法实施以前的,适用当时的法律法规和司法解释。”该条规定采取法不溯及既往原则。第2条虽然规定:“因公司法实施前有关民事行为或者事件发生纠纷起诉到人民法院的,如当时的法律法规和司法解释没有明确规定时,可参照适用公司法的有关规定。”该条规定了可以溯及既往的例外情形,但必须满足当时的法律法规和司法解释没有明确规定的条件,而且即使满足前述条件亦非必须溯及既往。

案例2.42　北京资合房地产开发有限公司、中国寰岛集团有限公司股东出资纠纷案

在北京资合房地产开发有限公司(以下简称北京资合公司)、中国寰岛集团有

限公司(以下简称寰岛公司)股东出资纠纷案①中,法院查明的基本事实为:资合实业公司系北京资合公司的股东,寰岛公司系资合实业公司的实际控制人,寰岛公司指令并协助资合实业公司抽逃了向北京资合公司投入的217万美元的注册资金。本案中,北京资合公司起诉资合实业公司向公司返还抽逃出资本息,寰岛公司承担连带责任。本案生效判决仅判令资合实业公司返还抽逃本息,但并未判令寰岛公司承担责任。

北京资合公司遂向最高人民法院申请再审,其认为《公司法司法解释三》第14条关于协助抽逃出资的实际控制人应与抽逃出资的股东承担连带责任的规定,属于此前没有相关法律规范可适用于具体案件,需要司法解释弥补现有法律体系不足的情形,本案应依法适用,寰岛公司应该承担连带责任。最高人民法院认为:本案所涉抽逃出资行为发生时所施行的《公司法》(1993年)第4条第2款、第25条第1款、第26条、第34条、第209条等规定,对抽逃出资的相关规定是明确的,并没有实际控制人的概念及责任规定。《公司法司法解释三》第14条第1款规定:"股东抽逃出资,公司或者其他股东请求其向公司返还出资本息、协助抽逃出资的其他股东、董事、高级管理人员或者实际控制人对此承担连带责任的,人民法院应予支持。"该条的制定依据是《公司法》(2005年修订)增加的实际控制人之规定,通过共同侵权责任体系作出的解释。连带责任的适用条件之一为法律的明确规定。在行为时的法律根本没有规定实际控制人责任的情况下,二审法院不参照适用《公司法》(2005年修订)的规定并无不当。

案例2.43 郭某婴、深圳市雪樱花实业有限公司股东出资纠纷案

在郭某婴、深圳市雪樱花实业有限公司股东出资纠纷案②中,最高人民法院认为:《公司法司法解释三》第13条第1款规定,股东未履行或者未全面履行出资义务,公司或者其他股东请求其向公司依法全面履行出资义务的,人民法院应予支持。该条第4款规定,股东在公司增资时未履行或者未全面履行出资义务,依照本条第1款或者第2款提起诉讼的原告,请求未尽《公司法》第148条第1款规定的义务而使出资未缴足的董事、高级管理人员承担相应责任的,人民法院应予支

① (2018)最高法民申2015号民事裁定书。
② (2018)最高法民申2300号民事裁定书。

持;董事、高级管理人员承担责任后,可以向被告股东追偿。根据原审查明,郭某婴和食品公司两次虚假增资均使用同一虚假账户,其对食品公司虚假增资的行为显然知情。二审法院认为,郭某婴作为公司法定代表人和董事未尽忠实勤勉义务,对食品公司虚假增资行为存在过错并判决其承担相应责任,符合本案实际情况和上述法律规定。《公司法司法解释一》第2条规定,因公司法实施前有关民事行为或者事件发生纠纷起诉到人民法院的,如当时的法律法规和司法解释没有明确规定时,可参照适用公司法的有关规定。食品公司涉案虚假增资行为发生之时,相关法律对于法定代表人及董事未尽忠实勤勉义务的法律责任即便没有明确规定,但原审法院根据前述规定参照现行法律处理本案,亦无不妥。

五、公司解散时股东出资义务的履行

最高人民法院《关于适用〈中华人民共和国公司法〉若干问题的规定(二)》(以下简称《公司法司法解释二》)第22条第1款规定:"公司解散时,股东尚未缴纳的出资均应作为清算财产。股东尚未缴纳的出资,包括到期应缴未缴的出资,以及依照公司法第二十六条和第八十条的规定分期缴纳尚未届满缴纳期限的出资。"

案例2.44 (株)圃木园控股与上海福生豆制食品有限公司、上海市张小宝绿色食品发展有限公司股东出资纠纷案

在(株)圃木园控股与上海福生豆制食品有限公司、上海市张小宝绿色食品发展有限公司股东出资纠纷案[1]中,最高人民法院认为:《公司法》规定,股东对公司出资是法定义务。《公司法司法解释二》规定,公司解散时,股东尚未缴纳的出资均应作为清算财产。股东尚未缴纳的出资,包括到期应缴未缴的出资,以及依照《公司法》第26条和第80条的规定分期缴纳尚未届满缴纳期限的出资。前述规定说明,股东的出资义务并不因公司解散而免除,股东间存在矛盾更无法成为延迟履行或不予履行出资义务的理由。

六、出资义务的加速到期

2013年12月28日修订、2014年3月1日实施的《公司法》实行认缴制后,仅

① (2014)最高法民提字第170号民事裁定书。

在两种情况下有法律明确规定，股东的出资义务不受出资期限的限制，一个是《企业破产法》第35条，规定："人民法院受理破产申请后，债务人的出资人尚未完全履行出资义务的，管理人应当要求该出资人缴纳所认缴的出资，而不受出资期限的限制。"另一个是《公司法司法解释二》第22条，规定："公司解散时，股东尚未缴纳的出资均应作为清算财产。股东尚未缴纳的出资，包括到期应缴未缴的出资，以及依照公司法第二十六条和第八十条的规定分期缴纳尚未届满缴纳期限的出资。"

除此之外，围绕认缴资本制下股东出资期限能否被加速到期的问题，尤其能否适用《公司法司法解释三》第13条第2款的问题，即在注册资本认缴制下，公司债权人以公司不能清偿到期债务为由，请求出资期限未到期的股东在其认缴出资范围内对债权人享有的公司不能清偿的债务部分承担补充赔偿责任，实务界存在两种不同的观点。

第一种观点认为，股东对公司的出资数额、出资期限等出资义务已经在工商部门登记备案，并向社会公示。债权人在与公司进行交易时，完全可以通过这些公示信息进行综合判断以决定是否进行交易。债权人一旦选择交易，就应该尊重股东在认缴出资期限内的"时间"利益。认缴制系公司法的明文规定，加速到期无疑是对认缴制的突破，有违认缴制设置的初衷，且这种突破实质上是有损股东的利益，在法无明确规定的情况下，不宜对相关条款作扩大解释。《公司法司法解释三》第12条第2款规定，"未履行或者未全面履行出资义务的股东"，是指出资不实的股东对公司债务不能清偿的部分承担补充赔偿责任。认缴制下因出资未届期而未出资的股东，不属于该情形，不应对公司债务不能清偿的部分承担补充赔偿责任。

第二种观点认为，在公司资本认缴制度下，股东的出资义务只是附期限履行，并不是免除，在公司经营发生困难，尤其是无法清偿债权人到期债务，损害债权人利益时，为维持公司经营，保护债权人利益，股东的出资义务应该加速到期。尽管公司章程对有关出资期限进行了公示，但章程的本质仍然是股东的内部约定，不应该对股东以外的第三人产生约束力。我们赞同第二种观点，法律明确规定，股东应该以其出资额对公司承担有限责任，当公司无法清偿债权人债务时，如果不允许股东认缴出资加速到期，那么保护债权人的方法可能仅能通过公司破产程序来实现，这样显然不利于市场经济的健康持续发展。此外，现实中也确实存在个别股东通过利用认缴期限规避债务、损害债权人的手段。因此，在公司无法清偿债权人债务的情况下，允许股东认缴出资义务加速到期。

案例 2.45　上海雅穆装饰材料有限公司、上海剑海装饰材料有限公司与江某民、朱某生等股东损害公司债权人利益责任纠纷案

在目前的司法实践中，支持第一种观点的判例较多，笔者从众多案例中挑选一篇论理较为充分的案例供大家参考。

上海市奉贤区人民法院审理的上海雅穆装饰材料有限公司（以下简称雅穆公司）、上海剑海装饰材料有限公司（以下简称剑海公司）与江某民、朱某生等股东损害公司债权人利益责任纠纷案①的基本案情为：生效判决确认确认上海柒牧家具制造有限公司（以下简称柒牧公司）应该向原告雅穆公司、剑海公司支付货款409,925元及相应利息，雅穆公司、剑海公司根据生效判决申请强制执行后，2015年7月24日，法院以柒牧公司无财产可供执行为由，裁定终结本次执行程序。柒牧公司系有限责任公司，成立于2014年4月21日，注册资本为500万元，现工商登记股东为被告江某民、朱某生、刘某乔、金某、孙某民，认缴出资分别为112.50万元、112.50万元、50万元、112.50万元、112.50万元，出资时间均为2018年4月前。于是，原告雅穆公司、剑海公司提起本诉，要求被告江某民、朱某生、刘某乔、金某、孙某民在认缴出资范围内清偿原告债务。

法院认为，本案的争议焦点是：五被告在出资期限尚未届至的情况下，应否向二原告承担补充赔偿责任。对此，法院认为，五被告出资期限尚未届至，其无须向二原告承担补充赔偿责任。理由是：第一，从现行法律及司法解释的规定来看，根据《公司法》第28条的规定，股东应当按期足额缴纳公司章程中规定的各自所认缴的出资额。该规定明确股东应"按期"缴纳而非"随时"缴纳，体现了公司法对章程所规定出资期限的尊重。根据《公司法司法解释二》第22条的规定，股东未缴出资作为清算财产的前提是公司处于解散状态。结合上述公司法关于按期缴纳出资的规定可知，股东"按期"出资是原则，"提前"出资是在特定条件下的例外。第二，从公司人格独立理论来看，公司一经成立即具有独立的法律人格，系属

① (2016)沪0120民初8315号民事判决书。

独立的民事法律主体,公司的社团行为与股东的个人行为彼此完全独立。这也决定了通常情况下公司股东并不对公司的行为和债务承担个人责任,这也正是股东设立公司意义之所在。若只要公司债权不能获得清偿,即直接认定股东出资义务"加速到期",则实质上是否定了公司独立人格,有违法律创设公司制度的初衷。第三,从商事外观主义的基本原则来看,股东对公司的出资义务源于股东间出资协议或章程约定,并通过章程备案登记的方式向社会公示,是向包括债权人在内的不特定第三人宣告了自己的出资期限,债权人也是在此预期下与公司进行交易,债权人仅以自己对公司债权没有获得清偿为由,要求股东提前履行出资义务,既有违诚信,也是对股东期限利益的剥夺,不具正当性。第四,二原告认为,股东出资系属义务,并非权利,二原告有权要求五被告提前补足出资。对此,本院认为,在五被告出资义务尚未到期前,五被告享有"期限利益",二原告不得要求五被告的出资义务"加速到期",故本院对二原告的观点不予采纳。

综上分析,股东应当按期足额向公司履行交付出资的义务,在股东出资期限尚未到期的情况下,公司不得要求股东交付出资,公司债权人亦无权要求股东承担补充赔偿责任,除非存在法律及司法解释规定的特定情形。本案中,五被告对柒牧公司的出资期限尚未到期,且不存在法律及司法解释规定的特定情形,现二原告要求五被告对柒牧公司的债务承担补充赔偿责任,缺乏事实及法律依据,本院不予支持。

在司法实践中,也有部分判例支持债权人请求将股东的出资期限加速到期。

案例2.46　安徽省红业医药有限公司、河北浩大医药有限公司买卖合同纠纷案

在合肥市中级人民法院审理的安徽省红业医药有限公司(以下简称红业公司)、河北浩大医药有限公司(以下简称浩大公司)买卖合同纠纷案[①]中,二审法院认为:本案争议焦点之一为闫某峰、闫某权、耿某秋应否在对浩大公司的增资未到位的范围内对浩大公司拖欠的货款承担补充赔偿责任。《公司法司法解释三》第13条第2款规定,公司债权人请求未履行或者未全面履行出资义务的股东在未出资本息范围内对公司债务不能清偿的部分承担补充赔偿责任的,人民法院应予支持。第18条规定,有限责任公司的股东未履行或者未全面履行出资义务即转让

① (2017)皖01民终6212号民事判决书。

股权，受让人对此知道或者应当知道，公司请求该股东履行出资义务、受让人对此承担连带责任的，人民法院应予支持；公司债权人依照本规定第 13 条第 2 款向该股东提起诉讼，同时请求前述受让人对此承担连带责任的，人民法院应予支持。本案中，并无证据反映闫某峰、闫某权、耿某秋对于其承诺的向浩大公司的增资 726 万元、187 万元、187 万元履行了缴纳义务，故应认定该三人未履行增资义务。在没有认缴期限的情况下，依照上述规定，要求该三人在未履行增资义务数额的范围内对浩大公司的涉案债务承担补充赔偿责任应无异议，问题在于本案中该三人承诺上述增资款于 2044 年 3 月 12 日前缴清，该承诺能否成为对抗履行上述赔偿义务的理由。本院认为，本案中闫某峰、闫某权、耿某秋三人对于浩大公司拖欠红业公司货款的补充赔偿责任应不受该承诺影响而仍得以成立，理由如下：第一，在认缴制下，公司股东的出资义务只是暂缓履行，而不是永久免除，在公司经营发生重大变化时，债权人应有权要求股东缴纳出资，用于清偿公司债务。因为在注册资本认缴制下，公司股东作出的在一定期限内缴纳（或增加）出资的承诺规定在公司章程中，备案在工商登记资料中，对外具有公示效力，该承诺对股东具有约束力，对债权人也会产生一定的预期；但当上述承诺和预期的条件发生重大变化，如本案中之情形，已出现浩大公司经营困难，无法履行多项生效裁判时，如再坚持股东直到认缴期限届满才负有出资义务，则只会产生资本认缴制成为债务人逃避债务借口的恶劣后果。第二，判令闫某峰、闫某权、耿某秋对浩大公司的欠款承担补充赔偿责任，符合平衡保护公司债权人和公司股东利益的立法目的。公司法中的有限责任制度原则上要求股东以出资额为限对公司债务承担有限责任，这有利于保护股东利益。如果在公司负债累累的情况下，仍然固守认缴制下的股东一直要等到承诺期限届满才负有缴纳出资义务的理念，则实际上在鼓励股东滥用公司独立人格。在公司负有巨额债务的情况下，公司股东采取认缴制的期限利益就失去了存在的基础，此时认定其出资义务提前到期，更有利于保护债权人利益。第三，责任财产制度也要求资本认缴制下的公司股东在公司出现重大债务时缴纳出资，以对外承担责任。公司应以其全部财产对外承担债务，全部财产不仅应理解为包括公司现有的实际财产，也当然包括认缴制下股东承诺在将来的出资（也可将其理解为公司对股东的债权）。

从上述两个案例可以看出，除法律明确规定的情形之外，股东出资义务是否可以加速到期，审判实践中的观点不尽统一，并且各自的裁判理由均有合理之处。

为了统一裁判思路,规范法官自由裁量权,增强民商事审判的公开性、透明性以及可预期行,2019 年 9 月 11 日《全国法院民商事审判工作会议纪要》将股权加速到期的裁判思路统一为:在注册资本认缴制下,股东依法享有期限利益。债权人以公司不能清偿到期债务为由,请求未届出资期限的股东在未出资范围内对公司不能清偿的债务承担补充赔偿责任的,人民法院不予支持。但是,下列情形除外:(1)公司作为被执行人的案件,人民法院穷尽执行措施无财产可供执行,已具备破产原因,但不申请破产的;(2)在公司债务产生后,公司股东(大)会决议或以其他方式延长股东出资期限的。

七、不能以其他股东未履行出资义务而拒绝履行自己的出资义务

在各股东已经做出有关出资或增资相关决议,并且办理了相应的工商登记的情况下,如股东各方签署的协议中有因一方违约导致另一方有权终止履行合同的相关内容,其中一方股东违约,其他股东虽有终止履行出资义务的合同依据,但是公司登记的注册资本具有对外的公示效力,股东不履行或不完全履行出资义务直接会影响公司、公司其他股东以及公司债权人的合法权利。因此,股东不得以其他股东未履行出资义务为由终止履行自己的出资义务,其仍然有义务缴足自己认缴的出资,即股东缴付出资的义务,不能以股东之间的内部约定为由不予履行或部分履行。

案例 2.47 艾费尔(烟台)新型显示器研发中心有限公司、烟台市福山区国有资产经营公司股东出资纠纷案

在艾费尔(烟台)新型显示器研发中心有限公司(以下简称艾费尔公司)、烟台市福山区国有资产经营公司(以下简称福山国有资产公司)股东出资纠纷案[①]中,最高人民法院认为:《公司法》第 28 条规定:“股东应当按期足额缴纳公司章程中规定的各自所认缴的出资额。……股东不按照前款规定缴纳出资的,除应当向公司足额缴纳外,还应当向已按期足额缴纳出资的股东承担违约责任。”《公司法司法解释三》第 13 条第 1 款规定:“股东未履行或者未全面履行出资义务,公司或者其他股东请求其向公司依法全面履行出资义务的,人民法院应予支

① (2018)最高法民终 209 号民事判决书。

持。”由上述规定可见，按期足额缴纳认缴的出资是股东对公司所负有的法定义务，这是公司资本维持原则的基本要求，也是对其他足额出资股东和公司债权人合法权益保护的需要。公司股东不能以其他方股东出资不足为由而免除其对公司的足额出资义务。艾费尔公司出资是否到位并不影响福山国有资产公司履行出资义务。

案例 2.48　水某安和集团有限公司、晶某股东出资纠纷案

在水某安和集团有限公司（以下简称安和公司）、晶某股东出资纠纷案①中，最高人民法院认为：由于《出资协议》的权利主体是蕃安公司，故本案任何一方当事人都不得以对方未完全履行出资义务为由拒绝履行其自身的出资义务。二审法院认为，安和公司、晶某均不享有合同法所规定的双务合同抗辩权，并无不当。

八、隐名股东的显名

根据《公司法司法解释三》第 25 条第 3 款关于“实际出资人未经公司其他股东半数以上同意，请求公司变更股东、签发出资证明书、记载于股东名册、记载于公司章程并办理公司登记机关登记的，人民法院不予支持”的规定，实际出资人成为登记股东，需要公司股东过半数以上同意。司法实践中认为，如果其他股东明知实际出资人的身份，并且在实际经营过程中亦认可其股东身份，且该股东的所占表决权为半数以上的，可以为实际出资人办理相应变更登记。

案例 2.49　北京金源新盛置业有限公司、北京杰宝房地产开发有限责任公司股权转让纠纷案

在北京金源新盛置业有限公司（以下简称金源新盛公司）、北京杰宝房地产开发有限责任公司（以下简称杰宝公司）股权转让纠纷案②中，最高人民法院认为：关于金源新盛公司过户其代为三兴公司持有的 30% 股权过户条件是否成就的问题。案涉《股权转让协议》于 2011 年 3 月 8 日签订后，杰宝公司即召开临时股东

① （2019）最高法民申 509 号民事裁定书。

② （2018）最高法民申 4156 号民事裁定书。

会并作出决议:吸收金源新盛公司为新股东,三兴公司退出杰宝公司股东会。2011年5月18日,杰宝公司向工商登记机关申请办理了股东变更登记。至此,三兴公司已不再是杰宝公司股东。但由于杰宝公司所附债务及清偿情况,金源新盛公司、三兴公司又于2012年11月26日签订《补充协议》,约定三兴公司对杰宝公司享有的30%股权由金源新盛公司代持。至于金源新盛公司过户其代为三兴公司持有的30%股权过户条件是否成就的问题,双方当事人仍各执一词,现就该问题又提出再审申请。对此,本院认为,金源新盛公司过户其代为三兴公司持有的30%股权过户条件成就。理由如下:第一,案涉金源新盛公司与三兴公司之间系股权代持法律关系且有效。第二,原判决认定三兴公司经公司其他股东半数以上,即盛华乐天公司和王某东同意三兴公司办理股东工商登记变更手续并无不当。杰宝公司的股东为金源新盛公司、盛华乐天公司和王某东。实际出资人三兴公司需得到盛华乐天公司或王某东同意,才能办理股东工商登记变更手续。鉴于王某东是金源新盛公司和盛华乐天公司的控股股东,也是杰宝公司的控股股东,原判决关于"在2013年7月30日杰宝公司召开的股东会上,盛华乐天公司和王某东对于三兴公司作为杰宝公司的股东不仅没有异议,而且还认可其以股东身份行使权利,进一步表明其至少不反对三兴公司成为杰宝公司的股东"的认定,亦不违背案涉当事人的本意。故根据《公司法司法解释三》第24条第3款关于"实际出资人未经公司其他股东半数以上同意,请求公司变更股东、签发出资证明书、记载于股东名册、记载于公司章程并办理公司登记机关登记的,人民法院不予支持"的规定,原判决认定三兴公司经公司其他股东半数以上同意,即盛华乐天公司和王某东同意三兴公司办理股东工商登记变更手续,本院不持异议。但原判决适用《公司法》第71条审理本案不当,本院对此予以纠正。第三,在案涉股权已经质押给案外人的情况下,在取得质权人同意或当出质人清偿债务保证质权消灭后,就可以依法进行股权转让登记。故对原判决关于"隐名股东三兴公司能够办理股权变更登记"的认定,本院亦不持异议。

另外,法院在审理过程中,通过在公司办公场所张贴通知以及向其他股东邮寄的方式,要求其他股东书面回复意见,公司其他股东过半数表示同意股权转让的,应当认定该股权转让符合《公司法》第72条的规定,名义出资人应依约为实际出资人办理相应的股权变更登记手续。

在最高人民法院公报案例“张某中诉杨某春股权确认纠纷案”①中，争议股权虽应为原告张某中所有，但原告并不当然成为绿洲公司的股东，被告杨某春在代为持股期限届满后，为原告办理相应的股权变更登记手续，形同股东向股东以外的人转让股权。在案件审理中，法院在绿洲公司张贴通知，并向绿洲公司部分股东发出通知，说明根据《公司法》的有关规定，如绿洲公司股东对原告张某中、被告杨某春之间的股权变更登记有异议，应按规定收购争议的股权，并于2009年12月31日前回复。嗣后，马某忠等8位股东（过半数）同意股权变更登记。因此，张某中、杨某春之间股权变更登记的条件已经成就，原告要求被告履行相应股权变更登记手续的诉讼请求，符合事实与法律依据，应予支持。

① 《最高人民法院公报》2011年第5期。

第三章　股东权利的行使

股东权利，是指股东基于股东资格而享有的、从公司获取收益并参与公司管理的权利。[①] 股东权利包括财产权和公司经营管理的权利，它一种是集财产与经营于一体的综合性新型且独立的权利形态。

股东权利的特征有：第一，股东权是一种资格权利，股东享有股东权利的前提是具有公司的股东资格；第二，股东权利是一种综合性的权利，股东权利是公司法规定的具有独立性的包括财产权和经营管理权等多种权利的综合性的权利；第三，股东权利是一种可支配、请求、转让的权利。[②]

我国《公司法》第4条对股东权利作了概括性的规定，即"公司股东依法享有资产收益权、参与重大决策和选择管理者等权利"，其他关于股东的权利规定于公司法的相关条文中。比如股东的提议召开、出席股东（大）会并进行表决、转让股权、知晓公司经营情况、要求分配利润、对公司经营提出建议及质询、股权的优先受让、新股的优先认购等权利。

第一节　对公司决议提起诉讼的权利

股东（大）会，是指由全体股东组成的，决定公司经营管理的重大事项的机构。股东（大）会是公司的最高权力机关，其他机关都由它产生并对它负责。股东通过股东（大）会就公司经营、管理、增资或减资、存续等重大事项作出赞成、反对等意思表示，进而形成公司意思是股东最基础的权利，也是股东决定公司经营及发展

① 参见范健、王建文：《公司法》（第5版），法律出版社2014年版，第270页。

② 参见赵燕：《股东权利辨析》，载《时代金融》2012年第4期中旬刊。

的重要手段。根据我国《公司法》的规定，股东会的职权包括："（一）决定公司的经营方针和投资计划；（二）选举和更换非由职工代表担任的董事、监事，决定有关董事、监事的报酬事项；（三）审议批准董事会的报告；（四）审议批准监事会或者监事的报告；（五）审议批准公司的年度财务预算方案、决算方案；（六）审议批准公司的利润分配方案和弥补亏损方案；（七）对公司增加或者减少注册资本作出决议；（八）对发行公司债券作出决议；（九）对公司合并、分立、解散、清算或者变更公司形式作出决议；（十）修改公司章程；（十一）公司章程规定的其他职权。"

董事会，是指由股东会选举产生的必设的集体业务执行机关与经营意思决定机关。董事会由股东会选举产生，向股东会负责，贯彻执行股东会决议。① 根据我国《公司法》的规定，董事会的职权包括："（一）召集股东会会议，并向股东会报告工作；（二）执行股东会的决议；（三）决定公司的经营计划和投资方案；（四）制订公司的年度财务预算方案、决算方案；（五）制订公司的利润分配方案和弥补亏损方案；（六）制订公司增加或者减少注册资本以及发行公司债券的方案；（七）制订公司合并、分立、解散或者变更公司形式的方案；（八）决定公司内部管理机构的设置；（九）决定聘任或者解聘公司经理及其报酬事项，并根据经理的提名决定聘任或者解聘公司副经理、财务负责人及其报酬事项；（十）制定公司的基本管理制度；（十一）公司章程规定的其他职权。"但有一些规模较小的有限公司，可以设一名执行董事，不设董事会。

由此可见，公司股东（大）会系公司的最高权力机关和决策机关；董事会是公司决策的执行机关。公司的股东（大）会、董事会的决议关系到公司的经营与发展，也关乎每个股东的切身利益。股东根据法律或者公司章程的规定，有权利召集、出席股东（大）会并进行表决，当股东（大）会、董事会的决议在程序或内容上违反法律规定、公司章程规定，股东有权就相关公司决议提起诉讼。

有关公司决议诉讼的类型，《公司法》第 22 条第 1、2 款分别规定了公司股东会或者股东大会、董事会的决议内容的无效诉讼及撤销诉讼。《公司法司法解释四》第 5 条规定了确认股东会或者股东大会、董事会决议不成立的诉讼类型。

一、决议类诉讼的原告与被告

根据《公司法司法解释四》第 1 条"公司股东、董事、监事等请求确认股东会或

① 参见范健、王建文：《公司法》（第 5 版），法律出版社 2014 年版，第 346 页。

者股东大会、董事会决议无效或者不成立的，人民法院应当依法予以受理”之规定，请求确认公司决议无效或者不成立，公司股东、董事、监事均可提起确认股东会或者股东大会、董事会决议无效或者不成立的诉讼。

《公司法》第22条第2款规定：“股东会或者股东大会、董事会的会议召集程序、表决方式违反法律、行政法规或者公司章程，或者决议内容违反公司章程的，股东可以自决议作出之日起六十日内，请求人民法院撤销。”《公司法司法解释四》第2条规定：“依据民法典第八十五条、公司法第二十二条第二款请求撤销股东会或者股东大会、董事会决议的原告，应当在起诉时具有公司股东资格。”据此，公司决议撤销之诉的原告为股东。

但是，提起公司决议无效诉讼的原告是否包括公司以外的人？

根据最高人民法院审判业务的意见，确认公司决议无效的案件起诉权人包括公司以外的人。主要理由有两个：第一，只要有诉的利益即有起诉权，例如，受让人获得股权后，公司董事会决议不予办理变更登记，股东会决议分配利润方案违反公司法等，侵占债权人利益，这时的股权受让人和公司债权人并非公司内部人员，但公司机关的决议使其权益面临危险和不安，他们的权利是民事权利，并非道德或者伦理的，或者行政争议等，他们具有诉的利益，法院对其主张的判决具有必要性和实效性，应当赋予其诉权；第二，公司法对无效之诉的起诉权人是开放性规定，没有作出限制。《公司法》第22条对无效之诉与撤销之诉作了区别规定，即对撤销之诉的起诉权和起诉时间作了特殊规定。对这个问题，笔者也展开了充分的论证和调研，多数意见倾向于本观点。①

关于公司决议不存在诉讼的原告是否包括公司以外的第三人，笔者认为应该不受限于公司股东或者董事、监事等，理由与公司决议无效诉讼的原告不受限制相同。根据《公司法司法解释四》第5条“股东会或者股东大会、董事会决议存在下列情形之一，当事人主张决议不成立的，人民法院应当予以支持……”之规定，司法解释使用“当事人主张决议不成立”之表述，亦未对该诉的原告进行身份上的限制，从文字上看，只要利益受该决议影响的相关人均可享受诉的利益。

根据《公司法司法解释四》第3条“原告请求确认股东会或者股东大会、董事会决议不成立、无效或者撤销决议的案件，应当列公司为被告。对决议涉及的其

---

① 参见理喻：《涉公司股东权益司法实务答疑——专访最高人民法院民二庭负责人》，载《法律适用》2013年第7期（总第328期）。

他利害关系人,可以依法列为第三人”之规定,公司决议类诉讼的被告应该是公司。

在刘某与金某红股权转让合同纠纷案[①]中,最高人民法院认为:根据《公司法》第 22 条之规定,股东对公司决议提起确认效力之诉,应由不服公司决议的股东以公司为被告提起无效或者撤销之诉。公司股东以公司其他股东为被告,请求确认公司决议有效,不符合《公司法》的规定,亦无诉的利益,为不合法之诉,应依法予以驳回。[②]

二、决议不成立的常见理由

决议不成立,是指决议在程序上存在严重瑕疵,导致决议缺乏基本成立要件。在《公司法司法解释四》出台之前,没有法律或者司法解释规定决议不成立之诉。对公司未召开股东会或者董事会、未对决议事项进行表决等情形,司法实践中多按无效处理;对公司决议的出席人数或表决权等不符合公司法或章程的,多按照可撤销处理。《公司法司法解释四》颁布后,明确规定了股东会或者股东大会、董事会决议存在下列情形之一,当事人主张决议不成立的,人民法院应当予以支持:“(一)公司未召开会议的,但依据公司法第三十七条第二款或者公司章程规定可以不召开股东会或者股东大会而直接作出决定,并由全体股东在决定文件上签名、盖章的除外;(二)会议未对决议事项进行表决的;(三)出席会议的人数或者股东所持表决权不符合公司法或者公司章程规定的;(四)会议的表决结果未达到公司法或者公司章程规定的通过比例的;(五)导致决议不成立的其他情形。”

召开会议必须对审议事项进行明确表决,否则决议有不成立的法律风险。

召开会议后,必须对审议事项进行表决,而非通过谈话、征求意见的方式进行记载,如未经过决议即使在谈话记录中记载谈话人对审议事项提出支持或反对的观点,也不能当然地认为该谈话为表决。

---

① (2010)最高人民法院民三终字第 85 号民事裁定书。

② 参见人民法院出版社编:《最高人民法院司法观点集成》(商事卷)(第 3 版),人民法院出版社 2017 年版,第 361 页。

案例 3.1 三明物产(天津)国际贸易发展有限公司与三明兴业科技(天津)有限公司、李某奎公司决议效力确认纠纷案

在三明物产(天津)国际贸易发展有限公司(以下简称三明物产公司)与三明兴业科技(天津)有限公司、李某奎公司决议效力确认纠纷案①中,天津市第二中级人民法院认为:公司决议是一种法律行为,其成立需要具备一些形式要件,如有股东会会议召开的事实要件、提交表决及表决符合公司法或公司章程要件等。当公司决议不具备形式要件时,则决议不成立或未形成有效决议。本案中,2015 年 6 月 26 日,由贺某召集召开了会议,股东李某奎和李某雄到会,非股东人员也与会,谈话中涉及更换公司法定代表人等内容。但上诉人三明物产公司没有证据证明,此次会议对决议事项进行了表决,继而根据表决结果作出股东会决议。因此,2015 年 6 月 26 日的股东会未形成决议。

股东未参会导致表决结果未达到公司法或章程规定的通过比例,决议未成立。

在股东会议召开时,召集人已经按照法定程序进行通知,但是股东未按时参会导致表决结果未达到公司法或章程规定的通过比例时,该决议仍不成立。

案例 3.2 重庆市中南石油有限责任公司、重庆富成兴商贸有限公司与李某营公司决议纠纷案

在重庆市中南石油有限责任公司(以下简称中南石油公司)、重庆富成兴商贸有限公司(以下简称富成兴公司)与李某营公司决议纠纷案②中,重庆市第二中级人民法院认为:《公司法》第 42 条规定,股东会的议事方式和表决程序,除本法有规定的外,由公司章程规定。《中南石油公司章程》第 30 条规定,股东会会议对所议事项作出决议,须经代表全部表决权的股东通过。对修改公司章程、增加或者减少注册资本以及公司合并、分立、解散或者变更公司形式作出决议,须经代表表决权的股东一致通过。中南石油公司持有 70% 股份份额的股东中石化公司既未参加案涉股东会会议,也未就决议事项行使表决权。因此,案涉股东会会议作出

① (2016)津 02 民终 3229 号民事判决书。
② (2018)渝 02 民终 457 号民事判决书。

的决议并未经过全部表决权的股东通过。依据《公司法司法解释四》第5条的规定，案涉股东会会议的表决结果未达到公司法或者公司章程规定的通过比例的，该决议不成立。中南石油公司上诉主张案涉股东会会议召开前已发函告知中石化公司，并表明“逾期或者不到会视为放弃股东权利，全权授权富成兴公司行使股东权利”。对此，本院经审查认为，权利的放弃必须明示，中石化公司并未明确表示将股东表决权授予富成兴公司行使，事后中石化公司也未予追认。富成兴公司在召开股东会会议前是否发函告知中石化公司，不影响案涉股东会决议未经代表全部表决权的股东通过的事实认定。

三、决议无效的常见情形

根据《公司法》第22条之规定，公司股东会或者股东大会、董事会的决议内容违反法律、行政法规的无效。目前并无相关司法解释进一步明确或列举决议无效的常见情形，笔者通过查询案例，归纳审判实践中常见的无效情形主要如下。

（一）代理人无权代理

参照《公司法》第106条的规定，股东可以委托代理人出席股东大会会议，代理人应当向公司提交股东授权委托书，并在授权范围内行使表决权。如代理人超越权限且股东（委托人）事后未予追认的，会议决议无效。

案例3.3　夏某中与贵州省黔西交通运输联合有限公司、何某阳等公司决议效力确认纠纷案

在夏某中与贵州省黔西交通运输联合有限公司（以下简称黔西交通公司）、何某阳等公司决议效力确认纠纷案①中，最高人民法院认为：夏某中向代某贵出具的授权委托书并不包括代其参加股东会并对决议内容发表意见的内容，故2010年3月30日、6月20日、24日、29日黔西交通公司召开的股东会做出的关于增加注册资本以及修改公司章程的股东会决议内容，没有经过当时仍持有公司93.33%股权的夏某中的同意，也没有证据证明夏某中就公司的该次增资已知悉并明确放弃了优先认缴权，故上述决议内容违反了《公司法》（2005年修订）第35条关于“股

① （2016）最高法民申334号民事裁定书。

东有权优先按照实缴的出资比例认缴出资”的规定，侵犯了夏某中认缴增资的合法权益，依据《公司法》(2005 年修订)第 22 条第 1 款的规定，应认定无效。

（二）侵害股东对公司增资的优先认缴权

根据《公司法》第 34 条之规定，公司新增资本时，股东有权优先按照实缴的出资比例认缴出资。但是，全体股东约定不按照出资比例优先认缴出资的除外。如股东会决议违反该规定，侵犯了股东按照实缴出资比例优先认缴新增资本的，股东会决议无效。在夏某中与贵州省黔西交通运输联合有限公司、何某阳等公司决议效力确认纠纷案中，最高人民法院的裁判理由之一即为案涉股东会决议侵犯了夏某中就公司的该次增资的优先认缴权，决议内容违反了《公司法》的规定。

案例 3.4　周某生与裕昌投资控股集团有限公司、吕某涛等公司决议效力确认纠纷案

在周某生与裕昌投资控股集团有限公司(以下简称裕昌公司)、吕某涛等公司决议效力确认纠纷案①中，山东省高级人民法院认为：《公司法》第 20 条第 1 款规定：“公司股东应当遵守法律、行政法规和公司章程，依法行使股东权利，不得滥用股东权利损害公司或者其他股东的利益……”因此，公司大股东如果为了追求自己的利益，形成的股东会决议影响小股东的个人利益，为小股东增设义务或限制权利，应得到小股东的同意。因本案六次股东会决议是在股东周某生未参加会议，由他人伪造周某生签字做出的，事后周某生亦不予认可，故该六次股东会决议并非周某生真实意思表示，侵犯了周某生的姓名权，干涉了周某生依照自己的真实意思对公司事项进行表决的权利，进而侵害了周某生的增资优先认缴权，属于违反法律规定的侵权行为。

根据原《合同法》第 52 条第 4 项之规定，恶意串通，损害国家、集体或者第三人利益的，合同无效。被告吕某涛及裕昌公司其他被告股东在本案六次股东会议分别召开时明知周某生未参加会议，不可能在股东会决议上签字，仍表决通过了相关股东会决议，应视为被告吕某涛及裕昌公司其他被告股东构成恶意串通的行为。根据《公司法》第 22 条第 1 款之规定，“公司股东会或者股东大会、董事会的

① (2014)鲁商初字第 23 号民事判决书。

决议内容违反法律、行政法规的无效”，因本案六次股东会决议违反了法律强制性规定，故应认定为无效。

（三）侵害股东股权所有权

案例 3.5　贵州贵阳元驰石油运输有限公司、张某胜公司决议纠纷案

在贵州贵阳元驰石油运输有限公司（以下简称元驰公司）、张某胜公司决议纠纷案①中，最高人民法院认为：中国石化集团资产管理有限公司贵州石油分公司于2010年4月27日下发《关于对贵阳元驰公司首任经营者岗位激励股奖励兑现的复函》表明，自2010年4月27日开始，张某胜取得激励股的完整所有权，依法享有个人股权的全部权能。因此，张某胜取得激励股所有权的条件虽由《公司章程》规定，但在张某胜完成《公司章程》规定的目标并取得激励股权后，其合法财产权益应当受到法律保护。元驰公司黔筑元综［2015］38号《股东大会决议》中关于“激励股为全体股东平均持有”的决议内容，实质上是对已经由张某胜个人所有的激励股的所有权作出处置，侵犯了张某胜的财产所有权，该决议内容当属无效。

案例 3.6　叶某、浙江苍南仪表集团股份有限公司公司决议效力确认纠纷案

在叶某、浙江苍南仪表集团股份有限公司（以下简称苍南仪表）公司决议效力确认纠纷案②中，最高人民法院认为：案涉两份董事会决议部分内容侵害了叶某的合法权益，应属无效。从形式上看，案涉两份董事会决议是依据2012年章程第49条的规定作出的。进一步分析该两份董事会决议关于“决定收回叶某股份、股金、股息”“决定将收归企业的叶某股份转让给其他股东”“同意将叶某在工商登记的120万元（占比2.31%）股份……收归企业法人股，由企业法人股转让给……等9位股东”的结论，可以看出确切的依据是上述章程第49条规定中的后半部分，即“若从事本行业同类工作，损害了股东利益或本企业声誉的股东，结算、冻结其股权、股金、红利，收归企业所有；股份由董事会决议决定另行在股东内部转让，其转让增值部分归企业资本公积金”。

---

① （2019）最高法民申297号民事裁定书。

② （2019）最高法民再111号民事判决书。

据此,苍南仪表系基于叶某具有从事本行业同类工作、损害股东利益或企业声誉的行为,通过董事会决议的形式无偿收回叶某股份、股金、股息,但生效的温州市苍南县人民法院(2012)温苍商初字第1727号民事判决已确认叶某于2009年7月经苍南仪表同意辞职,不存在销售同类产品损害苍南仪表利益的行为,故前述章程第49条中后半部分的规定对叶某并无适用的事实基础,苍南仪表无权无偿收回叶某的股份、股金、股息。尽管根据温州市中级人民法院(2017)浙03民终2717号、(2018)浙03民再107号民事判决,叶某自2012年7月23日即丧失苍南仪表的股东身份,苍南仪表在2014年有权对叶某原持有的股份进行处置、转让给其他股东,但并非无偿收回。故案涉两份董事会决议中关于无偿收回叶某股份、股金、股息以及将叶某股份收归企业(法人股)的内容,因侵害叶某合法财产权益、缺乏章程和事实依据,应属无效。一、二审判决仅认定无偿"收回股金、股息"部分无效有误,本院予以纠正。

(四)侵犯股东分红权

根据《公司法》第4、34条之规定,公司股东依法享有资产收益的权利,除全体股东另有约定外,股东有权按照实缴的出资比例分取红利。如公司违反法律规定或者股东约定,变相的以股东会决议的形式侵犯股东的分红权,决议无效。

案例3.7 游某萍与昆明西山土地房屋开发经营(集团)有限公司股权确认纠纷案

在游某萍与昆明西山土地房屋开发经营(集团)有限公司(以下简称开发集团)股权确认纠纷案①中,云南省高级人民法院认为:开发集团以低股价分配股份的行为,究其实质就是变相分红,但分红又不按实际出资比例,显然损害了部分中小股东的利益。根据2005年《公司法》第35条"股东按照实缴的出资比例分取红利;公司新增资本时,股东有权优先按照实缴的出资比例认缴出资。但是,全体股东约定不按照出资比例分取红利或者不按照出资比例优先认缴出资的除外",以及《公司法》第22条"公司股东会或者股东大会、董事会的决议内容违反法律、行政法规的无效……"之规定,该股份认购方案除非全体股东一致认可,否则应为无效。而前述事实表明,有7名股东已经当场表示不认可,故在此情况下,开发集团

① (2008)云高民二终字第197号。

强行通过《关于认购部分股本的方案》并形成股东会决议，该股东会决议应当确定为无效。

（五）违法解除股东资格

非法定情况下，公司不得以股东会决议的形式解除股东资格。

案例3.8　徐某志与藤县米兰房地产开发有限公司、刘某平公司决议效力确认纠纷案

在徐某志与藤县米兰房地产开发有限公司（以下简称米兰公司）、刘某平公司决议效力确认纠纷案①中，广西壮族自治区高级人民法院认为：《公司法司法解释三》第18条规定："有限责任公司的股东未履行出资义务或者抽逃全部出资，经公司催告缴纳或者返还，其在合理期间内仍未缴纳或者返还出资，公司以股东会决议解除该股东的股东资格，该股东请求确认该解除行为无效的，人民法院不予支持……"据审理查明的事实，徐某志已经完成了己方的出资义务，米兰公司和刘某平主张认为徐某志取得公司31.25%的股权没有任何出资，理由不能成立，且米兰公司和刘某平亦无证据证明徐某志存在抽逃全部出资的情形，故而米兰公司于2013年5月9日召开股东会解除徐某志股东资格的决议无法律依据，是无效的。

（六）侵犯公司财产权

《公司法》第3条规定，公司是企业法人，有独立的法人财产，享有法人财产权。因此除法律规定外，股东不得以任何方式擅自决定分配公司资产。

案例3.9　周某平、铜仁市道忠房地产开发有限公司公司决议效力确认纠纷案

在周某平、铜仁市道忠房地产开发有限公司公司决议效力确认纠纷案②中，贵州省高级人民法院认为：《公司法》第3条规定："公司是企业法人，有独立的法人财产，享有法人财产权。公司以其全部财产对公司的债务承担责任。有限责任公

① （2015）桂民四终字第36号民事判决书。

② （2016）黔民终9号民事判决书。

司的股东以其认缴的出资额为限对公司承担责任;股份有限公司的股东以其认购的股份为限对公司承担责任。"第 20 条规定:"公司股东应当遵守法律、行政法规和公司章程,依法行使股东权利,不得滥用股东权利损害公司或者其他股东的利益……"第 186 条规定:"……公司财产在分别支付清算费用、职工的工资、社会保险费用和法定补偿金,缴纳所欠税款,清偿公司债务后的剩余财产,有限责任公司按照股东的出资比例分配,股份有限公司按照股东持有的股份比例分配……公司财产在未依照前款规定清偿前,不得分配给股东。"根据上述规定,公司成立后,公司对股东投入的资产或公司购入的资产享有所有权,股东对投入的资产享有股权,股东要实现其投入的资产收益,可以基于股权行使利润分配权,而股东要收回投入的资产,只能通过解散公司,对公司资产进行清算后,按照自己的出资额或股权比例分配公司的剩余财产来实现。

本案中,公司股东张某忠、周某平和周某国达成《股东会议》决议,约定张某忠以 490 万元的价格将公司资产海珠酒楼转让,转让所得在张某忠、周某平和周某国之间分配,并办理相应的股份转让事宜,这实际上是在公司存续期间,在没有对公司资产进行清算的情况下,将公司资产予以变卖并在股东之间分配,股东因此退出公司,违反了前述公司法的规定。根据《公司法》第 22 条第 1 款"公司股东会或者股东大会、董事会的决议内容违反法律、行政法规的无效"的规定,应认定为无效。故对上诉人提出的转让海珠酒楼地产是公司处置资产以归还上诉人合伙投资款,股东会决议内容并没有违反法律、行政法规,应确定为有效的股东会决议的上诉理由不予支持。

(七)限制股东的知情权、股权转让权等基本权利

股东的知情权及对其股权处分的权利,是股东的基本权利,不得以公司决议的方式进行限制。

案例 3.10 上海前航投资有限公司与张某强、李某权等公司决议效力确认纠纷案

在上海前航投资有限公司(以下简称前航公司)与张某强、李某权等公司决议效力确认纠纷案[①]中,上海市第二中级人民法院认为:根据法律规定,公司股东会

① (2017)沪 02 民终 8813 号民事判决书。

决议内容违反法律、行政法规的无效。相较于2015年11月21日的章程而言，2016年7月12日前航公司股东会决议修改的章程先通过第5条将张某强、李某权、孙某顿、刘某平的股东身份种类纳入职工股份股东的范畴，再通过新增第13条、第23条对职工股东的知情权、转让权利进行限制。综合前述三个修改后的章程条款，2016年7月12日的股东会决议已经实质排除或限制了张某强、李某权、孙某顿、刘某平的知情权、处分权等我国法律赋予股东的股权基本权能。因此，一审法院认定2016年7月12日作出的股东会决议中关于修改公司章程第5条及第23条、新增第13条的内容无效，于法有据。

（八）决议所依据的基础文件被确认无效、被撤销或不存在

在实践中，很多公司决议是依据市场行为，比如股转让行为、投资合作行为等基础事实作出的决议，而很多时候董事会决议往往是为了落实、执行股东会决议而作出，当公司决议所依据的基础法律事实（或法律关系）被确认无效、被撤销或该法律事实根本就不存在，那么基于该法律事实作出的决议应该无效。

案例3.11 上海师大资产经营有限责任公司诉上海交大后勤发展有限公司请求变更公司登记纠纷案

在上海师大资产经营有限责任公司（以下简称师大公司）诉上海交大后勤发展有限公司（以下简称交大公司）请求变更公司登记纠纷案①中，上海市第一中级人民法院认为：交大公司与莘莘公司既有各股东师大公司、教卫公司、姚某英、李某于2013年4月9日签订的《增资扩股合同》约定了公司增资扩股及各股东出资额及持股比例，并明确莘莘公司既有四名股东以净资产审计报告和全部权益价格评估报告为基础，确认莘莘公司整体资产全部评估值，并对所确认的资产的真实性负责，而次日，上述相同签约主体签订的系争股东会决议中关于公司增资扩股及各股东出资、持股比例等内容与上述《增资扩股合同》完全一致。

据此，本院认为，《增资扩股合同》系莘莘公司既有四名股东和新加入股东交大公司之间就增资扩股先行达成的协议，系作为各股东签订关于增资扩股的股东会决议，即系争股东会决议的合同基础。现上述《增资扩股合同》已由生效仲裁裁决书以

① （2016）沪01民终10173号民事判决书。

莘莘公司既有四名股东未如实披露莘莘公司资产状况违反诚实信用原则，且事后弥补措施亦不能否认其此前过错行为及交大公司投资决策所造成的影响等为由，予以撤销，故系争股东会决议的合同基础已不存在，即莘莘公司既有股东和新加入股东就增资扩股事宜的合意已不复存在，则系争股东会决议的相关内容当然归于无效。

（九）董事、监事、高级管理人员不具有任职资格

《公司法》第146条第1款规定："有下列情形之一的，不得担任公司的董事、监事、高级管理人员：（一）无民事行为能力或者限制民事行为能力；（二）因贪污、贿赂、侵占财产、挪用财产或者破坏社会主义市场经济秩序，被判处刑罚，执行期满未逾五年，或者因犯罪被剥夺政治权利，执行期满未逾五年；（三）担任破产清算的公司、企业的董事或者厂长、经理，对该公司、企业的破产负有个人责任的，自该公司、企业破产清算完结之日起未逾三年；（四）担任因违法被吊销营业执照、责令关闭的公司、企业的法定代表人，并负有个人责任的，自该公司、企业被吊销营业执照之日起未逾三年；（五）个人所负数额较大的债务到期未清偿。"根据该条规定，如公司股东会或董事会决议选举前述人员担任董事、监事、高级管理人员，属于违反法律规定，应属无效。

案例3.12　黄某明、黄某林等与江苏慧海股权投资管理有限公司公司决议纠纷案

在黄某明、黄某林等与江苏慧海股权投资管理有限公司公司决议纠纷案[①]中，泰州市中级人民法院认为：本案中，在2015年6月10日召开股东会议之前，金某有数额较大的保证之债到期未清偿，因债务纠纷又使其个人的巨额股权被司法冻结。在股东会议召开后6个月内，金某又有数额较大的保证之债到期未清偿而进入执行程序，因此，2015年6月10日形成的股东会决议的内容即选举金某为执行董事，违反了《公司法》第146条第1款第5项的规定，应为无效。

（十）侵犯股东的经营管理权

根据《公司法》第4条之规定，公司股东有参与公司经营管理的权利。故，公司决议不可剥夺股东的经营管理权，否则该决议无效。

---

① （2016）苏12民终1390号民事判决书。

案例 3.13　百营物业发展(武汉)有限公司、百营地产(中国)有限公司公司决议纠纷案

在百营物业发展(武汉)有限公司(以下简称百营物业公司)、百营地产(中国)有限公司(以下简称百营地产公司)公司决议纠纷案①中,湖北省高级人民法院认为:《百营物业公司章程》第 13 条规定,"公司设立董事会。董事会是公司的最高权力机构,决定公司的一切重大事项,并向投资者负责。"第 15 条规定,"董事会由十一名董事组成,实行委派制。"由此可见,百营物业公司的董事会实行委派制,董事会成员由投资者委派,向投资者负责。百营地产公司作为百营物业公司的股东,有权委派董事,要求百营物业公司的董事会向其负责。涉案《董事会决议》在百营地产公司未出席的情况下,解除百营地产公司委派的董事施某望的职务,违反了《百营物业公司章程》,损害了百营地产公司作为股东的权利,一审法院认定涉案《董事会决议》无效并无不当。

案例 3.14　上诉人湖南胜利湘钢钢管有限公司与被上诉人湖南盛宇高新材料有限公司公司决议纠纷案

在上诉人湖南胜利湘钢钢管有限公司(以下简称湖南胜利公司)与被上诉人湖南盛宇高新材料有限公司公司决议纠纷案②中,湘潭市中级人民法院认为:根据《公司法》第 22 条第 1 款的规定,公司股东会或者股东大会、董事会的决议内容违反法律、行政法规的无效。本案中,上诉人湖南胜利公司修改公司章程的决议,经出席会议的股东所持表决权的 2/3 以上通过,程序上符合法律规定。但公司决议是否有效,不仅要求程序合法,还要求内容合法。本案中,对于被上诉人而言,其通过安排的副总经理和董事各一人,对公司的经营状况进行了解并参加公司经营管理,行使股东权利。上诉人的两名大股东通过公司决议的方式随意剥夺被上诉人提名副总经理和董事各一人的权利,是一种滥用股东权利损害其他股东利益的行为。涉案公司决议系滥用资本多数决作出,因此,该决议内容因违反法律、行政法规而无效。

---

① (2017)鄂民终 3277 号民事判决书。

② (2015)潭中民三终字第 475 号民事判决书。

四、决议撤销的常见情形

根据《公司法》第22条第2款之规定,股东会或者股东大会、董事会的会议召集程序、表决方式违反法律、行政法规或者公司章程,或者决议内容违反公司章程的,股东可以自决议作出之日起60日内,请求人民法院撤销。司法实践中,常见的撤销情形为会议召集、通知、表决、参会人员等违反程序以及决议内容违反章程等。

(一)会议召集程序违法

根据《公司法》第38、39、40、41条之规定,有限公司的首次股东会议由出资最多的股东召集和主持;定期会议应当依照公司章程的规定按时召开;有限责任公司设立董事会的,股东会会议由董事会召集,董事长主持;董事长不能履行职务或者不履行职务的,由副董事长主持;副董事长不能履行职务或者不履行职务的,由半数以上董事共同推举一名董事主持。有限责任公司不设董事会的,股东会会议由执行董事召集和主持。董事会或者执行董事不能履行或者不履行召集股东会会议职责的,由监事会或者不设监事会的公司的监事召集和主持;监事会或者监事不召集和主持的,代表1/10以上表决权的股东可以自行召集和主持。

根据《公司法》第47条之规定,有限公司董事会会议由董事长召集和主持;董事长不能履行职务或者不履行职务的,由副董事长召集和主持;副董事长不能履行职务或者不履行职务的,由半数以上董事共同推举一名董事召集和主持。

根据《公司法》第100条之规定,股份公司的股东大会会议由董事会召集,董事长主持;董事长不能履行职务或者不履行职务的,由副董事长主持;副董事长不能履行职务或者不履行职务的,由半数以上董事共同推举一名董事主持。董事会不能履行或者不履行召集股东大会会议职责的,监事会应当及时召集和主持;监事会不召集和主持的,连续90日以上单独或者合计持有公司10%以上股份的股东可以自行召集和主持。

根据《公司法》第109条之规定,股份公司的董事长召集和主持董事会会议,董事长不能履行职务或者不履行职务的,由副董事长履行职务;副董事长不能履行职务或者不履行职务的,由半数以上董事共同推举一名董事履行职务。

召集人不符合法律规定的,召集程序违反法律规定,决议存在被撤销的风险。

案例3.15 苏州物宝天华置业有限公司与百孚有限公司董事会决议撤销纠纷案

在苏州物宝天华置业有限公司（以下简称天华公司）与百孚有限公司董事会决议撤销纠纷案①中，江苏省高级人民法院认为：《中外合资经营企业法实施条例》第32条规定："董事会会议每年至少召开1次，由董事长负责召集并主持。董事长不能召集时，由董事长委托副董事长负责召集并主持董事会会议。经1/3以上董事提议，可以由董事长召开董事会临时会议。"天华公司章程第23条规定，董事会会议由董事长召集并主持，董事长缺席时由副董事长召集并主持。第24条规定，董事长应在董事会开会前30天书面通知各董事，写明会议内容、时间和地点。天华公司作为中港合资经营企业，其董事会会议的召集程序应当遵守上述法律和公司章程的规定。天华公司虽然主张曾在2009年4月2日电话通知董事长钟某召开临时董事会会议，但钟某对此予以否认，天华公司仅凭其提交的移动电话清单并不足以证明该电话的内容是通知钟某召开临时董事会会议。即使该电话的内容是通知钟某召开临时董事会会议的，由于该电话的通话时间显示为2009年4月2日，即董事会会议召开的当天，亦不符合天华公司章程第24条关于"董事长应在董事会开会前三十天书面通知各董事，写明会议内容、时间和地点"的规定以及《公司法》（2005年修订）第111条关于"董事会每年度至少召开两次会议，每次会议应当于会议召开十日前通知全体董事和监事"的规定。鉴于天华公司董事会召集程序违反《中外合资经营企业法实施条例》、《公司法》和天华公司章程的规定，天华公司的股东之一百孚有限公司可以根据《公司法》的规定请求人民法院撤销天华公司董事会决议。

（二）会议通知不符合章程或者法律规定

根据《公司法》第41、142条之规定，有限公司召开股东会会议，应当于会议召开15日前通知全体股东；但是，公司章程另有规定或者全体股东另有约定的除外。股份公司召开股东大会会议，应当将会议召开的时间、地点和审议的事项于会议召开20日前通知各股东；临时股东大会应当于会议召开15日前通知各股东；发行无记名股票的，应当于会议召开30日前公告会议召开的时间、地点和审议事项。单独或者合计持有公司3%以上股份的股东，可以在股东大会召开10日

① （2010）苏商外终字第0012号民事判决书。

前提出临时提案并书面提交董事会；董事会应当在收到提案后2日内通知其他股东，并将该临时提案提交股东大会审议。

根据《公司法》第110条之规定，股份公司的董事会每年度至少召开两次会议，每次会议应当于会议召开10日前通知全体董事和监事。董事会召开临时会议，可以另定召集董事会的通知方式和通知时限。

提前未通知，在股东大会上临时增加会议议题，属于程序违法。

案例3.16 广西洁宝纸业投资股份有限公司与卢某章、杨某乔公司决议撤销纠纷案

在广西洁宝纸业投资股份有限公司（以下简称洁宝公司）与卢某章、杨某乔公司决议撤销纠纷案①中，广西壮族自治区高级人民法院认为：洁宝公司于2011年10月11日和27日关于召开2011年度股东会的通知中均未列明选举第四届监事会监事的事项，但却对选举第四届监事会监事的事项进行了决议，违反了2005年《公司法》第103条"召开股东大会会议，应当将会议召开的时间、地点和审议的事项于会议召开二十日前通知各股东……股东大会不得对前两款通知中未列明的事项作出决议"的规定。

值得注意的是，《公司法》中有关会议的审议事项必须进行通知是对股份公司召开股东大会有关通知事项的明确规定，《公司法》对有限公司召开股东会通知内容是否必须通知会议议题并未有明确的法律规定。

案例3.17 陈某柏、余某与黄石市江城物业管理有限公司公司决议纠纷案

在陈某柏、余某与黄石市江城物业管理有限公司公司决议纠纷案②中，黄石市中级人民法院认为：关于有限责任公司在股东会会议召开过程中是否可以临时增加议题问题，《公司法》只规定提前15天通知全体股东，并没有规定必须通知会议审议的事项，亦没有要求不得对通知中未列明事项进行表决；且不禁止会议进行期间临时增加议题和对增加的议题进行表决。故黄石市江城物业管理有限公司

① （2013）桂民提字第154号民事判决书。

② （2016）鄂02民终862号民事判决书。

在股东会议召开过程中临时增加议题并不违反法律规定。

会议中途休息，主持人未按照约定时间恢复会议，且会议恢复未通知股东，导致股东未参加剩余会议，属于程序违法。在广西洁宝纸业投资股份有限公司(以下简称洁宝公司)与卢某章、杨某乔公司决议撤销纠纷案中，广西壮族自治区高级人民法院认为:2011年11月11日上午，洁宝公司股东大会休会30分钟，本应于9时50分准时继续开会，但洁宝公司并没有按时于9时50分继续开会，且在没有通知包括卢某章、杨某乔在内的21名股东的情况下，于当天上午10时20分，即超过原定的休会时间之后再次召开股东会，违反了《公司法》及洁宝公司《公司章程》中关于洁宝公司召开股东大会应提前告知各股东开会的时间、地点的规定。虽然卢某章、杨某乔等21名股东在股东大会休会超过30分钟之后，没有询问是否继续开会就离开会场，但这并不能免除洁宝公司履行通知股东召开股东会的时间、地点的义务，因此洁宝公司认为卢某章、杨某乔等股东在没有询问是否继续开会的情况下擅自离开，应视为自动放弃权利的理由不成立，本院不予支持。

由此可见，在司法实践中仅凭通话记录达不到通知义务的履行标准，不能证明履行通知义务。

(三)决议程序违法

根据《公司法》第42、43条之规定，除公司章程另有规定外，股东会会议由股东按照出资比例行使表决权；股东会会议作出修改公司章程、增加或者减少注册资本的决议，以及公司合并、分立、解散或者变更公司形式的决议，必须经代表2/3以上表决权的股东通过。股东会的议事方式和表决程序，除本法有规定的外，由公司章程规定。

根据《公司法》第103条之规定，股东出席股东大会会议，所持每一股份有一表决权。但是，公司持有的本公司股份没有表决权。股东大会作出决议，必须经出席会议的股东所持表决权过半数通过。但是，股东大会作出修改公司章程、增加或者减少注册资本的决议，以及公司合并、分立、解散或者变更公司形式的决议，必须经出席会议的股东所持表决权的2/3以上通过。

董事会会议的表决方式应该符合公司章程的规定，股东不得以决议事项的紧急性或决议结果的合理性而主张未按照公司章程进行表决的事项是合法的。

案例3.18 北京金冠汽车服务有限公司与东联科技有限公司董事会决议撤销纠纷案

在北京金冠汽车服务有限公司(以下简称金冠公司)与东联科技有限公司(以下简称东联公司)董事会决议撤销纠纷案[①]中,北京市高级人民法院认为:本案系属董事会决议撤销纠纷,审查内容是争议的董事会决议的召开及表决方式是否符合公司章程的规定,上诉人金冠公司对于一审法院关于董事会决议召开程序的认定不持异议,故二审法院审查的内容是争议的董事会决议通过的表决方式是否符合公司章程的规定。上诉人金冠公司辩称公司章程第24条和第25条属于可选择条款,但是审查公司章程第24条和第25条的文义,并不能得出上诉人的结论;另,根据查明的事实,被上诉人东联公司的派驻董事对于董事会决议事项明确表明了其意见,并表示绝不放弃表决权,因此,上诉人关于东联公司弃权的理由亦不能成立。根据金冠公司章程第28条的规定,"购买总价值在人民币5万元以上的任何资产"应采用该条规定的表决方式通过,而本案争议的董事会决议事项是每年提高相对方的租金100万元,应当属于公司的重大事项,适用该条规定。结合公司章程第15、17、25条之规定,金冠公司董事会决议的表决通过方式采用的并非通常意义上的资本多数决方式,而是董事人数的2/3多数且应包含各方至少1名董事。此举意味着对于金冠公司重大事项的表决方式,金冠公司的三方股东派驻的董事必须做到每方股东派驻的董事至少有1名董事参加并同意才具备通过的可能,此为金冠公司的股东在金冠公司设立时的自愿约定并已通过中华人民共和国商务部的批准而生效。因此,此为衡量本案争议的董事会决议通过方式是否合法的唯一依据,上诉人关于决议事项的紧急性或决议结果合理性的上诉理由,均不能作为衡量董事会决议通过方式合法性的依据。由于本案争议的董事会决议缺乏股东一方东联公司董事的参与及事后同意,根据公司章程第25条的规定,该董事会决议在法律上属于可撤销的范畴。毋庸置疑,金冠公司章程的此项规定,导致只要有一方股东不同意公司的经营决策,公司的决议决策机制易陷于僵局,但是此为金冠公司各方股东的自愿约定,本院无权干预。

---

① (2009)高民终字第1147号民事判决书。

案例 3.19　聚百惠公司、黄某贤与彭某春等公司决议撤销纠纷案

在聚百惠公司、黄某贤与彭某春等公司决议撤销纠纷案[①]中，广西壮族自治区高级人民法院认为：在表决程序上，聚百惠公司章程第 14 条规定“决议应当由全体股东表决通过”，该条并非要求股东会决议须全体股东同意方才通过，而是强调股东会决议应由全体股东参与表决，再依据多数决予以通过。聚百惠公司股东会在通过《4.12 决议》与《4.19 决议》时，股东黄某义、游某成因缺席并未参与表决，且无证据表明黄某义、游某成弃权，故《4.12 决议》《4.19 决议》违反了该公司章程规定的表决程序。两次股东会涉及聚百惠公司整体转让，含公司的全部设备、设施，决议结果可能导致公司股权结构重大变化或公司合并、解散等情形，就此可能符合《公司法》第 43 条第 2 款关于绝对多数决方式的规定，即“股东会会议作出修改公司章程、增加或者减少注册资本的决议，以及公司合并、分立、解散或者变更公司形式的决议，必须经代表三分之二以上表决权的股东通过”。本案中，向法院请求撤销案涉决议的股东为黄某义、游某成、彭某春，三个股东的股权比例合计达到 35.74%，已超过全部股权的 1/3，该案涉决议的撤销可能导致相关决议内容无法再次通过，鉴于《4.12 决议》《4.19 决议》可能对股东权益产生重大影响，本院认为案涉程序瑕疵对决议具有实质性影响。

当公司会议表决事项与股东或者董事有利害关系时，该股东或董事应该在该次表决中回避，否则该决议可能会被撤销。

案例 3.20　于某港与河北航空集团天鹅国际旅行社有限公司公司决议撤销纠纷案

在于某港与河北航空集团天鹅国际旅行社有限公司公司决议撤销纠纷案[②]中，石家庄市中级人民法院认为：本案中河北航空集团天鹅国际旅行社有限公司 2016 年 1 月 8 日召开的董事会会议中由田某华董事本人表决是否同意其自己负责公司的生产经营管理工作实为不妥，该董事在本次会议议题的表决上应当回避。

---

① (2018)桂民申 2399 号民事裁定书。

② (2016)冀 01 民终 3776 号民事判决书。

（四）公司章程条款规定存在矛盾时，如何判断决议的效力

在司法实践中，当公司章程条款出现矛盾时，司法实践中常见的处理方式是特别条款优先于普通条款，或视为没有约定，按照《公司法》规定或者法律基本原则确定。

案例3.21 宝恒投资有限公司与三亚保力房地产投资开发有限公司公司决议撤销纠纷案

在宝恒投资有限公司（以下简称宝恒公司）与三亚保力房地产投资开发有限公司（以下简称保力公司）公司决议撤销纠纷案①中，海南省高级人民法院认为：保力公司《有限公司章程》第3条规定，增加或减少注册资本，须由全体股东表决通过。同时，该公司章程的第8条又规定，增加或减少注册资本，由代表2/3以上表决权的股东表决通过。由此可见，该公司章程第3条与第8条的规定存在冲突。从内容来看，该公司章程的第3条为有关公司注册资本的特别约定，第8条为公司股东会议事规则的一般约定。在同一个公司章程中，特别约定应优先于一般约定，故保力公司股东会对增加或减少注册资本的决议，须由全体股东表决通过。宝恒公司未出席2014年5月20日股东会亦未行使表决权，仅由天久公司单方表决通过的批准公司增加注册资本10,000万元方案的2014年5月20日股东会临时会议决议，违反了保力公司公司章程的规定，宝恒公司可依据《公司法》第22条的规定请求予以撤销。

案例3.22 李某铸、王某明等与兴安县兴运运输有限责任公司公司决议撤销纠纷案

在李某铸、王某明等与兴安县兴运运输有限责任公司公司决议撤销纠纷案②中，广西壮族自治区高级人民法院认为：本案中，《兴安县兴运运输有限责任公司章程》第五章第14条第2项规定：修改公司章程的决议须经2/3以上表决权的股

① (2015)琼民二终字第19号民事判决书。
② (2016)桂民申1572号民事裁定书。

东通过。但同时该章程第十二章附则的第43条规定：本章程的修改，必须经全体股东一致同意，并报登记主管机关审核备案。由公司章程的上述两个条款内容可知，对于公司章程的修改是经2/3以上表决权的股东通过，还是经全体股东一致同意，在该公司章程中约定矛盾，应视为约定不明。在章程约定不明的情况下，修改公司章程应依据《公司法》第43条的规定，即必须经代表2/3以上表决权的股东通过。

五、有关公司决议诉讼应当注意的其他问题

（一）不成立之诉不适用诉讼时效

关于公司决议不成立之诉不适用《公司法》第22条有关60日的除斥期间的规定，在理论界及司法实践中基本没有争议；但是关于公司决议不成立之诉是否适用诉讼时效的规定，在司法实践中存在不同的观点。

案例3.23 遵义市明德机动车驾驶培训有限责任公司、张某公司决议纠纷案

在遵义市明德机动车驾驶培训有限责任公司、张某公司决议纠纷案①中，贵州省高级人民法院认为：关于本案是否超过60日撤销公司决议的诉讼时效期限的问题，对股东会决议的撤销是在股东会决议成立的基础上进行的，本案中，一审原告的诉讼请求为判决确认2016年4月4日虚假股东会决议不成立，故本案是确认决议是否成立之诉，而非撤销股东会决议之诉，原告的诉请并未超过诉讼时效。

案例3.24 张某胜、天津鹏翎集团股份有限公司公司决议效力确认纠纷案

在张某胜、天津鹏翎集团股份有限公司公司决议效力确认纠纷案②中，天津市滨海新区人民法院认为：关于诉讼时效及法定期间，本案为公司决议效力确认纠纷，张某胜要求确认涉案的公司决议不成立，该请求不受诉讼时效的限制，故对于被告的抗辩主张，一审法院不予支持。

---

① （2018）黔民终936号民事判决书。

② （2018）津0116民初30号民事判决书。

案例3.25 晏某兵与周某传公司决议纠纷案

在晏某兵与周某传公司决议纠纷案[①]中,南平市中级人民法院认为:关于本案是否超过诉讼时效问题,本案争议的股东决议是否成立,属于对法律关系是否成立的确认之诉,不适用民事诉讼时效的规定。晏某兵认为本案超过了诉讼时效的上诉理由不能成立。

笔者认为,诉讼时效的适用则较多地适用于权利人对自己权益的保护制度上,其适用对象针对的仅是权利人,故除法律另有规定外,只有请求权才适用诉讼时效制度。确认之诉,是指原告请求人民法院确认自己与被告之间存在或不存在某种法律关系的请求,不应适用诉讼时效的规定。但是,鉴于在审判实践中,对于公司决议不成立之诉应适用诉讼时效的观点也较为常见,故建议尽量在法定的诉讼时效内起诉。

(二)涉及公司自治的决议内容,不属于司法审查范围

案例3.26 李某军诉上海佳动力环保科技有限公司公司决议撤销纠纷案

在最高人民法院公布的指导案例10号——李某军诉上海佳动力环保科技有限公司(以下简称佳动力公司)公司决议撤销纠纷案[②]中,上海市第二中级人民法院认为:根据《公司法》第22条第2款的规定,董事会决议可撤销的事由包括:(1)召集程序违反法律、行政法规或公司章程;(2)表决方式违反法律、行政法规或公司章程;(3)决议内容违反公司章程。从召集程序看,佳动力公司于2009年7月18日召开的董事会由董事长葛某乐召集,三位董事均出席董事会,该次董事会的召集程序未违反法律、行政法规或公司章程的规定。从表决方式看,根据佳动力公司章程的规定,对所议事项作出的决定应由占全体股东2/3以上的董事表决通过方才有效,上述董事会决议由三位股东(兼董事)中的两名表决通过,故在表决方式上未违反法律、行政法规或公司章程的规定。从决议内容看,佳动力公司章程规定董事会有权解聘公司经理,董事会决议内容中“总经理李某军不经董事

① (2019)闽07民终1327号民事判决书。
② (2010)沪二中民四(商)终字第436号民事判决书。

会同意私自动用公司资金在二级市场炒股，造成巨大损失”的陈述，仅是董事会解聘李某军总经理职务的原因，而解聘李某军总经理职务的决议内容本身并不违反公司章程。董事会决议解聘李某军总经理职务的原因如果不存在，并不导致董事会决议被撤销。首先，公司法尊重公司自治，公司内部法律关系原则上由公司自治机制调整，司法机关原则上不介入公司内部事务；其次，佳动力公司的章程中未对董事会解聘公司经理的职权作出限制，并未规定董事会解聘公司经理必须要有一定原因，该章程内容未违反公司法的强制性规定，应认定有效，因此佳动力公司董事会可以行使公司章程赋予的权力作出解聘公司经理的决定。故法院应当尊重公司自治，无须审查佳动力公司董事会解聘公司经理的原因是否存在，即无须审查决议所依据的事实是否属实，理由是否成立。综上，原告李某军请求撤销董事会决议的诉讼请求不成立，依法予以驳回。

（三）将法定代表人姓名记载于公司章程之中，变更法定代表人决议的通过比例

在实践中，很多公司章程中记载了法定代表人的姓名，但是章程中并未有关变更法定代表人系特殊表决事项的规定，那么变更法定代表人需2/3以上表决权的股东通过还是1/2以上表决权的股东通过即可？《公司法》第43条规定的绝对多数决事项，主要指的是与股东利益有重大关系的事项，法定代表人只是公司对外代表权的拥有者，其本身并不会拥有实质性决策权。因此，不应该属于法定的绝对多数决事项。

案例3.27 新疆豪骏贸易有限公司、张某升与乌鲁木齐市祥平实业有限公司、乌鲁木齐市祥平房地产开发有限公司公司决议撤销纠纷案

在新疆豪骏贸易有限公司、张某升与乌鲁木齐市祥平实业有限公司、乌鲁木齐市祥平房地产开发有限公司（以下简称祥平房地产公司）公司决议撤销纠纷案①中，新疆维吾尔自治区高级人民法院认为：祥平房地产公司2009年9月9日订立的公司章程第14条第1款规定：“股东会议由股东按照出资比例行使表决权。股东会对修改公司章程、对公司增加或减少注册资本、分立、合并、解散或者

① （2014）新民再终字第1号民事判决书。

变更公司形式须经代表三分之二以上表决权的股东通过。”该内容与公司法的规定一致。我国公司法虽然规定股东会会议作出修改公司章程、增加或者减少注册资本的决议,以及公司合并、分立、解散或者变更公司形式的决议,必须经代表2/3以上表决权的股东通过。但对于法定代表人变更事项的决议,并无明确规定,而祥平房地产公司的章程对此也未作出特别约定。从立法本意来说,只有对公司经营造成特别重大影响的事项才需要经代表2/3以上表决权的股东通过。公司法定代表人一项虽属公司章程中载明的事项,但对法定代表人姓名的变更在章程中体现的仅是一种记载方面的修改,形式多于实质,且变更法定代表人时是否需要修改章程是工商管理机关基于行政管理目的决定的,在公司内部治理中由谁担任法定代表人应由股东会决定,只要不违反法律法规的禁止性规定就应认定有效。此外,从公司治理的效率原则出发,倘若对于公司章程制定时记载的诸多事项的修改、变更均需代表2/3以上表决权的股东通过,则反而是大股东权利被小股东限制,若无特别约定,是有悖确立的资本多数决原则的。若更换法定代表人必须经代表2/3以上表决权的股东通过,那么张某升、豪骏公司只要不同意就永远无法更换法定代表人,这既不公平合理,也容易造成公司僵局。因此,公司股东会按照股东出资比例行使表决权所形成的决议,理应得到尊重。公司更换法定代表人,只要股东会的召集程序、表决方式不违反法律法规和公司章程的规定,即可采取多数决方式。张某升及豪骏公司申请再审认为祥平房地产公司法定代表人的变更决议须经代表2/3以上表决权的股东签署通过的理由不能成立。

但是为了避免发生纠纷,如果股东各方并无将法定代表人变更的事项作为特殊表决事项的意思表示,建议不要将法定代表人的姓名写入公司章程。如股东各方一致决定法定代表人变更的事项为特殊表决事项,那么建议在公司章程中明确约定有法定代表人变更的决议需要代表多少表决权通过的相关条款。

(四)在同一个案件中提起公司决议效力及请求赔偿诉讼的级别管辖问题

实践中,公司决议类诉讼中,原告的诉讼请求常常包含两项,第一项要求确认决议无效、不成立或撤销决议;第二项要求赔偿损失。在这种情况下,实践中很多法院认为要求确认决议无效、不成立或撤销决议系行为之诉,故由基层法院管辖;

赔偿损失的诉讼请求需要按照请求标的确定法院,如果赔偿请求标的已经突破基层法院的管辖范围,那么赔偿损失的诉讼请求基层法院无法审理。在这种情况下,如何确定管辖法院?笔者认为,确认之诉是给付之诉的基础和前提,实际上,几乎所有的给付之诉都包含了确认之诉,因此在确定级别管辖时,应该遵循高级别管辖优先原则,即当给付之诉要求高级别管辖时,应当将案件变由高级别法院管辖。

案例 3.28 上海华晖建设(集团)有限公司、上海宁国房地产有限公司与东庐湖发展有限公司、华人(中国)置业有限公司、华人国际投资有限公司、甘某飒、嵇某公司决议效力确认纠纷案

在上海华晖建设(集团)有限公司(以下简称华晖公司)、上海宁国房地产有限公司(以下简称宁国公司)与东庐湖发展有限公司(以下简称东湖公司)、华人(中国)置业有限公司(以下简称华人置业公司)、华人国际投资有限公司(以下简称华人国际公司)、甘某飒、嵇某公司决议效力确认纠纷案①中,华晖公司、宁国公司向江苏省高级人民法院提出的诉讼请求为:(1)确认东庐湖公司 2012 年 1 月 11 日关于增资的董事会决议和 2012 年 1 月 19 日关于增资和设立全资子公司的股东会决议无效;(2)华人置业公司、华人国际公司、甘某飒、嵇某连带赔偿华晖公司、宁国公司经济损失 1.19 亿元。一审法院审理认为,本案第一项诉讼请求应该由基层人民法院依照非财产案件进行审理;第二项诉讼请求不明确且与第一项诉讼请求相互矛盾,遂驳回起诉。

在本案管辖权异议的二审中,最高人民法院认为:(1)关于本案确认之诉的级别管辖问题。一审法院以本案确认之诉是否属于非财产案件为标准确定其级别管辖,法律依据不足。根据《诉讼费用交纳办法》的规定,财产案件和非财产案件的案件受理费交纳标准不同,是否属于非财产案件系确定案件受理费的依据,而非确定案件级别管辖的依据。根据 2007 年《民事诉讼法》和最高人民法院《关于适用〈中华人民共和国民事诉讼法〉若干问题的意见》关于级别管辖问题的规定,人民法院应依据案件的影响、案件的性质、案情的复杂程度、诉讼标的金额的大小等确定案件的级别管辖。本案系公司决议效力纠纷,各方当事人对该决议涉及的

---

① (2012)最高法民二终字第 125 号民事裁定书。

增资数额为2亿元并无异议，故本案确认之诉的诉讼标的额为2亿元，华晖公司、宁国公司住所地不在江苏高院辖区，且本案不属于法发〔2008〕10号文件规定的一般应由基层人民法院管辖的婚姻、继承、家庭、物业服务、人身损害赔偿、交通事故、劳动争议等案件以及群体性纠纷案件。故本案的确认之诉部分应由江苏省高级人民法院作为第一审民商事案件审理。(2)关于本案给付之诉是否符合人民法院受理案件条件的问题。董事会、股东会决议被确认无效，客观上有无法恢复原状的可能，华晖公司、宁国公司依法有权提起赔偿损失之诉。本案确认之诉与给付之诉之间并不存在必然的冲突，两项诉讼请求能否得到人民法院的支持，需要根据实体审理的结果确定。2007年《民事诉讼法》第108条第3项规定，起诉必须有具体的诉讼请求和事实、理由。华晖公司、宁国公司第二项诉讼请求为华人置业公司、华人国际公司、甘某飒、嵇某连带赔偿华晖公司、宁国公司经济损失1.19亿元。该诉讼请求的赔偿义务人、赔偿权利人、赔偿项目和赔偿数额具体明确，华晖公司、宁国公司也提出了该诉讼请求依据的事实和理由。故一审判决以该诉讼请求不符合2007年《民事诉讼法》第108条第3项规定且与确认之诉相互矛盾为由驳回该诉讼请求的起诉，系适用法律不当，本院予以纠正，江苏省高级人民法院应受理该给付之诉。

通过前述案例，同时提起确认之诉与给付之诉时，法院应该一并受理，并按照给付之诉的标的确定级别管辖。

(五)是否可以提起确认决议有效之诉

公司决议效力是公司法实践中的常见问题，提起公司决议类纠纷的常见类型为决议无效、决议撤销或者决议不成立。那么，能否提出确认决议有效之诉？理论和司法实务中出存在两种不同的观点，一种观点认为，公司法所规定的决议瑕疵诉讼只有无效和可撤销这两种，并不包括确认决议有效之诉，而无争议便无诉讼是民事诉讼的基本原理，司法不应过度介入公司自治，故确认决议有效之诉应不予受理；另一种观点认为，只要原告的权利或法律状态现实地处于不安状态或各方对公司决议的效力存在分歧，那么原告就有诉的利益，他就可以提起确认决议有效之诉讼。

案例3.29　张某生、山东省滨州市绿洲食品有限公司公司决议纠纷案

在张某生、山东省滨州市绿洲食品有限公司公司决议纠纷案[①]中，张某生向一审法院起诉的诉讼请求为：(1)依法确认滨州市绿洲置业有限公司召开的股东会决议有效；(2)判令被告山东省滨州市绿洲食品有限公司协助办理滨州市绿洲置业有限公司法定代表人的变更登记手续；(3)判令被告王某返还公司证照、公章、会计账簿等相关物品；被告共同承担本案诉讼费用。滨州市中级人民法院认为：上诉人张某生的第一项诉讼请求是依法确认滨州市绿洲置业有限公司召开的股东会决议有效，案由应属公司决议纠纷。根据《公司法》第22条、《公司法司法解释四》第5条的规定，公司决议纠纷包括决议不成立、确认决议无效和撤销决议三种情形。上诉人的该项诉讼请求不符合上述法律规定，不属于《公司法司法解释四》第1条规定的受理范围。

此外，北京市高级人民法院《关于审理公司纠纷案件若干问题的指导意见》(2008年4月21日，京高法发〔2008〕127号)第10条明确规定，"股东仅请求确认股东会决议、董事会决议有效的，人民法院应裁定不予受理。"

以下两个案例认为确认决议有效属于法院受理范围。

案例3.30　上海佰真生物科技有限公司诉上海川崎食品有限公司公司决议效力确认纠纷案

在上海佰真生物科技有限公司(以下简称佰真公司)诉上海川崎食品有限公司(以下简称川崎公司)公司决议效力确认纠纷案[②]中，一审原告川崎公司的诉讼请求为：(1)确认佰真公司于2012年12月31日形成的《上海佰真生物科技有限公司临时股东会决议》有效；(2)佰真公司于判决生效之日起10日内就上述第一项判决内容所涉股东会决议的有关事项办理相应的工商变更手续。一审法院支持了原告的诉讼请求，一审判决作出后，佰真公司以"确认股东会决议有效不属于公司法规定的法院受理范围"为上诉理由之一提起上诉。上海市第一中级人民法院认为：我国现行公司法或者民事诉讼法并未将确认股东会决议有效排除在法院的受理范围之外，由于佰真公司未能按照股东会决议的内容办理相应的工商变更

① (2019)鲁16民终157号民事裁定书。
② (2014)沪一中民四(商)终字第125号民事判决书。

登记手续,损害了川崎公司利益,川崎公司提起本案诉讼要求确认涉案股东会决议有效具有诉的利益,符合法院立案条件,故原审法院受理川崎公司提起的确认股东会决议有效之诉并无不当,佰真公司关于确认股东会决议有效之诉不属于法院受理范围的主张于法无据,本院不予采信。

案例3.31 百营物业发展(武汉)有限公司公司决议纠纷案

在百营物业发展(武汉)有限公司(以下简称百营物业公司)公司决议纠纷案[①]中,百营地产公司向一审法院起诉请求:(1)确认百营物业公司2015年11月5日作出的股东会决议无效;(2)确认百营物业公司2015年11月10日作出的董事会决议无效。百营物业公司在原审中的反诉请求为:(1)确认百营物业公司2015年11月5日作出的股东会决议有效;(2)确认百营物业公司2015年11月10日作出的董事会决议有效。本案一、二审法院均对双方的本诉、反诉诉讼请求进行了实体审理。生效判决确认双方诉争的公司决议无效。判决生效后,百营物业公司向最高人民法院申请再审,最高人民法院驳回了再审申请。

目前,司法实践中就确认公司决议有效诉讼是否应该受理,意见不尽统一。笔者认为不宜轻易受理该类诉讼,只有在双方对决议效力存在争议或者原告在提起确认有效之诉一并请求相对方履行决议等原告存在诉的利益的情况下,法院可以受理。原因如下:民事争议的存在,是产生民事诉讼的前提;公司决议作出后,在没有人对此提起撤销、确认无效或不成立诉讼的情形下,应视为公司决议的效力在法律上没有争议,因此该诉缺乏要求法院裁判的必要性和实效性,不具有诉的利益。如果在此情形下,法院仍对原告提起的公司决议有效之诉进行审理,实际上是法院通过国家强制力直接干预公司自治范畴内的事务;故,一般情况下,在没有人提起撤销、确认无效或不成立诉讼的情形下,对于原告单独提起的确认公司决议效力的诉讼,法院不宜受理。另一种情形,如上海佰真生物科技有限公司诉上海川崎食品有限公司公司决议效力确认纠纷案中,诉争的公司决议的实现需要被告的配合,原告要求被告履行公司决议的前提条件即公司决议是有效的,在此种情形下,法院可以审理并确认公司决议的效力。

① (2018)最高法民申3057号民事裁定书。

第二节　股东的知情权

现代公司实行所有权与控制权的分离,这一事实促成了公司、股东和公司高管成为相对独立的三方利益主体。股东不直接营运公司事务,股东参与公司重大事项的决议,首先要获取公司经营的有关信息、掌握公司的经营情况,只有在获取了公司经营信息的基础上,才可能行使对公司的监督权并作出合理的重大经营决策,以实现股东的投资利益。我国的《公司法》对股东知情权的保护,经历一个从弱到强、从粗到细的过程,现行《公司法》中有关股东知情权的保护在范围上更加全面、具体,尽量平衡公司和股东的利益,适当对股东行使知情权进行了限制,同时明确赋予了股东可以通过诉讼维护其知情权。2017 年 8 月 28 日颁布的《公司法司法解释四》对股东知情权作了更为详细的规定。

一、股东知情权诉讼的原告与被告

根据《公司法》第 33 条“股东有权查阅、复制公司章程、股东会会议记录、董事会会议决议、监事会会议决议和财务会计报告。股东可以要求查阅公司会计账簿……公司拒绝提供查阅的,股东可以请求人民法院要求公司提供查阅”之规定,以及第 97 条“股东有权查阅公司章程、股东名册、公司债券存根、股东大会会议记录、董事会会议记录、监事会会议记录、财务会计报告”之规定,行使股东知情权的主体必须是公司股东,对象是公司,也就是说在股东知情权诉讼中,股东为原告,公司为被告。

(一)在诉讼过程中丧失股东资格不影响知情权的行使

《公司法司法解释四》第 7 条第 2 款“公司有证据证明前款规定的原告在起诉时不具有公司股东资格的,人民法院应当驳回起诉”之规定,现行的司法解释仅仅要求原告起诉时具有股东资格,但是在诉讼中如果原告的股东资格丧失该如何处理,司法解释并没有明确的规定。根据笔者查询的现有案例,在庭审中,如公司仅以原告的股东资格丧失为由,但该事由并未被生效的法律文书确认,一般法院不予支持公司的抗辩。另外,如果原告起诉行使其知情权是针对起诉前的公司信息、文件资料，法院一般认为即使知情权之诉起诉后原告股东被解除股东资格，对原告行使起诉当日之前的知情权并无影响。

案例3.32　王某根与嘉兴市吉达五金压铸有限公司股东知情权纠纷案

在王某根与嘉兴市吉达五金压铸有限公司（以下简称吉达公司）股东知情权纠纷案[①]中，嘉兴市中级人民法院认为：吉达公司设立之初，汪某骏与王某根存在资金共管多厂合作的事实，其虽填单缴款，要主张王某根的出资款由其个人资金垫付仍属依据不足，吉达公司据此解除王某根股东资格的决议没有事实基础。吉达公司认为，王某根已丧失原告主体资格，原审法院不应再审理本案，对此本院认为，股东知情权诉讼在先，王某根是否具有股东资格亦是案件审查的重点之一，如果因为吉达公司在诉讼中作出解除王某根股东资格的决议就中止案件审理，待当事人起诉解决股东资格后恢复审查，只会形成诉累。故诉讼过程中形成的解除股东资格的决议对本案审理不产生影响，本院对吉达公司提出的驳回王某根诉讼请求的意见不予采纳。

案例3.33　海南华森印务有限公司与澳华资产管理有限公司股东知情权纠纷案

在海南华森印务有限公司（以下简称华森公司）与澳华资产管理有限公司（以下简称澳华公司）股东知情权纠纷案[②]中，海口市中级人民法院认为：华森公司于2017年11月21日召开股东会议，剥夺了澳华公司查阅、复制公司章程、股东会会议记录、董事会会议记录、监事会会议记录和财务会计报告和查阅公司会计账簿的权利，解除了澳华公司的股东资格，而澳华公司认为上述股东会议决议无效，提起了公司决议效力诉讼，该案尚未审结。华森公司召开上述股东会议的日期晚于澳华公司提起本案股东知情权诉讼的日期，且澳华公司请求行使股东知情权的截止日期为提起本案诉讼之日，故华森公司召开的上述股东会议决议是否有效不会对澳华公司提起本案诉讼前的股东资格产生影响，本案诉讼不以公司决议效力纠纷一案的审理结果为依据，无须中止诉讼。

---

① （2012）浙嘉商终字第317号民事判决书。

② （2019）琼01民终47号民事判决书。

（二）隐名股东无权提起知情权诉讼

根据《公司法司法解释三》第24条之规定，隐名股东只能向名义股东主张权利，隐名股东未经公司其他股东半数以上同意，请求公司变更股东、签发出资证明书、记载于股东名册、记载于公司章程并办理公司登记机关登记的，人民法院不予支持。故，一般情况下，隐名股东提起知情权诉讼，法院不予支持。

案例3.34 林某长与江门市大广农牧有限公司股东知情权纠纷案

在林某长与江门市大广农牧有限公司（以下简称大广农牧公司）股东知情权纠纷案[①]中，江门市中级人民法院认为：林某长以其系大广农牧公司的隐名股东为由，主张其有权行使股东知情权。对此本院认为，股东知情权，是指法律赋予股东通过查阅公司的财务会计报告、会计账簿等有关公司经营、管理、决策的相关资料，实现了解公司的经营状况和监督公司高管人员活动的权利，该项权利属于股东权的内容之一。股东权则是股东基于股东资格而享有的权利。本案中，林某长主张其为大广农牧公司的隐名股东，可见，其亦确认其本身并非大广农牧公司工商登记或股东名册中记载的名义股东。在公司名义股东与实际出资人（隐名股东）相分离的情形下，股东的权利应由名义股东直接行使，实际出资人应通过名义股东之手间接行使股东权益来实现其投资权益。因此，林某长以隐名股东的身份行使股东知情权并要求查阅大广农牧公司的会计账簿等资料，缺乏法律依据，本院不予支持。

但是，目前有法院认为，如果隐名股东的身份公司其他股东均是知情并认可的，那么隐名股东具备《公司法司法解释三》第24条规定的显名条件，故该隐名股东可提起知情权诉讼。

案例3.35 郭某勇与从化玮思工业厂房建设有限公司、林某芳股东知情权纠纷案

在郭某勇与从化玮思工业厂房建设有限公司（以下简称玮思公司）、林某芳股

---

① （2017）粤07民终3420号民事判决书。

东知情权纠纷案[①]中，广州市中级人民法院认为：因2014年7月22日的董事会决议已明确玮思公司的全部收益由郭某勇、林某芳等6名董事会成员按持股比例享有，为玮思公司的实际股东，该6名董事会成员与被上诉人玮思公司及其名义股东玮思玩具企业（香港）有限公司亦在上述决议上签字或盖章，而被上诉人玮思公司在一审中对此份决议的真实性也予以认可，故该决议系玮思公司与其名义股东和郭某勇、林某芳等6名董事会成员之间的真实意思表示，对内应当具有相应的法律效力。虽然玮思公司经工商登记的股东为玮思（香港）玩具企业有限公司，且郭某勇若要被登记为玮思公司股东需经国家有关部门审批并办理相关登记手续，但行政审批仅具有公示和备案的作用，实际股东的认定应以公司内部实际出资人通过的上述董事会决议为准。故应认定郭某勇实质上具有股东的身份，其可以在公司的内部关系中以实际股东的身份向被上诉人玮思公司主张相应的权利。根据2013年修正的《公司法》第33条的规定，股东的知情权作为股东享有股东其他权利的保障及实现股东其他权利的前提基础，在不损害公司和公司其他股东利益的情况下，依法应当由具备股东资格的当事人享有。根据前述的认定，郭某勇既然实际上具备股东的身份，则其应当享有相应的股东知情权。

此外，还有一种比较特殊的情况，在公司存在名义股东和隐名股东且公司以及股东对股权代持均知情的情况下，名义股东提起知情权诉讼，但是隐名股东反对的情况下，如何处理？

案例3.36 上海群策投资发展有限公司、平顶山市群策协力置业有限公司股东知情权纠纷案

在上海群策投资发展有限公司（以下简称上海群策公司）、平顶山市群策协力置业有限公司（以下简称平顶山群策公司）股东知情权纠纷案[②]中，上海群策公司系蒋某坚股权的名义持有人，蒋某坚系实际投资人，且系平顶山群策公司的负责人，上海群策公司向一审法院起诉请求：(1)判决平顶山群策公司向上海群策公司提供公司财务会计报告供其查阅、复制；(2)判决平顶山群策公司向上海群策公司提供公司财务会计账簿供其查阅。河南省高级人民法院认为：上海群策公司以股

① (2016)粤01民终62号民事判决书。
② (2019)豫民申1958号民事裁定书。

东身份要求行使股东知情权，平顶山群策公司依据与蒋某坚、上海群策公司三方签订的《股权代持协议书》的约定拒绝其请求。因《股权代持协议书》不仅是蒋某坚、上海群策公司之间关于代持股的协议，而且平顶山群策公司亦作为见证方盖章确认，该协议系三方对内部关系的约定，内容不违反法律禁止性规定，对三方均有拘束力。《股权代持协议书》明确约定上海群策公司应当按照蒋某坚意愿行使公司法规定的股东各项权利，上海群策公司没有证据否定《股权代持协议书》的真实性，亦不能证明其行使股东权利符合该协议约定的条件，因此生效判决未支持其诉讼请求的处理结果并无不当。上海群策公司的再审申请不符合《民事诉讼法》第200条规定的应当进入再审的情形。

（三）名义股东有权提起知情权之诉

法律并未禁止名义股东查阅公司资料，《公司法司法解释三》规定，在股权代持的情况下，实际出资人需要通过名义股东行使权利。故，如果禁止名义股东行使知情权，那么实际出资的权利也将无法实现。

案例3.37　北京安通博瑞铁路器材有限公司与李某博股东知情权纠纷案

在北京安通博瑞铁路器材有限公司（以下简称安通博瑞公司）与李某博股东知情权纠纷案[①]中，北京市第二中级人民法院认为：本案当事人使用的"挂名股东"即"名义股东"这一称谓，并非《公司法》中的概念，《公司法司法解释三》使用了"名义股东"的概念，规定了名义股东与实际出资人之间相关争议的处理规则，但《公司法》及司法解释并未对《公司法司法解释三》中的名义股东的股东知情权作出限制性规定，因此，在没有充足证据推翻安通博瑞公司章程关于李某博是安通博瑞公司股东的记载的情况下，李某博有权行使股东知情权，依法查阅、复制安通博瑞公司的股东会会议决议、财务会计报告，依法查阅安通博瑞公司的会计账簿。安通博瑞公司关于李某博自认是安通博瑞公司"挂名股东"，无权行使股东知情权的主张，缺乏法律依据，本院不予支持。

---

① （2018）京02民终532号民事判决书。

（四）瑕疵出资的股东有权行使知情权

最高人民法院的主流观点为：不论采用何种公司资本制度，各国立法例都未在股东出资和股东身份之间搭建直接因果关系；实际出资仅是股东对公司的义务而非其取得股东身份的条件，从逻辑上是先有股东身份后有出资义务，而非相反。就股权权能性质而言，股东出资瑕疵影响的仅是股东的收益权，而股东知情权则属于股东参与公司经营管理之前知悉公司具体信息的权利，两者不存在必然联系。就瑕疵出资的法律后果而言，根据《公司法》第28条的规定，违反出资义务的股东依法承担的是资本补足责任和对已出资股东的违约责任，而不直接导致其丧失股东资格。从这个角度看，股东是否完成出资与其能否行使股东知情权之间没有必然联系，瑕疵出资股东在其未丧失公司股东身份之前，仍可行使其股东权利。因此，即使股东出资不到位，只要其已完全具有股东资格，公司就不得以股东存在瑕疵出资为由，拒绝其行使股东的法定知情权。[①]

（五）实际控制人不可作为知情权之诉的被告

案例3.38　宁源国际有限公司与重庆中原房地产开发有限公司股东知情权纠纷案

在宁源国际有限公司（以下简称宁源公司）与重庆中原房地产开发有限公司（以下简称中原公司）股东知情权纠纷案[②]中，上诉人宁源公司的上诉理由为：中行九支行承包经营中原公司后，实际掌握了中原公司的控制权和管理权，并先后将中原公司资产转让给东方公司重庆办和融达公司，因此，该三个公司在对中原公司的不同管理时期均占有了财务账簿。现中原公司已经丧失了企业的自主经营能力，应该由实际控制财务资料的上述三个公司向宁源公司履行提供查阅资料的义务，否则，宁源公司的股东知情权不可能实现。重庆市高级人民法院认为：公司以外的其他主体，包括其他股东或掌握公司资料的第三方，不是《公司法》规定的股东知情权义务主体，判令其承担法律责任没有法律依据。本案宁源公司向最

---

① 最高人民法院民事审判第二庭编著：《最高人民法院公司法司法解释（四）理解与适用》，人民法院出版社2017年版，第211～212页。

② （2015）渝高法民终字第00335号民事判决书。

高人民法院申请再审，最高人民法院驳回宁源公司的再审申请。

通过前述案例，《公司法》规定的股东知情权义务主体系公司，公司以外的第三人没有履行落实股东知情权的法定义务。

（六）公司达到法定解散条件，公司治理机构已经解体，股东向公司提起知情权之诉的处理

案例 3.39　宁源国际有限公司与重庆中原房地产开发有限公司股东知情权纠纷案

在宁源国际有限公司（以下简称宁源公司）与重庆中原房地产开发有限公司（以下简称中原公司）股东知情权纠纷案①中，最高人民法院认为：本案中，负有配合股东行使知情权的协助义务人中原公司的经营期届满、实际歇业多年且已经被行政主管部门吊销营业执照，符合《公司法》第 180 条规定的法定解散条件。因此，二审法院认定中原公司意思自治的正常治理结构已经解体、宁源公司查阅会计账簿的通知无法送达，故本案继续审理的条件客观上已不具备，据此驳回宁源公司的起诉并无不当。

二、股东知情权之诉的前置程序

根据《公司法》第 33 条第 2 款之规定，股东要求查阅公司会计账簿的，应当向公司提出书面请求，并且需说明目的。在公司无法定理由拒绝的情况下，股东才可以提起知情权之诉。

（一）在诉前程序中，公司已经明确拒绝股东要求查阅公司会计账簿的要求，进入法庭审理阶段，公司以股东未提出书面申请为由的，法院一般不予支持

案例 3.40　上海汇聚实业有限公司与章某某股东知情权纠纷案

在上海汇聚实业有限公司（以下简称汇聚公司）与章某某股东知情权纠纷

① （2016）最高法民申 3785 号民事裁定书。

案①中，上海市第二中级人民法院认为：股东提起账簿查阅权诉讼的前置条件是股东向公司提出了查阅的书面请求且公司拒绝提供查阅。这一前置条件设定的目的在于既保障股东在其查阅权受侵犯时有相应的救济途径，同时也防止股东滥用诉权，以维护公司正常的经营。本案中，原审法院在本案立案之前曾进行诉前调解，并于2012年10月11日向双方当事人寄送调解通知书，汇聚公司在收到通知书后表示不同意章某某查看账册，故不参与调解。由于在诉前调解时汇聚公司已明确表示不同意章某某查阅会计账簿，且在本案审理过程中，汇聚公司在章某某说明理由的情况下仍表示不予同意，故章某某无须再次履行书面请求的程序，可由法院根据法律规定作出认定处理。

（二）由于公司原因导致股东书面请求查阅公司账簿的通知无法送达的，应该视为股东已经履行了书面申请的前置程序

案例3.41 覃某3、何某、覃某2、覃某1、韦某某、罗某某、林某某与柳州市利丰纸业有限责任公司股东知情权纠纷案

在覃某3、何某、覃某2、覃某1、韦某某、罗某某、林某某与柳州市利丰纸业有限责任公司（以下简称利丰公司）股东知情权纠纷案②中，柳州市中级人民法院认为：覃某3、何某、覃某2、覃某1、韦某某、罗某某、林某某也有权要求查阅利丰公司的会计账簿，但应当先向利丰公司提出书面请求，并说明目的。覃某3、何某、覃某2、覃某1、韦某某、罗某某、林某某已经通过特快专递向利丰公司邮寄了查阅申请并说明其目的是了解和掌握利丰公司的运营和盈亏情况，虽然该邮件因利丰公司住所地无人员签收被退回，但邮件被退回是利丰公司变更住所地未及时办理工商变更登记、未及时告知股东所致，故应当视为覃某3、何某、覃某2、覃某1、韦某某、罗某某、林某某已经提出了书面申请，对其要求查阅会计账簿的申请，本院亦予以支持。

① （2013）沪二中民四（商）终字第406号民事判决书。

② （2012）柳市民二终字第295号民事判决书。

（三）在有关要求查阅会计账簿知情权诉讼中，股东起诉时据其向公司提交申请未满 15 日，但公司在诉讼中明确拒绝提供股东请求的，应支持知情权请求

案例 3.42　李某君、吴某、孙某、王某兴诉江苏佳德置业发展有限公司股东知情权纠纷案

在李某君、吴某、孙某、王某兴诉江苏佳德置业发展有限公司（以下简称佳德公司）股东知情权纠纷案①中，宿迁市中级人民法院认为：股东提起账簿查阅权诉讼的前置条件是股东向公司提出了查阅的书面请求且公司拒绝提供查阅。这一前置条件设定的目的在于既保障股东在其查阅权受侵犯时有相应的救济途径，也防止股东滥用诉权，维护公司正常的经营。本案中，四上诉人于 2009 年 4 月 8 日向佳德公司提出要求查阅或复制公司的所有资料（含公司会计账簿、原始凭证、契约、通信、传票、通知等）以了解公司实际财务状况的书面请求，虽然 4 月 14 日四上诉人至一审法院起诉时佳德公司尚未作出书面回复，但佳德公司在 4 月 20 日的复函中并未对四上诉人的申请事项予以准许，且在庭审答辩中亦明确表明拒绝四上诉人查阅、复制申请书及诉状中列明的各项资料。至此，四上诉人有理由认为其查阅权受到侵犯进而寻求相应的法律救济途径，此时不宜再以四上诉人起诉时 15 天答复期未满而裁定驳回其起诉，而应对本案做出实体处理，以免增加当事人不必要的讼累。

三、股东知情权诉讼中“不正当目的”的判断标准

根据《公司法司法解释四》第 8 条之规定，股东有以下行为的，属于“不正当目的”：“（一）股东自营或者为他人经营与公司主营业务有实质性竞争关系业务的，但公司章程另有规定或者全体股东另有约定的除外；（二）股东为了向他人通报有关信息查阅公司会计账簿，可能损害公司合法利益的；（三）股东在向公司提出查阅请求之日前的三年内，曾通过查阅公司会计账簿，向他人通报有关信息损害公司合法利益的；（四）股东有不正当目的的其他情形。”但司法解释无法穷尽

① 《中华人民共和国最高人民法院公报》2011 年第 8 期（总第 178 期）。

现实中所有情况,故司法解释也设置了兜底条款,以便为司法审判留有裁量空间。

(一)股东查阅、复制的公司资料可能成为其他案件中对公司不利证据,不属于"不正当目的"

案例3.42 在李某君、吴某、孙某、王某兴诉江苏佳德置业发展有限公司(以下简称佳德公司)股东知情权纠纷案①中,宿迁市中级人民法院二审认为:被上诉人佳德公司认为四上诉人查阅会计账簿的目的是收集并向广厦公司提供工程款纠纷仲裁一案中对佳德公司不利的证据,损害佳德公司及其他股东的合法利益,其主要证据是四上诉人提交的申请书、诉状及授权委托书中均有张某林代李某君签名,而张某林的身份系广厦公司派驻佳德公司工程的项目经理,且直接参与了广厦公司与佳德公司的仲裁一案,《公司法》第34条规定的公司拒绝查阅权所保护的是公司的合法利益,而不是一切利益。基于诚实信用原则,案件当事人理应对法庭或仲裁庭如实陈述,并按法庭或仲裁庭要求提供自己掌握的真实证据,以拒不出示不利于己的证据为手段而获得不当利益的行为为法律所禁止。如佳德公司持有在仲裁一案中应当提供而未提供相关证据,则不能认定股东查阅公司账簿可能损害其合法利益。综上,股东知情权是股东固有的、法定的基础性权利,无合理根据证明股东具有不正当日的,则不应限制其行使。佳德公司拒绝四上诉人对公司会计账簿行使查阅权的理由和依据不足,不予采信。

案例3.43 北京金菩嘉医疗科技有限公司、医疗诊断(香港)有限公司[CMEDDIAGNOSTICS]股东知情权纠纷案

在北京金菩嘉医疗科技有限公司(以下简称金菩嘉公司)、医疗诊断(香港)有限公司[CMEDDIAGNOSTICS](以下简称医疗诊断香港公司)股东知情权纠纷案②中,最高人民法院认为:公司拒绝查阅所保护的是公司的合法利益,而不是一切利益,目的正当与否的判断也受此限制。考虑到保某武作为中国医疗公司的共

① 《中华人民共和国最高人民法院公报》2011年第8期(总第178期)。

② (2019)最高法民申1755号民事裁定书。

同清盘人在中国境外及香港特别行政区进行的诉讼，均系按所在地法律依法定程序进行，即使其通过本案股东知情权诉讼所获取的信息运用到境外诉讼当中，亦不应认定为损害或可能损害金菩嘉公司合法利益。金菩嘉公司向本院提交新浪网、联合早报网报道、境外刑事案件起诉书及查询信息等证据，以证明清盘人试图借由医疗诊断香港公司行使股东知情权，对金菩嘉公司进行调查，协助境外刑事机关进行调查取证。知情权是股东的法定权利、固有权利。医疗诊断香港公司行使股东知情权获取相关信息，与境外进行的刑事程序并无必然联系，亦不宜认定为"向外国提供证据材料和协助"的情形。上述证据均不能证明医疗诊断香港公司查阅公司会计账簿可能损害金菩嘉公司的合法利益，金菩嘉公司有关本案有新证据足以推翻原判决的主张，本院不予支持。

（二）公司与股东参与经营的其他公司在经营范围上存在一定的重合，是否能够认定股东存在"不正当目的"

案例3.44　上诉人武汉希麦管理咨询有限公司、李某漫与被上诉人曾某股东知情权纠纷案

在上诉人武汉希麦管理咨询有限公司（以下简称希麦公司）、李某漫与被上诉人曾某股东知情权纠纷案[①]中，武汉市中级人民法院认为：关于曾某查账目的是否正当的问题。上诉人希麦公司提出，曾某于2013年7月3日成立的广信源公司，其公司经营项目与希麦公司相同，且曾某也参加了李某漫参加的烘焙类行业展会，故曾某查阅希麦公司会计账簿的目的不正当。对此本院认为，希麦公司在经营期间存在以法定代表人李某漫个人账户作为公司收款账户进行结算的情况，为了解公司盈利状况和利润分配情况，曾某要求查阅公司会计账簿并无不当。虽然广信源公司的营业范围也包括企业营销策划，该部分营业范围与希麦公司相同，但希麦公司并未提供其他证据证明曾某查账的目的是获取公司的商业信息或秘密。鉴于希麦公司未就曾某查账目的不正当进行充分举证，对其提出的该项上诉理由本院不予支持。

① （2014）鄂武汉中民商终字第00964号民事判决书。

案例3.45 上海汇聚实业有限公司与章某某股东知情权纠纷案

在上海汇聚实业有限公司(以下简称汇聚公司)与章某某股东知情权纠纷案中,上诉人的上诉理由之一为“宝旺公司及雅风公司原系汇聚公司的客户,但章某某将该两名客户转给了章某某妻子开设的峻德公司,峻德公司与汇聚公司经营范围相同,章某某的行为违反了竞业禁止的原则,损害了汇聚公司的利益”。上海市第二中级人民法院认为:本案中,章某某向汇聚公司提出书面请求说明其行使知情权的目的是了解公司的实际经营现状,该请求应为公司股东所应享有的知情权。汇聚公司认为章某某的行为违反了竞业禁止的原则,损害了汇聚公司的利益,但汇聚公司未能提供相关证据证明章某某查阅公司账簿可能损害公司的合法利益,故汇聚公司拒绝章某某对公司会计账簿行使查阅权,并无事实及法律依据,本院对其主张不予采纳。

四、公司章程等不能剥夺或限制股东行使知情权

根据《公司法司法解释四》第9条之规定,公司章程、股东之间的协议等不得实质性剥夺股东法定的知情权。但是,如果公司章程对股东行使知情权的程序性条款设置导致股东的知情权在客观情况下无法实现时,该限制无效。

案例3.46 武汉华益路桥管理有限公司与长益资源路桥有限公司股东知情权纠纷案

在武汉华益路桥管理有限公司(以下简称华益公司)与长益资源路桥有限公司(以下简称长益公司)股东知情权纠纷案①中,湖北省高级人民法院认为:华益公司所谓的“前置程序”和“公司自治”,即要求长益公司查询会计账簿以书面申请为前提,并取得董事会的批准。然而,根据一审查明的事实,长益公司曾多次致函华益公司,要求查询公司账目,华益公司均以其公司章程第十一章第11.08款规定为由未予安排。华益公司章程第11.08款规定:“经合作公司董事会同意,合作各方有权自费聘请注册会计师审查合作公司账簿,查阅时合作公司应提供方便。”华益公司董事会成员分别由武汉路桥公司和长益公司两方委派,在各方因汉施公路收费站被撤销发生争议的情况下,要求长益公司取得董事会同意方能查询

① (2019)鄂民终403号民事判决书。

华益公司会计账簿,无异于实质性剥夺了长益公司作为股东依据《公司法》第33、97条的规定查阅或者复制公司文件材料的权利,华益公司以此为由拒绝长益公司行使股东知情权的主张,不应予以支持。

五、知情权行使的方式

(一)会计账簿可以查阅,但不能复制

根据《公司法》第33条的规定,对于公司章程、股东会会议记录、董事会会议决议、监事会会议决议和财务会计报告,股东既可查阅,也可复制。但是对于公司会计账簿,股东仅可查阅。

案例3.47　长沙蓄能工贸有限责任公司与黄某股东知情权纠纷案

在长沙蓄能工贸有限责任公司与黄某股东知情权纠纷案①中,湖南省高级人民法院认为:黄某查阅权行使的范围应当包括会计账簿(含总账、明细账、日记账和其他辅助性账簿)和会计凭证(含记账凭证、相关原始凭证及作为原始凭证附件入账备查的有关资料)。故黄某要求查阅公司会计账簿及原始凭证的诉讼请求符合法律规定,但黄某请求复制会计账簿及原始凭证的诉讼请求,因涉及公司商业机密和重要经营信息,法律规定明确限定了查阅范围,因此黄某该诉请既无法律上的规定,又超出了公司章程的约定,应不予支持。

(二)会计师、律师等执业人员辅助行使知情权,必须在股东在场的情况下

根据《公司法司法解释四》第10条第2款之规定,中介机构执业人员仅仅是辅助股东行使知情权,并非股东委托其单独代为行使相应权利,故中介机构执业人员必须在股东在场的情况下,辅助股东查阅公司文件的资料。

案例3.48　北京安通博瑞铁路器材有限公司与李某博股东知情权纠纷案

在北京安通博瑞铁路器材有限公司与李某博股东知情权纠纷案②中,北京市

① (2016)湘民再2号民事判决书。

② (2018)京02民终532号民事判决书。

第二中级人民法院认为:《公司法》规定的股东知情权,是依附于股东身份而存在的一种权利,除非公司章程有特别约定或者公司同意,股东之外的其他人不享有《公司法》规定的股东知情权。《公司法司法解释四》第10条第2款规定:"股东依据人民法院生效判决查阅公司文件材料的,在该股东在场的情况下,可以由会计师、律师等依法或者依据执业行为规范负有保密义务的中介机构执业人员辅助进行。"据此,虽然可由会计师等专业第三人辅助股东行使查阅权,但必须以股东同时在场为前提,一审判决主文未明确该前提条件,本院予以纠正。

六、知情权行使的范围

(一)通过继受取得股权的股东可以查询其取得股权之前的公司资料

股东了解公司经营状况是其重要权利,如果新加入的股东不能了解其取得股权之前的公司信息,必然导致股东了解的信息不完备,进而影响其知情权的保护,鉴于此,笔者认为通过继受方式取得股权的股东有权查询之前的公司资料。

案例3.49 广州海格投资控股有限公司与佛山市顺德区今日景艺生物科技有限公司股东知情权纠纷案

在广州海格投资控股有限公司(以下简称海格公司)与佛山市顺德区今日景艺生物科技有限公司(以下简称景艺公司)股东知情权纠纷案[①]中,佛山市中级人民法院认为:公司的经营行为是一个连续的过程,股东只有查阅公司成立至今的会计账簿等资料才可能完全了解公司的真实经营情况,且我国法律并未明确禁止股东查阅其成为股东之前的公司会计账簿,因此,海格公司要求查阅景艺公司自2012年12月18日成立至今的会计账簿等资料合理有据。

(二)是否可查阅原始凭证、记账凭证

《公司法》中针对股东有权查阅的财务、会计类文件的范围,仅有财务会计报告、公司会计账簿,但是对于原始凭证、记账凭证是否应该包含在前述资料内,股东是否有权查阅,审判实践中存在两种截然相反的观点。

---

① (2017)粤06民终11097号民事判决书。

支持者认为,会计账簿的记载依据系会计凭证,公司向股东提供会计账簿及会计凭证进行查阅,才能够确保股东获得信息的完整性及真实性;并且股东对会计账簿的查阅,也并不必然损害公司的利益。

案例3.50 天津北方食品有限公司与香港捷成有限公司股东知情权纠纷案

在天津北方食品有限公司(以下简称北方食品公司)与香港捷成有限公司(以下简称捷成公司)股东知情权纠纷案①中,最高人民法院认为:虽然《公司法》没有明确规定股东可以查阅会计凭证,然而基于利益平衡以及确保信息真实的考虑,知情权范围不宜限定在一个不可伸缩的区域,尤其对于人合性较高的有限责任公司,严格限定知情权范围并不利于实现知情权制度设置的目的。因此,二审判决支持捷成公司查阅北方食品公司会计凭证的诉讼请求,并无不妥。北方食品公司关于二审判决适用法律错误的申请再审理由亦不能成立。

案例3.51 上海杰阳实业有限公司诉郑某虹股东知情权纠纷案

在上海杰阳实业有限公司诉郑某虹股东知情权纠纷案②中,上海市第一中级人民法院认为:我国公司法并未直接规定股东可以查阅会计原始凭证,但是也没有禁止股东查阅公司会计原始凭证。股东知情权真正得以全面和有效实现的一个重要前提是,其所查阅的会计账簿应该是正确和完整的,而会计账簿是一个二次记载的加工文件,可能无法真实准确反映公司经营和财务状况。相对于财务会计报告和会计账簿而言,会计原始凭证造假难度较大,通过对会计凭证的查阅和验证,可以还原会计账簿的真实面貌,保障股东账簿查阅权的行使,实现立法者保护中小股东合法权益的立法目的,故有限公司股东知情权的客体应包括会计原始凭证。

反对者认为,根据《会计法》的相关规定,财务会计报告、会记账簿、会计凭证系不同的概念,不同的会计资料,会计账簿不包括会计凭证,《公司法》第33条已经明确了股东可以查询的会计资料仅为财务会计报告、公司会计账簿。

---

① (2012)民申字第635号民事裁定书。

② (2015)沪一中民四(商)终字第2656号民事判决书。

案例3.52 北京安通博瑞铁路器材有限公司与李某博股东知情权纠纷案

在北京安通博瑞铁路器材有限公司(以下简称安通博瑞公司)与李某博股东知情权纠纷案[①]中,北京市第二中级人民法院认为:根据《会计法》(1999 年修订)第 14 条第 1 款、第 5 款,第 15 条第 1 款的规定,会计凭证包括原始凭证和记账凭证。记账凭证应当根据经过审核的原始凭证及有关资料编制。会计账簿登记,必须以经过审核的会计凭证为依据,按照不同的会计科目登记造册形成。因此,会计账簿与会计凭证之间既密切联系,又相对独立,二者显然不是同一概念。《公司法》第 33 条规定的有限责任公司股东的查阅范围并不包括会计凭证,因此,李某博关于查阅安通博瑞公司的会计凭证的请求,与《公司法》第 33 条的规定不符。而且,本案现有证据也未证明安通博瑞公司的章程赋予了股东查阅公司会计凭证的权利,因此,一审法院判决李某博查阅安通博瑞公司会计凭证,没有法律依据和章程依据,本院予以纠正。

目前,最高人民法院业务庭的观点为:我国司法实践中早有支持的判决,很多法官在判决书中指出,会计账簿的真实性和完整性只有通过原始凭证才能反映出来,若不允许股东查阅公司的原始凭证,股东很难真正了解公司的实际情况,股东的知情权并不能获得实际落实,从落实股东知情权的角度出发,股东有权查阅公司的原始凭证;同时又指出,股东对于会计账簿和原始凭证的行使方式仅限于查阅而不能复制。[②]

(三)章程可扩大法定知情权范围

公司法作为规范市场主体的民事法律之一,其立法的精神在于赋予民事主体最低程度的权利和自由,而不是对市场主体的权利和自由横加限制。公司章程作为公司的自治规范,其具体内容体现了股东的共同意志。当公司章程赋予股东的权利小于《公司法》第 33 条和第 97 条设定的股东知情权范围时,上述法律规定应作为强制性法律规范加以适用,认定该章程的约定无效;但是,当公司章程赋予股东的知情权大于公司法规定的范围时,只要经股东自愿同意,则该约定并不违反

① (2018)京 02 民终 532 号民事判决书。

② 最高人民法院民事审判第三庭编著:《最高人民法院公司法司法解释(四)理解与适用》,人民法院出版社 2017 年版,第 192 页。

法律强制性规定,而属于公司自治的范围,该约定应该优于法律规定适用;即使公司利益可能因此受损,也是集体合意的结果,不应以此作为否定公司章程效力的理由。因此,对于股东以公司章程为依据请求行使超过法定范围知情权的主张,人民法院原则上应予支持。[①]

案例3.53　ROONEY LIMITED与常州雍康置业有限公司股东知情权纠纷案

在ROONEY LIMITED与常州雍康置业有限公司(以下简称雍康公司)股东知情权纠纷案[②]中,江苏省高级人民法院认为:公司章程是公司宪章,在不违反法律禁止性规定的情况下,股东原则上有权依据公司章程的规定主张知情权。因此,雍康公司章程中第12.2条(b)项和(c)项规定的内容是要求在指定时间内向各方股东提供详细的损益表、资产负债表、现金流量表、销售及其他收入的分析、预算审核、相应月份的收入和资本预算的核对结果以及当月的资金来源和应用的报表(董事会需要时)。该规定的内容具体、明确,不违反法律法规禁止性规定,股东间的意思自治与公司法的价值取向并不相悖,除了当月的资金来源和应用的报表系供董事会所需以外,一审法院对ROONEY LIMITED的主张均予支持,并无不当,本院予以支持。

七、知情权诉讼的其他法律问题

知情权系股东固有的法定权利,并不能因股东系公司的经营者而剥夺其权利。

案例3.54　天津北方食品有限公司与香港捷成有限公司股东知情权纠纷案

在天津北方食品有限公司(以下简称北方食品公司)与香港捷成有限公司(以下简称捷成公司)股东知情权纠纷案[③]中,北方食品公司申请再审时称"李某作为北方食品公司的法定代表人、李某鸿作为北方食品公司的董事,乃基于捷成公司

---

① 最高人民法院民事审判第二庭编著:《最高人民法院公司法司法解释(四)理解与适用》,人民法院出版社2017年版,第210~211页。

② (2015)苏商外终字第00035号民事判决书。

③ (2012)民申字第635号民事裁定书。

的委派,其完全知悉北方食品公司财务状况,北方食品公司不存在剥夺股东知情权的情况”。最高人民法院认为:捷成公司是否委派人员担任北方食品公司的经营管理人员,并非捷成公司主张股东知情权的预设条件。也就是说,李某是否被捷成公司撤换,不影响捷成公司主张股东知情权。

案例3.55 广州海格投资控股有限公司、佛山市顺德区今日景艺生物科技有限公司股东知情权纠纷案

在广州海格投资控股有限公司(以下简称海格公司)、佛山市顺德区今日景艺生物科技有限公司(以下简称景艺公司)股东知情权纠纷案①中,景艺公司上诉称“《中华人民共和国公司法》对股东知情权的规定是基于公司所有权与经营权分离,对不参与公司经营管理的小股东权利的保护,而在本案中海格公司在成为股东后,全程参与公司的经营管理,充分行使股东的各项权利,对一个直接全程参与公司经营管理的股东以不知情为由提起本案诉讼有违案件事实和常理,违背了《中华人民共和国公司法》关于知情权的立法宗旨”。佛山市中级人民法院认为:股东知情权是公司股东行使其他股东权利的基础,只有在股东能行使知情权,对公司经营运作充分了解的情况下,才能保障股东行使投票权、分红权等其他股东权利。因此,海格公司作为景艺公司的股东,向景艺公司提出行使股东知情权的请求,有充分的法律依据。

第三节 新增资本优先认缴权

股东的优先认缴权,是指有限责任公司发行新股时,股东可以按照各自持有的股份数的比例优先认缴的权利。由于有限责任公司有较强的人合性,股东之间一般都基于彼此的信任等关系建立公司,因此新的股东的进入可能不利于公司内部的稳定,故赋予股东对公司新增资本的优先认缴权,以便更好地维持公司的人合性特点,有利于公司的长期发展。因此,《公司法》第34条对有限责任股东的有限认缴权作了明确规定。

① (2017)粤06民终11097号民事判决书。

一、关于增资的股东会决议

根据《公司法》第37条以及第43条之规定,股东会具有作出公司增加注册资本决议的职权,股东会会议作出增加注册资本的决议,必须经代表2/3以上表决权的股东通过。但是,增加资本的决议应该包括哪些内容,司法实践中的认识并不一致,最高人民法院的司法判例认为,决议的内容应当包括确定公司外部认购股份人选、认购股份数额、缴纳认购款程序等增资扩股行为的部分或者全部内容。

案例3.56 申请再审人余某与被申请人贵州泰邦生物制品有限责任公司、贵阳大林生物技术有限公司,原审第三人贵州益康制药有限公司、贵州捷安投资有限公司、深圳市亿工盛达科技有限公司股权确认、盈余分配纠纷案

在申请再审人余某与被申请人贵州泰邦生物制品有限责任公司(以下简称泰邦公司)、贵阳大林生物技术有限公司,原审第三人贵州益康制药有限公司、贵州捷安投资有限公司、深圳市亿工盛达科技有限公司股权确认、盈余分配纠纷案[①]中,最高人民法院认为:公司法规定股东会有权对公司增加注册资本作出决议,该决议的内容应当包括确定公司外部认购股份人选、认购股份数额、缴纳认购款程序等增资扩股行为的部分或者全部内容。公司可以通过多次股东会决议完成增加注册资本事宜。涉案《增资协议》是在黔峰公司决议增资扩股的大背景下形成的,但该协议中余某作为认购人,出资购买占黔峰公司增资后注册资本的14.35%的股份等还应当经由黔峰公司再次召开股东会进行确认。《公司法》规定股东会作出增加注册资本的决议应由代表2/3以上表决权的股东通过。此处公司增加注册资本事项应当理解为完整的公司增资扩股行为,公司法2/3以上表决权的规定应当适用于完整的增资扩股的全部过程。余某不能提交黔峰公司曾经有代表2/3以上表决权的股东通过确认其为黔峰公司股东的股东会决议,黔峰公司内部也未对公司股东名册等进行重新登记。并且泰邦公司于2013年作出股东会决议进一步明确否认了余某作为认购人的资格。

① (2013)民申字第2141号民事裁定书。

二、股东放弃优先认缴权,其他股东享有优先认缴权

公司新增注册资本优先认缴是公司股东的权利,权利可以放弃,当部分股东明确放弃优先认缴权时,对于该出资部分其他股东是否享有《公司法》第34条规定的股东优先按照实缴的出资比例认缴的权利?我们的观点是被放弃的优先权应当纳入其他股东按比例认购范围。按照立法目的解释,《公司法》第34条赋予股东优先权的目的是保证公司的人合性而阻止外部人进入,按出资比例认购只是为了解决股东之间的认购冲突问题,而无意将股东的优先认缴权限定在固有的比例之中。值得注意的是,最高人民法院在捷安公司诉黔峰公司优先认缴权案中认为,其他股东并不必然享有优先认缴权,股东会有权对此情形作出决议。如果没有形成决议,则可以适用《公司法》之规定。

案例3.57 贵州捷安投资有限公司与贵阳黔峰生物制品有限责任公司、重庆大林生物技术有限公司、贵州益康制药有限公司、深圳市亿工盛达科技有限公司股权确权及公司增资扩股出资份额优先认购权纠纷案

在贵州捷安投资有限公司(以下简称捷安公司)与贵阳黔峰生物制品有限责任公司(以下简称黔峰公司)、重庆大林生物技术有限公司、贵州益康制药有限公司、深圳市亿工盛达科技有限公司股权确权及公司增资扩股出资份额优先认购权纠纷案[①]中,捷安公司持有黔峰公司9%的股权,黔峰公司对拟引入的战略投资者,按每股2.8元溢价私募资金2000万股,各股东按各自的股权比例减持股权,故黔峰公司召开股东会。股东会形成决议的基本内容:(1)除捷安公司之外的股东均同意引进战略投资者,并按各自的股权比例减持股权;(2)同意捷安公司按9%股比及本次私募方案的溢价股价增持180万股。捷安公司主张对黔峰公司其他股东放弃的1820万股增资扩股出资份额享有优先认购权。最高人民法院认为:我国《公司法》第35条规定,"公司新增资本时,股东有权优先按照其实缴的出资比例认缴出资",直接规定了股东认缴权的范围和方式,并没有直接规定股东对其他股东放弃的认缴出资比例增资份额有无优先认购权,也并非完全等同于该条但书或者除外条款,即全体股东可以约定不按照出资比例优先认缴出资的除外所列

① (2009)民二终字第3号民事判决书。

情形。此款所列情形完全是针对股东对新增资本的认缴权而言的,这与股东在行使认缴权之外对其他股东放弃认缴的增资份额有无优先认购权并非完全一致。对此,有限责任公司的股东会完全可以有权决定将此类事情及可能引起争议的决断方式交由公司章程规定,从而依据公司章程规定的方式作出决议,当然也可以包括股东对其他股东放弃的认缴出资有无优先认购权问题,该决议不存在违反法律强行规范问题,决议是有效力的,股东必须遵循。只有股东会对此问题没有形成决议或者有歧义理解时,才有依据公司法规范适用的余地。即使在此情况下,由于公司增资扩股行为与股东对外转让股份行为确属不同性质的行为,意志决定主体不同,因此二者对有限责任公司人合性要求不同。在已经充分保护股东认缴权的基础上,捷安公司在黔峰公司此次增资中利益并没有受到损害。当股东个体更大利益同公司整体利益或者有限责任公司人合性与公司发展相冲突时,应当由全体股东按照公司章程规定的方式进行决议,从而有个最终结论以便各股东遵循。

本案最高人民法院作出二审判决之后,捷安公司向最高人民法院申请再审,最高人民法院作出(2010)民申字第1275号民事裁定书,以同样的理由驳回了捷安公司的再审申请。

三、新增资本优先认缴权行使的合理期间

股东对于新增资本的优先认缴权从权利性质上来看属于形成权,尽管现行法律没有明确规定该权利的行使期限,但是为了维护交易的稳定,避免当事人的利益长期处于不确定状态,股东对于新增资本的优先认缴权的行使应该有一个合理的期限,以保障交易的安全。

案例3.58　绵阳市红日实业有限公司、蒋某诉绵阳高新区科创实业有限公司股东会决议效力及公司增资纠纷案

最高人民法院公报案例——绵阳市红日实业有限公司(以下简称红日公司)、蒋某诉绵阳高新区科创实业有限公司(以下简称科创公司)股东会决议效力及公司增资纠纷案[最高人民法院(2010)民提字第48号民事判决书][①]中,最高人民

① 《最高人民法院公报》2011年第5期(总第173期)。

法院认为:虽然科创公司2003年12月16日股东会决议因侵犯了红日公司和蒋某按照各自的出资比例优先认缴新增资本的权利而部分无效,但红日公司和蒋某是否能够行使上述新增资本的优先认缴权还需要考虑其是否恰当地主张了权利。股东优先认缴公司新增资本的权利属于形成权,虽然现行法律没有明确规定该项权利的行使期限,但为维护交易安全和稳定经济秩序,该权利应当在一定合理期间内行使,并且由于这一权利的行使属于典型的商事行为,对于合理期间的认定应当比通常的民事行为更加严格。本案红日公司和蒋某在科创公司2003年12月16日召开股东会时已经知道其优先认缴权受到侵害,且作出了要求行使优先认缴权的意思表示,但并未及时采取诉讼等方式积极主张权利。在此后科创公司召开股东会、决议通过陈某高将部分股权赠与固生公司提案时,红日公司和蒋某参加了会议,且未表示反对。红日公司和蒋某在股权变动近两年后又提起诉讼,争议的股权价值已经发生了较大变化,此时如果允许其行使优先认缴出资的权利将导致已趋稳定的法律关系遭到破坏,并极易产生显失公平的后果,故四川省绵阳市中级人民法院(2006)绵民初字第2号民事判决认定红日公司和蒋某主张优先认缴权的合理期间已过并无不妥。故本院对红日公司和蒋某行使对科创公司新增资本优先认缴权的请求不予支持。

四、未经股东会议通过的虚假增资行为,虽已办理工商登记,仍应无效

案例3.59 黄某忠诉陈某庆等股东资格确认案

最高人民法院公报案例——黄某忠诉陈某庆等股东资格确认案①中,上海市第二中级人民法院二审认为:宏冠公司系被上诉人黄某忠与一审被告陈某庆、陈某、张某、顾某平、王某英共同出资设立,设立时原告依法持有宏冠公司20%的股权。在黄某忠没有对其股权作出处分的前提下,除非宏冠公司进行了合法的增资,否则原告的持股比例不应当降低。宏冠公司的章程明确约定公司增资应由股东会作出决议。现经过笔迹鉴定,宏冠公司和新宝公司的股东会决议上均非黄某忠本人签名,不能依据书面的股东会决议来认定黄某忠知道增资的情况。出资买地与公司增资之间不具有必然的关联性。因此,在没有证据证明黄某忠明知且在

① 《最高人民法院公报》2015年第5期(总第223期)。

股东会上签名同意宏冠公司增资至1500万元的情况下，对宏冠公司设立时的股东内部而言，该增资行为无效，且对于黄某忠没有法律约束力，不应以工商变更登记后的1500万元注册资本金额来降低黄某忠在宏冠公司的持股比例，而仍旧应当依照20%的股权比例在股东内部进行股权分配。原审适用法律正确，审判程序合法，判决黄某忠自设立后至股权转让前持有宏冠公司20%的股权并无不当。

五、增资股东瑕疵出资，不对增资前的公司债权人承担责任

公司股东在增资过程中如存在瑕疵增资的情况，应当承担出资不实的相应责任。但是公司股东增资之前已经存在的公司债权人是基于公司增资前公司的注册资金状态来判断和选择交易对象，并对公司的责任能力设立一定的预期，与公司发生交易。负有增资义务的股东是否完成增资义务，对债权人在与公司完成交易时的商业判断是没有影响的。故，增资股东瑕疵出资，不对增资前的公司债权人承担责任。

最高人民法院曾就此问题向江西省高级人民法院答复如下：

你院赣高法报[2006]3号、4号、20号报告收悉。经研究并征求我院有关庭室意见，答复如下：

由于赣州市章贡区农村信用合作联合社（以下简称赣州农信社）、赣州市商业银行（以下简称商业银行）与昆仑证券有限责任公司（以下简称昆仑通券）的债权债务关系发生在西宁特殊钢铁（集团）有限公司（以下简称西钢集团）和青海省企业技术创新投资管理有限责任公司（以下简称青海创投）对昆仑证券增资扩股之前，因此赣州市中级人民法院直接追加西钢集团和青海创投为被执行人不符合法律规定，应予纠正。

此外，在我院[2005]497号明传通知对涉昆仑证券案件实行"三暂缓"的情况下，如果只对赣州农信社和商业银行与西钢集团和青海创投案强制执行，将损害其他债权人的合法权益，故赣州市中级人民法院执行西钢集团和青海创投违反了我院上述明传通知精神。①

① 最高人民法院《关于股东增资扩股不实或抽逃增资扩股资金如何承担责任的请示答复》，（2006年9月12日，[2005]执他字第32号），载最高人民法院执行工作办公室编：《执行工作指导》2008年第1辑（总第25辑），人民法院出版社2008年版，第66页。

第四节　利润分配请求权

股东利润分配请求权,即股东基于其公司的股东资格所享有的请求公司支付利润的权利。我国《公司法》第4条规定:"公司股东依法享有资产收益……等权利。"此处的"股东依法享有资产收益……权利"就包括股东的利润分配请求权。投资者向公司出资的终极商业目的就是获得收益,利润分配请求权是股东的基本权益之一。

一、分配利润的前置程序

根据《公司法司法解释四》第14条之规定,一般情况下,股东会或者股东大会作出的载明具体分配方案的有效决议,是请求公司分配利润的前置程序。

案例3.60　金某、金某成公司盈余分配纠纷案

在金某、金某成公司盈余分配纠纷案[①]中,最高人民法院认为:本案争议的焦点问题是鑫联民爆公司是否应当向金某、金某成支付盈利。金某、金某成作为鑫联民爆公司股东,是否有权诉请获得股利分配,分两种情形:第一,如鑫联民爆公司有作出股东会分红决议的,则金某、金某成有权诉请鑫联民爆公司按照股东会决议的分红方案予以分配。但本案中,鑫联民爆公司虽曾于2016年3月18日召开了股东会,但并未形成分红决议。因此,金某、金某成关于鑫联民爆公司支付红利的诉求缺乏事实依据。

但是,司法实践中遇到的情况是非常复杂的,以下几个案例供大家参考。

有关利润分配的股东会决议被确认无效,股东要求分配利润没有依据。

案例3.61　顾某江、吴某公司盈余分配纠纷案

在顾某江、吴某公司盈余分配纠纷案[②]中,最高人民法院认为:本案中,2013

① (2019)最高法民申424号民事裁定书。

② (2017)最高法民申3628号民事裁定书。

年2月1日利达公司召开的股东会决议所形成的配股方案，系此后董事会、股东会决议分配利润的标准。现因该股东会决议已经法院的生效判决确认为无效，故此后董事会、股东会以该股东会决议所形成的配股方案而分配利润的决议缺乏合法性的基础。在此情况下，由于是否分配利润、分配多少利润以及按照何种比例分配利润，包括应否补发相应利润均属于利润分配方案的相关内容，属于董事会、股东会的职权范畴，在利达公司董事会、股东会未就利润分配方案形成新的决议并履行完相应程序之前，顾某江等9人直接起诉请求人民法院判令利达公司按照股东出资比例补发红利，缺乏法律依据。

后形成的公司决议否定了之前公司决议有关利润分配的方案，股东并未就后形成的公司决议提起撤销或确认无效，故应该以后形成的公司决议确定的利润分配方案进行分红。

案例3.62　山西马堡煤业有限公司、山西太阳石煤炭储运有限公司公司盈余分配纠纷案

在山西马堡煤业有限公司（以下简称马堡公司）、山西太阳石煤炭储运有限公司（以下简称太阳石公司）公司盈余分配纠纷案①中，最高人民法院认为：马堡公司董事会的一届六次会议和一届七次会议决议中均有将可供分配利润50%留作企业发展基金（职工股除外）的内容，但是并未形成具体的利润分配方案。在其后的2009年召开的一届八次董事会、2010年召开的一届九次董事会直至2014年召开的2014年第一次股东会议，历次董事会、股东会决议通过的2008～2013年度利润分配预案中，只有将每年可供分配利润的50%留作企业发展基金，而没有将职工个人股除外的内容。说明其后的董事会决议和股东会决议并未按照一届六次和一届七次董事会决议分配当年的利润，而是有所变更，并形成了决议。为规制大股东滥用资本多数决的原则损害中小股东利益，公司法规定了股东会、董事会决议无效或撤销程序等制度，太阳石公司在本案中并未主张2009～2014年历次董事会或股东会决议该变更事项存在无效或可撤销的情形，前述历次决议亦未反映出太阳石公司对该变更持有异议。2009～2014年，马堡公司分配相应年度的利

① （2017）最高法民终392号民事判决书。

润的依据是相应年度的董事会或股东会关于利润分配的决议,而非一届六次、一届七次董事会决议。对太阳石公司持有的马堡公司股权中是否存在前述“职工股”,各方当事人存在争议,但据前所述,无论太阳石公司持有的马堡公司股权中是否有“职工股”,其依据一届六次和一届七次董事会决议要求分配利润,不应予以支持。

公司章程规定了利润计算方法、利润分配时间等,但同时约定董事会对利润分配有决定权,在未形成利润分配的相关会议决议的情况下,股东是否可以直接要求法院判令进行利润分配?

案例3.63 长益资源路桥有限公司与武汉华益路桥管理有限公司、武汉公路桥梁建设集团有限公司公司盈余分配纠纷案

在长益资源路桥有限公司(以下简称长益公司)与武汉华益路桥管理有限公司(以下简称华益公司)、武汉公路桥梁建设集团有限公司公司盈余分配纠纷案[①]中,最高人民法院认为:虽然长益公司认为《章程》第十一章第2、3条明确规定了利润分配的具体时间和方法,第十二章第1、2条规定了利润的计算方法、可分配收益的组成、分配利润不同阶段的具体分配比例以及《华益公司财务管理补充规定》再次确认华益公司的利润和收益分配的时间,以此主张利润分配方案已以《章程》及相关书面文件固定下来,但依据长益公司在本院询问期间提交的《华益公司董事会二届三次会议决议》中关于2006年利润预分配的相关问题,“2006年预分配利润发生了超额分配行为,中、港双方应在2007年2月10日前将超额利润全额一次性退还汇入公司银行账户内,今后避免发生超额预分配现象”,预分配利润方案需经董事会批准,未获董事会批准的利润应退还公司。同时,依据《章程》第11.03项,“每一会计年度的头三个月,合作公司应编制上一个会计年度的资产负债表、损益计算表和利润分配方案,提交董事会会议审查通过”,华益公司董事会有权审查利润分配方案,对利润分配具有最终决定权。据此,长益公司关于利润分配方案已以《章程》及相关书面文件固定下来,可据以执行的主张不能成立。

在该案例中,由于公司《章程》规定了董事会对最终分配利润有决定权,长益公司诉请华益公司分配利润,但未提交华益公司董事会相关年度决议。最高人民

① (2015)民四终字第4号民事裁定书。

法院认为,其直接向人民法院起诉请求判令华益公司向股东分配利润缺乏法律依据,其诉请不属于民事诉讼受案范围,裁定驳回长益公司的起诉。

股东之间的协议约定利润分配的方式,股东是否可以直接起诉要求利润分配?对于该问题,司法实践中根据案件情况,处理方式也不尽相同。

其中,支持的案例如下:

案例 3.64　曾某明与徐州咪兰房地产开发有限公司、徐某超合资、合作开发房地产合同纠纷案

在曾某明与徐州咪兰房地产开发有限公司(以下简称咪兰公司)、徐某超合资、合作开发房地产合同纠纷案①中,最高人民法院认为:《联合开发协议》约定,在开发销售结束后利润五五分成,现美兰花园小区项目已经开发完毕,由于双方产生纠纷导致《联合开发协议》无法继续履行,客观上已经不能按照《联合开发协议》中约定的利润分配条件来履行,曾某明起诉要求分配利润,一、二审判决予以支持,并无不当。且一、二审判决依据鉴定报告确定了双方的利润分配的具体数额,鉴定报告已载明鉴定基准日美兰花园项目尚未销售房产评估值为 11,534,552 元,该评估值已考虑到上述房产尚未销售,销售时还会发生部分销售费用,今后销售会存在一定的风险等因素对房价的影响,提前分配利润并不损害徐某超的利益。咪兰公司、徐某超关于分配利润的条件未成熟,不应分配利润的再审申请理由,本院不予支持。

但在本案中,徐某超、曾某明在徐州市工商行政管理局办理了咪兰公司的名称预先登记核准,拟设立企业的股东系其二人,各出资 400 万元,后又改为徐某超一人设立了咪兰公司,故曾某明并非咪兰公司的股东,严格意义上来说,曾某明也并非基于股东请求分配公司利润提起诉讼的适格主体。

案例 3.65　上海锦邑实业有限公司与上海平程房地产有限公司、湖州南浔平程房地产有限公司公司盈余分配纠纷案

在上海锦邑实业有限公司(以下简称锦邑公司)与上海平程房地产有限公司

① (2016)最高法民申 363 号民事裁定书。

（以下简称平程公司）、湖州南浔平程房地产有限公司（以下简称南浔公司）公司盈余分配纠纷案[①]中，浙江省高级人民法院认为：本案中锦邑公司在受让南浔公司股权前，已与南浔公司的另一股东平程公司签订合作协议，约定在项目产生利润后，根据锦邑公司和平程公司的股权比例分阶段、按季度分配红利。虽然在南浔公司的公司章程中没有就利润分配作出约定，而南浔公司的股东仅为平程公司和锦邑公司，合作协议中的该约定应为双方的合意。且就查明的事实看，双方合作开发的一期工程已经完工，只是部分房屋和商铺未予出售。第二期工程已竣工，但该项工程与锦邑公司无关。故在锦邑公司与平程公司召开过多次南浔公司股东会，双方不能就公司利润分配达成一致，依靠公司的自律机制已不可逆转的情况下，应以合作协议的约定对南浔公司的利润进行分配。

对股东间签署的协议作为分配依据持否定观点的判例：

案例3.66　谭某林与东莞市思迈高分子材料有限公司公司盈余分配纠纷案

在谭某林与东莞市思迈高分子材料有限公司（以下简称思迈公司）公司盈余分配纠纷案[②]中，广东省东莞市中级人民法院认为：谭某林主张其诉请的依据是案涉《投资协议书》第5条的约定。对此本院认为，从案涉《投资协议书》第5条的约定内容来看，该条款是思迈公司股东之间就思迈公司经营中的利润应按何种方式、比例进行分配的约定。同时，从《投资协议书》第3条第B款第4项约定的内容可以看出，对于公司财产、资产等处分应当经股东会议通过，谭某林所主张分配的利润属于公司财产，理应按照该约定经股东会议讨论、作出决议后方可进行分配。而从案涉《投资协议书》第7条第2项第5款的约定可以看出，有关思迈公司的利润分配方案属于公司董事会议事的重大事项，即公司的分配需另行制定分配方案，结合思迈公司的公司章程第15条第6项的规定来看，思迈公司的利润分配须由执行董事制定利润分配方案后，由股东会审议批准。故综合以上分析，案涉《投资协议书》并不能等同于思迈公司的股东会决议，在谭某林未能充分举证证明思迈公司股东会有作出过决定进行利润分配的决议的情况下，谭某林要求分配思迈公司2012年的盈余利润缺乏事实依据，原审法院不予支持并无不妥，本院予以维持。

① （2012）浙商终字第43号民事裁定书。
② （2014）东中法民二终字第32号民事判决书。

二、利润分配的实质性要件

根据《公司法》第166条之规定，如公司要对股东进行利润分配，必须同时满足以下三个实质条件：(1)公司当年存在利润；(2)利润能够弥补之前的亏损；(3)依法计提利润10%的法定公积金以及任意公积金。

案例3.67　刘某林、雷某敏等与河南电力实业集团有限公司、洛阳矿业集团有限公司无因管理纠纷、不当得利纠纷案

在刘某林、雷某敏等与河南电力实业集团有限公司(以下简称电力实业公司)、洛阳矿业集团有限公司无因管理纠纷、不当得利纠纷案[①]中，最高人民法院认为：公司是否进行利润分配，属于公司自治事项。对于符合法律规定的分配利润条件但却连续五年不向股东分配利润的情形，《公司法》仅赋予股东请求公司以合理的价格回购股份的救济权利。而本案中，龙羽山川公司章程虽然约定股东会有审议批准公司利润分配方案的职权，但并未约定股东会在公司盈利时必须每年审议批准公司利润分配方案并分配利润，该公司股东之间亦无相应约定。该公司虽然连续四年盈利，但在第五年即2010年年底亏损，在此情形下，龙羽山川公司股东会作出以前年度的利润弥补亏损，并不分配利润的决议并未违反《公司法》的规定及公司章程的约定，电力实业公司参加股东会并对在表决时予以同意也未违反法律规定或者相关合同的约定。因此，二审判决认定东梁公司暂时不具备实现利润分配请求权的条件以及电力实业公司行使股东表决权并未损害刘某林、雷某敏、刘某东的权利并无不当。

案例3.68　湖南省中强房地产开发有限公司、严某针公司盈余分配纠纷案

在湖南省中强房地产开发有限公司(以下简称中强公司)、严某针公司盈余分配纠纷案[②]中，最高人民法院认为：公司应当在提取当年法定公积金、弥补亏损之后向股东分配税后利润。换言之，公司盈余分配决议内容应当反映当年法定公积金提取、弥补亏损的内容。执行公司盈余分配方案也应当具备已经提取当年法定

① (2014)民申字第1166号民事裁定书。
② (2019)最高法民再88号民事裁定书。

公积金、弥补亏损的条件。原判决未查明上述事实,即认定中强公司应按照案涉《股东协议》《会议纪要》向严某针、杨某辉分配公司盈余,存有不当。

三、股东可径行提起利润分配之诉的情形

径行提起利润分配能为遭受压制的股东提供区别于股东要求解散公司或股东要求公司回购股份等传统救济手段的另一条道路。在解散公司、回购股份等情形下,中小股东虽然能够获得一定的救济,但同时也丧失了股东资格。依据《公司法司法解释四》第15条之规定,如果公司股东违反法律规定滥用股东权利导致公司不分配利润,给其他股东造成损失,即使"受害"股东未提交载明具体分配方案的股东会或者股东大会决议,人民法院亦应予以审理。

但是如何确定"公司股东违反法律规定滥用股东权利导致公司不分配利润,给其他股东造成损失",没有司法解释予以进一步明确。

案例3.69　庆阳市太一热力有限公司、李某军公司盈余分配纠纷案

在庆阳市太一热力有限公司(以下简称太一热力公司)、李某军公司盈余分配纠纷案[①]中,最高人民法院认为:公司在经营中存在可分配的税后利润时,有的股东希望将盈余留作公司经营以期待获取更多收益,有的股东则希望及时分配利润实现投资利益,一般而言,即使股东会或股东大会未形成盈余分配的决议,对希望分配利润股东的利益不会发生根本损害,因此,原则上这种冲突的解决属于公司自治范畴,是否进行公司盈余分配及分配多少,应当由股东会作出公司盈余分配的具体方案。但是,当部分股东变相分配利润、隐瞒或转移公司利润时,则会损害其他股东的实体利益,已非公司自治所能解决,此时若司法不加以适度干预则不能制止权利滥用,亦有违司法正义。虽目前有股权回购、公司解散、代位诉讼等法定救济路径,但不同的救济路径对股东的权利保护有实质区别,故需司法解释对股东的盈余分配请求权进一步予以明确。为此,《公司法司法解释四》第15条规定,"股东未提交载明具体分配方案的股东会或者股东大会决议,请求公司分配利润的,人民法院应当驳回其诉讼请求,但违反法律规定滥用股东权利导致公司不分配利润,给其他股东造成损失的除外"。在本案中,首先,太一热力公司的全部

---

① (2016)最高法民终528号民事判决书。

资产被整体收购后没有其他经营活动，一审法院委托司法审计的结论显示，太一热力公司清算净收益为75,973,413.08元，即使扣除双方有争议的款项，太一热力公司也有巨额的可分配利润，具备公司进行盈余分配的前提条件；其次，李某军同为太一热力公司及其控股股东太一工贸公司法定代表人，未经公司另一股东居立门业公司同意，没有合理事由将5600万余元公司资产转让款转入兴盛建安公司账户，转移公司利润，给居立门业公司造成损失，属于太一工贸公司滥用股东权利，符合《公司法司法解释四》第15条但书条款规定应进行强制盈余分配的实质要件；最后，前述司法解释规定的股东盈余分配的救济权利，并未规定需以采取股权回购、公司解散、代位诉讼等其他救济措施为前置程序，居立门业公司对不同的救济路径有自由选择的权利。因此，一审判决关于太一热力公司应当进行盈余分配的认定有事实和法律依据，太一热力公司、李某军关于没有股东会决议不应进行公司盈余分配的上诉主张不能成立。在前述案例中，在公司存在巨额可分配利润的情况下，控股股东将巨额公司财产转移，被法院认定为"公司股东违反法律规定，滥用股东权利导致公司不分配利润，给其他股东造成损失"。

四、利润的确定

法院审理在公司盈余分配纠纷过程中，如果判决公司强制分配利润，或者原被告双方对原告的利润分配请求中所依据的公司利润总额存在争议，法院就要确定公司可分配利润的数额。在司法实践中，主要有以下几种标准。

（一）以专业的审计报告为准

在庆阳市太一热力有限公司、李某军公司盈余分配纠纷案中，生效判决依据的是经原告居立门业公司申请，一审法院委托的会计师事务有限公司出具的《审计报告》作为利润分配的依据。

（二）以公司财务、会计资料作为分配依据

在武汉大西洋连铸设备工程有限责任公司（以下简称大西洋公司）、宋某兴公司盈余分配纠纷案①中，生效判决是以大西洋公司2010年的《损益表》《资产负债

① （2017）最高法民申2827号民事裁定书。

表》作为确定利润计算的基本依据。

五、原股东是否享有利润分配请求权

公司股东将股权转让给他人后,即丧失公司的股东资格,而利润分配请求权的享有是以具备股东资格为前提的。故,原则上股东将其股权转让之后,一般不享有对公司可能存在的利润的分配请求权。

案例 3.70　崔某民与铁力市嘉能投资有限公司、陈某军公司盈余分配纠纷案

在崔某民与铁力市嘉能投资有限公司(以下简称嘉能公司)、陈某军公司盈余分配纠纷案①中,黑龙江省高级人民法院认为:虽然嘉能公司于 2013 年 6 月 21 日将其持有的嘉华公司的股权转让给案外人康玲公司时,崔某民具有嘉能公司的股东资格,嘉华公司股权转让款亦属于崔某民转让嘉能公司股权前嘉能公司的收益,但崔某民与陈某军所签《股权转让协议》中并未明确约定原股东崔某民有权主张股权转让前嘉能公司的利润,因崔某民的股东资格随着股权转让并办理变更登记而丧失,基于股东身份所享有的公司利润分配请求权亦随之丧失,故崔某民已无权基于股东身份分配嘉能公司的利润。本案二审判决作出后,崔某民向最高人民法院申请再审,最高人民法院作出(2018)最高法民申 591 号民事裁定书驳回了崔某民的再审申请。

但是,在司法实践中也有支持原股东可行使利润分配权的案例,但这些案例基本均为原股东与新股东在公司股权转让时就未分配的利润达成了原股东享有该部分利润的相关约定。

案例 3.71　杨某统与南京理工金宁粉末冶金有限公司公司盈余分配纠纷案

在杨某统与南京理工金宁粉末冶金有限公司(以下简称金宁公司)公司盈余分配纠纷案②中,江苏省高级人民法院认为:关于杨某统是否有权向金宁公司主张盈余分配的问题,根据《公司法》的规定,股东会系有限公司的权力机构,董事会对

① (2017)黑民终 491 号民事判决书。
② (2017)苏民申 259 号民事裁定书。

股东会负责并执行股东会决议,故金宁公司股东会有权决定对公司利润进行分配。2012 年 3 月 23 日,金宁公司股东会作出决议,决定对杨某统经营班子至 2011 年 9 月 14 日前盈亏等事宜在股权转让中另行约定;2012 年 7 月 15 日,杨某统和王某签订的股权转让协议约定杨某统按原持股权比例分享和分担公司成立至 2011 年 9 月 14 日盈亏及资产增值,同日,杨某统和包括理工资产公司、王某在内的金宁公司其他股东签订协议,再次重申杨某统按原持股权比例分享和分担公司成立至 2011 年 9 月 14 日的盈亏。上述股东会决议及协议,实际系对杨某统担任股东期间公司盈余分配的追认,且经股东各方签字确认,不违反公司章程的规定及法律、行政法规的强制性规定。依据股东会决议及股东间的协议,杨某统有权要求对涉案期间的可分配利润进行分配,因公司章程并无强制提留任意公积金的规定,且二审法院已依法留存法定公积金,故金宁公司的该再审申请理由不能成立。

第五节　公司股权回购请求权

公司股权回购请求权,是指对公司的重大决策事项持反对意见的股东可以要求公司以合理对价收购其持有的股权。《公司法》第 74、142 条分别规定了股东可以请求有限公司或股份公司收购其股权(份)的情形。公司股权回购对公司股东尤其是有限公司的小股东的权益保护具有重大意义。基于有限责任公司的封闭性,异议股东往往无法通过公开市场顺利转让其股权,而有限责任公司的人合性使异议股东有时较难找到愿意购买其股权的第三人,因此当其对公司重大决议持异议时,只能低价转让给其他股东,或接受公司的重大变动。所以赋予异议股东股权回购请求权,可以缓解有限责任公司封闭性和人合性带来的问题。近年来在我国司法实践中,因股东间的压制、公司僵局及股东个人情况的变化等使得以退股为目的而发生的诉讼逐渐增多,因此《公司法》此次修订突破传统的资本制度的理念引入的异议股东股权的强制回购制度,是维护我国有限责任公司中小股东利益的一项有效保障机制。①

① 参见张庆:《我国有限责任公司的股权回购制度》,载《中国律师》2007 年第 9 期。

一、请求公司回购股权的原告

根据《公司法》第74条之规定，如有限公司作出以下决议，“对股东会该项决议投反对票的股东可以请求公司按照合理的价格收购其股权：（一）公司连续五年不向股东分配利润，而公司该五年连续盈利，并且符合本法规定的分配利润条件的；（二）公司合并、分立、转让主要财产的；（三）公司章程规定的营业期限届满或者章程规定的其他解散事由出现，股东会会议通过决议修改章程使公司存续的”。因此，只有对法律规定的特定决议持反对意见的股东才有权要求公司收购其股权。

但是在实践中，常常存在股东未参加股东会或由于其他原因未进行表决，但该股东实质上是对该决议持反对意见的，那么该股东是否享有诉权？

案例3.72　袁某晖与长江置业（湖南）发展有限公司请求公司收购股份纠纷案

在袁某晖与长江置业（湖南）发展有限公司（以下简称长江置业公司）请求公司收购股份纠纷案①中，最高人民法院认为：关于袁某晖是否有权请求长江置业公司回购股权的问题。2010年3月5日，长江置业公司形成股东会决议，明确由沈某、钟某光、袁某晖三位股东共同主持工作，确认全部财务收支、经营活动和开支、对外经济行为必须通过申报并经全体股东共同联合批签才可执行，对重大资产转让要求以股东决议批准的方式执行。但是，根据长江置业公司与袁某晖的往来函件，在实行联合审批办公制度之后，长江置业公司对案涉二期资产进行了销售，该资产转让从定价到转让，均未取得股东袁某晖的同意，也未通知其参加股东会。根据《公司法》第74条之规定，对股东会决议转让公司主要财产投反对票的股东有权请求公司以合理价格回购其股权。本案从形式上看，袁某晖未参加股东会，未通过投反对票的方式表达对股东会决议的异议。但是，《公司法》第74条的立法精神在于保护异议股东的合法权益，之所以对投反对票作出规定，意在要求异议股东将反对意见向其他股东明示。本案中袁某晖未被通知参加股东会，无从了解股东会决议，并针对股东会决议投反对票；况且，袁某晖在2010年8月19日申请召开临时股东会时，明确表示反对二期资产转让，要求立即停止转让上述资产，

① （2014）民申字第2154号民事裁定书。

长江置业公司驳回了袁某晖的申请，并继续对二期资产进行转让，已经侵犯了袁某晖的股东权益。因此，二审法院依照《公司法》第74条之规定，认定袁某晖有权请求长江置业公司以公平价格收购其股权，并无不当。

另外一种常见情形，是公司常年盈利具备分配利润的条件下，股东从未提议召开有关利润分配的股东会，继而也没有形成决议，那么中小股东是否能够直接提起请求公司回购股权之诉？

案例3.73 李某骏与常州市创联生活用品有限公司请求公司收购股份纠纷案

在李某骏与常州市创联生活用品有限公司（以下简称创联公司）请求公司收购股份纠纷案①中，常州市中级人民法院认为：异议股东股份购买请求权行使的前提条件是《公司法》第74条规定的法定事由业经股东会决议通过。虽然，现实中不可避免存在公司未依据公司法及公司章程的规定召开股东会，进而作出相关决定，变相剥夺股东对重大事项表决权，损害其合法权益的行为，但《公司法》第39条亦赋予代表1/10以上表决权的股东提议召开临时会议的权利，且公司应当予以召开。本案中，李某骏持有创联公司30%的股权，如其所述，在其事后获悉公司未定期召开股东会会议，却间接转让公司主要财产、连续五年盈利而未向其分配利润等事由后，自身不积极提出异议，且亦不主动寻求召开临时股东会会议，用尽法律赋予其的救济权利，而径行向公司提出股权回购之诉的，属于法律上的"懒惰之人"，应视为其请求权行使的前提条件不具备。

在前述案例中，法院认为当其他股东可能存在侵害公司和其他股东权益时，公司也未按期召开股东会的情况下，针对有权自行召集和主持股东会会议的股东（代表十分之一以上表决权的股东），可以通过提议召开股东会的方式维护自己的权利，而不能直接请求公司回购之诉。

但是，在实践中当没有权利提起召开股东会的小股东，在公司具备分配利润的情况下，持续超过五年未分配利润，且公司也不召开有关利润分配的股东会的情形，如何保护小股东利益，还有待进一步研究、确定。

---

① （2017）苏04民终910号民事裁定书。

二、异议股东请求公司回购股权受除斥期间的限制

《公司法》第74条第2款规定:"自股东会会议决议通过之日起六十日内,股东与公司不能达成股权回购协议的,股东可以自股东会决议通过之日起九十日内向人民法院提起诉讼。"股份回购请求权属于形成权,故该期间属于除斥期间。此外,《公司法司法解释一》第3条亦明确规定:"原告以公司法第二十二条第二款、第七十四条第二款规定事由,向人民法院提起诉讼时,超过公司法规定期限的,人民法院不予受理。"故,该期间90日经过后,异议股东不得再向公司提出股权回购之申请。

案例3.74 李某容、湖北珞珈山置业有限公司请求公司收购股份纠纷案

在李某容、湖北珞珈山置业有限公司(以下简称珞珈山公司)请求公司收购股份纠纷案[①]中,湖北省高级人民法院认为:珞珈山公司与农行洪山支行签订《最高额抵押合同》的时间为2010年7月18日,珞珈山公司作出同意该行为的股东会决议时间为2012年2月26日。依据《公司法》第74条第2款的规定,李某容应自2012年2月26日起90日内向人民法院提起诉讼,而李某容向一审法院起诉的时间为2017年10月23日,其行为不符合上述规定。

但是,在实践中,很多公司在召开股东会时并未通知小股东或者未召开股东会,这种情况下是否应该使用90日的除斥期间?

案例3.75 上诉人南京百市发展集团有限公司与被上诉人庄某股权回购请求权纠纷案

在上诉人南京百市发展集团有限公司(以下简称百市公司)与被上诉人庄某股权回购请求权纠纷案[②]中,南京市中级人民法院认为:《公司法》第74条第2款规定了异议股东提起股权收购协议的相应期限。本案中,百市公司在转让公司主要资产时,未召开股东会或未通知庄某参加股东会,致使庄某申请股份回购之日

---

① (2018)鄂民终716号民事判决书。

② (2014)宁商终字第1518号民事判决书。

无从起算，故庄某提出回购请求不应受该条款的约束。2013 年 2 月 24 日，庄某以百市公司存在《公司法》第 74 条规定的情形为由，向百市公司发函要求回购股权，百市公司回函否认存在不当行为。庄某提起本案之诉后，经原审法院多次主持调解，双方未就股权收购达成协议，故百市公司主张庄某行使异议股东请求回购权程序不当，缺乏事实根据和法律依据，本院不予支持。

三、有限责任公司异议股东请求公司回购股权的实质要件

根据《公司法》第 74 条之规定，有限责任公司异议股东请求公司回购股权的实质要件有以下三个：(1)公司连续五年不向股东分配利润，而公司该五年连续盈利，并且符合本法规定的分配利润条件的；(2)公司合并、分立、转让主要财产的；(3)公司章程规定的营业期限届满或者章程规定的其他解散事由出现，股东会会议通过决议修改章程使公司存续的。

(一)公司连续五年不向股东分配利润

通过笔者查询案例，在司法实践中股东通过该条主张的公司回购股权的案例极少。首先，公司是否盈利，小股东很难掌握；即使公司持续盈利，对于公司来说通过账目的调整或者其他手段，很容易做到前四年盈利第五年亏损；或者在其中一年做少量的盈利，给股东象征性的分红，以规避法律。

案例 3.76　周某涛、辛某荣请求公司收购股份纠纷案

在周某涛、辛某荣请求公司收购股份纠纷案①中，最高人民法院认为：周某涛等 11 人以鸿源公司自 2009～2014 年连续 5 年盈利却不分配利润为由主张公司回购股份，根据上述法律规定，应当符合如下条件：(1)公司连续 5 年不向股东分配利润；(2)该 5 年公司连续盈利；(3)符合《公司法》规定的分配利润条件，即公司在弥补亏损和提取公积金后所余税后利润依照《公司法》第 34 条的规定分配。本案中，税务机关出具的鸿源公司的纳税证明、完税证明和鸿源公司的纳税申报材料体现鸿源公司在 2012 年度、2013 年度没有产生企业所得税；周某涛等 11 人虽主张鸿源公司 2012 年度、2013 年度存在税后利润，但其提供的关于鸿源公司对外

① (2017)最高法民申 2154 号民事裁定书。

投资、经营规模的证据并不足以证明鸿源公司在2013年度存在税后利润。周某涛等11人主张相关税务机关的材料系鸿源公司虚假申报得出，但并未就此提供充分证据。因此，综合现有证据，原审判决关于鸿源公司不存在连续5年盈利的事实认定证据较为充分，现亦无充分证据证明认定事实的主要证据系伪造，周某涛等11人以鸿源公司连续5年盈利却不分配利润为由诉请鸿源公司回购股权的条件不成立，原审判决结果并无不当。

（二）公司转移主要资产

案例3.77　龙某和鑫房地产开发有限公司、卢某光请求公司收购股份纠纷案

在龙某和鑫房地产开发有限公司（以下简称和鑫公司）、卢某光请求公司收购股份纠纷案①中，最高人民法院认为：和鑫公司将三家子公司出让并额外给予每家150万元经济补偿的股东会决议，符合转移公司主要财产之构成要件。卢某光作为和鑫公司股东，对此决议持反对意见，根据《公司法》第74条第1款第2项之规定，其有权请求和鑫公司按照合理的价格收购其股权。

但是，如果公司处理财产的行为与公司的主营业务相符，股东不得以此为理由要求公司回购其股权。

案例3.78　龙某斌、咸宁伍恒房地产开发有限公司请求公司收购股份纠纷案

在龙某斌、咸宁伍恒房地产开发有限公司（以下简称伍恒公司）请求公司收购股份纠纷案②中，湖北省高级人民法院认为：龙某斌作为伍恒公司的股东，依据《公司法》第74条第1款第2项之规定，请求伍恒公司回购其股权，系行使异议股东股份回购请求权。对《公司法》第74条第1款第2项规定中转让主要财产的认定，应以转让该财产后所导致的公司结构与运营情况为标准，即转让财产的行为是否实质影响了公司设立目的及公司存续，是否会影响公司的正常经营和盈利，从而导致公司发生根本性变化，而不是单纯以该财产占公司资产总额的比例计

① （2018）最高法民申793号民事裁定书。

② （2018）鄂民申1907号民事裁定书。

算。结合本案,伍恒公司是一家房地产开发公司,对开发的房屋进行销售是公司的正常营业活动。伍恒公司于2016年6月22日召开股东会讨论的债务化解方案,实质是通过有计划的房屋销售来偿还公司债务。从该决议的形式和目的来看,是通过公司的主营业务收入来清偿债务,与公司的设立目的并不相悖。另外,异议股东股份回购请求权的制度设计,旨在公司结构发生重大变化时赋予异议股东在获得合理的补偿后退出结构业已发生重大变化的公司的权利。经查明,涉案股东会决议至今并未执行,伍恒公司的资产并未发生重大变化。故二审法院综合考虑认定伍恒公司于2016年6月22日召开的股东会议不符合《公司法》第74条第1款第2项规定的情形,对龙某斌提出伍恒公司回购股份的请求不予支持并无不当。另外,二审判决虽然对龙某斌提交的两份证据未予载明,但并不影响案件的事实认定以及处理结果。

公司对外担保、对子公司投资,转让控股公司股权的行为是否是转移资产的行为?

案例3.79　上诉人南京百市发展集团有限公司与被上诉人庄某股权回购请求权纠纷案

在上诉人南京百市发展集团有限公司(以下简称百市公司)与被上诉人庄某股权回购请求权纠纷案①中,南京市人民法院认为:(1)关于百市公司转让百市物业公司股权是否属于转让公司主要财产的问题。本院认为,我国公司法及司法解释均未对有限责任公司的主要财产提供衡量或参照标准,原审判决参照上市公司重大资产认定标准,认为有限责任公司的主要资产应超过公司资产总额的30%,并无不当。但当所转让资产对公司运营具有重要作用,即转让该资产后将导致公司结构与运营情况发生改变,则不能单纯以该财产占公司资产总额的比例计算。本案中,2012年9月10日,百市公司召开临时股东大会决定将持有的全部百市物业公司股权(225万元)转让给诚信行公司,未通知庄某参加,侵犯了其作为股东的表决权。百市公司辩称未通知庄某参加股东会系因其已提起股东知情权诉讼,缺乏法律依据,本院不予采纳。而依据百市公司章程的约定,百市公司的经营范

① (2014)宁商终字第1518号民事判决书。

围主要为房地产开发、销售,根据企业性质,百市物业公司对百市公司正常经营活动的开展具有重要意义,故原审判决认定转让百市物业公司股权系转让百市公司主要资产并无不当,应予维持。(2)关于百市公司对子公司进行增资,是否属于对外转让公司资产的问题。本院认为,子公司具有法人资格,依法独立承担民事责任。公司对其全资子公司进行增加投资,属于对外投资,应按照公司章程规定,由董事会或者股东会、股东大会决议。百市公司章程规定,股东会决定公司的经营方针和投资计划,董事会决定公司的经营计划和投资方案,并对公司向其他企业投资作出决议,即董事会根据股东会的相关方针和计划作出具体的决议。本案中,2010~2011年,百市公司对其子公司至正公司、百福公司进行增资时,既未经股东会讨论决定形成投资计划,亦未由董事会作出相应决议,不符合百市公司章程规定。百市公司辩称其通过召开公司扩大会议通过了上述增资事宜,符合《公司法》要求的实质。但百市公司召开的公司扩大会议,仅就至正公司、百福公司的增资事宜进行通报,并未就此进行表决,剥夺了庄某的表决权,故百市公司的上述辩称意见于法无据,本院不予采纳。综上,2009~2012年,百市公司在授权许某军代表全资子公司百市置业公司为高淳万富公司5000万元贷款提供担保、对全资子公司进行增资、胡某代持久本能源公司股权以及转让百市物业公司股权等事宜时,未履行公司章程规定的相应程序,而上述事宜所涉金额累计达7875万元,远超过百市公司的注册资本2000万元,即百市公司存在多次应召开股东会而未召开或未通知庄某参加股东会的情形,剥夺了庄某对重大事项的表决权,损害了其合法权益,致使庄某有理由相信继续持有百市公司股权可能会损害其利益。故庄某据此请求百市公司按照合理的价格回购其股权,符合《公司法》第74条第1款规定的实质条件,应予准许。

结合上述案例,公司对外担保、对子公司投资、转让控股公司股权均涉嫌转移公司资产,对此持反对意见的股东,有权要求公司回购股权。

案例3.80 宜昌三峡矿业有限公司与徐某汉公司收购股份纠纷案

在宜昌三峡矿业有限公司(以下简称三峡矿业公司)与徐某汉公司收购股份纠纷案①中,湖北省高级人民法院认为:《公司法》第74条规定,公司转让主要资

① (2014)鄂民二终字第00037号民事判决书。

产,对股东会该项决议投反对票的股东可以请求公司按照合理的价格收购其股权。本案中,徐某汉投出反对票的决议为三峡矿业公司作出的“湖北恒达石墨集团(系三峡矿业公司子公司,以下简称石墨集团)有关资产处置方案”“石墨集团慈溪分公司整体转让方案”“金昌石墨矿(系三峡矿业公司的子公司)50%股权转让方案”。上述决议涉及多处石墨矿及子公司的资产转让,从三峡矿业公司的经营范围包含石墨矿销售的内容来看,该部分资产转让应涉及三峡矿业公司的重要资产。徐某汉投出反对票后,向三峡矿业公司提出公司收购其股权的请求。之后,双方就股权回购一事进行了协商,并在就收购价格未达成一致意见的情况下,共同委托东方公司对三峡矿业公司的资产进行审计,从而确定收购价格。因此从双方的诉前行为看,双方对于三峡矿业公司收购徐某汉的股权一事已达成共识。在一审诉讼期间,三峡矿业公司亦作出无论评估价格高低均愿意收购徐某汉的股权的陈述。故徐某汉提出的三峡矿业公司收购股权的诉讼请求既符合法律规定,又符合双方的约定,一审法院根据评估的价格认定三峡矿业公司以合理收购徐某汉所持有的股权并无不当,三峡矿业公司提出一审法院强行判令其收购股权违反法律规定及公司意思自治的上诉理由不能成立,本院不予支持。

结合上述案例,子公司的资产重大处置,也可以视为母公司的资产处分行为。

但是,在公司转让其持有的股权、对子公司增资、子公司的资产处置等情形中,是否构成《公司法》第74条第1款中有关公司转让资产的情形,必须根据公司处分财产占公司资产或注册资金的比例、被转让股权对公司经营的影响、公司的主营业务等多方面并结合基本案情进行综合考虑。

(三)公司章程约定的营业期限届满

案例3.81　中国信达资产管理股份有限公司与太西集团有限责任公司请求公司收购股份纠纷案

在中国信达资产管理股份有限公司(以下简称信达公司)与太西集团有限责任公司(以下简称太西集团)请求公司收购股份纠纷案[①]中,最高人民法院认为:2011年8月18日,太西集团向信达公司等股东发出《关于以信函方式召开太西集

① (2016)最高法民终34号民事判决书。

团临时股东会会议的通知》,决定采取信函方式于2011年8月28日召开临时股东会会议并形成股东会决议,上述内容为太西集团召集临时股东会会议及形成决议的时间,并非限制各股东对决议的异议期限。信达公司在太西集团三个股东中有两个股东于2011年8月28日形成了《关于太西集团有限责任公司延长经营期限股东会决议》的情况下,于2011年9月13日向太西集团发出《关于对太西集团有限责任公司临时股东会议题表决的函》,表示不同意延长太西集团经营期限,并在法定期限内向原审法院提起诉讼,请求太西集团以合理的价格回购其在太西集团的股份,符合《公司法》第74条第1款第3项规定的"公司章程规定的营业期限届满或者章程规定的其他解散事由出现,股东会会议通过决议修改章程使公司存续的"法定收购股权条件,信达公司对太西集团关于延长经营期限的股东会决议书面提出反对意见,当然有权依法请求太西集团按照合理的价格回购其股权,且符合相应程序规定。

(四)公司与股东约定法律规定之外的回购情形

案例3.82 袁某晖与长江置业(湖南)发展有限公司请求公司回购股份纠纷案

在袁某晖与长江置业(湖南)发展有限公司(以下简称长江置业公司)请求公司回购股份纠纷案[①]中,最高人民法院认为:长江置业公司《公司章程》中规定,股东权利受到公司侵犯,股东可书面请求公司限期停止侵权活动,并补偿因被侵权导致的经济损失。如公司经法院或公司登记机关证实:公司未在所要求的期限内终止侵权活动,被侵权的股东可根据自己的意愿退股,其所拥有的股份由其他股东协议摊派或按持股比例由其他股东认购。本案中,长江置业公司在没有通知袁某晖参加股东会的情况下,于2010年5月31日作出股东会决议,取消了袁某晖的一切经费开支,长江置业公司和其股东会没有保障袁某晖作为股东应享有的决策权和知情权,侵犯了袁某晖的股东权益,符合长江置业公司《公司章程》所约定的"股东权利受到公司侵犯"的情形。因此,袁某晖有权根据《公司章程》的规定,请求公司以回购股权的方式让其退出公司。

上述判例并非真正意义上的公司回购股权,而是公司有义务负责协调,由其他股东购买被侵权股东的股份,其实质是股权转让。笔者认为,公司有权与股东

① (2014)民申字第2154号民事裁定书。

约定法律规定之外的回购情形，但该回购必须同时符合法律规定的减资程序，否则可能会侵害公司债权人利益。

四、股权回购的合理价款

在大多数异议股东要求公司股权回购的案件中，关于股权的价格多通过委托第三方审计或评估的方式进行，但是委托第三方审计或评估并非唯一方式，在因客观因素导致审计或评估资料确实无法评估的情况下，法院亦可通过现有证据自由裁量。

（一）依据公司的财务资料

在公司财务管理比较规范的情况下，可以不采用第三方评估或审计方式确定股权价格。

案例 3.83　孙某军、海力生集团有限公司请求公司回购股份纠纷案

在孙某军、海力生集团有限公司（以下简称海力生公司）请求公司回购股份纠纷案[①]中，浙江省高级人民法院认为：从现有证据及查明的事实看，一、二审法院认定股权收购的合理价格为出资额的 2.5 倍，有相应依据。首先，孙某军主张的通过第三方财务审计和资产评估来确定股权收购价，并非判断“合理的价格”的唯一途径。诚如二审法院所言，若根据案件具体情况已足以认定市场公允价格，则无须通过委托第三方进行评估来确定股权收购价格。认定合理价格的关键，仍在于法院在审查全案事实之基础上，就市场公允价格作出恰当的司法判断。其次，按一般理解，公司收购异议股东股份的合理价格，应当是指按公司净资产计算出的股权价值。在公司财务会计制度规范的情况下，企业资产负债表中的所有者权益能够反映公司真实的净资产，故即使如孙某军主张的当时 2007 年版公司章程对股权回购价未作约定，以年末所有者权益为据计算股权回购价也并无不妥。鉴于海力生公司 2014 年度财务报告已通过审计，而孙某军既没有提供直接充分的证据推翻该财务报告结果，也没有在原审中提交重新启动鉴定的书面申请，因此，一、二审法院采信该财务报告作为定价依据并无不当。

---

① （2017）浙民再 88 号民事判决书。

（二）根据股东与公司之间的约定

案例3.84　中国信达资产管理股份有限公司与太西集团有限责任公司请求公司回购股份纠纷案

在中国信达资产管理股份有限公司（以下简称信达公司）与太西集团有限责任公司（以下简称太西集团）请求公司回购股份纠纷案①中，最高人民法院认为：在股东之间对股权回购有明确约定的情况下，《公司法》第74条有关股东请求公司以合理的价格回购其股权的规定，并非能够完全脱离原出资协议约定而另行确定。信达公司于2000年5月29日及6月9日与石炭井矿务局及华融公司三方签订的《债权转股权协议》和《债权转股权补充协议》，不仅对上述三方股东共同设立太西集团的出资形式和比例作了约定，亦对各股东股权的退出及收购方式作了特别约定，且对太西集团股权回购或者丙方石炭井矿务局收购计划约定了每年的股权退出比例、股权退出数，以及按照溢价率计算的每年股权退出的总价款。2000年6月9日，信达公司与石炭井矿务局、华融公司三方股东就股权退出问题及分取红利、股权退出价款支付计划调整等签订《债权转股权补充协议》作了进一步约定，其中第2条针对股权退出补充约定：债权方的股权通过新公司回购方式退出时，股权退出价格为债权方转股债权原值，不采取溢价方式计算，即当事人实际取消了原协议中关于股权退出按照一定股权溢价率支付回购价款的约定。对于股权退出方式及价格，是三方股东根据自愿原则自由商定的，对当事人具有法律约束力。

（三）法院根据案件现有证据自由裁量

案例3.85　杨某炎、广西登高（集团）田东水泥有限公司请求公司回购股份纠纷案

在杨某炎、广西登高（集团）田东水泥有限公司（以下简称登高公司）请求公司回购股份纠纷案②中，由于登高公司几经改制，目前客观上无法提供完整账册供

---

① （2016）最高法民终34号民事判决书。

② （2019）桂民申5118号民事裁定书。

本案进行审计评估，就证据保管来说登高公司没有故意和重大过失。广西壮族自治区高级人民法院认为：关于本案股份价格计算标准问题。再审申请人作为出售股权一方，其诉讼主张要求被申请人以合理的价格回购，但再审申请人对其股权的价格没有相应证据证实，其对所称合理价格的具体数额举证不能。在双方当事人对股权价格协商无法达成一致意见的情况下，应当通过委托评估机构进行股权价值评估。一审法院就此两次委托了评估机构启动评估事项，但因双方当事人均未能提供相应资料进行评估而致评估不能，一审法院已穷尽了价格认定程序。在无法进行评估核实股权价格的情况下，一审法院并没有简单地驳回再审申请人的诉讼请求，而是根据公平原则以本案股权买受之初的价格为基数，结合被申请人近几年来会计年报的资产负债情况，酌定以每股3元即原股价3倍的价格确定本案股权价格，较于双方当事人的诉求和抗辩意见公平合理。

第六节　股东代表诉讼

股东代表诉讼，又称股东派生诉讼，是指在公司权益受到侵害时但公司又怠于维护自己的权益时，股东为维护公司的合法权益，以自己的名义直接向法院提起诉讼，胜诉的利益归于公司的一种诉讼。当公司的正当权益受到他人侵害，特别是受到公司控股股东或者实际控制人、公司董事和高管人员等的侵害，而公司怠于行使诉权时，符合法定条件的股东以自己的名义为公司的利益对侵权人提起诉讼，请求返还公司利益，并追究相关人员法律责任的诉讼制度。由于这种诉讼是因侵犯公司利益引发的，与公司有直接利害关系，因此诉讼结果应归于公司，但起诉不是以公司名义提起的，而是股东以自己的名义提起的，因此称为股东代表诉讼。[①]

一、股东代表诉讼中的当事人

（一）股东代表诉讼中的原告

根据《公司法》第151条的规定，有限责任公司的股东、股份有限公司连续180

---

① 参见理喻：《涉公司股东权益司法实务答疑——专访最高人民法院民二庭负责人》，载《法律适用》2013年第7期（总第328期）。

日以上单独或者合计持有公司1%以上股份的股东可以提起股东代表诉讼。

在诉讼过程中,股东由于股权转让等原因导致股东资格丧失的,股东不再具有股东代表诉讼的主体资格。

案例3.86 南京东驰汽车工业(集团)有限公司与江苏春兰自动车有限公司、泰州春兰销售公司及一审第三人南京徐工汽车制造有限公司股东滥用股东权利赔偿纠纷案

在南京东驰汽车工业(集团)有限公司(以下简称东驰公司)与江苏春兰自动车有限公司、泰州春兰销售公司及一审第三人南京徐工汽车制造有限公司(以下简称徐工汽车公司)股东滥用股东权利赔偿纠纷案①中,最高人民法院认为:具备公司股东身份是有限责任公司股东提起股东代表诉讼的身份要件。本案中,虽然东驰公司提起诉讼时持有徐工汽车公司40%的股份,具备徐工汽车公司股东的身份,符合法律关于股东代表诉讼原告资格的要求。但是,在二审法院审理过程中,东驰公司将其所持股份全部转让给徐工机械公司,并办理了工商变更登记,由此,东驰公司已丧失了徐工汽车公司股东的身份,不符合股东代表诉讼的主体资格要求,丧失了在本案中继续以徐工汽车公司股东身份进行股东代表诉讼的资格。因此,二审法院认定东驰公司在丧失徐工汽车公司股东身份时,相应地丧失了股东代表诉讼的诉讼主体资格,有事实和法律依据。

案例3.87 北京金伦多资源技术有限公司与上海迈卡尔得工贸有限公司、孙某等损害公司利益责任纠纷案

在北京金伦多资源技术有限公司(以下简称金伦多公司)与上海迈卡尔得工贸有限公司、孙某等损害公司利益责任纠纷案②中,最高人民法院认为:依据《公司法》的规定,股东代表诉讼的适格原告为公司股东。金伦多公司在起诉后将其享有的永鑫汇公司的股份转让给沈某骧并办理了股权变更登记,其已经不再是永鑫汇公司的股东。经本院释明,金伦多公司在二审时未在规定期限内提交沈某骧或

① (2013)民申字第645号民事裁定书。

② (2015)民二终字第38号民事裁定书。

者永鑫汇公司其他股东同意作为原告继续诉讼的证据，故金伦多公司作为股东代表永鑫汇公司主张权利的事实基础已不存在，其无权再以股东身份继续进行本案诉讼。

案例 3.88　赖某克与周某兰、中国农业银行股份有限公司顺德北滘支行损害公司利益责任纠纷案

在赖某克与周某兰、中国农业银行股份有限公司顺德北滘支行损害公司利益责任纠纷案①中，最高人民法院认为：股东代表诉讼的适格原告应为公司股东。赖某克在起诉后将其享有的新达公司的股份转让给区某钊并办理了股权变更登记，其已经不再是新达公司的股东。新达公司现任股东在一审时明确表示不同意赖某克继续本案诉讼，赖某克在二审时亦未提交新达公司其他股东同意其作为原告继续诉讼的证据，故赖某克作为股东为新达公司主张权利的事实基础已不存在，其无权再以股东身份为新达公司的利益继续进行本案诉讼。

案例 3.89　上海高金股权投资合伙企业与许某荣、谢某楠损害公司利益责任纠纷案

在上海高金股权投资合伙企业（以下简称上海高金合伙企业）与许某荣、谢某楠损害公司利益责任纠纷案②中，最高人民法院认为：关于上诉人股东资格问题，上诉人上海高金合伙企业向一审法院起诉时依据增资协议和有关工商登记，证明其具有华东有色公司股东资格，因此，一审法院受理本案并无不当。在案件审理过程中，华东有色公司股东会根据增资协议约定，在上诉人上海高金合伙企业未按增资协议约定缴纳第三期增资款，经过两次函告仍未缴纳的情况下，于 2014 年 5 月 28 日召开股东会年度会议并作出决议，以减少注册资本的形式解除了上海高金合伙企业的股东资格。根据《公司法》及相关司法解释的规定，有限责任公司的股东会有权以股东会决议形式解除股东资格。华东有色公司股东会年度会议关于解除上诉人股东资格的决议已经生效。然而，截至一审裁定作出时，上诉人并

---

① （2015）民一终字第 66 号民事裁定书。

② （2014）民一终字第 295 号民事裁定书。

没有依法提起申请撤销股东会决议诉讼或申请确认股东会决议无效诉讼。因此，一审裁定以上诉人在本案中丧失了股东资格，无权提起股东代表诉讼，裁定驳回起诉，并无不当。

母公司的股东是否可以代表子公司提起股东代表诉讼，最高人民法院现有判例对此持否定观点。

案例3.90 广东南博教育投资有限公司、LEI Lie Ying Limited 损害公司利益责任纠纷案

在广东南博教育投资有限公司（以下简称广东南博公司）、LEI Lie Ying Limited 损害公司利益责任纠纷案[①]中，最高人民法院认为：本案系广东南博公司主张猎鹰实业公司全资举办的涉外经济学院的权益，受到 LEI Lie Ying Limited 及其关联公司劳瑞德公司的侵害而提起的诉讼。首先，根据《民事诉讼法》第 119 条的规定，原告必须是与本案有直接利害关系的公民、法人和其他组织。本案中，涉外经济学院由猎鹰实业公司全资举办，广东南博公司作为猎鹰实业公司的股东，虽然涉外经济学院的利益受损可能间接影响其利益，但并不构成法律上的直接利害关系。其次，根据《公司法》第 151 条的规定，提起股东代表诉讼的适格主体应为公司股东。涉外经济学院系民办非企业单位，如参照适用《公司法》及相关司法解释的规定，以涉外经济学院利益受损为由提起股东代表诉讼的适格主体应为其举办者，即猎鹰实业公司。而本案中，广东南博公司与 LEI Lie Ying Limited 均为猎鹰实业公司的股东，而非涉外经济学院的举办者，故广东南博公司无权依据《公司法》第 151 条的规定代表涉外经济学院提起股东代表诉讼。因此，一审法院以广东南博公司作为本案原告的主体身份不适格为由，裁定驳回其起诉，并无不当。

案例3.91 上诉人黄某联、黄某珍与被上诉人中山市惠振制衣有限公司、黄某伟与公司有关的纠纷案

在上诉人黄某联、黄某珍与被上诉人中山市惠振制衣有限公司（以下简称中

---

① （2019）最高法民终 521 号民事裁定书。

山惠振公司)、黄某伟与公司有关的纠纷案[1]中,本案中,两上诉人作为原告是中山惠振公司独资股东香港惠振厂的股东,两上诉人以其是中山市惠振公司独资股东的股东身份提起股东代表诉讼,广东省高级人民法院认为:本案中,黄某联、黄某珍并非中山惠振公司的股东,而是中山惠振公司股东的股东,又无提交其是中山惠振公司执行董事等相关证据,而以其既为中山惠振公司的董事又是香港惠振厂股东的双重身份提起本案诉讼,不符合《民事诉讼法》第 219 条第 1 项和《公司法》第 152、153 条规定的条件,属原告的诉讼主体不适格,即不符合对中山惠振公司及董事提起股东直接诉讼或股东代表诉讼的主体条件,应予驳回。

(二)股东代表诉讼中的被告

根据《公司法》第 151 条之规定,股东代表诉讼中的被告应当为侵犯公司合法权益的公司董事、监事、高级管理人员以及“他人”,在司法实践中董事、监事、高级管理人员的判断不会产生分歧,但是对于“他人”却存在不同的认识。最高人民法院的主流观点认为:公司的控股股东、实际控制人等亦应解释为包含在“他人”之中,属于适格被告。因此,我国股东代表诉讼的适格被告就不仅包括公司内部人,也包括公司之外的任意第三人,即凡是对公司实施了不当行为而使公司利益受损的人都可以成为股东代表诉讼的被告。[2]

案例 3.92　香港帕拉沃工业有限公司与北京昆泰房地产开发集团有限公司与公司有关的纠纷案

在香港帕拉沃工业有限公司与北京昆泰房地产开发集团有限公司(以下简称昆泰集团)与公司有关的纠纷案[3]中,最高人民法院认为:根据《公司法》第 152 条的规定,他人侵犯公司合法权益,给公司造成损失的,有限责任公司的股东可以请求公司权力机关向人民法院提起诉讼,而公司权力机关拒绝或者怠于通过诉讼手段追究有关侵权人责任时,具有法定资格的股东有权以自己的名义代表公司对侵权人提起诉讼,追究其法律责任。这个法律规定的“他人”应当包括公司股东和公

---

① (2013)粤高法立民终字第 439 号民事裁定书。

② 最高人民法院民事审判第二庭编著:《最高人民法院公司法司法解释(四)理解与适用》,人民法院出版社 2017 年版,第 558 页。

③ (2013)民四终字第 46 号民事裁定书。

司之外的任意第三人,即凡是对公司实施了不当行为而致公司利益受损的人都可能成为股东代表诉讼的被告。因此,昆泰集团为本案的适格被告。

(三)股东代表诉讼中的公司

在《公司法司法解释四》实施之前,公司是否应当参加到股东代表诉讼中,对于公司的诉讼地位如何,司法实践中的认识及做法均不尽统一。

个别股东代表对处于相同地位的股东提起代表诉讼,是为挽回公司的损失。公司是全体股东利益的载体,在股东代表诉讼中,股东追求的利益与公司的利益是一致的,因此公司不应属于起诉股东主张利害关系的相对的一方,不属于被告,公司更不能主动积极地参加和帮助控股股东、董事等高管人员一方提起的诉讼。股东起诉追究的是控胶股东或者董事等高级管理人员的责任,因此,应当赋予公司地位相对消极的第三人的诉讼地位。[①] 在《公司法司法解释四》实施之后,明确规定在股东代表诉讼中,应当将公司列为第三人参加诉讼。

公司的诉讼地位为第三人,公司在诉讼程序中表达的意见可以有三种情况:(1)支持原告股东;(2)支持被告;(3)公司独立发表第三种观点,但是公司无论持怎样的观点及态度,均不影响股东代表诉讼的成立。虽然公司是股东代表诉讼的实质原告,对诉讼标的享有请求权,但根据《民事诉讼法》的规定,作为无独立请求权的第三人,公司除了参加诉讼并享有被动的、消极的程序权利之外,还可以提供相应的证据、发表对诉争问题的意见等,但并不享有积极的诉讼程序权利,如变更、放弃诉讼请求等。[②]

案例 3.93 上诉人大连天河大厦有限公司与被上诉人合肥百盛逍遥广场有限公司、狮贸控股有限公司、原审第三人大连天河百盛购物中心有限公司、原审第三人深圳市鑫辉实业有限公司股权转让纠纷案

在上诉人大连天河大厦有限公司(以下简称大连天河公司)与被上诉人合肥百盛逍遥广场有限公司、狮贸控股有限公司、原审第三人大连天河百盛购物中心

① 参见王东敏:《公司法审判实务与疑难问题案例解析》,人民法院出版社 2017 年版,第 417 ~ 418 页。

② 最高人民法院民事审判第二庭编著:《最高人民法院公司法司法解释(四)理解与适用》,人民法院出版社 2017 年版,第 559 ~ 560 页。

有限公司(以下简称大连百盛公司)、原审第三人深圳市鑫辉实业有限公司股权转让纠纷案[①]中,作为在股东代表诉讼中的公司(大连百盛公司)其在诉讼程序中表达支持原告的诉讼请求,一审法院认为,“本案中,第三人大连百盛公司已参加诉讼,并同意大连天河公司的全部诉讼请求。在此情形下,大连天河公司以大连百盛公司怠于行使诉权为由,代位提起诉讼,与《公司法》的立法本意不符”,并以此为作为驳回原告起诉的理由之一。大连天河公司上诉后,辽宁省高级人民法院认为:本案中大连天河公司认为案涉股权的转让侵犯了大连百盛公司的权益,且其在提起诉讼前向大连百盛公司的董事会递交了书面提起诉讼的请求,而大连百盛公司在收到书面请求后30日内未提起诉讼,此即符合了《公司法》第151条所规定的股东代表诉讼的条件。本案的股东代表诉讼正是由于大连百盛公司怠于行使诉权所提起。大连百盛公司在本案诉讼中为无独立请求权的第三人,大连百盛公司的请求权已被其股东大连天河公司代为行使,大连百盛公司在该诉讼中已经丧失了独立的请求权,不能放弃、变更诉讼请求。大连百盛公司因其与案件的处理结果具有法律上的利害关系而参加诉讼并发表意见的行为,并不能改变其怠于行使诉权的法律状态或法律后果。其以无独立请求权第三人的身份参加诉讼发表意见,不影响本案股东代表诉讼的成立。

(四)股东代表诉讼中的其他股东

根据《公司法司法解释四》第20条之规定,在股东代表诉讼中,其他股东应当与提起诉讼的原告有相同的诉讼请求才能参加诉讼。其他股东申请参加诉讼的诉讼请求,如果与提起诉讼的原告的诉讼请求不一致,人民法院应当驳回起诉,并告知其另行起诉。[②]

二、股东代表诉讼提起的实质条件

(一)不能提起股东直接诉讼

在股东依据协议或者法律可以提起股东直接诉讼的,股东提起股东代表诉讼的,法院应当予以驳回。

---

① (2014)辽民三终字第125号民事裁定书。

② 最高人民法院民事审判第二庭编著:《最高人民法院公司法司法解释(四)理解与适用》,人民法院出版社2017年版,第559~560页。

案例3.94 （株）圃木园控股与上海福生豆制食品有限公司、上海市张小宝绿色食品发展有限公司股东出资纠纷案

在（株）圃木园控股与上海福生豆制食品有限公司（以下简称福生公司）、上海市张小宝绿色食品发展有限公司（以下简称张小宝公司）股东出资纠纷案[①]中，福生公司、张小宝公司以股东代表诉讼的方式主张（株）圃木园控股履行出资义务，本案一、二审支持了福生公司、张小宝公司的基本诉讼请求。（株）圃木园控股申请再审后，最高人民法院认为：股东代表诉讼制度的设置基础在于股东本没有诉权而公司又怠于行使诉权或者因情况紧急可能损害公司利益时，赋予股东代表公司提起诉讼的权利。当股东能够通过自身起诉的途径获得救济时，则不应提起代表诉讼，否则将有悖股东代表诉讼制度的设置意图。根据《公司法司法解释三》第13条第1款的规定，福生公司、张小宝公司作为股东本身即享有诉权，而通过股东代表诉讼起诉的后果，则剥夺了另一方股东（株）圃木园控股反诉福生公司、张小宝公司履行出资义务的诉讼权利，因为其无法针对合资公司提起反诉，由此造成股东之间诉讼权利的不平等。因此，福生公司、张小宝公司无权提起本案股东代表诉讼，其起诉应予驳回。

（二）如公司不存在诉讼障碍，不可提起股东代表诉讼

如果现有证据能够证明公司不具有直接提起诉讼的障碍，则股东不得提起股东代表诉讼。

案例3.95 利高有限公司与辛某、陕西华建塑胶制品有限公司股东代表诉讼纠纷案

在利高有限公司与辛某、陕西华建塑胶制品有限公司（以下简称华建公司）股东代表诉讼纠纷案[②]中，最高人民法院认为：鉴于申请人的法定代表人与华建公司的法定代表人系同一人，华建公司向本院出具的授权委托书加盖了公司印章且李某胜作为华建公司的法定代表人在该授权委托书上签字确认，本案并无证据证明

① （2014）民提字第170号民事裁定书。
② （2013）民申字第2361号民事裁定书。

华建公司以自身名义提起诉讼在法律和事实上存在任何障碍。综上,二审裁定驳回利高有限公司的起诉并无不当。

(三)股东代表诉讼对诉因未限制,并不仅限于侵权诉讼

案例3.96 陈某勇、浙江万达建设集团有限公司损害公司利益责任纠纷案

在陈某勇、浙江万达建设集团有限公司(以下简称万达公司)损害公司利益责任纠纷案①中,陈某勇系宏宇公司股东,其认为在万达公司与宏宇公司在履行《"宏宇新城·巴萨名门"(南区)建设工程施工合同》过程中,万达公司构成违约,应该向宏宇公司支付违约金,陈某勇向宏宇公司执行董事黄某飞、监事周某成分别发出书面函件,请求宏宇公司提起诉讼,追究万达公司的违约责任,但执行董事黄某飞、监事周某成未对万达公司提起诉讼。一审法院以"陈某勇并非涉案建设工程施工合同关系的当事人,与该合同的履行不具有直接的利害关系,其起诉不符合《中华人民共和国民事诉讼法》第119条'原告是与本案有直接利害关系的公民、法人和其他组织'的起诉条件,亦不符合《中华人民共和国公司法》第151条第3款'他人侵犯公司合法权益,给公司造成损失的'事由,因此,陈某勇依照《中华人民共和国公司法》第151条提起诉讼,作为原告的主体不适格"为由,驳回陈某勇的起诉。陈某勇上诉后,最高人民法院认为:本案中,宏宇公司的公司类型为有限责任公司,陈某勇系其股东。因此陈某勇在申请宏宇公司主张权利而宏宇公司不主张的情况下,有资格代表宏宇公司提起诉讼。关于股东代表诉讼的诉因范围问题,从条文文义看,上述规定并未排除合同之诉,不能当然认为股东代表诉讼的诉因仅限于侵权之诉。从股东代表诉讼制度的设立目的看,是为了解决对董事、高管人员的监督和制约问题,而非处理合同纠纷或侵权责任。同时,股东代表诉讼本就是在公司不起诉的情况下,股东代表公司主张权利,诉讼结果归于公司的诉讼方式,因此原审裁定以公司法人人格独立理论来否认股东代表诉讼,亦有不当。综上,原审裁定适用法律确有错误,本院予以纠正。

三、股东代表诉讼的前置程序

根据《公司法》第151条之规定,股东提起股东代表诉讼必须履行书面请求董

① (2019)最高法民终597号民事裁定书。

事会或执行董事、监事会或不设监事会的监事向人民法院提起诉讼的程序，在其收到请求后未提起诉讼的，股东方可向人民法院提起诉讼。

案例3.97 陈某与何某强、罗某兴等损害公司利益责任纠纷案

在陈某与何某强、罗某兴等损害公司利益责任纠纷案[①]中，最高人民法院认为：《公司法》第151条在赋予股东为了公司的利益以自己的名义直接向人民法院提起诉讼即股东代表诉讼之权利的同时，规定提起股东代表诉讼须以股东经书面请求监事会或监事、董事会或执行董事提起诉讼而监事、执行董事等拒绝或者怠于提起诉讼为条件，亦即“竭尽公司内部救济”的前置程序。设定该前置程序的主要目的和意义，在于促使公司内部治理结构充分发挥作用，以维护公司的独立人格、尊重公司的自主意志以及防止股东滥用诉权、节约诉讼成本。

因此，除非法律规定的“情况紧急、不立即提起诉讼将会使公司利益受到难以弥补的损害的”情况下，股东代表诉讼提起前，履行前置程序是原则，是一个法定的强制性义务。但是，在司法实践中，如何认定已经履行前置程序，在什么情况下前置程序可豁免，是值得我们研究的。

（一）履行前置程序的认定

在股东提起股东代表诉讼、履行前置程序时，要求监事会或监事、董事会或执行董事提起诉讼时或者要求起诉的对象与股东实际起诉的对象不相符时，是否应该认定为依法履行了前置程序？笔者认为，股东在前置程序中要求公司相关部门起诉的对象与其事后代表诉讼时起诉的对象可以不同，但应当针对的是同一件事由。如果二者完全没有关联则应认定为没有履行前置程序。

案例3.98 徐某辉、徐某与李某悦、范某铭等损害公司利益责任纠纷案

在徐某辉、徐某与李某悦、范某铭等损害公司利益责任纠纷案[②]中，在本案中提起股东代表诉讼的徐某辉、徐某在履行股东代表前置程序时提交的《要求监事

① （2015）民提字第230号民事裁定书。
② （2015）民申字第514号民事裁定书。

会起诉的函》中，并未通知牧羊集团监事起诉牧羊公司及奚某龙，原审被告李某悦、范某铭、刘某斌、刘某道、奚某龙、华茂公司、国富公司、牧羊公司认为徐某辉、徐某履行的前置程序，不符合《公司法》第151条有关股东代表诉讼前置程序的规定，无权代为起诉。最高人民法院认为：关于徐某辉、徐某起诉本案被告中的奚某龙及牧羊公司前是否履行了《公司法》第151条有关履行股东代表诉讼的前置程序问题，被申请人徐某、徐某辉起诉时提供了2013年7月9日向牧羊集团监事会发出的《要求监事会起诉的函》，该函内容主要为徐某、徐某辉要求牧羊集团监事会就包括本案增资行为在内的一系列损害牧羊集团利益的行为对相关董事及第三人提起诉讼，应当认定徐某、徐某辉履行了股东代表诉讼的前置程序。

公司营业执照被吊销，处于解散状态，是否可以据此作为不履行前置程序的理由？如果履行，应当如何履行？笔者认为，公司被吊销营业执照，其组织机构并不因此解散，因此并不影响股东依法履行代表诉讼的前置程序。值得注意的是，当公司处于清算阶段，根据《公司法》第184条的规定，清算组为代表公司参与诉讼的机关，因此股东代表诉讼的前置程度也应当向清算组履行。

案例3.99 大连金星房屋开发公司金石滩分公司、青岛愚者房地产开发有限公司、大连国际娱乐有限公司与中国金石滩发展有限公司其他损害公司权益纠纷案

在大连金星房屋开发公司金石滩分公司、青岛愚者房地产开发有限公司、大连国际娱乐有限公司与中国金石滩发展有限公司其他损害公司权益纠纷案[①]中，最高人民法院认为：本案的特殊之处在于大连宝通公司于2002年5月16日被吊销了企业法人营业执照，根据《公司法》(2005年修订)第181条第4项的规定，公司因被吊销营业执照而处于解散状态，此时公司董事会和监事会无法再正常行使职权。《公司法》对于公司解散后，股东是否可以提起代表诉讼以及是否应当履行前置程序，没有作出具体规定，故应当理解为公司解散后股东仍有权提起代表诉讼并应履行前置程序。《公司法司法解释二》第10条规定："公司依法清算结束并办理注销登记前，有关公司的民事诉讼，应当以公司的名义进行。公司成立清算

① (2014)民申字第678号民事裁定书。

组的，由清算组负责人代表公司参加诉讼；尚未成立清算组的，由原法定代表人代表公司参加诉讼。”据此，在公司解散但未成立清算组的情形下，股东如认为他人侵犯公司合法权益造成公司损失的，应当直接向原法定代表人提出请求，在原法定代表人怠于起诉时，方有权提起股东代表诉讼。

案例3.100 马某川与山东米歇尔生物工程有限公司、武汉华龙泰康生物制品有限公司确认合同无效纠纷案

在马某川与山东米歇尔生物工程有限公司（以下简称米歇尔公司）、武汉华龙泰康生物制品有限公司确认合同无效纠纷案[①]中，马某川上诉称“米歇尔公司被工商管理部门吊销营业执照，名存实亡，法定地址已人去楼空，公司监事会已不复存在，上诉人无法请求监事会行使诉权”，故马某川并未履行股东代表诉讼的前置程序。山东省高级人民法院认为：《公司法》第152条是关于股东代表诉讼的法律规定。从以上法律规定来看，股东代表诉讼是股东以自己名义提起诉讼，但股东代表诉讼的诉讼目的是维护公司的利益，诉讼利益应归于公司；股东代表诉讼的被告是损害公司利益而应对公司承担赔偿责任的不当行为实施者，如执行公司职务时违反法律、行政法规或者公司章程的规定，给公司造成损失的董事、监事、高级管理人员；股东代表诉讼的提起应符合《公司法》第152条所规定的前置条件。从以上法律的规定及上诉人的主张来看，上诉人提起的本案之诉并不符合提起股东代表诉讼的法定条件，其起诉应予驳回。

股东履行前置行为存在瑕疵，是否影响“前置程序”的成立？

案例3.101 北京朝阳公园开发经营公司与陈某文损害公司权益纠纷股东代表诉讼案

在北京朝阳公园开发经营公司（以下简称朝阳公司）与陈某文损害公司权益纠纷股东代表诉讼案[②]中，最高人民法院认为：关于朝阳公司是否已经履行了股东代表诉讼的前置程序问题，陈某文认为，朝阳公司未履行要求监事会提起诉讼的

---

① （2012）鲁商终字第134号民事裁定书。

② （2013）民二终字第30号民事判决书。

义务,不符合提起股东代表诉讼的法律规定。原审已查明,2006 年 11 月 1 日、2007 年 1 月 5 日,朝阳公司两次致函北京明达要求北京明达通过诉讼(起诉陈某文)解决销售款损失问题,两份函件均被北京明达签收。本院认为,《中外合资经营企业法》并未规定中外合资经营企业必须设立监事会,陈某文亦未提交证据证明北京明达设有监事会。即使北京明达设有监事会,朝阳公司未明确其致函对象为北京明达监事会,属于形式上的瑕疵,其两次的函件已经明确表达了要求通过诉讼解决销售款损失的意思。故对陈某文以该形式瑕疵否定朝阳公司履行股东代表诉讼程序行为效力的主张,本院不予支持。

(二)前置程序的免除

如果侵权主体是执行董事及监事,股东代表诉讼的前置程序可以免除。

案例 3.102　李某与周某峰、刘某芝损害公司利益责任纠纷案

在李某与周某峰、刘某芝损害公司利益责任纠纷案①中,最高人民法院认为:首先,《公司法》第 151 条设定了股东代位诉讼的前置程序。其目的在于,尽可能地尊重公司内部治理,通过前置程序使公司能够了解股东诉求并自行与有关主体解决相关纠纷,避免对公司治理产生不当影响。通常情况下,只有经过了前置程序,公司有关机关决定不起诉或者怠于提起诉讼,股东才有权提起代位诉讼。但中兴公司的三名董事,分别是原审原告李某与原审两被告周某峰、刘某芝,周某峰还兼任中兴公司监事,客观上,中兴公司监事以及除李某之外的其他董事会成员皆为被告,与案涉纠纷皆有利害关系。从《公司法》第 151 条之规定来看,起诉董事需向监事会或监事而非董事会提出书面请求,起诉监事则需向董事会或执行董事而非监事会或监事本人提出书面请求,此规定意在通过公司内部机关的相互制衡,实现利害关系人的回避,避免利益冲突。在本案的特殊情况下,已无途径达成该目的。中兴公司被告董事会成员和监事在同一案件中,无法既代表公司又代表被告。为及时维护公司利益,在本案的特殊情况下,应免除李某履行前置程序的义务。

① (2015)民四终字第 54 号民事裁定书。

案例3.103 陈某与何某强、罗某兴等损害公司利益责任纠纷案

在陈某与何某强、罗某兴等损害公司利益责任纠纷案[①]中，最高人民法院认为：本案中，原审已经查明嘉莉诗公司仅有陈某和何某强、罗某兴三名股东，公司不设董事会和监事会，何某强、罗某兴分别担任该公司的执行董事和监事，而陈某代表公司提起诉讼所指向的被告恰是何某强、罗某兴等人，且在陈某提出起诉前，双方已就诉争的事实产生争议。由此表明，即使陈某就相关事实请求分别作为公司执行董事和监事的何某强、罗某兴提起诉讼，何某强、罗某兴必然拒绝。故本案中不存在公司的执行董事或监事接受股东申请对股东所主张的被告提起诉讼的可能性，亦可谓公司内部的救济途径已经穷尽，据此应当认为陈某提起本案诉讼并不违反《公司法》第151条的规定。

在公司未设监事会或者监事，董事会多数成员系被告的工作人员的情况下，最高人民法院裁判所持观点是提起股东代表诉讼的前置程序已无必要。

案例3.104 周某春、庄士中国投资有限公司损害公司利益责任纠纷案

在周某春、庄士中国投资有限公司（以下简称庄士中国公司）损害公司利益责任纠纷案[②]中，最高人民法院认为：《公司法》第151条第3款规定："他人侵犯公司合法权益，给公司造成损失的，本条第一款规定的股东可以依照前两款的规定向人民法院提起诉讼。"因湖南汉业公司未设监事会或者监事，故周某春针对庄士中国公司提起代表诉讼的前置程序应当向湖南汉业公司董事会提出。但是，根据查明的事实，湖南汉业公司董事会由李某慰（董事长）、彭某傑、庄某农、李某心、周某春组成。除周某春以外，湖南汉业公司其他四名董事会成员均为庄士中国公司董事或高层管理人员，与庄士中国公司具有利害关系，基本不存在湖南汉业公司董事会对庄士中国公司提起诉讼的可能性，故再要求周某春完成对庄士中国公司提起股东代表诉讼的前置程序已无必要。

在诉讼中，公司董事会（执行董事）、监事会（监事）明确表示公司拒绝提起诉讼的，最高人民法院裁判所持观点是可免除股东代表诉讼的前置程序。

① （2015）民提字第230号民事裁定书。
② （2019）最高法民终1679号民事裁定书。

案例 3.105　江西省能源集团公司、福建双林农业开发有限责任公司损害公司利益责任纠纷案

在江西省能源集团公司（以下简称能源集团）、福建双林农业开发有限责任公司（以下简称双林公司）损害公司利益责任纠纷案①中，双林公司为股东代表诉讼的原告，能源集团系被告。最高人民法院认为：本案中，能源集团要求云南矿业公司将其所有的6200万元存至能源集团开立的结算账户，该行为已导致云南矿业公司不能直接控制和处分自有资产，能源集团未举示相应的证据证明该上存行为系经有权决策机关的授权和认可，故该行为已侵犯了云南矿业公司的法人财产权。云南矿业公司的原董事长游某征和监事会主席邬某均由能源集团推荐产生，二人在一审中明确表示能源集团的该行为不违反法律规定，不予起诉。在客观上存在侵犯公司利益的行为、而公司管理机关又明显不会以公司名义提起诉讼的情况下，为减少当事人的诉累，一审法院认定双林公司有权提起本案诉讼并无不当。

如果根据案件情况，已经能够推断出公司董事会（执行董事）或监事会（监事）不会对“损害公司利益的人”提起诉讼，最高人民法院裁判所持观点为可免除前置程序。

案例 3.106　林某忠、西安市赛格商贸有限公司损害公司利益责任纠纷案

在林某忠、西安市赛格商贸有限公司（以下简称赛格商贸公司）损害公司利益责任纠纷案②中，最高人民法院认为：在一审期间，因浙乐公司与赛格运营公司达成《委托经营协议书的补充协议》（以下简称《补充协议》），林某忠向一审法院增加撤销《补充协议》的诉讼请求。对此，赛格商贸公司提出林某忠的该项请求未履行公司法上关于股东代表诉讼的前置程序，一审法院对该请求未予审理，于法有据。林某忠提出的上述请求与撤销《委托经营协议》的诉请，诉的主体相同、诉的客体具有牵连性，均系股东代表诉讼。公司法关于股东代表诉讼的前置程序旨在防止股东滥用诉权，扰乱公司正常经营秩序，而非设置公司股东权保护的障碍。在本案诉讼程序已经启动的情况下，如要求林某忠对撤销《补充协议》另行履行股

---

① （2016）最高法民终646号民事判决书。

② （2015）民二终字第317号民事裁定书。

东代表诉讼的前置程序,从本案诉讼情况及浙乐公司针对林某忠增加的诉讼请求所陈述的意见来看,可以判断出即使林某忠履行前置程序,浙乐公司监事(或监事会)亦不会向人民法院提起诉讼,徒增程序的烦琐,与《公司法》保护股东权益的立法目的不符。故《补充协议》应在本案中一并审理,一审判决对林某忠主张撤销《补充协议》的诉讼请求不予审理,适用法律不当,应予纠正。

公司监事会实际并不存在,并非免除前置程序的正当理由。

案例 3.107 海南盛鼎实业有限公司、徐州市国盛投资控股有限公司损害公司利益责任纠纷案

在海南盛鼎实业有限公司(以下简称盛鼎公司)、徐州市国盛投资控股有限公司(以下简称国盛公司)损害公司利益责任纠纷案[①]中,盛鼎公司上诉称:盛元公司没有实际成立监事会,工商登记显示的监事会由东某梅、张某云、赵某财三人组成。其中,东某梅为徐州市财政证券公司的财务经理,张某云和赵某财系不存在的自然人。因此,盛鼎公司无法也无须在起诉本案前书面请求监事会提起诉讼。最高人民法院认为:盛鼎公司于 2009 年 9 月 27 日向海南省海口市中级人民法院提起本案诉讼之前,未书面请求盛元公司的监事东某梅提起诉讼,违反了《公司法》第 151 条关于股东代表诉讼前置程序的规定。在盛鼎公司可以书面请求而未请求盛元公司监事提起诉讼的前提下,其以盛元公司由赵某、国盛公司实际控制不能以自己的名义提起诉讼为由,主张本案属于股东代表诉讼前置程序可免除的案件,缺乏事实与法律依据。在此情形下,原审裁定认定盛鼎公司无权提起本案股东代表诉讼,结果并无不当。

(三)"情况紧急"的认定

根据《公司法》第 151 条第 3 款之规定,在"情况紧急、不立即提起诉讼将会使公司利益受到难以弥补的损害的"情况下,股东可提起代表诉讼。结合现有案例,可能被认定为"情况紧急"的情形多以公司巨额资产(尤其是现金)被侵占或转移、公司资产正在被法院执行、公司印章被侵占或被私刻、诉讼时效即将届满等。

① (2017)最高法民终 417 号民事裁定书。

案例3.108 江西省能源集团公司、福建双林农业开发有限责任公司、江西省煤炭集团云南矿业有限责任公司损害公司利益责任纠纷案

在江西省能源集团公司(以下简称能源集团)、福建双林农业开发有限责任公司(以下简称双林公司)、江西省煤炭集团云南矿业有限责任公司(以下简称煤炭集团公司)损害公司利益责任纠纷案[①]中,能源集团与双林公司系煤炭集团公司的股东,能源集团将煤炭集团公司的6200万元存至能源集团自己的结算账户中,最高人民法院认为:本案中,涉及6200万元巨额款项的占有和使用,对公司经营行为有重大影响,存在不立即提起诉讼将会使公司利益受到难以弥补的损害的可能。

案例3.109 张某娟与董某康、戴某平损害公司利益责任纠纷案

在张某娟与董某康、戴某平损害公司利益责任纠纷案[②]中,江苏省高级人民法院认为:戴某平已持生效的101号仲裁裁决申请法院强制执行,法院已受理并对蔷薇公司的资产进行委托评估,也即蔷薇公司的资产即将被处置,如果张某娟坐视不管无疑将导致公司资产被拍卖而无法回转致公司利益受损的情况出现,此符合"情况紧急、不立即提起诉讼将会使公司利益受到难以弥补的损害"的条件。因此,针对本案实际情况可豁免张某娟提起股东代表诉讼的前置程序,董某康、戴某平认为张某娟无权提起股东代表诉讼的上诉理由,不能成立。

案例3.110 蔡某与孟某生、储某企业借贷纠纷案

在蔡某与孟某生、储某企业借贷纠纷案[③]中,江苏省高级人民法院认为:《公司法》第149条规定,董事、监事、高级管理人员执行公司职务时违反法律、行政法规或者公司章程的规定,给公司造成损失的,应当承担赔偿责任。《公司法》第151条规定,董事、高级管理人员有本法第149条规定的情形的,有限责任公司的股东在情况紧急、不立即提起诉讼将会使公司利益受到难以弥补的损害的,有权为了

---

① (2016)最高法民终646号民事判决书。
② (2015)苏商终字第00511号民事判决书。
③ (2015)苏商终字第00203号民事判决书。

公司的利益以自己的名义直接向人民法院提起诉讼。本案中,孟某生系申科公司的董事、财务总监兼任副总经理,两份借款协议均约定分期偿还,最迟还款日期为2012年5月31日,在借款协议未被认定无效的情况下,根据最高人民法院《关于审理民事案件适用诉讼时效制度若干问题的规定》第5条"当事人约定同一债务分期履行的,诉讼时效期间从最后一期履行期限届满之日起计算"的规定,申科公司应当于2014年5月31日之前提起诉讼,在蔡某认为申科公司依照借款协议所能确定的诉讼时效即将超过,于2014年4月17日提起本案诉讼,要求孟某生、储某归还借款,符合《公司法》规定的紧急情况。

案例3.111　青岛市化学石油供销有限责任公司与于某春股东代表诉讼纠纷案

在青岛市化学石油供销有限责任公司(以下简称青岛化学公司)与于某春股东代表诉讼纠纷案①中,山东省高级人民法院认为:于某春在原有财务章和合同章未丢失的情况下虚构事实,重新刻制财务章和合同章的行为,违反了印章管理的有关规定。青岛化学公司为瀛海公司的股东,且本案符合情况紧急、不立即提起诉讼将会使公司利益受到难以弥补的损害的情况,青岛化学公司有权就于某春损害公司利益的行为提起诉讼,其关于判令于某春将公章等物品归还瀛海公司的诉讼请求应予支持。

四、股东代表诉讼的管辖

(一)股东代表诉讼的管辖法院

关于股东代表诉讼的管辖在司法实践中主要有两种观点,一种观点认为,按照原告股东起诉的基本事实理由确定管辖法院,在大多数情况下,原告股东提起股东代表诉讼都是基于侵权事实,故应当适用《民事诉讼法》中有关侵权案件管辖的法律规定确定管辖法院。

① (2008)鲁民四终字第103号民事判决书。

案例3.112 湖北福汉木业(集团)发展有限责任公司与中国航空技术国际控股有限公司损害公司利益责任纠纷案

在湖北福汉木业(集团)发展有限责任公司(以下简称福汉公司)与中国航空技术国际控股有限公司(以下简称中航技术公司)损害公司利益责任纠纷案①中,最高人民法院认为:本案争议焦点为福汉公司是否存在转移中航林业有限公司4.5亿元资金,给中航林业有限公司造成损失的侵权行为。原审法院认定为侵权纠纷,并无不当。《民事诉讼法》第28条规定:"因侵权行为提起的诉讼,由侵权行为地或者被告住所地人民法院管辖。"最高人民法院《关于适用〈中华人民共和国民事诉讼法〉的解释》第24条规定:"民事诉讼法第二十八条规定的侵权行为地,包括侵权行为实施地、侵权结果发生地。"中航林业公司诉称的福汉公司转移中航林业公司4.5亿元资金,中航林业公司因此遭受损失,诉称的侵权结果发生地即中航林业公司住所地,中航林业公司住所地位于山东省烟台开发区,本案诉讼标的额为456,663,014元,达到山东省高级人民法院受理一审民商事案件的级别管辖标准,山东省高级人民法院对本案有管辖权。福汉公司提出的管辖权异议不能成立,原审裁定驳回福汉公司提出的管辖权异议,并无不当。

案例3.113 张某、林某与北京新中凯投资有限公司、林某群等损害公司利益责任纠纷案

在张某、林某与北京新中凯投资有限公司(以下简称新中凯公司)、林某群等损害公司利益责任纠纷案②中,最高人民法院认为:《民事诉讼法》第21条规定的是一般地域管辖原则,而本案系张某、林某作为中凯联公司股东代表中凯联公司对林某群、吴某朝、新中凯公司提起的侵权之诉,应根据《民事诉讼法》第28条规定的特殊地域管辖原则,确定管辖,即"因侵权行为提起的诉讼,由侵权行为地或者被告住所地人民法院管辖"。根据最高人民法院《关于适用〈中华人民共和国民事诉讼法〉的解释》第24条的规定,"民事诉讼法第二十八条规定的侵权行为地,包括侵权行为实施地、侵权结果发生地",而根据张某、林某的诉请,上述侵权行为

① (2018)最高法民辖终42号民事裁定书。

② (2015)民一终字第221号民事裁定书。

实施地在江苏省太仓市，故根据前述法律及司法解释的规定，应确定江苏省太仓市为侵权行为地。

另一种观点认为，股东代表诉讼属于损害公司利益纠纷，不应当适用《民事诉讼法》及其司法解释关于侵权责任纠纷的规定，应当由公司所在地法院管辖。

案例3.114 赵某娟与北京杰德仕顿投资管理有限公司损害公司利益责任纠纷案

在赵某娟与北京杰德仕顿投资管理有限公司损害公司利益责任纠纷案①中，最高人民法院认为：根据《公司法》第151条的规定，该诉讼属于公司股东以公司董事、高级管理人员与他人共同损害公司利益为由，为了公司的利益以自己的名义直接向人民法院提起的诉讼，系公司股东代表公司进行的诉讼。本案涉及的公司股东身份认定、代表诉讼前置程序、代表诉讼中当事人的地位确定、胜诉利益归属等均具有公司的组织法性质，涉及公司利益，对该纠纷适用公司法。故本案属于《民事诉讼法》第26条规定的公司诉讼，应当以瑞成置地公司住所地确定管辖法院。

案例3.115 恒富创业投资企业、利迅投资(香港)有限公司损害公司利益责任纠纷案

在恒富创业投资企业、利迅投资(香港)有限公司损害公司利益责任纠纷案②中，最高人民法院认为：本案系损害公司利益责任纠纷。依照《民事案件案由规定》[根据(法〔2011〕41号)第一次修正]，损害公司利益责任纠纷已被明文列入该规定第八部分之二十一“与公司有关的纠纷”的第256项案由，不在该规定第九部分“侵权责任纠纷”之列。因此，有关损害公司利益责任纠纷的地域管辖，不适用民事诉讼法及其司法解释关于侵权责任纠纷的规定。此外，因本案审理可能涉及收集调取与公司利益相关证据、审查股东代表诉讼的必要性和合法性等，本案由公司住所地人民法院管辖为宜，以方便当事人诉讼，便于人民法院依法审理。恒富创业投资企业、利讯投资(香港)有限公司上诉援引的民事裁定，不属于指导性

① (2018)最高法民辖终90号民事裁定书。
② (2017)最高法民辖终391号民事裁定书。

案例,且与本案不具备可比性。《民事诉讼法》第26条及最高人民法院《关于适用〈中华人民共和国民事诉讼法〉的解释》第22条亦未明文排除损害公司利益责任纠纷案件的适用,原审法院裁定本案移送管辖,并无不当。

笔者认为,股东代表诉讼起诉所依据的法律事实及法律关系是公司与纠纷相对方之间的法律事实及法律关系,故应当依据原告起诉的事实及理由确定管辖法院,而非不加区分地适用《民事诉讼法》第26条及最高人民法院《关于适用〈中华人民共和国民事诉讼法〉的解释》第22条确定管辖。

(二)仲裁条款对股东代表诉讼的约束

当股东代表诉讼所涉及的合同中约定有仲裁条款,该约定是否应约束提起代表诉讼的股东,司法实践中存在不同的观点。一种观点认为,股东代表诉讼系股东代表公司提起,诉讼利益也归属于公司,故股东代表诉讼应该受仲裁条款的约束;另一种观点认为,股东并非公司与他人仲裁条款的当事人,故股东代表诉讼不应受仲裁条款的约束。

案例3.116　佛山市顺德区南华投资有限公司与佛山市天然气高压管网有限公司买卖合同纠纷案

在佛山市顺德区南华投资有限公司(以下简称南华公司)与佛山市天然气高压管网有限公司买卖合同纠纷案①中,广东省高级人民法院认为:南华公司在本案中诉请判令佛山市天然气高压管网有限公司继续履行《天然气分销售合同》,该诉请事项应属于涉案仲裁条款所约定的"本合同项下引起的争议",即属于仲裁事项。虽然南华公司不是《天然气分销售合同》的合同当事人,但港华公司就《天然气分销售合同》主张相关权益的权利是源于基础合同,现南华公司根据《公司法》第151条的规定,代表港华公司依据《天然气分销售合同》提起本案诉讼主张合同权益,只是在形式上代位行使港华公司所享有的请求权,其代位起诉所获得的诉讼利益直接归于港华公司。因此,南华公司代位提起本案诉讼,应受被代位人港华公司与佛山市天然气高压管网有限公司签订的《天然气分销售合同》中约定的

① (2016)粤民终468号民事裁定书。

仲裁条款的约束,即本案所主张的事项应提交仲裁解决。

第二种观点可能产生一个弊端,公司与股东串通后由股东提起代表诉讼,进而规避双方约定的仲裁条款,损害他人的合法权益。当前,司法实践的主流观点系第一种观点,即股东代表诉讼应该受公司与他人仲裁条款的约束,但目前缺乏司法解释或最高人民法院的批复、指导案例等对此的明确规定。但在地方法院,这种意见已经被列入审判指引,如广东省深圳市中级人民法院《关于审理股东代表诉讼案件的裁判指引》(2015 年 10 月 15 日深圳市中级人民法院审判委员会民事行政执行专业委员会第 14 次会议讨论通过)第 3 条规定:"公司与他人有书面仲裁协议,股东就仲裁协议约定的仲裁事项对他人提起股东代表诉讼的,人民法院应不予受理。"

五、股东代表诉讼其他应当注意的事项

(一)股东代表诉讼的调解

关于股东代表诉讼的调解,最高人民法院认为应当有以下限制:(1)须经公司或其他股东同意;(2)法院应依法审查其合法性。

在讨论过程中,对股东代表诉讼能否进行诉讼调解存在争议。《公司法司法解释四》在起草过程中曾规定了诉讼调解制度。基于肯定观点,由于股东代表诉讼的特殊性在于股东代位行使的是公司诉权,处分的实质是公司权利,股东代表诉讼的诉讼结果对于公司和其他股东具有既判力。因此,需对原告股东的处分权利进行相应的限制,即对其与被告达成和解限定相应条件,以防止原告股东与被告恶意串通损害公司和其他股东的利益。基于相关法理,综观各国的立法例,对股东代表诉讼中原告股东与被告达成和解一般有以下限制:第一,须经公司或其他股东同意。当股东提起代表诉讼时,公司和其他股东享有对和解方案的知情权和同意权。原告股东与被告达成和解协议,应告知公司,并征得公司的同意。关于诉讼和解,司法解释稿曾表述为:"人民法院审理股东依据公司法第一百五十一条第二款、第三款规定提起诉讼的案件,当事人达成调解协议的,应提交股东会或者股东大会通过调解协议的决议,公司章程另有规定的除外。如果有限责任公司未提交股东会决议的,全体股东应当在调解协议书上签名、盖章或者向人民法院出具同意调解协议的书面意见。"为避免同意股东损害不同意股东的利益,有观点认为,应当明确确立股东会或股东大会通过表决权的决议方式为特别多数还是普通多数,建议决议方式为特别多数。第二,法院应依法审查其合法性。调解应遵

循自愿和合法原则。因此,人民法院在判定是否允许当事人基于达成和解协议而申请撤诉或者出具调解书时,应对和解协议进行审查。结案的,因公司参与调解,对调解结果接受,故调解结果应归属公司。①

案例3.117　浙江和信电力开发有限公司等与通和置业投资有限公司等损害公司权益纠纷案

在最高人民法院公报案例——浙江和信电力开发有限公司(以下简称和信公司)、金华市大兴物资有限公司(以下简称大兴公司)与通和置业投资有限公司、广厦控股创业投资有限公司、上海富沃企业发展有限公司、第三人通和投资控股有限公司(以下简称通和控股)损害公司权益纠纷案②中,最高人民法院经审查认为,以上调解协议是各方当事人在自愿基础上的真实意思表示,不违反法律、行政法规的禁止性规定。调解协议的内容不仅经过了提起代表诉讼的股东即和信公司、大兴公司以及作为诉讼第三人的公司即通和控股的同意,而且也已经经过了通和控股中的其他所有股东的书面同意,所以调解协议没有损害通和控股及其股东的利益。本院对以上调解协议予以确认。

(二)股东代表诉讼与股东直接诉讼不应合并审理

案例3.118　海南海钢集团有限公司与中国冶金矿业总公司及三亚渡假村有限公司损害股东利益责任纠纷案

在海南海钢集团有限公司(以下简称海钢集团)与中国冶金矿业总公司(以下简称中冶公司)及三亚渡假村有限公司(以下简称渡假村公司)损害股东利益责任纠纷案③中,海钢集团与中冶公司均为渡假村公司的股东,海钢集团认为中冶公司作为渡假村公司的大股东滥用股东权利,在渡假村公司与海韵公司合作过程中造成渡假村公司损失,要求中冶公司赔偿海钢集团损失。最高人民法院认为:本案

---

①　最高人民法院民事审判第二庭编著:《最高人民法院公司法司法解降(四)理解与适用》,人民法院出版社2017年版,第595～596页。

②　《最高人民法院公报》2009年第6期,(2008)最高法民二终字第123号民事调解书。

③　(2013)民二终字第43号民事判决书。

中，海钢集团以中冶公司滥用其在渡假村公司的控股股东地位，侵害海钢集团的股东利益为由，提起损害赔偿之诉，属于股东直接诉讼，诉讼利益归于海钢集团。海钢集团诉称的“损失”产生于渡假村公司与海韵公司合作开发建设过程中，依双方约定，渡假村公司拿出部分土地给海韵公司开发建设，海韵公司则为渡假村公司建设一幢四星级酒店及职工宿舍等。海钢集团据此主张由中冶公司赔偿其相应的损失，没有事实和法律依据，理由是：第一，渡假村公司在该合作开发项目中的“损失”不属于本案审理的范围，本院在此不能作出判定；第二，即使该“损失”存在，请求该项“损失”救济的权利人应是渡假村公司，而非海钢集团；第三，如海钢集团代渡假村公司主张权利，则诉讼权利受益人仍是渡假村公司，这与本案不属于同一法律关系，亦不属于本案的审理范围。

（三）股东可以代表公司提出执行异议

案例3.119　珠海市保利三好有限公司、珠海市进安商行等与珠海市中广置业有限公司、珠海市三好房地产开发有限公司房屋买卖合同纠纷执行案

在珠海市保利三好有限公司（以下简称保利三好公司）、珠海市进安商行等与珠海市中广置业有限公司、珠海市三好房地产开发有限公司房屋买卖合同纠纷执行案[①]中，广东省高级人民法院认为：《公司法》第151条规定了股东代位诉讼制度，即当公司利益受损而公司监事会、不设监事会的有限责任公司的监事，或者董事会、执行董事拒绝提起诉讼时，有限责任公司的股东可以以自己的名义直接向法院提起诉讼。在执行过程中，当有限责任公司股东觉得执行行为有损公司利益，而有限责任公司拒绝提出执行异议时，股东应可以参照股东代位诉讼制度，向执行法院提出执行异议。因此，保利三好公司是本案的利害关系人，其对执行行为不服，有权依据《民事诉讼法》第225条向执行法院提出执行异议。保利三好公司提出其对本案执行标的享有利害关系，有权提出执行异议的复议理由成立，本院予以支持。珠海市中级人民法院认定保利三好公司无权以其名义直接向珠海市中级人民法院提出执行异议不当，本院予以纠正。

① （2014）粤高法执复字第167号执行裁定书。

第四章　股 权 转 让

股权纠纷中涉及股权转让类纠纷在实践中发生最多，根据在 Alpha 数据库中的查询，截至 2020 年，能够找到 110,644 件涉及股权转让的案件。股权转让类的案件从行业来看，各个行业都有，以数量排序的话尤其在制造业、批发和零售业、房地产、租赁和商务服务业、金融业、科研和技术服务业、建筑业出现较多。

第一节　股权转让合同

一、股权转让的商业目的

股权转让可以实现将公司转让或者一些限制转让的权益进行转让的目的。如矿产开发权利通常通过行政许可固定在某一主体，而《行政许可法》第 9 条规定依法取得的许可不能转让，此时只能通过转让公司股权的方式将许可间接地转让。土地使用权开发也是如此，土地使用权经过招拍挂之后登记在某公司名下，此时土地使用权无法通过公司之间的交易转让，只能通过公司股权的转让来间接交易。这些交易都是合法的手段。

通过股权转让的方式实现对房地产项目的转让并不违反法律和行政法规的禁止性规定。理论上，股权作为股东的一项固有权利，转让性为其应有属性。股权的转让性使股权具有价值和价格，让股权得以游离于公司资本之外而自由流转，其流通不影响公司资本及经营的稳定性；股权的转让性使股东利益与公司的资本维持达成一致，若股东对按多数决议形成的公司决策不满，或不愿忍受投资回收的长期性，可通过转让股权达到目的，而股权的转让又不影响公司的正常运转；股权的转让性使股东对公司的股权约束强化，即股东可以通过转让股权的形式用“脚”投票，对公司施加强有力的股权约束，使公司营运符合股东资本增值的意愿。[①]

通过转让公司股权进而转让土地开发的权利并不属于规避国家法律监管的行为。现行法律并不禁止房地产开发项目的转让,只是对开发资质、转让条件等进行了规定。如《城市房地产开发经营管理条例》第 9 条对开发资质的规定为:"房地产开发主管部门应当根据房地产开发企业的资产、专业技术人员和开发经营业绩等,对备案的房地产开发企业核定资质等级。房地产开发企业应当按照核定的资质等级,承担相应的房地产开发项目。具体办法由国务院建设行政主管部门制定。"《城市房地产管理法》第 39 条对转让条件的规定为:"(一)按照出让合同约定已经支付全部土地使用权出让金,并取得土地使用权证书;(二)按照出让合同约定进行投资开发,属于房屋建设工程的,完成开发投资总额的百分之二十五以上,属于成片开发土地的,形成工业用地或者其他建设用地条件。"公司之间可以通过股权转让从而获得土地开发的权利也得到法院的认可,如在一起案件中法院认为:珠海祥和置业有限公司(以下简称祥和公司)虽然通过受让珠海市盛鸿置业有限公司(以下简称盛鸿公司)全部股权的方式取得了盛鸿公司房地产项目"紫茵山庄"的控制权,但祥和公司持有盛鸿公司 100% 股权后与盛鸿公司仍属两个相互独立的民事主体,"紫茵山庄"项目仍属于盛鸿公司的资产,并未因股权转让而发生流转,盛鸿公司的法人资格和开发资质均没有发生改变。因此,本案不存在以转让公司股权的方式转让房地产项目规避房地产业法律监管的问题。[②] 也就是说,法院认为公司取得房地产开发项目的基础是公司所拥有的物质条件,如果公司的资产没有发生变化,股权的变化并不影响公司的行为能力,即公司的资质依然有效,可以开发房地产。这种理解有利于市场经济之下资本的流动。

股权转让合同存在法定的无效情形时,法官可以依职权认定合同无效,该认定并不受合同双方当事人的诉讼请求的限制。法院认为股权转让作为一种民事法律行为,对于其效力的审查和确认,属法律赋予人民法院的依职权审查的范畴,不受当事人诉讼请求和上诉范围的限制,因为法院认为无效合同自始无效,不存在依申请撤销的问题。[③]

股权转让的最主要商业目的是获利,而不是公司经营。加之股权本身也说明

---

① (2015)民抗字第 14 号民事裁定书。

② (2015)民抗字第 14 号民事裁定书。

③ (2015)民再字第 2 号民事判决书。

了公司的经营权与所有权的分离，因而股权转让中公司的经营权是否转让并不为法院所关心。

案例 4.1　彭某明、彭某辉与安某晖股权转让纠纷案

在该案中，安某晖上诉认为，《股权转让协议》的核心内容是将青海鹏兴建材有限公司（以下简称鹏兴公司）的经营权和分红权移交给安某晖，鉴于彭某明、彭某辉并未实际履行《股权转让协议》约定的移交义务，彭某明、彭某辉无权要求安某晖支付剩余5000万元股权转让款。法院认为，股权转让协议的根本特征是一方转让股权取得对价，另一方支付对价取得股权，虽案涉《股权转让协议》约定有移交鹏兴公司经营权的内容，但该协议和《补充协议》并未约定若彭某明、彭某辉不移交鹏兴公司经营权和分红权，则安某晖有权拒绝支付剩余转让款。加之安某晖并未提交证据证明其在取得鹏兴公司40%股权后曾经对彭某明、彭某辉未移交鹏兴公司经营权提出异议，且一审中亦未提出该主张。依据《股权转让协议》和本案查明的事实，在彭某明、彭某辉已经将约定的鹏兴公司40%股权转让与安某晖，并办理了工商变更登记手续后，安某晖应当依照约定支付1亿元股权转让款。[①]

因而，法院在审查股权转让纠纷时着眼于股权转让的商业利益是否得到实现，而不是拘泥于合同个别条款的约定。在法院看来股权转让的最核心利益就是股权的对价是否得到实现。

股权转让的商业目的是获得对目标公司的控制权，为了实现该目的通常在股权转让的时候约定一些附属义务，如工商登记的变更等。这些约定通常只是体现股权转让的目的，约定本身却有可能与法律规定不符合。如在燕某堂、康某君等与陈某光、韩某厚等股权转让纠纷案中，双方股权转让中约定的附属义务，即变更公司登记的约定违反了《公司法》的管理性规定，但是法院认为双方约定的目的是控制公司，只是约定的变更方式不符合法律规定，应当认定为无效。但是该无效并不影响双方股权转让的实现，即合同双方还应依据法律规定的程序合法地变更股权登记，并不是说约定的变更程序被确认为违法之后，双方就不用去变更股权登记了。

---

① (2015)最高法民二终字第416号民事判决书。

在该案中双方签订的《股权转让合同补充协议(二)》第1条第4款约定:“甲方收到50%的股权转让金2880万元的15日内,必须向甘肃省工商局办理将天祝华隆煤业有限公司法定代表人变更给乙方陈某光的手续。”第2条第1款约定:“如果甲方不能在约定的时间内办理法定代表人变更,则乙方相应推迟向甲方支付40%股权转让金的时限,甲方并按已支付50%股权转让金总额的每日千分之五标准支付违约金。”对于上述等约定,最高人民法院(2012)民二终字第64号民事判决认为:“根据公司法的规定,法定代表人依照公司章程的规定产生,由公司负责办理变更登记等,本案陈某光等人受让公司80%股权后,可以先依据公司章程或者股东会决议等方式产生法定代表人,后以华隆公司的名义向公司登记机关提出法定代表人变更登记的申请,本案当事人协议约定的由燕某堂等人负责为陈某光办理法定代表人变更登记手续并以此为陈某光等人支付剩余款项的条件,不符合公司法及公司登记管理的规定,陈某光等人请求由以燕某堂等人办理法定代表人变更登记为支付剩余合同款项条件的主张,应不予支持。”法院认为,虽然上述约定不符合公司法的管理性规定,导致约定的事项无法正常履行,但并不导致上述约定自始无效,协议双方在办理法定代表人变更事宜中仍然应当积极配合,有义务采取措施努力实现约定之目的。①

当然也有观点认为,案涉双方的约定并没有违反法律强制性规定,就应当属于合法有效的约定。因为,没有任何法律禁止在一方已经获得50%股权的时候要求成为法定代表人的合同约定,并在15日内进行变更登记。双方的这种约定旨在督促转让方与购买方配合,依照《公司法》的规定召开股东大会,改选法定代表人并变更登记,该约定不违法。

司法的目的是促进社会的发展,因此股权转让合同的商业目的能否实现,即合同目的能否实现也是法院所要考虑的因素之一。如果双方在履行合同的过程中有瑕疵,但是这些瑕疵并不影响合同的整体履行情况,法院通常以维护股权交易的正常进行为主,而不是有瑕疵即解除合同。因而在法院的裁判中能够看到往往在部分履行的情况下,只要具备履行条件,法院通常不会支持解除合同,而是判决合同继续履行。如在叶某光与吕某股权转让纠纷案中,股权转让双方对于股权转让款约定的总价不超过2.5亿元,但是作为义务一方只履行了金额约2亿元,

① (2014)最高法民一终字第210号民事判决书。

在此情况下另一方提出解除合同。法院认为,股权转让已经过户完毕、案涉偿债项目也已经大部分得到履行的实际情况下,为稳定交易秩序,从各方实际利益考虑,本案《股权转让合同》应当继续履行。①

二、股权转让的价格确定因素

(一)股权转让价格与公司资产的关系

所谓股权转让合同,一般是指公司股东将其享有的股权转让给他人,他人支付价款并取得公司的股东地位的合同。资产转让合同,通常是指资产所有人将标的物的所有权转让给他人,他人支付价款并取得标的物所有权的合同。由此可见,两者在交易主体、交易客体及交易目的上存在显著不同。

股权转让的价格与公司资产之间有密切的关系,通常情况下公司资产越多,股权转让价格就越高。但是两者之间并不是完全成一一对应关系,因为股权转让价格受到诸多因素的影响。

案例 4.2 张某与内蒙古天宇创新投资集团有限公司股权转让纠纷案

在该案中,内蒙古天宇创新投资集团有限公司(以下简称天宇公司)主张张某在签订本案股权转让合同之前,已经知道乌海市新星煤炭有限责任公司(以下简称新星煤炭)所拥有的矿区面积因水源地保护区问题导致新星煤炭矿区内有0.6平方千米因属水源地保护区不能开采、相应原煤储量减少1/3的事实,却故意隐瞒上述情况,导致其产生重大误解,股权转让价格显失公平。②

法院认为,应当综合多种因素考虑股权的价格。本案当事人之间转让的标的物是股权,而非新星煤炭的实物资产。股权的价格虽与公司的资产状况存在一定关联,但并不完全取决于公司的实有资产状况,还与公司的经营状况、发展前景、受让方是否存在特殊用途、多少参与竞买人等多种因素有关。仅凭公司实有资产状况与约定的相比在量上有所减少,即主张股权转让价格显失公平难以成立。

股权转让价格需要与公司资产分开,但是并不是两者完全没有任何关系。因

① (2013)最高法民二终字第74号民事裁定书。

② (2015)最高法民二终字第304号民事判决书。

为公司的股权转让之后,公司的资产所产生的利益的归属就会发生变化,因而公司资产的多少会对股权产生一定的影响。法院认为,股权转让必然导致股权归属的变化,但其与一般商品转让不同的是,股权背后对应着公司的财产以及债务,与公司资产密切相关。因此,公司股权转让纠纷,不应当以公司资产、公司股权与公司资产无关等理由进行抗辩。①

(二)股权转让价格确定的时间节点

对于股权转让价格确定的时间节点问题,法院倾向于以股权转让合同自签订当时的市场环境来判断。如在林某灼与林某儒、福建鑫海冶金有限公司(以下简称鑫海公司)等股权转让纠纷案中,法院认为,原告林某儒在本案一审期间申请就诉讼阶段鑫海公司的股权价值进行评估与双方在订立股权转让合同时是否存在欺诈无关联。② 主要原因在于案涉股权转让合同的标的为股权,公司股权的价值不仅包括公司的实物资产净值,也包括当事人对公司的无形资产、经营团队、客户资源、行业前景等实物资产以外的投资价值的主观评判,且公司股权价值亦因公司经营状况的变化而呈动态变化状态,故案涉股权转让价格是否公平、是否涉嫌欺诈,不应以进入诉讼阶段以后的公司资产评估价值作为判断依据。确定股权转让价格的时间节点应当是主要以股权转让合同签订当时的市场环境来判断。

(三)股权转让价格中的风险影响因素

股权的价格受到商业风险的影响,具体来说,股权所对应的公司商业价值的风险越小,股权价格就越高,反之则越低。对法院来说,股权价格中的商业风险类型比较多,几乎所有能够影响到商业价值的因素都可能会被法院认为构成风险因素,甚至包括司法风险。

案例 4.3 李某、董某股权转让纠纷案③

该案根据案涉《股份转让协议书》及《股权转让之补充协议》的约定,在李某

① (2013)最高法民二终字第 83 号民事判决书。
② (2015)最高法民二终字第 176 号民事判决书。
③ (2014)最高法民提字第 60 号民事判决书。

和董某之间成立了以对二中院第01896号判决申请抗诉改判是否成功为履行条件的股权转让法律关系：如果案件再审胜诉，北京北航中创科技发展有限公司（以下简称北航中创公司）能够继续从事开发建设，则李某应继续支付剩余3400万元转让对价；如果案件再审失败，则解除合同、恢复原状，相关各方共同与北航中创公司进行和解、补偿等相关事宜的谈判。根据这一约定，加上李某与北京大有豪诚经济技术开发有限公司（以下简称大有豪诚公司）的其他股东所签订的协议安排，李某以实际支付215万余元的较小代价获得了大有豪诚公司82%的股权和北航中创公司的控制权，获得了可能继续从事北航科技园项目50亩土地开发建设的巨大获利机会。

案涉《股份转让协议书》及《股权转让之补充协议》的合同内容，在大有豪诚公司与北航之间的合作协议已经被二中院第01896号生效判决解除的情况下，体现了风险与利益同在的原则，各方的权利义务较为公平合理，系各方当事人的真实意思表示，且不违反法律、行政法规的强制性规定，应当认定为合法有效。

（四）股权价款的定性

股权转让合同中有时双方约定的价款在文字表述上并不是股权转让价款，此时法院会根据该价款反映的商业交易的实质来判断该价款的性质。如陈某萍与中扶置业有限公司（以下简称中扶公司）股权转让纠纷案。[①]

在该案中股权交易的双方陈某萍与中扶公司签订《股权转让协议》的当天，双方签订了《补充协议》，其第2条规定："中扶公司同意对陈某萍进行项目销售溢价补偿，金额为人民币5000万元整。该笔款项根据项目进度同步支付。"从以上内容可知，该销售溢价款是一个确定的数字，即5000万元，未与项目实际销售情况挂钩，只是在支付上根据项目进度同步支付。一般意义上的销售溢价款应根据项目销售情况，在有实际销售溢价时才支付，且无法在未销售时确定为一个具体的数额。因此，该销售溢价补偿款并不是一般意义上的销售溢价款，而是具有股权转让款的性质。2013年6月28日中扶公司向陈某萍出具《付款确认书》，确认按照《股权转让协议》及《补充协议》支付"收购转让款"，亦可以证明中扶公司承认《补充协议》中约定的5000万元销售溢价补偿款属于"收购转让款"，即股权转让款。

---

① （2014）民二终字第244号民事判决书。

三、股权转让合同的成立与生效

法院在股权纠纷类案件的审理过程中会主动审查合同的性质。股权转让作为一种民事法律行为,对于其效力的审查和确认,属法律赋予人民法院的依职权审查范畴,不受当事人诉讼请求和上诉范围的限制。[①] 在股权转让类纠纷中,法院会主动审查双方转让合同的成立与生效条件。

(一)合同的成立与生效

合同无效的原因一般都需要参考是否符合《民法典》第 144、146、153、154 条等规定的五种情形,即欺诈、胁迫;恶意串通;合法形式掩盖非法目的;损害社会公共利益;违反法律、行政法规的强制性规定。但是这五种情形在现实中的情况千姿百态,并不完全如同法律规定的形式那样,还需要专业的法律人员辨别之后进行定性。

案例 4.4　深圳市标榜投资发展有限公司与鞍山市财政局股权转让纠纷案[②]

2011 年鞍山财政局将鞍山银行 69,300 万股国有股权出让信息委托沈阳联合产权交易所登记并挂牌公布。2012 年深圳市标榜投资发展有限公司(以下简称标榜公司)摘牌成功并向沈交所交纳了保证金。随后转让方鞍山财政局(甲方)与受让方标榜公司(乙方)签订了一份《股份转让合同书》。该转让事项报辽宁省银监局审批,该局认为交易企业存在关联交易,不予审批。后市政府责成鞍山市××委终止双方鞍山银行国有股权转让事宜。

交易一方标榜公司不服,认为合同已经签订,应当履行,故起诉至法院。法院认为,《股份转让合同书》应认定为成立未生效合同。理由在于:"《中华人民共和国合同法》第 44 条[③]规定,依法成立的合同,自成立时生效。法律、行政法规规定应当办理批准、登记等手续生效的,依照其规定。国务院办公厅《关于加强国有企业产权交易管理的通知》(国办发明电〔1994〕12 号)第 2 条规定,地方管理的国有

① (2013)民二终字第 40 号民事判决书。
② (2016)最高法民终 802 号民事判决书。
③ 参见现《民法典》第 502 条。

企业产权转让,要经地级市以上人民政府审批,其中有中央投资的,要事先征得国务院有关部门同意,属中央投资部分的产权收入归中央。中央管理的国有企业产权转让,由国务院有关部门报国务院审批。所有特大型、大型国有企业(包括地方管理的)的产权转让,报国务院审批。财政部《金融企业国有资产转让管理办法》第7条规定,金融企业国有资产转让按照统一政策、分级管理的原则,由财政部门负责监督管理。财政部门转让金融企业国有资产,应当报本级人民政府批准。政府授权投资主体转让金融企业国有资产,应当报本级财政部门批准。金融企业国有资产转让过程中,涉及政府社会公共管理和金融行业监督管理事项的,应当根据国家规定,报经政府有关部门批准。《中华人民共和国商业银行法》第28条规定,任何单位和个人购买商业银行股份总额百分之五以上的,应当事先经过国务院银行业监督管理机构批准。涉案《股份转让合同书》的转让标的为鞍山财政局持有的鞍山银行9.9986%即22,500万股股权,系金融企业国有资产,转让股份总额已经超过鞍山银行股份总额的5%。依据上述规定,该合同应经有批准权的政府及金融行业监督管理部门批准方产生法律效力。由此,本案的《股份转让合同书》虽已经成立,但因未经有权机关批准,应认定其效力为未生效。标榜公司主张涉案合同已经鞍山市人民政府批准,其所依据的是鞍山市国有银行股权转让说明书,但该说明书仅是鞍山市人民政府对涉案股权挂牌出让的批准,并非对涉案《股份转让合同书》的批准。标榜公司关于涉案合同已生效的上诉理由,不符合法律规定,不能成立。"

股权转让合同需要经过行政机关批准的,没有经过批准的,则合同不生效。

案例4.5　陈发树与云南红塔集团有限公司一般股权转让侵权纠纷案①

云南红塔集团有限公司(以下简称红塔有限公司)(甲方)、陈某树(乙方)2009年9月10日签订的《股份转让协议》第4条约定:"乙方同意受让甲方持有的云南白药集团65,813,912股的股份,并已充分知悉:本协议约定股份转让事宜在本协议生效后尚需获得国有资产监督管理机构的批准同意后方能实施。"2009年9月11日,红塔有限公司向其上级机构云南中烟公司上报股权转让请示,同年云南中烟公司向其上级机构中烟总公司上报请示。2012年1月17日,中烟总公司

① (2013)最高法民二终字第42号民事判决书。

作出《中国烟草总公司关于不同意云南红塔集团有限公司转让所持云南白药集团股份有限公司股份事项的批复》。2012 年红塔有限公司致函陈某树称，因上级主管单位批复不同意本次股份转让，本次股份转让的过户条件不成就，《股份转让协议》按约定解除。

本案涉及的股权转让法律关系中存在的主要问题如下：

第一，本案所涉《股份转让协议》依法属于应当办理批准手续的合同。国有股东所持上市公司股份的协议转让至少需要经过两次上报：一是国有股东拟协议转让上市公司股份的，在内部决策后，应当及时按照规定程序逐级书面报告省级或省级以上国有资产监督管理机构；二是国有股东与拟受让方签订股份转让协议后，应及时履行信息披露等相关义务，同时应按规定程序报国务院国有资产监督管理机构审核批准。本案红塔有限公司是国有企业，拟转让的是其所持云南白药集团的上市股份，转让的形式是与受让人协议转让，故双方当事人签订《股份转让协议》后，应按照《上市公司国有股权监督管理办法》要求的程序办理相关手续。

第二，《股份转让协议》未得到有权机关批准。本案《股份转让协议》签订时，双方拟转让的股份价值达 20 多亿元，根据财政部《关于烟草行业国有资产管理若干问题的意见》的精神，应由红塔有限公司逐级上报至中烟总公司，由中烟总公司报财政部批准。红塔有限公司在与陈某树签订《股份转让协议》后，即按程序将相关材料上报至红塔有限公司，红塔有限公司则按程序上报至云南中烟公司，云南中烟公司也按程序上报至中烟总公司，现中烟总公司收到上报材料后，明确作出不同意本次转让的批复。

第三，《股份转让协议》依法应认定不生效。关于审批对合同效力的影响，根据《民法典》第 502 条第 2 款的规定，法律、行政法规规定应当办理批准、登记等手续生效的，依照其规定。本案所涉《股份转让协议》依法属于应当办理批准手续的合同，需经财政部批准才能生效，但因红塔有限公司上级主管部门中烟总公司不同意本次股权转让，报批程序已经结束，《股份转让协议》已确定无法得到有权机关批准，故应依法认定为不生效合同。值得注意的是，《民法典》第 502 条对合同生效的要求，是合同的法定生效条件，属于强制性规定，不允许当事人通过约定的方式予以变更，故尽管当事人对合同生效有相关约定，仍应依据以上法律规定来判断合同的效力。

因《股份转让协议》不生效，陈某树要求红塔有限公司继续履行《股份转让协议》并承担违约责任的主张缺乏合同依据,法院不予支持。

(二)阴阳合同的认定

1. 未经批准程序的阴阳合同

股权转让的双方当事人签订了两份合同,一份用于实际交易,另一份用于工商备案。发生纠纷之后,法院认定合法生效的合同是以双方实际交易的合同为标准。认定双方实际交易的合同需要依据双方实际的交易价款结合阴阳合同来判定。

案例 4.6 大庆市三环钻井工程有限公司与梦幻侏罗纪探险时代(北京)投资管理有限责任公司、大庆万年房地产开发有限公司其他合同纠纷案①

在梦幻侏罗纪探险时代(北京)投资管理有限责任公司(以下简称北京侏罗纪公司)将大庆圣地置业公司 24.5% 的股权转让给大庆市三环钻井工程有限公司(以下简称三环公司)时,双方先后签订了两份合同,一份签订于 2012 年 1 月 1 日,转让价款为 1.7333 亿元人民币,另一份签订于同年 11 月 16 日,转让价款为 735 万美元。原审判决认定前一份合同未生效,双方实际履行的是后一份合同。北京侏罗纪公司上诉称,双方履行的是 2012 年 1 月 1 日签订的《股权转让合同》,而后一份合同只是为了在工商部门变更登记备案用,并未实际履行。法院认为,在一审中,三环公司针对北京侏罗纪公司的反诉辩称,其已经将 1.7333 亿元股权转让款支付完毕。大庆市大正建筑安装有限公司亦确认其已代三环公司向北京侏罗纪公司支付了 1.7333 亿元股权转让款。此外,三环公司将该部分股权再转回北京侏罗纪公司时,除约定了 1.771 亿元股权转让款外,还约定双方为办理股权转让工商变更登记而另行签订总额为 735 万美元对价的股权转让合同。由此可见,北京侏罗纪公司将案涉股权转让给三环公司时,双方实际履行的是 2012 年 1 月 1 日签订的合同,三环公司实际支付的转让款是 1.7333 亿元,而不是 735 万美元。并且针对该股权转让,北京侏罗纪公司、大庆圣地置业公司已经履行了相关程序,并已得到大庆市商务局的批准。

因而法院最终认定原审认定双方实际履行的是 2012 年 11 月 16 日签订的《股权

① (2014)民二终字第 59 号民事判决书。

转让合同》,与本案事实不符,应予纠正。北京侏罗纪公司的该项上诉理由成立。

2. 存在批准程序的阴阳合同

有些股权交易存在两份不同的合同,此时如果存在批准程序,法院通常在综合各种影响因素下,将批准程序作为一个重要因素来判断真实的合同。

案例 4.7　御华国际有限公司、郑某云、刘某霞、潍坊青翔实业有限公司股权转让纠纷案①

2011 年,御华国际有限公司(以下简称香港御华公司)作为甲方,潍坊青翔实业有限公司(以下简称青翔公司)作为乙方,郑某云作为丙方,刘某霞作为丁方,共同签订《股权转让协议书》一份。该协议第 2 条第 1 款约定:本协议所称转让标的股权是指甲方和乙方持有的潍坊御华公司 100% 的股权;第 4 条第一部分第 1 款约定:甲、乙、丙、丁四方共同确认,一致同意本次股权转让的总价为 6000 万元人民币。同日,香港御华公司作为甲方,青翔公司作为乙方,郑某云作为丙方,刘某霞作为丁方又签订了一份内容与上述《股权转让协议书》基本相同的《股权转让协议书》,不同点主要是新签订协议第 4 条第一部分约定:"甲、乙、丙、丁四方共同确认,一致同意本次股权转让的总价为叁仟贰佰壹拾贰万元(3212 万元)整。"

在该案中出现了两份内容不一致的股权转让协议。股权转让双方发生纠纷后,到底哪一份协议是真实有效的,法院依据以下三个标准进行了判断:

第一,尽管两份协议于同一天签订,但各方当事人对股权转让总价 6000 万元的《股权转让协议书》形成在前,股权转让总价 3212 万元的《股权转让协议书》形成在后的事实并无异议。当事人就同一事项先后签订两份内容不同的协议,通常情形下应认定为合同的变更。当事人一方主张双方合意签订虚假合同以规避法律或政策规定的,应由主张该事实的当事人承担举证责任。综观两份协议的内容,其差异之处并非仅是股权转让价格不同,还表现为转让股权的份额、潍坊御华公司设备归属和价格支付时间等条款的不同,因此股权转让总价 3212 万元的《股权转让协议书》包含了对当事人权利义务具有实质影响的重大变更条款。香港御华公司作为从事商事交易的主体,应当对所签署的协议内容有清楚的认识,并就

① (2013)民四终字第 37 号民事判决书。

签署行为承担相应的法律后果。香港御华公司不能提供证据证明当事人确定其权利义务是以股权转让总价 6000 万元的《股权转让协议书》为准，故两份协议的关系为后协议变更前协议，并不属于外商投资企业领域存在的调整价格条款以应付报批的阴阳合同情形。

第二，各方报批及履行协议的情况表明双方认可并执行的是变更后的协议。香港御华公司、郑某云、刘某霞共同签署了潍坊御华公司的新章程；香港御华公司、青翔公司出具的声明书和撤销委派董事免职书，均载明转让潍坊御华公司 98% 的股权，而不是 100% 的股权。潍坊御华公司向潍坊市商务局提交了股权转让总价 3212 万元的《股权转让协议书》以及相应的章程等文件进行报批，并获得批准。其后，潍坊御华公司将 98% 的股权过户至郑某云、刘某霞名下，香港御华公司仍保留了 2% 股权。

第三，关于股权转让价格变更问题。郑某云、刘某霞主张，根据香港御华公司的指示先付至潍坊御华公司 2700 万元，其后双方又协商减少 2% 的股权转让份额，因此股权转让总价最后确定为 3212 万元；香港御华公司则认为，股权转让总价 6000 万元的《股权转让协议书》记载的“已付 2700 万元”是指报批前应付，但实际未付。法院认为，郑某云、刘某霞没有提供香港御华公司发出指示的证据，而香港御华公司则不能合理解释为何协议载明“已付 2700 万元”而不是“应付 2700 万元”，且该协议亦未记载此为报批前的付款义务，故双方当事人的主张均无充分证据证明，原审判决不予采纳，并无不当。本案股权转让是在目标公司潍坊御华公司的土地即将被拍卖的背景下短时期内议定的，双方根据实际情况调整价格并不违反商业常理。鉴于双方实际报批并履行的协议并没有约定郑某云、刘某霞在 3212 万元以外需要另行支付 2700 万元，故股权转让价格应当以最终形成的书面协议的记载为准。

综上，法院认为，股权转让总价 3212 万元的协议构成对股权转让总价 6000 万元的协议的有效变更，系当事人最终的共同意思表示。该协议经外商投资企业审批机关批准，系生效协议，对当事人具有法律约束力。原审判决以该协议作为认定当事人权利义务的依据正确，本案亦不存在超出原告诉讼请求判决的问题，郑某云、刘某霞关于原审判决超判的上诉理由不能成立。

最高人民法院《关于审理外商投资企业纠纷案件若干问题的规定（一）》第 1 条第 1 款规定：“当事人在外商投资企业设立、变更等过程中订立的合同，依法律、行政法规的规定应当经外商投资企业审批机关批准后才生效的,自批准之日起生效;未经批准的,人民法院应当认定该合同未生效。……”股权转让总价 6000 万元的《股权转让协议书》未经报批,且已被在后形成的协议变更,原审判决认定该协议未生效,并且不能作为认定当事人权利义务的依据是正确的。香港御华公司上诉认为基于办理报批手续的方便签订了股权转让总价 3212 万元的《股权转让协议书》,股权转让总价仍按股权转让总价 6000 万元的《股权转让协议书》执行,缺乏有效证据证明,亦于法无据。

(三)股权转让中的善意取得

对股权转让能否适用善意取得制度在我国存在争议,有观点认为,善意取得规定在《民法典》第 311 条中,仅仅适用于物权制度,而股权并不是典型的物权,无法适用善意取得。也有观点认为,善意取得是对权利获得的一种基于规定,物权与债权都可以适用。法院在实践中通常基于扩大权利保护渠道的考虑会采取后一种观点,即认可股权也可以善意取得。股权转让中也存在善意第三人合法取得无权转让人所转让的股权的情况。当然在此种情况之下,法院需要判断第三人是否善意。

如崔某龙、俞某林与无锡市荣耀置业有限公司(以下简称荣耀公司)、燕某等股权转让纠纷案。[①] 在该案中法院认为,荣耀公司、燕某等四人伪造崔某龙、俞某林的签名,制作虚假的《股东会决议》《股权转让协议》,并到工商行政管理机关办理了股权变更登记手续,将崔某龙、俞某林在无锡市荣耀世纪房地产开发有限公司(以下简称世纪公司)60% 的股权,变更到荣耀公司、燕某等四人名下。此后,荣耀公司、燕某等四人通过与孙某源等五人签订《股权转让协议》,将已经在工商行政管理机关登记其名下的世纪公司 80% 的股权转让给孙某源等五人。上述荣耀公司、燕某等四人伪造签名制作的《股东会决议》《股权转让协议》载明的股权转让法律关系应不成立。荣耀公司、燕某等四人与孙某源等五人签订的《股权转让协议》,因荣耀公司、燕某等四人并非股权所有人,该协议处分的部分股权,应属于崔某龙、俞某林所有,而崔某龙、俞某林并不追认荣耀公司、燕某等四人的股权转让行为,根据《合同法》第 51 条[②]的规定,上述《股权转让协议》属于无权处分他人财产的合同。然而,孙某源等五人与荣耀公司、燕某等四人在签订本案《股权转让

---

① (2006)民二终字第 1 号民事判决书。

② 《民法典》合同编不再保留该条内容。

协议》时,曾经到工商行政管理机关查阅过世纪公司的股权登记,对于荣耀公司和燕某等四人是否享有该公司股权尽了审慎审查的义务。在协议签订后,孙某源等五人履行了合同规定的主要义务,已经向对方支付了部分股权转让款,并于2003年12月29日在工商行政管理机关办理了股权变更登记。此后,孙某源开始进入公司担任该公司法定代表人,参加公司的经营和管理。上述事实表明,孙某源等五人在与荣耀公司、燕某等四人进行股权受让行为时,尽到了充分的注意义务,并依据协议支付了部分股权转让款,股权变更登记已经经过多年。根据本案现有证据,不能证明孙某源等五人在股权受让过程中存在恶意,以及协议约定的股权受让价格不合理等情况,可以认定孙某源等五人受让股权系善意。虽然孙某源等五人系从无权处分股权的荣耀公司、燕某等四人处受让股权,但孙某源等五人在本案涉及的股权交易中没有过错,为维护社会经济秩序的稳定,应认定其取得了世纪公司的相应股权。孙某源等五人在二审中答辩认为本案应当适用善意取得制度的理由成立,法院予以采纳。

因此,法院认为如果有证据证明第三人是善意的,则可以取得转让人无权转让的股权。

四、股权转让当事人的确认

有时股权转让一方没有在相关合同上签字,或者存在代签的现象。当股权转让纠纷发生之后,一方当事人可能否认自己是股权转让的当事人。此时法院需要通过该人是否参与股权转让之后的相关活动来判定,如是否参与目标公司的经营管理等。

在特殊情况下,股权转让一方的签字有可能不是本人所签。此时法院通过证据如果能够认定没有签字的一方对事情知情的话,也认可股权转让的事实。

案例4.8 王某群、武汉天九工贸发展有限公司与中国农产品交易有限公司股权转让纠纷案①

在该案中,股权转让的一方王某群认为自己没有签署《0.89亿股权转让协议》。上诉人称王某群未在该协议上签字,对该协议的签署也不知情。根据司法

① (2014)民四终字第33号民事判决书。

鉴定结论，该协议上“王某群”的签名确非其本人所签。但根据查明的事实，可以认定王某群对该协议的签署不仅知情，还认可了该协议。王某群在2007年5月2日至12月10日武汉白沙洲农副产品大市场有限公司（以下简称白沙洲公司）股东变更登记前仍然是白沙洲公司的股东，并与武汉天九工贸发展有限公司（以下简称天九公司）共同负责经营管理白沙洲公司，委任白沙洲公司董事会成员和高管。王某群和天九公司没有证据证明在此期间的白沙洲公司董事和高管是中国农产品交易有限公司（以下简称农产品公司）委任的。从法律上讲，不是股东的农产品公司也无权委任董事和高管。王某群和天九公司亦承认，农产品公司在2010年11月强占白沙洲公司。这也说明王某群和天九公司在此前共同负责白沙洲公司的经营管理。因此，一审判决认定上诉人在2007年5月后继续经营管理白沙洲公司，并无不当。在王某群和天九公司是白沙洲公司股东并共同负责经营管理白沙洲公司期间，白沙洲公司工作人员参与了《0.89亿股权转让协议》的制作和报批。

法院认为，王某群作为股东和负责经营管理者，理应知道该协议。王某群委派的董事和管理人员，实质上是代表其行使对白沙洲公司的经营管理权。正如一审判决所指出的，即使王某群本人未签署协议，其委派经营管理白沙洲公司的工作人员的职务行为所产生的法律后果，亦应由王某群承担。另外，王某群也未否认其在与该协议配套报批的股东会决议、员工安置计划等报批文件上的签字，或者申请对其在上述文件上的签字进行鉴定。据此也可以认定王某群不仅知情，还认可了该协议。因此，该协议不只是农产品公司和天九公司之间的协议，王某群也是协议当事人。

案例4.9　徐某华、吴某芳与武汉君悦房地产开发有限公司、汪某强等股权转让纠纷案①

在该案中，置乐集团有限公司（以下简称置乐集团）系徐某华、吴某芳于1994年在香港特别行政区注册成立。随后，置乐集团在湖北省武汉市成立全资子公司武汉置乐物业发展有限公司（以下简称置乐公司）。除此之外，置乐集团没有其他经营活动。置乐公司注册资本400万美元，董事长为徐某华，董事会成员有俞某

① （2014）民四终字第11号民事判决书。

秋、黄某映和刘某华。随后置乐公司的股权发生了一系列的转让。如2007年10月30日，徐某华、案外人吴某强作为甲方，武汉君悦房地产开发有限公司(以下简称君悦公司)作为乙方，签订《合作开发合同》，约定甲方自愿出售依法持有的置乐公司60%的股权。2007年10月31日，置乐集团作为甲方，君悦公司作为乙方，武汉怡德物业管理公司(以下简称怡德公司)作为丙方，签订《股权转让协议书》，约定：甲方同意将其持有的置乐公司60%股权转让给乙方、40%股权转让给丙方，乙方同意以240万美元受让，丙方同意以160万美元受让。在进行了一系列的股权转让之后，徐某华、吴某芳与股权受让一方发生了纠纷，两人作为原告起诉至法院要求确定股权转让无效并撤销部分股权转让。

在审理中，法院认为徐某华、吴某芳原系置乐集团的股东。置乐集团在我国内地设立了全资子公司置乐公司，并在讼争股权转让协议签订前已经从中国人民解放军海军工程学院取得了国有土地使用权。因此，徐某华、吴某芳是以间接持股的方式投资并控制置乐公司权益，系置乐公司的实际控制人，而非置乐公司的隐名投资者。这种间接持股的方式，不是委托投资，不属于最高人民法院《关于审理外商投资企业纠纷案件若干问题的规定(一)》第14条规定的“当事人之间约定一方实际投资、另一方作为外商投资企业名义股东”的委托他人代持股情形，更不存在隐名投资者显名成为股东的问题。徐某华、吴某芳请求确认其系置乐公司实际投资人，从而显名成为置乐公司股东的上诉理由不能成立。

在该案中股权转让的当事人实质上应当是置乐集团，而非置乐集团的股东徐某华、吴某芳二人。案件中把股权转让当事人搞错之后，导致败诉。

五、无效的股权转让合同

股权转让合同不能违反法律禁止性规定，否则无效。法院通常认为名为股权转让合同实质上为流质条款的股权转让无效，因为违反了法律规定。

案例4.10　中静汽车投资有限公司与上海铭源实业集团有限公司、桂林客车工业集团有限公司股权转让纠纷案[①]

在该案中，中静汽车投资有限公司(以下简称中静公司)提出受让股权的依据

① (2015)民二终字第384号民事判决书。

为上海铭源实业集团有限公司(以下简称铭源公司)与朱某群签订的《融资借款协议》及其项下的《股权质押合同》及《股权转让协议》,据协议相关条款的内容来看,双方约定在铭源公司未能及时清偿债务时,朱某群有权要求铭源公司将其持有的桂林客车工业集团有限公司32.1510%(对应的出资额为9785万元)股权以7000万元价格转让给朱某群指定的任意第三人,铭源公司不得拒绝,且该第三人亦无须向铭源公司支付股权转让款,而是直接支付给朱某群以偿还欠款。

在该案中股权转让协议条款虽然名为股权转让,但是其实质是为在铭源公司不能如约偿还朱某群借款时,朱某群可将铭源公司质押的股权以事先约定的固定价格转让给第三方以清偿铭源公司所负债务,即在履行期限届满前已约定由质权人朱某群以固定价款处分质物,相当于未届清偿期即已固定了对质物的处分方式和处分价格,显然与法律规定的质权实现方式不符。此种事先约定质物的归属和价款之情形实质上违反了《民法典》第428条的规定:质权人在债务履行期届满前,不得与出质人约定债务人不履行到期债务时质押财产归债权人所有。《民法典》禁止流质系强制性规定,故该约定条款应属无效。

《民法典》第144、146、153、154、497等条文规定了合同无效的情形,包括:一方以欺诈、胁迫的手段订立合同,损害国家利益;恶意串通,损害国家、集体或者第三人利益;以合法形式掩盖非法目的;损害社会公共利益;违反法律、行政法规的强制性规定。

案例4.11　王某群、武汉天九工贸发展有限公司与中国农产品交易有限公司股权转让纠纷案①

在该案中,股权转让交易的双方签订了两份股权转让合同,分别是《11.56亿股权买卖协议》和《0.89亿股权转让协议》。这两份合同中,《0.89亿股权转让协议》用于向审批机关报批,《11.56亿股权买卖协议》用于股权转让双方实际履行。由于本案股权转让系外国投资者并购境内企业,中国农产品交易有限公司以发行可换股票据方式支付部分转让价款,实质上是外国投资者以股权作为支付手段并购境内公司,即"股权并购"。

① (2014)最高法民四终字第33号民事判决书。

商务部等部门联合发布的《关于外国投资者并购境内企业的规定》(2006 年)年对"股权并购"的文件申报与程序有更严格的要求。当事人串通签订《0.89 亿股权转让协议》,目的是规避必要的较为严格的行政审批要求,破坏了国家对外商投资、对外投资的监管秩序和外汇管理秩序,属于双方恶意串通,损害国家利益,依照《民法典》第 154 条的规定,应认定该协议无效。

有的案件在股权转让合同中同时约定了土地、矿产等资产的转让,而土地以及矿产的转让受到《行政许可法》等其他法律、法规的限制,属于无效的合同条款。在此种情形之下,只是这些约定无效,并不影响合同中关于股权转让约定的条款效力。法院对双方名为股权转让实为土地出让的合同,认定为无效的合同。

案例 4.12 石某春、刘某华、刘某、刘某英、刘某英、刘某书与新疆盈科投资集团有限公司、新疆盈科房地产开发有限公司股权转让纠纷案①

在该案中,乌鲁木齐市航天工贸有限公司(以下简称工贸公司)原股东、原法定代表人刘某书等人与新疆盈科投资集团有限公司(以下简称盈科集团公司)2010 年 11 月 23 日签订《股权转让协议》之前,工贸公司与新疆盈科房地产开发有限公司(以下简称盈科房地产公司)已签订了两份《房地产转让协议》及相关补充协议。上述《房地产转让协议》约定盈科房地产公司实际以 9700 万元的价格受让工贸公司所有的建设用地使用权和实际占有的土地,并明确约定了不动产的转让方式、转让价款的支付方式及违约责任等。之后刘某书等人与盈科集团公司签订的《股权转让协议》又约定,工贸公司与盈科房地产公司签订的《房地产转让协议》及相关补充协议在工贸公司原股东与盈科集团公司完成股权变更登记并按约定完成相关移交工作的当日解除;上述房地产转让协议解除后,盈科房地产公司已向工贸公司原股东支付的房地产转让款 4250 万元,转为盈科集团公司应向工贸公司原股东支付的股权转让款。

股权转让作为一种民事法律行为,对于其效力的审查和确认,属法律赋予人民法院的依职权审查范畴,不受当事人诉讼请求和上诉范围的限制。因此,认定本案二审争议的前提是案涉《股权转让协议》及相关补充协议的合同是否有效,进

① (2013)民二终字第 40 号民事判决书。

而才能认定案涉《股权转让协议》及相关补充协议是否属于因重大误解、显失公平而应予撤销。盈科集团公司、盈科房地产公司虽为互不隶属的独立法人,且系上述股权转让协议和房地产转让协议项下不同权益的受让主体,但是,根据协议中有关盈科房地产公司已经支付的房地产转让价款直接作为盈科集团公司应支付的股权转让价款的约定,可以认定盈科集团公司与盈科房地产公司在本案所涉土地使用权转让上的利益具有一致性,在本案中存在实质的利益关系。

虽然根据《股权转让协议》的表面内容,盈科集团公司与刘某书等人双方签订该协议的真实意思表示是转让工贸公司的全部股权。但根据《股权转让协议》所反映的实质交易内容,盈科集团公司受让工贸公司全部股权后,同意将工贸公司名下的土地及办公楼以外的其他财产如生产设备等均无偿赠与工贸公司原股东;同意工贸公司原股东仍以工贸公司名义进行轧钢、炼钢等原有生产经营活动并继续持有工贸公司原公章使用;盈科集团公司不接收工贸公司任何职工,由工贸公司原股东负责工贸公司职工的解聘和安置事宜;在工贸公司原股东按期完成厂房搬迁、拆除工作并移交全部土地后的 3 个月内,盈科集团公司将持有的工贸公司 100% 股权无偿返还给工贸公司原股东,等等。以上协议内容表明,股权受让方盈科集团公司签订股权转让协议的真实意思表示并非为获得工贸公司股权从而经营该公司,而是为控制和支配工贸公司所有的建设用地使用权和占有的土地,与之前盈科房地产公司与工贸公司签订的两份《房地产转让协议》的合同目的相同。本案诉讼中,刘某书等人也承认其在签订相关股权转让协议时亦明知盈科集团公司的真实意图不是购买股权,而是受让工贸公司的土地进行房地产开发。

据此,作为股权受让方的盈科集团公司在订立相关《股权转让协议》时,其真实意思表示并不是为实际经营工贸公司而持有公司股权;作为股权转让方的刘某书等人,其真实意思表示也并非将工贸公司股权和资产全部转让从而退出经营,且双方对该掩藏在股权转让形式下的真实意思表示在主观上均明知。由此可以认定,双方在签订本案所涉股权转让协议时所作意思表示构成虚伪表示。根据《民法典》第 146 条的规定,本案所涉股权转让协议因缺乏真实意思表示而应认定为无效。因作为主合同的本案所涉股权转让协议无效,刘某书等人与盈科集团公司签订的《〈股权转让协议〉补充协议》《补充协议书(二)》亦属无效。

六、股权转让合同的解除

股权转让合同能否解除,司法实践多从多角度考量。法院认为,股权是一种综合性的财产权利，不仅包括财产收益权，还包括公司经营决策权等多种权利。股权转让合同的签订与履行不仅直接影响合同当事人的权利义务，而且还会影响目标公司、公司债权人及其他相关第三人的利益。因此，解除股权转让合同除应根据《民法典》的明确规定外，还应考虑股权转让合同的特点。尤其是在股权已登记变更，受让方已经支付部分款项，且已实际控制目标公司的情况下，解除股权转让合同更应结合合同的履行情况、违约方的过错程度以及合同目的能否实现等因素予以综合判断。①

法院在判断股权转让合同能否解除的时候，首先判断合同的目的能否实现，如果合同的目的能够实现，则会促成合同实现，如果合同的目的实现不了，则需要判断是否一方构成根本违约。通常情况下法院都会在合同目的能够实现的时候，判决支持合同的履行而不是解除合同。

如在郭某军、雷某波股权转让纠纷案中，最高人民法院优先考量了合同目的是否能够实现。② 最高人民法院认为，本案双方的交易为转让郭某军持有的内蒙古大漠矿业有限公司（以下简称大漠公司）股权，上海泓泽世纪投资发展有限公司（以下简称泓泽公司）的合同目的是获得股权，在《股权转让协议》生效条件没有成就、实际办理股权转让手续事宜并未提上日程的情况下，郭某军拒绝提供办理股权转让所必需的大漠公司相关资料，并不会导致股权转让不能，合同目的亦未因此而落空。郭某军转让所持目标公司6.4%的股权，确与《股权转让协议》第9条关于不能就协议股权向第三方转让的约定不符，有违双方为保障股权转让而做出的禁止性约定，构成违约。但从后果上看，因该转让系出于激励的目的在公司内部转让，受让的第三人均书面承诺届时作为一致行动人配合郭某军将股权一并转让给泓泽公司，因此郭某军向第三方转让股权并不影响泓泽公司实现受让大漠公司全部股权的合同目的。即便本案成讼之后，郭某军仍诉请主张继续履行合同，受让股权的第三人也声称仍信守承诺届时将股权转让给泓泽公司，足以证明本案合同目的并未因而落空。因此，最高人民法院将一审判决郭某军返还泓泽公司股权交易定金3.75亿元及利息的判决撤销。从法院的角度来看，即便合同相对一方作出了一些不利于另一方的行为，甚至是违反了合同约定条款的行为，但是只要这些行为并没有影响合同的主要目的，即股权交易的实现，就属于合同的

① （2018）最高法民终295号民事判决书。
② （2017）最高法民终607号民事判决书。

目的能够实现。而在履行合同过程中的一些违反合同约定的行为只是构成需要另案起诉的侵权或者违约行为而已。

合同目的能否实现的关键是判断合同的目的与商业的目的都是什么,并将两者合理地区别开来。

如在周某政、李某慧股权转让纠纷案中,法院就是通过区分不同的目的来划分各自的责任。法院认为,高某、吴某锋通过与周某政、李某慧签订《协议》受让巢湖万和房地产开发有限公司(以下简称万和公司)股权的目的在于取得万和公司的控制权和经营权。这在周某政将公司的控制权与经营权交付给李某慧之后,周某政的合同义务已经完成。万和公司的主要经营项目即为其名下土地的开发建设,作为《协议》受让方的高某、吴某锋应当对该土地能否取得建设规划许可,是否存在政策变化等经营风险,尽到充分、合理的注意义务。基于此,最终法院认为:案涉土地已无法取得建设规划许可的现状,原因在于巢湖环湖大规划及相关政策的调整,对《协议》的双方当事人来讲,在高某、吴某锋无证据证明周某政、李某慧对此事实故意隐瞒的情况下,该交易风险应由其承担。[①] 可见基于合同目的与公司经营目的的区分,法院认为合同目的的实现与公司经营目的的实现不同,股权转让合同着眼于合同目的,即股权是否发生转让,即公司的经营权与控制权是否转让才是法院的关键考量因素。

按照《民法典》第563条的规定,当事人可以解除合同的原因除了合同目的无法实现之外,还有:在履行期限届满之前,当事人一方明确表示或者以自己的行为表明不履行主要债务;当事人一方迟延履行主要债务,经催告后在合理期限内仍未履行;当事人一方迟延履行债务或者有其他违约行为致使不能实现合同目的;这些判断标准中一方当事人是否催告构成了法院判断的基础。最高人民法院基于一方当事人的合理催告而确认另一方的违约责任。

案例4.13 海南星昊投资开发有限公司、上海星译投资管理有限公司股权转让纠纷案[②]

在该案中,原、被告双方的两次发函构成了法院认定双方责任的主要依据。

① (2018)最高法民终295号民事判决书。

② (2018)最高法民终1150号民事判决书。

上海星译投资管理有限公司(以下简称星译公司)与海南星昊开发有限公司(以下简称星昊公司)签订了股权转让协议,各方均应依约履行。按照双方《补充协议2》第2条支付步骤的约定,星昊公司应于2015年3月30日前付1000万元,2015年4月30日前付5000万元,2015年5月30日前付清剩余款项。但在实际履行中,星昊公司仅于2014年6月6日向星译公司付款2000万元,于2015年4月16日、9月22日各支付1000万元,其付款金额及付款时间均不符合合同约定。星译公司于2015年11月27日发函,要求星昊公司于2015年12月7日前付清剩余款项。该宽限期届满后,星昊公司仍未按约履行,而是于2015年12月8日发函请求"以6000万元支付股权转让价款了结债务",明示其无意按约付款。

法院认为,星昊公司的行为构成根本违约。因为星昊公司在合同项下应付款项中,股权转让对价、土地出让相关费用是明确的,债务抵销的具体金额虽未订立协议予以明确,但可按照双方合同约定予以确定,并不构成星昊公司迟延支付股权转让款及承担其他费用的合理理由。且星译公司在催告星昊公司履行付款义务时,星昊公司也没有对欠付数额提出异议,故星昊公司以此为由主张其迟延支付合同项下款项不构成违约无事实依据,不能成立。最终,法院认为星译公司有权依法解除合同并转让案涉股权并无不当。因为,星昊公司迟延履行合同义务,经过催告仍未履行,并明示不按合同约定履行的行为,构成根本违约。星译公司于2015年12月29日通知解除案涉《框架协议》及补充协议,符合法律规定。

在考量合同目的能否实现的时候法院有时候也会结合合同是否得到履行的客观标准来判断是否需要解除合同,如成都铠佑贸易有限公司(以下简称铠佑公司)与李某俊、蒋某等股权转让纠纷案。[①] 在该案中,铠佑公司与蒋某、王某等签订了《大英县一合旅游投资有限责任公司股权转让协议》,铠佑公司的主要义务即是按约支付股权转让款。双方为了履行合同作出了一系列的履约行为。首先,铠佑公司已全面接管"中国慢谷"项目。其次,蒋某、王某已经依约履行将案涉土地权证办理至一合旅游公司名下的义务。因而股权转让的双方之间的合同。最后,铠佑公司已经支付了全部5560万元股权转让款中的1000万元。但是法院依然认为铠佑公司未按约支付股权转让余款,已构成根本违约,蒋某、王某等有权解除合同。

如果有轻微的合同履行瑕疵且该瑕疵并不影响合同根本目的的实现,则法院

---

① (2015)民二终字第161号民事判决书。

通常会认定合同不需要解除还可以继续履行。如在新疆西域荣光矿业有限公司、朱某某股权转让一案中,股权转让双方约定要移交相关的档案资料,就档案资料的移交义务而言,股权转让的一方实际向另一方新疆西域荣光矿业有限公司(以下简称西域荣光公司)移交档案资料的时间,较合同约定的时间迟延了57天。但这一迟延并未影响到工商变更登记手续的办理和企业经营权的移交,西域荣光公司实际接管并继续经营新疆轮台县华珍煤业有限公司的合同目的并未因此受到影响。故法院作出该迟延履行行为并不构成根本违约,亦不影响合同目的的实现的认定正确。①

合同目的能否实现的判断属于法官的裁量权力,法官可以结合社会一般经验作出判断。如在成都天齐实业(集团)有限公司(以下简称天齐实业有限公司)与四川欧德曼投资有限公司(以下简称欧德曼投资公司)与成都益邦投资有限公司、赵某某、成都颠峰软件有限公司、范某某与成都天齐科技发展有限公司(以下简称天齐科技公司)与四川仁缘投资公司股权转让一案中,股权转让的两方公司在《股权转让框架协议》第9条第2款中约定:若股权转让后,天齐科技公司不能按每亩70万元的净用地价格取得45亩项目建设用地的国有土地使用权证的,乙方(天齐实业公司)有权解除本合同,要求甲方(欧德曼投资公司等)按本合同的股权转让价格全部回购乙方已取得的天齐科技公司股权。虽合同各方对天齐科技公司应取得案涉国有土地使用权的期限未作约定,但天齐实业公司发出《解除合同通知书》时天齐科技公司尚未取得案涉国有土地使用权,其时距天齐科技公司股东变更已经两年多时间,应当认定已超出合理期间。因此,法院确认股权转让协议解除条件已经成就,其在《解除合同通知书》到达股权转让方时解除。② 在该案中法院认为如果两年的时间已过,而股权转让一方还没有按照约定取得国有土地使用权证的话,已经超出合理期限。当然该合理期限是按照一般土地开发的时间期限计算的。

七、股权转让预约合同

《民法典》第495条第2款对预约合同的责任有规定,但在一些复杂交易的商业实践中,当事人之间契约缔结过程客观上存在不具有拘束力的磋商行为、缔结

① (2014)民二终字第255号民事判决书。

② (2014)民提字第162号民事判决书。

具有拘束力的预约、最终订立本约这三个不同阶段。与缔约磋商阶段仅受诚实信用原则的约束不同,预约和本约在当事人之间均成立合同关系。根据民法的基本原理和司法实践中的一贯认识,预约和本约的区分标准,应当根据当事人在合同中的意思表示加以确定。当事人的意思表示不明确或有争议时,应当通过考察合同内容是否包含合同成立的要素,以及合同内容是否确定到无须另行订立本约即可强制履行等因素加以确定。

法院在恒大地产集团上海盛建置业有限公司(以下简称恒大公司)、湖州诺德置业有限公司(以下简称诺德公司)股权转让纠纷案中明确了股权转让预约合同的一些判断因素。[①] 在该案中《股权转让合同》对于项目公司 A、B 的股权转让的交易完成是否需要另行订立合同并未明确约定,而是使用了"按照本协议约定事宜开展实际操作""以书面形式确认继续履行本协议"等容易产生歧义的语言,需要综合考虑交易的合同标的及合同内容所体现的当事人的真实意思表示加以判断。首先,从当事人合同约定的内容来看,案涉《股权转让合同》以项目公司股权为转让标的,在合同签订之时,项目公司 A、B 均尚未设立,拟转让股权的项目公司是以案涉项目地块 HD49－1、HD49－2 为主要财产,而项目地块 HD49－1、HD49－2 尚属诺德公司与上海天朗置业有限公司(以下简称天朗公司)相关转让协议书的标的,诺德公司为解除项目地块 HD49－1、HD49－2 转让协议与天朗公司的诉讼,正处于一审阶段。此时,诉讼结果如何,将持续多长时间,诺德公司能否解除与天朗公司相关转让协议且收回讼争的项目地块,均非诺德公司或恒大公司所能掌控。由此可以认定,在当事人缔结合同之时,案涉《股权转让合同》所约定的交易是否能够实际完成,双方均无非常确定的把握,这也是双方当事人约定先决条件的原因所在。其次,从合同中关于交易操作程序的约定来看,即便诺德公司完成了协议约定的先决条件,交易是否能够完成也存在不确定性,而是取决于恒大公司在尽职调查完成后是否以书面形式确认继续履行。由此可见,案涉《股权转让合同》并未为双方创设可强制履行的合同义务,若恒大公司决定不再继续履行,诺德公司并无要求恒大公司继续履行合同的约定权利。再次,案涉《股权转让合同》虽然约定了恒大公司单方决定是否继续履行的权利,且不论这一单方决定的权利是否有违权利义务平等原则,这一单方决定的权利亦仅能归结为系债

① (2018)最高法民终 813 号民事判决书。

权请求权的约定,并不能设定有选择权契约中的形成权。根据民法基本原理,有选择权契约是指由当事人一方行使选择权,通过单方意思表示即可成立契约。有选择权契约对合同内容的确定性要求更高,要求要约内容明确,相对人只需要作出单纯肯定的意思表示,即可成立合同。按照这一规格衡量,案涉《股权转让合同》因价款等并未确定,即便恒大公司在尽职调查完成后同意继续交易,双方对价款仍然存在继续磋商的空间。最后,从商业交易的实践来看,即便双方的交易最终能够完成,就项目公司 A、B 的股权转让,双方仍然存在另行签订合同的实际需要。综合考虑上述因素,法院认为,案涉《股权转让合同》的性质应当认定为预约合同。

第二节　股权转让纠纷中的责任判断

一、股权转让合同中的违约责任判断

在股权转让合同中的违约责任判断方面,最高人民法院存在两种相互冲突的裁判标准。其一是客观行为标准,即违反了合同约定的行为则构成违约;其二是主观意愿标准,违约一方的行为违反了合同约定,但是该违反合同约定的行为并不是出于违约一方的主观意愿而是基于一些客观条件导致,则不构成违约。实际上这两个判断是否构成违约的标准是有一定冲突的,前一个标准不论违约人的意志如何,主要判断违约一方的客观行为;而后一个标准则不过多考虑违约人的客观行为,而是看该导致该行为是基于违约人的主观意志还是其主观意志之外的因素。

(一)违反合同约定

股权转让中的违约责任判断基准是转让各方之间的合同约定以及各自的履约行为。如果有一方没有按照合同的约定执行,则构成违约。

对于双方约定的合同行为中如果涉及一方无法单独控制完成的行为,如涉及政府行为没有明确约定各方责任,则法院通常会考虑该约定并不构成对各方的限制。

案例 4.14 牟某明、赵某群股权转让纠纷案①

贵州万东房地产开发股份有限公司(以下简称贵州万东公司)负有转让其持有的贵州财浪房地产开发有限公司的60%股权并办理股权变更登记及无偿配合牟某明办理容积率由2.2调增至4.0正式批文的合同义务。贵州万东公司虽负有无偿配合牟某明办理容积率调整的义务,但并未承诺在一定时间内完成办理容积率由2.2调增至4.0,且在《转让合同》及《补充协议》中均未约定若贵州万东公司未能完成容积率调整的违约责任。

通常来说容积率是指一定地块内,总建筑面积与建筑用地面积的比值。容积率的调整需依赖于政府行为,并非当事人能够控制,即使案涉地块规划发生变化,容积率仍需要向规划部门申请变更才有可能产生变更的结果。因此,由于股权转让一方的贵州万东公司无法控制政府行为,而合同也没有约定如果没有实现政府行为的某种结果双方的责任如何划分,此种情况之下股权转让合同各方没有责任。法院没有认定承担义务的一方的责任。

违反合同约定的标准有时候执行得比较严格,任何一些没有按照合同约定的行为都会被认为构成违约。

(二)主观上有违约意志则构成违约

判断一方是否构成根本违约的关键在于违约一方的违约行为是否基于其本身的意愿。如在大连实德集团有限公司(以下简称实德集团)与北京元金盛世资本运营中心(有限合伙)(以下简称元金盛世)之间的股权转让中双方是否根本违约的判断中,法院主要基于双方的违约行为是基于违约一方的自主意志而实施的,还是受到自主意志之外的其他因素影响而导致的结果来判断双方是否构成根本违约。

对于实德集团是否存在根本违约行为,法院认为,在案涉《债务重组框架协议》确立的交易原则基础上,双方能否按照约定的交易步骤全面实际履行,还涉及与案外债权人能否达成《债权重组协议》,以及与人和投资控股股份有限公司等合同约定的代持股主体能否协调解决代持股份转让以及解除查封等事宜。因此,案

① (2017)最高法民终840号民事判决书。

涉《债务重组框架协议》的内容尚不完备，存在诸多有待进一步协商确定的内容及协调解决的事项，该合同的履行也因此存在一定不确定性。合同中对上述相关事项无法按期解决时约定采取终止合同履行或双方协商或签订补充协议等方式解决，表明合同双方对《债务重组框架协议》存在履约风险在签约时有充分预见。同时，元金盛世在签约前对五家目标公司进行了尽职调查，其对五家目标公司股权状态及债权债务情况应了解，对实德集团当时面临的经营状况也应属于明知。据此本案足可以认定，实德集团和元金盛世在签约时对合同履行过程中可能出现的来自案外债权人、代持股主体及有关部门等不确定因素对双方交易的影响，也即双方交易面临的商业风险应有预见。因此，影响案涉《债务重组框架协议》履行的根本原因在于实德集团无法履行合同义务，但非系实德集团自身可以控制的原因造成，而是与案涉合同双方交易涉及的金融股权代持及转让的股权被查封等事宜没能顺利解决有关，也与当时有关部门加大了对实德集团债务重组的监管力度有关。如前所述，双方在签约时对可能来自案外债权人、代持股主体及有关部门等不确定因素对双方交易的影响应有预见，故不应因此认定实德集团构成根本违约。[①]

（三）对未来不确定性的约定不构成违约责任

股权转让双方基于将来的不确定性而作的约定，风险由受让股权的一方承担，该不确定性的实现与否并不构成违约与否的判断基础。

在北京天正中广矿业有限公司（以下简称天正公司）、林某泽股权转让纠纷案[②]中，林某泽所转让的股权涉及建平县沐泽铁矿在青峰山乡采区承包权的采矿和转让，而该行为需经建平县政府进行资源整合的统一规划。建平县政府对青峰山乡采区的承包权将如何进行规划调整是一种不确定的状态，林某泽能否再次取得青峰山乡采区的承包权须根据建平县政府的资源整合规划而定，故青峰山乡采区的承包权在林某泽的承包期限到期之后，也将处于一种不确定的状态，天正公司对此应有一定的预判。本案中，《收购框架协议》《股权收购协议书》及后续的《收购协议书》在约定天正公司收购林某泽在新财矿业公司五矿西山坡—石门地8号矿青峰山乡采区承包权所有的资产以及其他已经享有和将来可能享有的权益时，均同时约定了对青峰山乡采区承包权的采矿和转让应根据建平县政府资源整

① （2017）最高法民终11号民事判决书。
② （2016）最高法民终805号民事判决书。

合的统一规划办理。由此可见,天正公司在签订《收购框架协议》时对青峰山乡采区承包权的状况是知情并认可的,且天正公司进行了实际开采,其合同目的已经实现。因此股权转让双方对建平县沐泽铁矿将来的采矿权处于政府可能调整的不确定性是明知的,风险也应当由受让股权的一方承担。

(四)行政管制政策不构成违约

股权转让的目的有时候会因为目标公司受到行政机关的管制而导致受让股权的一方难以实现其受让股权的目的,由于行政管制的原因而导致的损失不应由转让方承担。

案例4.15　北京北大青鸟有限责任公司、新疆北大青鸟能源矿业有限公司股权转让纠纷案[①]

在该案中,北京北大青鸟有限责任公司(以下简称青鸟公司)与泰安天元矿山设备安装有限责任公司(以下简称天元公司)等进行股权转让,从《股权转让协议》中约定的内容来看,各方当事人对于兴和煤矿的前景预期主要基于其正在进行的120万吨/年生产能力的改扩建工作,该项预期亦是青鸟公司、新疆北大青鸟能源矿业有限公司(以下简称青鸟能源公司)提出其支付相应对价受让新疆兴和煤矿有限公司(目标公司)股权的根本合同目的。但是在股权双方签订《股权转让协议》之前,行政机关出台的《关于对硫磺沟矿区和南山景区煤矿进行综合整治的通知》(新政函[2011]312号)规定,相关主管部门已经不再受理审批改扩建项目报批文件,该文件导致股权转让一方的改扩建预期无法实现。

对该案中存在的问题具体分析如下:其一,该文件并非针对兴和煤矿所作出的特定性文件,故股权转让与受让的各方主体均可通过有效渠道获取相关政策信息。其二,该文件形成于2011年11月,此时双方尚未签署《股权转让协议》,青鸟公司、青鸟能源公司有足够的时间进行尽职调查与了解有关股权转让的相关背景资料,且双方在《股权转让协议》中明确约定股权转让价款的支付条件是受让方已经完成尽职调查并对调查结果满意,或者受让方已经决定豁免任何尽职调查。在

① (2016)最高法民终224号民事判决书。

协议的实际履行中,受让方已经依照约定的付款时间支付了前几期的股权转让价款,表明青鸟公司经过尽职调查对调查结果满意后方作出的付款决定。其三,就办理改扩建的工作流程而言,开发利用方案只是其中之一项内容,并无证据表明本案中系因开发方案未获审批而无法顺利开展兴和煤矿的改扩建工作,因此该事项并非为青鸟公司、青鸟能源公司无法实现合同目的的事由。

(五)双方都不违约

股权转让发生纠纷的状态都是股权交易没有完成,通常在此情形下会有一方当事人为违约一方。但是在特殊情形下,法院也会认为合同双方都不构成违约,如泰安永鸿矿山资源投资有限公司(以下简称永鸿矿山公司)与闫某柱、闫某杰股权转让纠纷一案。①

在该案中,法院认为,永鸿矿山公司与闫某柱作为股权交易的双方均不存在违约问题。主要理由是:双方虽然在《股权转让协议》中约定了一定的付款顺序,但是,因随后双方的《补充协议》对《股权转让协议》约定的付款的先后顺序进行了变更,故不能再按照《股权转让协议》确定股权变更登记与付款的先后顺序。由于《补充协议》没有明确股权变更登记与付款的先后顺序,且双方在《补充协议》签订当日办理60%股权工商登记变更与1亿元银行承兑汇票交付,因此双方的股权登记变更与付款的义务应同时履行。虽然永鸿矿山公司曾要求闫某柱履行股权转让变更登记义务,但由于客观上存在股权转让款和债务清偿款总额不同的两份《股权转让协议》,闫某柱对其股权转让款和债务清偿款数额的异议,以及要求永鸿矿山公司直接将股权转让款和债务清偿款直接支付给闫某柱本人的抗辩合理,不能以此认定闫某柱拒不履行股权转让义务。

因此,由于双方股权变更登记与付款的义务应同时履行,对股权变更登记和付款的具体时间也未明确约定,且对股权转让款和债务清偿款数额、支付对象亦存争议,故永鸿矿山公司主张闫某柱未先履行股权变更登记义务而违约、闫某柱主张永鸿矿山公司未先支付股权转让款和债务清偿款而违约的理由均不能成立,双方均不能要求对方承担违约责任。

---

① (2014)民二终字第127号民事判决书。

二、股权转让合同中的显失公平

股权转让合同中双方签订的股权转让价格涉及各方面的考虑,尤其是股权的溢价更多的是商业考虑,这些考虑往往将股权涉及的远期商业利益作为价格设计的考量因素之一。这就导致股权交易中的价格与其现实的价格可能产生比较大的差距,这些差距在发生股权转让纠纷的时候,出价高的一方就容易提出合同价格显失公平,并以此为由诉至法院要求变更价格。

《民法典》第151条对显失公平进行了规定:"一方利用对方处于危困状态、缺乏判断能力等情形,致使民事法律行为成立时显失公平的,受损害方有权请求人民法院或者仲裁机构予以撤销。"由此,判断是否构成显失公平的民事法律行为需要具备以下要件:一方有利用对方危困或弱势之行为;一方有利用对方危困或弱势,谋取不正当利益之故意;民事法律行为之作出是利用危困或弱势之行为的结果;该民事法律行为于成立之时显失公平。总之,该规定从主观要素与客观要素两方面对民事法律行为是否构成"显失公平"进行综合认定。这就导致裁判机构在进行认定时,逐渐采用主客观二重要件来判断。

如在最高人民法院公报案例"家园公司诉森得瑞公司合同纠纷案"中,天津市第二中级人民法院认为,对于当事人双方签订的合同条款是否显失公平,需从两方面进行考量:一是考察合同对一方当事人是否明显不公平。公平原则的实质在于均衡合同双方当事人的利益。因此,对合同显失公平的认定应结合双方当事人的权利义务是否对等、一方获得的利益或另一方所受损失是否违背法律或者交易习惯等方面进行综合衡量。二是要考察合同订立中一方是否故意利用其优势或者对方轻率、没有经验。所谓利用优势,是指一方利用其在经济上或其他方面的优势地位,使对方难以拒绝对其明显不利的合同条件;所谓没有经验,是指欠缺一般生活经验或者交易经验。在显失公平的合同中,利益受损的一方往往因为无经验,或对合同的相关内容缺乏正确认识的能力,或者因为某种急迫的情况,并非出于真正的自愿而接受了对方提出的合同条件。

还有一个最高人民法院再审的青海昆玉实业投资集团有限公司(以下简称昆玉公司)与青海福果典当有限公司合同纠纷案并涉及转让价格显失公平的问题。[①]

① (2016)最高法民终234号民事判决书。

该案涉及价值1.4亿元的玉石被用来抵偿债务450万元，是否构成显失公平的问题。单从数字上看，两个金额相差达30倍，金额上差异显而易见，但最终最高人民法院认定涉案的《玉石冲抵借款费用协议书》不存在显失公平，不支持当事人请求撤销该合同的请求，主要理由有三点：第一，昆玉公司作为开采、加工、销售玉石的专业企业，未经评估机构评估，即对其所有的玉石进行折价，不属于缺乏经验的情形，加之玉石折价约定与双方在2014年9月28日《玉石质押合同》中协商约定的玉石评估价值相同；第二，昆玉公司基于生产经营需要而进行借贷并展期，与紧急情况下的生活消费型借贷不同，不存在危难急迫的客观事实；第三，双方自行约定玉石价格，符合玉石交易的惯例。可见最高人民法院的判断也是基于主观因素与客观因素两个方面的合力形成，不会单纯考虑价格是否过高或者过低。

因此，具体到股权转让类型的案件中，法院判定是否存在显失公平也是以主客观两个方面为标准。

如法院在审查南宁金沙湾实业有限责任公司（以下简称金沙湾公司）的相关股东转让股权时是否涉及显失公平，就是从主观与客观两个方面来考量的。在该案中法院认为，判断合同是否显失公平应当根据以下三点进行审查："一、一方当事人在合同订立过程中存在故意利用其优势或者对方轻率、没有经验的行为；二、另一方当事人在重大不利的情形下签订合同；三、合同内容不是当事人真实意思表示，且双方权利义务严重失衡。"[①]法院指出，该公司的股东宁某与李某华之间的股权转让合同是否显失公平应当在考量双方身份背景的前提下按照上述审查标准进行判断。法院认为，涉案股权转让合同订立时，宁某不仅是金沙湾公司的股东，同时也是金沙湾公司的监事。宁某的职务身份可使其具有掌握金沙湾公司的资产经营状况、了解该公司股权实际价值的优势，且宁某作为企业经营管理者，应当具有丰富的市场交易经验。故在本案股权转让时，宁某应当知晓本案合同约定的转让价格明显过分低于股权真实价值。李某华虽然同为金沙湾公司的股东，但其实际仅为金沙湾公司的普通职工，从不参与金沙湾公司的经营管理，并不具备详尽了解公司资产经营状况的渠道和条件。故李某华在进行本案股权转让时，无法根据自身能力对股权价值进行正确认知。宁某利用其熟知金沙湾公司资产经营状况及股权价值的优势和丰富的市场交易经验，并利用李某华存在不能正确

① （2016）桂01民终306号民事判决书。

认知股权价值的不利情形，在买卖双方对股权价值信息认知严重不对等的情况下，与李某华签订股权转让合同，致使合同订立过程显失公平。因此，本案股权转让合同显失公平。可见，法院将该案确定为显失公平主要的法理在于交易双方在公司的客观地位导致双方在主观上对公司的股份价值认识存在差异，而交易的优势一方利用了自己的优势地位向交易的弱势一方提供了对其不利的信息，从而获得了有利于自己的市场交易价格，该价格就是一种显失公平的价格。

转让股权的一方应当向受让股权的一方充分说明股权的价格构成要素，这些要素应当真实可信，否则可能会构成显失公平。如在彭某武与白某平合同纠纷案中，白某平将其股份溢价 20 倍转让给彭某武，法院认为，未有证据表明白某平将其股份转让时向彭某武充分解释了公司的资产情况及经营状况，以及股份足以溢价 20 倍转让的相关依据，故彭某武关于案涉股权转让合同显失公平的上诉理由成立。①

三、股权转让中的附属义务履行

股权转让合同中的义务主要是转让股份以及支付股权转让款项。有时合同双方约定了一些为了履行股权转让合同以便实现商业目的的附属性义务，如果这些义务没有履行到位也会构成法院认定的违约。

案例 4.16　李某斌与龙某强、钦州市华驭糖业有限公司股权转让纠纷案②

李某斌与龙某强签订的《股权转让协议》，综合考量该协议的条款和双方交易的背景及目的，李某斌作为股权受让方，其向龙某强全额支付 1940 万元股权转让价款所对应的龙某强一方的合同义务，并非仅为变更登记龙某强所持有的大煌公司 40% 的股权，还包括了该协议第 4 条第 2 项关于应由龙某强负责转让前大煌公司的债权债务及所有税费的约定义务以及该协议第 4 条第 4 项关于龙某强应书面告知李某斌大煌公司债权债务情况的约定义务。《股权转让协议》签订后，李某斌已按约支付了 1580 万元的主要价款，龙某强虽办理了股权变更手续，但并未按照该协议第 4 条第 4 项的约定书面告知李某斌大煌公司的债权债务情况，也没有

① (2014)浙杭商终字第 138 号民事判决书。
② (2014)民抗字第 15 号民事判决书。

按照该协议第4条第2项的约定积极清理其承包期间大煌公司对外负担的债务税费，且在《股权转让协议》约定的余款支付期限2007年9月30日之前，李某斌继受承包的大煌公司就已经收到了排污费缴纳等大额债务、税费须予支付的通知。经审理，法院认为，根据《合同法》第66条①的规定，一方在对方履行债务不符合约定时，有权拒绝其相应的履行请求。李某斌在后续应对外支付的债务税费总额尚待确定的情况下，超过合同约定的2007年9月30日未向龙某强支付股权转让余款，具有合理抗辩，并不构成违约，李某斌不应向龙某强支付《股权转让协议》第3条第3项约定的逾期付款利息及违约金。

在房地产公司的股权转让中往往会设计股权转让一方的土地买卖方面的附属义务。受让股权的公司往往有资金、技术但是缺乏获得土地的能力，在此种情况下，受让方往往要求转让股权的一方负责获得土地。

案例4.17　上海绿庭集团有限公司与南京建宇房地产开发（集团）有限公司等股权转让纠纷案②

在该案中，所涉项目全部用地应为10,453亩，其中需租用水面面积2570亩，需征地面积为7883亩。在7883亩中，规划批准的开发建设用地2908亩需要办理土地使用权证，其余为林地、耕地、四荒等用地需征用作为本案所涉项目配套用地。尚未办理征地手续的土地面积为1766亩，未取得国有土地使用权证的开发建设用地为1100亩。股权转让双方的权利及义务在《协议书》第6条第3项以及《补充协议》第4条中有约定。双方约定南京建宇房地产开发（集团）有限公司（以下简称南京建宇公司）需"负责领取2908亩已批准规划建设用地的土地证，并确保已领取的土地证无抵押情况"，"但其中1100亩高尔夫别墅用地的土地挂牌和取得此土地使用权证的所有税、费用及18洞高尔夫1766亩土地的征地、拆迁、安置补偿费用由新公司承担"。

上述约定清晰地表明以下两点：一是当事人之间在配合取得土地使用权证以及支付对价上有明确的先后履行顺序。根据合同约定，本案中只有在南京建宇公

① 参见现《民法典》第525条。
② （2015）最高法民再字第1号民事判决书。

司履行配合新公司在约定的时间内协调到用地并取得1100亩用地的土地使用权证，才能认定南京建宇公司履行了协议约定的主要义务，否则上海绿庭集团有限公司（以下简称上海绿庭公司）可以顺延或拒绝通过新公司向南京建宇公司支付款项。无论是将南京建宇公司的义务表述为“配合”还是“负责领取”，与南京建宇公司的义务相对应的是，上海绿庭公司应向新公司支付高额对价。由此，不难看出，在本案中，南京建宇公司的义务是，在约定的时间内协调到用地并取得1100亩用地的土地使用权证。协调到用地并取得1100亩用地的土地使用权证，既是南京建宇公司的义务，也是上海绿庭公司履行相应义务——付款——的前提条件。因此，南京建宇公司的“配合”义务，绝非该公司在再审中主张的以及被原判决认定的简单配合义务。最终再审法院认为认定上海绿庭公司违约，属于适用法律错误，应予纠正，从而撤销了一、二审的判决，驳回了原告的起诉。

股权转让中的附属义务也需要履行，否则可能构成对主义务的影响。如肇庆市腾力经贸有限公司（以下简称腾力公司）、广东省肇庆市房产总公司（以下简称房产公司）、何某光与广州杰伟实业有限公司（以下简称杰伟公司）合作及股权转让纠纷案。[①] 本案的争议焦点是腾力公司、房产公司、何某光以杰伟公司未依约支付土地综合价款为由主张解除《合作协议书》和《股权转让协议》的请求应否支持。在该案中法院认为，附属义务也需要同等履行，否则构成违约，需要承担责任。

法院认为，《合作协议书》对腾力公司等移交肇庆市明苑房产发展有限公司（以下简称明苑公司）资料、披露明苑公司债务的义务进行了明确约定，这些义务应与转让明苑公司80%股权的义务一起，共同构成腾力公司等的基本义务，即为实现合同目的而需履行的义务，包括主给付义务和从给付义务。主给付义务，是指特定债性质上所固有的决定其属于这种债类型的义务；从给付义务，是指没有独立地位而辅助主给付义务以确保债权人利益得到最大满足的义务。基本义务决定合同目的的实现，应当得到全面履行。本案属于房地产合作开发与股权转让纠纷，《合作协议书》及相应的《股权转让协议》是互负债务的双务合同，杰伟公司对腾力公司等所负义务是支付股权转让款和土地综合价款，腾力公司等对杰伟公司所负义务是转让明苑公司80%股权及移交明苑公司资料、披露明苑公司债务。

① （2012）民抗字第39号民事判决书。

双方当事人通过履行这些义务,从而实现获得相应利益的合同目的。虽然与转让明苑公司80%股权相比,移交明苑公司资料和披露明苑公司债务在性质上属于从给付义务,但因公司的资产负债会实质上影响公司股权的价值并进而影响作为股权受让方杰伟公司利益的实现,所以其应与转让明苑公司80%股权这样的主给付义务一起,共同构成腾力公司等的基本义务。由于这些义务与转让明苑公司80%股权不可分割、紧密相连,属于当然的互负义务范畴,所以不存在腾力公司等因《合作协议书》而向杰伟公司所负义务只包括转让明苑公司80%股权,不包括移交明苑公司资料、披露明苑公司义务的问题。

四、没有足额出资的股权转让

现行《公司法》确立了认缴资本制,股东是否足额履行出资义务不是股东资格取得的前提条件,股权的取得具有相对独立性。股东出资不实或者抽逃资金等瑕疵出资情形不影响股权的设立和享有。因此法院认为股东没有足额出资并不影响股权转让,甚至不影响受让股权的股东权利行使。实际上由于股东的股权具有商业价值,即使股东没有足额出资,但是在公司运行过程中商业价值的增加也会导致股权增值。换句话说,公司股权增值的部分足以弥补股东没有出资的部分,这也是股权交易中受让一方在转让一方没有足额出资的情况下还愿意购买股权的主要原因之一。

如在曾某与甘肃华慧能数字科技有限公司(以下简称甘肃华慧能公司)股权转让纠纷案中,最高人民法院认为,股东出资不实或者抽逃资金等瑕疵出资情形不影响股权的设立和享有,故股东曾某向深圳市华慧能照明科技有限公司(以下简称深圳华慧能公司)实际出资1601万元,与注册资金5000万元之间存在欠缴额为3399万元的情况下,曾某已依约将所持目标公司70%的股权变更登记在甘肃华慧能公司名下,甘肃华慧能公司通过股权受让业已取得目标公司股东资格,曾某的瑕疵出资并未影响其股东权利的行使。① 在最高人民法院看来,股权转让关系与瑕疵出资股东补缴出资义务分属不同法律关系,因此如果受让股东因受让瑕疵出资股权而可能承担的相应责任,需要另案起诉才能解决。

受让了出资不实的股权之后,股东也不应当对出资当时的相关责任承担连带

① (2019)最高法民终230号民事判决书。

赔偿义务。如在万代实业(深圳)有限公司(以下简称万代公司)、中国深圳国际合作(集团)股份有限公司(以下简称中深国际公司)公司追偿权纠纷案中,康贸公司是通过股权受让的方式成为中深国际公司的股东,而非中深国际公司成立时的股东,因此,万代公司以康贸公司应对中深国际公司成立时股东出资不实承担连带责任为由,申请追加康贸公司为被执行人,法院认为不符合法律规定,故不予支持。[①]

五、股东转让股权的限制

(一)公司章程对股东权利的限制

公司章程是公司的"宪法性"规定,对公司的股东及其他人员都具有约束力。这个约束力甚至高于公司相关人之间的合同性约定。

公司章程中约定"人走股留",是否违反了《公司法》的禁止性规定,该章程是否有效?针对该问题,法院认为,如果公司章程等类似合同性质的条款中对公司与股东之间关于股权方面的权利与义务有约定,则准从约定。法院的理由是:首先,《公司法》第25条第2款规定,"股东应当在公司章程上签名、盖章",有限公司章程系公司设立时全体股东一致同意并对公司及全体股东具有约束力的规则性文件,股东在公司章程上签名的行为,应视为其对前述规定的认可和同意。其次,基于有限责任公司封闭性和人合性的特点,由公司章程对公司股东转让股权作出某些限制性规定,系公司自治的体现。[②] 因此,公司章程将是否与公司具有劳动合同关系作为取得股东身份的依据继而作出"人走股留"的规定,符合有限责任公司封闭性和人合性的特点,亦系公司自治原则的体现,不违反《公司法》的禁止性规定。最后,公司章程中关于股权转让的规定,属于对股东转让股权的限制性规定而非禁止性规定,股东依法转让股权的权利并没有被公司章程禁止,因此,公司章程不存在侵害股东股权转让权利的情形。

从法院的裁判观点来看,尽管公司股东对自己的股权有权利处置,但是该处置在不违反《公司法》的强制性规定的前提下,公司股东相互之间可以通过公司章程约定股东权利的相关限制。通过公司章程约定对股东权利的限制,在某种程度

---

① (2018)粤执监50号民事裁定书。

② 指导案例96号,(2014)陕民二申字第00215号民事判决书。

上比股东之间的合同约定效力更高，更容易得到法院的支持。

（二）股东优先购买权

股东优先购买权是公司法赋予有限责任公司股东的法定权利，该权利的行使在有限责任公司的股权转让中往往会导致已经成交的股权转让无效。如何有效地规范股东优先购买权在实践中是一个问题。该权利源于《公司法》第71条的规定："……经股东同意转让的股权，在同等条件下，其他股东有优先购买权。两个以上股东主张行使优先购买权的，协商确定各自的购买比例；协商不成的，按照转让时各自的出资比例行使优先购买权。"

对于享有优先购买权但不行使其权利，从而妨碍了股权转让时，如何处理，公司法及司法解释并未规定此类情形的失权程序。《公司法》仅在第72条规定了优先购买权的放弃程序，即人民法院依照法律规定的强制执行程序转让股东的股权时，应当通知公司及全体股东，其他股东在同等条件下有优先购买权。其他股东自人民法院通知之日起满20日不行使优先购买权的，视为放弃优先购买权。因此，实践中该期限往往被一些法院借鉴，用于确定享有优先购买权的股东不行使权利的失权期限。

案例4.18　中静实业（集团）有限公司诉上海电力实业有限公司等股权转让纠纷案[①]

中静实业（集团）有限公司（以下简称中静公司）、国有企业上海电力实业有限公司（以下简称电力公司）系上海新能源环保工程有限公司（以下简称新能源公司）的股东，分别持股38.2%、61.8%。2012年2月15日，新能源公司通过股东大会决议：同意电力公司转让其所持股份，转让价以评估价为依据；中静公司不放弃优先购买权。5月25日，新能源公司将股权公开转让材料报送上海联合产权交易所。6月1日，产权交易所公告新能源公司61.8%股权转让的信息。7月2日，中静公司向产权交易所发函称，根据框架协议及补充协议，系争转让股权信息披露遗漏、权属存在争议，中静公司享有优先购买权，请求产权交易所暂停挂牌交易，

① 《最高人民法院公报》2016年第5期（总第235期），（2014）沪二中民四（商）终字第1566号民事判决书。

重新披露信息。7月3日,中国水利电力物资有限公司(以下简称水利公司)与电力公司通过产权交易所签订产权交易合同。9月11日,新能源公司向水利公司出具出资证明书,并将其列入公司股东名册,但未能办理工商变更登记。中静公司诉至法院,认为电力公司擅自转让股份侵害了其优先购买权,请求判令中静公司对电力公司转让给水利公司的新能源公司61.8%股权享有优先购买权,并以转让价48,691,000元行使优先购买权。

对于水利公司通过产权交易所达成的交易,法院认为,从商事交易的角度来说,商事交易尽管要遵循效率导向,但是也要兼顾交易主体利益的保护。并且,优先购买权股东未进场交易,第三人产权交易所亦可通知其在一定期限内作出是否接受最后形成的价格的意思表示,不到场并不必然影响交易的效率。若片面强调优先权股东不到场交易则丧失优先购买权,无疑突出了对产权交易所利益和善意第三人利益的保护,而弱化了对优先购买权股东利益的保护,必将导致利益的失衡。为了防止中静公司享有权利而不行使,从而导致股权流通难以进行,法院进一步指出:由于对优先购买权的行使除公司法规定的"同等条件"外,法律尚无具体规定,司法实践中亦无参考先例。考虑到第三人新能源公司目前的实际状况,同时为防止股东优先购买权的滥用,即确权后不行权,导致保护优先购买权成空文或对股权出让人和受让人的利益造成损害,需要确定股东的优先购买权的行权期限、行权方式。比照《公司法》第73条的规定,法院认为,可以要求原告中静公司在确权生效后20日内行权,否则视为放弃行权。

实际上随着国家法制的完善,前述案件中的一些法律漏洞已经得到弥补。如最高人民法院《关于人民法院民事执行中拍卖、变卖财产的规定》(法释〔2020〕21号)第16条中规定:"拍卖过程中,有最高应价时,优先购买权人可以表示以该最高价买受,如无更高应价,则拍归优先购买权人;如有更高应价,而优先购买权人不作表示的,则拍归该应价最高的竞买人。顺序相同的多个优先购买权人同时表示买受的,以抽签方式决定买受人。"

(三)股东基于合同的自我约束

股东基于合同约定可能会对自己的股权转让行为进行一定的约束,在股权转让中不得违反这些约束条件,否则构成违约。

在李某、董某股权转让纠纷案[①]中,关于李某将股权转让给陈某胜这一行为是否构成违约行为的问题。《股权转让协议之补充协议》明确约定,在二中院第01896号判决申请再审期间,北京大有豪诚经济技术开发有限公司已注册的股东只保留李某及陈某军,各方均不得擅自将股权转让给第三方,如需转让时必须经过董某书面同意,否则李某应立即给付董某补偿金3400万元。李某在2006年3月28日将其股权转让给李某与陈某胜签订的委托持股协议、陈某军将其股权转让给宁某信,上述行为均未得到董某的书面同意。而董某自2006年5月28日起才被公安机关羁押,李某和陈某军在缔约时依约征求董某意见并不存在任何障碍,而在股权转让中李某未能举证证明对其已经就转让股权的相关事宜征求过董某的意见,故法院认为李某将股权交由陈某胜代持的行为构成违约行为。

六、股权转让中的夫妻相互代理权

股权转让中夫妻双方中一方将自己的股权转让,是否需要另一方同意? 即在股权转让中夫妻双方是否有相互代理权? 不同的法院在此问题上的认识有些区别。

在艾某、张某田与刘某平、王某、武某雄、张某珍、折某刚股权转让纠纷案中,法院认为,夫妻一方转让股权时,并不需要另一方同意,因为股权具有资合性。法院认为,股权作为一项特殊的财产权,除其具有的财产权益内容外,还具有与股东个人的社会属性及其特质、品格密不可分的人格权、身份权等内容。如无特别约定,对于自然人股东而言,股权仍属于商法规范内的私权范畴,其各项具体权能应由股东本人独立行使,不受他人干涉。[②] 在股权流转方面,我国《公司法》确认的合法转让主体也是股东本人,而不是其所在的家庭。

在该案中,股东张某田转让股权并没有明确地经其妻艾某同意,因此该股权转让行为是否有效就成为争议问题。法院认为,首先,我国《公司法》第71条第2款规定:"股东向股东以外的人转让股权,应当经其他股东过半数同意。股东应就其股权转让事项书面通知其他股东征求同意,其他股东自接到书面通知之日起满三十日未答复的,视为同意转让。其他股东半数以上不同意转让的,不同意的股东应当购买该转让股权;不购买的,视为同意转让。"最高人民法院《关于适用〈中

---

① (2014)民提字第60号民事判决书。

② (2014)民二终字第48号民事判决书。

华人民共和国婚姻法〉若干问题的解释（二）》（以下简称《婚姻法司法解释二》第16条（已被最高人民法院《关于适用〈中华人民共和国民法典〉婚姻家庭编的解释（一）》修改）规定："人民法院审理离婚案件，涉及分割夫妻共同财产中以一方名义在有限责任公司的出资额，另一方不是该公司股东的，按以下情形分别处理：（一）夫妻双方协商一致将出资额部分或者全部转让给该股东的配偶，过半数股东同意，其他股东明确表示放弃优先购买权的，该股东的配偶可以成为该公司的股东；（二）夫妻双方就出资额转让份额和转让价格等事项协商一致后，过半数股东不同意转让，但愿意以同等价格购买该出资额的，人民法院可以对转让出资所得财产进行分割。过半数股东不同意转让，也不愿意以同等价格购买该出资额的，视为同意转让，该股东的配偶可以成为该公司股东。用于证明前款规定的过半数股东同意的证据，可以是股东会决议，也可以是当事人通过其他合法途径取得的股东的书面声明材料。"根据上述法律规定，股东转让股权必须征得过半数股东的同意，并非必须征得其配偶的同意。即使在有限责任公司的出资系夫妻共同财产，但非公司股东的配偶，要成为公司的股东，还须征得其他股东的同意，只有在其他股东明确表示放弃优先购买权的情况下，股东的配偶才可以成为该公司的股东。在过半数股东不同意转让，但愿意以同等价格购买该出资额的情况下，只能对转让出资所得财产进行分割。综上，股东转让股权必须征得过半数股东的同意，并非必须要征得其配偶的同意。上述法律规定，体现了有限责任公司人合性的法律特征。虽然，股权的本质为财产权，但我国《公司法》第4条规定："公司股东依法享有资产收益、参与重大决策和选择管理者等权利。"据此，股权既包括资产收益权，也包括参与重大决策和选择管理者的权利。所以，股权并非单纯的财产权，应为综合性的民事权利。故我国《公司法》第71条及最高人民法院《关于适用〈中华人民共和国民法典〉婚姻家庭编的解释（一）》第73条规定了股东转让股权必须征得过半数股东的同意，并非必须征得其配偶的同意。且我国现行法律和行政法规没有关于配偶一方转让其在公司的股权须经另一方配偶同意的规定。

股权转让中有些代理行为有明确的授权，但是有些缺乏明确的授权，如夫妻之间的相互代理行为。夫妻一方在对方不知情的情况下签订了股权转让合同，即使在程序上存在瑕疵，但由于有理由让他人相信是夫妻的真实意思表示，夫妻一方的行为构成表见代理，不具有对抗善意第三人的效力。

我国《公司法》对股东没有身份上的限制，夫妻双方共同投资设立有限责任公司不违反法律禁止性规定。最高人民法院《关于适用〈中华人民共和国婚姻法〉若干问题的解释(一)》第17条第2项规定:“夫或妻非因日常生活需要对夫妻共同财产做重要处理决定,夫妻双方应当平等协商,取得一致意见。他人有理由相信其为夫妻双方共同意思表示的,另一方不得以不同意或不知道为由对抗善意第三人。”

在一起公报案例中,法院对夫妻共同财产中处理股权转让的一般规则进行了论述。① 在该案中,彭某静与梁某平系夫妻关系,河北金海岸房地产开发有限公司(以下简称金海岸公司)是其夫妻二人共同开办的,丈夫梁某平占80%的股份,妻子彭某静占20%的股份。夫妻二人共同出资设立公司,应当以各自所有的财产作为注册资本,并各自承担相应的责任。因此,夫妻二人登记注册公司时应当提交财产分割证明。但是,本案当事人夫妻二人在设立公司时并未进行财产分割,应当认定是以夫妻共同共有财产出资设立公司。彭某静和梁某平以夫妻共同共有财产出资成立公司,在夫妻关系存续期间,丈夫或者妻子的公司股份是双方共同共有的财产,夫妻作为共同共有人,对共有财产享有平等的占有、使用、收益和处分的权利。夫妻双方共同共有公司股权的,夫或妻一方与他人订立股权转让协议的效力问题,应当根据案件事实,结合另一方对股权转让是否明知、受让人是否为善意等因素进行综合分析。如果能够认定另一方明知股权转让,且受让人是基于善意,则股权转让协议对于另一方具有约束力。夫妻双方共同意思表示应当有一些证据证明,如夫妻共同的财产担保,或者夫妻二人相关资料的共同出现等。法院查明:夫妻共同开办的石家庄市远大市政工程有限公司(以下简称远大公司)提供的保证;在股权转让协议签订后,向夫妻共同开办的远大公司和金海岸公司交付的股权转让款;王某山持有彭某静的身份证复印件,办理股权变更的工商登记;王某山持有金海岸公司的全部证照、印章、资料原件,金海岸公司的住所地进行变更;王某山已经支付了4944万元的股权转让款,变更了金海岸公司的股东手续,股权转让合同履行后实际控制了金海岸公司。这些涉及夫妻共同资产的相关行为以及资料的出现证明夫妻共同参与了股权转让的签订和履行,可以认为转让股权是夫妻二人的真实意思表示。

① 《最高人民法院公报》2009年第5期(总第151期),(2007)最高法民二终字第219号民事判决书。

七、股权转让终止后双方的损失承担

股权转让终止后双方的损失原则上各方基于各自的过错，各自承担自己的损失。因双方当事人的过错，导致股权转让协议终止履行，一方当事人因准备协议履行及实际履行中产生的损失，应由双方共同承担民事责任。①

在新奥特集团与华融资产管理公司（以下简称华融公司）股权转让纠纷案中，法院认为，由于华融公司与新奥特集团在签约时，应当预见该合同可能因电子公司行使优先权而终止，但没有预见，造成合同终止履行，对此双方均有过错。新奥特集团因准备合同履行及实际履行中产生的损失应由华融公司、新奥特集团各自承担50%。法院在判断参加股权转让各方公司的过错大小的过程中有一定的裁量空间，当法院难以判断的时候，通常以各自50%作出裁判。

第三节　股权转让中的特殊情况

一、股东退股

我国合法的企业形式主要有三种类型，即公司、个人独资企业及合伙。公司又分为有限责任公司和股份有限责任公司。股份有限责任公司的股票在公开市场上交易，难以出现所谓的“退股”情况，因此司法实践中出现所谓“退股”现象的只是有限责任公司及合伙。合伙企业中不存在法律意义上的股东，只有法律规定的合伙人概念。鉴于合伙的“退股”有明确的法律规定，在本部分我们主要研究没有明确法律规定的有限责任公司的退股问题。

有限责任公司的股东“退股”并不是一个严格的法律概念，只是社会公众日常习惯用法而已，《公司法》中并没有规定退股的定义。究其实质，所谓的退股是股权转让的一种特殊形式。因为《公司法》中针对公司资本有所谓的资本三原则，是指资本确定、资本维持、资本不变。这三个原则被视为大陆法系公司法的核心原则，保证公司独立、完整，保证法定资本制得以实现。

就公司法的资本确定原则来讲，股东原则上不允许退股，仅有的规定是股东

---

①　(2003)民二终字第143号民事判决书。

可以减资。《公司法》中没有股东退股的相关规定，但是实践中基于市场收益的考虑，股东退股却相当常见。因为一般股东并不是法律专家，这些股东往往基于普通公众的常识，认为出了投资款就是股东，不想当股东了当然要收回投资款，即退股。退股之后就不再是股东。实际上基于公司资本恒定的要求，股东并没有所谓的“退股”法律路径。但是《公司法》却规定了股东可以合法将自己股份减少至零的路径，合法的路径分别是《公司法》第71条“有限责任公司的股东之间可以相互转让其全部或者部分股权。股东向股东以外的人转让股权……”第74条“有下列情形之一的，对股东会该项决议投反对票的股东可以请求公司按照合理的价格收购其股权……”综合前述两条的规定可知，《公司法》规定了有限责任公司股东如果不想再持有股份的两种合法方式为：股权转让及请求公司收购股权。股东退出公司可以通过将其出资转让给其他股东或股东之外的其他人的方式实现；也可以请求公司按照合理的价格收购其股权，公司收回股东的股权后，可以重新向其他股东转让从而维持原有资本，也可以依法办理公司减资手续。因而在实践中发生的所谓退股，基本上都需要经过合法性转换，即由退出公司转化为合法的股权转让或者股权回购。

股东如果直接将股份“退还”给公司则不符合法律规定。法院认为，股东直接与公司约定的退股条件虽属双方自愿约定，但由于该约定与《公司法》规定的退股条件相违背而无效，不能达到退股的预期目的。① 只有将“退股”转化为股份的“转让”才能够得到法院的认可。

法院往往将股东各方之间签订的退股协议认定为各方之间存在一个股权转让合同，从而确认退股协议的合法性。如在蒋某某、严某与通道嘉旺建材有限责任公司退股纠纷案中，法院认为，虽然原、被告签订的协议名为《股东退股协议书》，但双方并未约定减资事宜，协议约定退股后原告不再持有公司股份，即公司股份全部由被告持有，该协议实际内容是原告把持有的股份转让给被告，故协议约定被告向原告支付的20万元的性质应为股权转让款，本案案由应为股权转让纠纷。②

正常程序中的公司股份转让需要在出让股份的股东与受让股份的股东之间有股权转让协议。但是在公司股东“退股”的情况下往往退股的股东强行退出之

---

① (2016)湘1230民初42号民事判决书。

② (2016)粤0606民初9291号民事判决书。

后,即了结了自己在公司的事情。该股份是由公司回购还是转让其他股东并没有明确的相互协商过程或者形成文字资料。在此情形下,法院通常认可承担该股份的人为新股东,条件是该新股东出资。如在杨某与陈某股权纠纷案中,新股东将其对公司享有的债权107万元中扣减了544,000元用以补足自来水公司股东退股导致的实收资本差额从而取得股东资格。[①] 因此股东退股是否成功的关键在于是否有其他股东接收了退股股东的股份。也就是说虽然法律没有规定退股,但是如果退股股东的出资有其他人承接了,没有使公司的资本减少,那么该退股也可能会被法院认定为产生了合法的股权转让而认可。因而只要退股股东的股份被其他人合法地接收了,法院通常确认退股股东失去了股东资格。如在刘某与靖江市港务有限公司(以下简称港务公司)、闻某等四人股权转让纠纷案中,刘某的股权在变更登记由闻某等四人取得,后因公司股权已经再次发生变动,全部股权由张某、侯某受让取得,故即便当时公司给刘某退股违法,闻某等四人当时受让股权不当,也不能对抗基于对登记内容的信赖而受让取得公司全部股权的现有持股人。因此,刘某要求确认其股东身份,享有港务公司2.7%的股权的诉讼请求,法院不予支持。[②]

退股过程中的新股东的确认通常不以是否有股权转让合同等为标准,而是以出资为标准,即谁替退股的股东承接了出资义务,谁就是股东,因此新旧股东之间是否有股权转让合同并不重要。法院通常会将新进入的股东出资与退股股东之间视同为股权转让。当然该过程一般来说需要股东会进行确认,经过全体股东认可之后,新股东的资格法院也会认可。如在杨某与陈某、刘某、王某、湖南健力教育服务有限公司(以下简称健力公司)股权转让纠纷案中,健力公司于2016年作出的股东会决议中有关"同意杨某自愿退股,自愿承担其入股期间的亏损445,765.72元;陈某等三人应退还杨某的股金459,234.28元"的内容。法院认为,该描述是杨某将自己在健力公司的股权全部转让给陈某等三人,由三人支付股权转让对价款,且陈某等三人签字予以了认可。根据《公司法》第71条"有限责任公司的股东之间可以相互转让其全部或者部分股权"的规定,应当认定杨某的退股实质上是将其全部股权转让给公司的内部股东,是当事人的真实意思表示,且杨某的退股征得了健力公司以及其他股东的一致同意,并不违反《公司法》关于股东之间进行

---

① (2015)芜中民二终字第00185号民事判决书。

② (2014)泰中商终字第0108号民事判决书。

股份转让的规定,因此该转让行为合法、有效。①

在法院看来,有股东退股并不是关键,关键在于公司资本恒定是否受到影响。法院认为,1999 年修订的《公司法》第 34 条规定,“股东在公司登记后不得抽回出资”,其目的并非限制股东退出而是保障公司资本维持,防止公司资产的不当减少,保护公司和债权人利益。② 因此即使有股东退股的情况,只要公司资本并未减损,如公司回购原股东股权后又由其他股东从公司购买等情况出现,退股并没有影响公司资本维持,此时退股就可以被认可。

对于公司资本恒定原则法院认为立法有一个修改变化的过程。如在南通市华厦建筑安装有限公司与汪某、南通钜相房地产开发有限公司等建设工程施工合同纠纷案中,法院认为:“修改前的《公司法》及《公司法》的司法解释,以公司资本恒定为原则,即公司股东认缴的公司股本非经法定程序不能减少且必须出资到位,公司股东不能虚假出资;公司注册资金一旦缴纳,即不能以任何形式抽逃。否则,虚假出资及抽逃出资的股东要对公司及公司的债权人承担民事责任;帮助虚假出资及帮助抽逃出资的行为人均要对公司债权人承担民事责任。《公司法》修改后,公司资本以股东认缴为原则,并不再强调股东一定要实际出资到位。但修改后的《公司法》及相关司法解释同样禁止股东及公司高级管理人员或实际控制人抽逃或帮助抽逃注册资金;对于股东及公司高级管理人员、实际控制人以外的人员帮助行为,不再苛责。”③法院认为,《退出协议》是股东之间关于股东退股、公司减资事宜的约定,并未违反法律、行政法规的强制性规定,应按照《公司法》规定的程序进行。该观点实质上是将社会公众认为的“退股”转化为合法的股权转让程序。因此如果将《退出协议》的约定认定为股东抽逃出资,进而认定《退出协议》无效,不符合《公司法》相关规定,属于认定事实和适用法律错误。④

退股可以在公司章程中约定,当预设条件成熟时,可以退股。此退股实质上为《公司法》中规定的公司回购股东的股份。如在王某与河南博易实业集团有限公司合同纠纷案中,河南博易实业集团有限公司给原告颁发的股权证书明确载明股权有效期间为 2014 年 10 月 20 日至 2015 年 10 月 19 日,持股人在股权到期后

---

① (2017)湘 07 民终 2306 号民事判决书。

② (2016)鄂 06 民终 2277 号民事判决书。

③ (2015)通中民终字第 00402 号民事判决书。

④ (2016)粤民申 3323 号民事裁定书。

股东退股自由，公司在约定持股期满后无条件退股，现双方约定持股期已满，故原告请求被告退还股金2万元的诉讼请求事实清楚，证据充分，法院应予支持。①

对于股东要求退股，法院通常不予支持。如在李某某与湖南江麓实业发展有限公司（以下简称江麓实业公司）股东出资纠纷案中，法院认为："公司资本恒定系《公司法》的基本原则，即公司无法定情形不得减少出资，公司股东不得抽逃出资。现李某某要求江麓实业公司返还其出资，将直接导致公司资本实质减少，违背公司资本恒定原则，也不符合《公司法》规定的有关公司回购股权的情形，对其主张不予支持。"②因为公司资本三原则中的资本恒定原则，要求股东不得减少出资。

股东退股会导致股东人数不符合法定人数，从而产生变更公司类型的法律效果。如有限责任公司股东退股导致公司变更为一人有限公司或者个体户。如果未退股的股东没有及时变更公司形式，可能会导致自己承担相应的责任。如在李某某与李某买卖合同纠纷案中，法院认为："依照《公司法》的规定，被告在其他股东退股后作为公司唯一股东，应当及时对华康公司进行清算，但是被告至今没有对公司进行清算，造成公司财产贬值、流失，应当对公司债务承担赔偿责任。"③

公司章程及相关规定中明确约定了股东离开公司时应当将股份由公司收回的，可以按照双方的约定由公司收回股东的股份。尤其是一些经过改制的企业，由于改制的特殊性和不规范性，改制的公司在改制之前实际并非真正意义上的有限责任公司，在一定程度上带有股份合作制企业的性质，参照当时股份合作制企业的中央、地方政策及相关法规精神，大多规定股份合作制企业职工通过离职、退休等方式离开公司时其股份不能带走，必须在企业内部转让，或股东退股后由公司收回股东股份，再由企业分配给其他职工。如在郑某与张某、重庆沙坪坝糖酒有限公司股权转让纠纷案中，《国家体改委关于发展城市股份合作制企业的指导意见》第5条即规定，"……不吸收本企业以外的个人入股。职工离开企业时其股份不能带走，必须在企业内部转让，其他职工有优先受让权"。因此，这些企业的员工在办理内部退休之时，应当一并办理股权转让手续。即使由于企业管理不完善，当时虽无明确的受让人，也未签订股权转让协议，也应当理解为概括授权公司

---

① （2016）豫0482民初1188号民事判决书。

② （2017）湘03民终1785号民事判决书。

③ （2016）冀0529民初1217号民事判决书。

在收回其股权后依法代为处置其股权。①

股东退股中涉及企业改制的比较特殊一些。如在杨某与遂昌县华通汽运有限公司(以下简称华通公司)股东资格确认案中,杨某退回华通公司3000元股金虽然没有明确具体的受让股东,亦无股权转让或公司回购股权的协议,但改制企业职工退股作为一种特殊的股权转让、回购形式,其股东退股后的股份由企业收回,再由企业分配或转让并不违反法律的强制性规定,而且根据《公司法》的规定,公司可以回购股份。本案中,杨某的股权并未独立地进行工商登记,也未单独记载于公司章程,退回股金后,华通公司并没有减资,公司的股本及注册资本并没有因此减少,亦不存在公司和股东抽逃出资的问题。杨某退股后,其与华通公司就退出的3000元股权已不再存在权利义务关系,其主张对诉争的3000元股权享有股东权利亦无事实及法律依据。②

二、股权让与担保

股权让与担保形式上体现为股权转让而实质上属于一种特殊的担保。股权让与担保是让与担保的一种,指的是债务人或者第三人为担保债务的履行,将其股权转移至债权人名下并完成变更登记,在债务人不履行到期债务时,债权人可就股权折价后的价款受偿的一种担保。现行法律尽管没有规定包括股权让与担保在内的让与担保,但也没有禁止此种担保方式。根据"法无禁止即可为"的私法解释规则,只要是当事人的真实意思,让与担保本身就是合法的,应予保护。但也要看到,仅就担保功能而言,股权让与担保完全可以为股权质押所代替。在《民法典》明确规定了股权质押的情况下,似无再肯定股权让与担保的必要。尤其是公司的组织性以及股权的复合性决定了,股权让与担保不仅涉及设定股权让与担保的股东及其债权人利益,还涉及目标公司及其债权人利益;不仅涉及分红权等财产性权利,还涉及投票权等人身性权利,甚至涉及整个公司的控制权是否转移等问题,从而为货币资本控制实业资本提供了可能,加剧实体经济的脱实向虚。对此,我们的基本态度是:一方面要依法认定其效力;另一方面要根据当事人的真实意思表示确定实际的权利义务关系。

---

① (2016)渝01民终739号民事判决书。

② (2015)浙丽商终字第599号民事判决书。

(一)让与担保的理论与实践

民法理论中的让与担保,是指债务人或者第三人为担保债务人的债务,将担保标的物的所有权等权利转移于债权人,而使债权人在不超过担保目的范围内,于债务清偿后,将担保标的物返还于债务人或者第三人,债务不履行时,债权人得就该标的物受偿的非典型担保方式。

让与担保的法律效力,最高人民法院以指导案例的形式作出了说明,让与担保的约定虽不能发生物权效力,但该约定具有合同效力,对当事人具有约束力。

如在建行荔湾支行与蓝粤能源发展公司信用证开证纠纷案中,法院认为,按照约定建行广州荔湾支行取得货物的所有权,并委托蓝粤能源公司处置提单项下的货物,但根据物权法定原则,该约定因构成让与担保而不能发生物权效力。然而,让与担保的约定虽不能发生物权效力,但该约定仍具有合同效力,建行广州荔湾支行作为提单持有人,享有提单权利质权。①

最高人民法院在另一起案件修水巨通公司与福建稀土公司合同纠纷案中,对让与担保的法律效力也持肯定态度。在该案中法院认为:“《股权转让协议》约定了转让标的、转让价款、变更登记等事项,江西巨通实业有限公司、修水县巨通投资控股有限公司均就股权转让事宜作出股东会决议,案涉股权亦办理了变更登记手续,具备股权转让的外在表现形式。且《股权转让协议》第3.1条约定了清算条款,不违反流质条款的禁止性规定。故,《股权转让协议》系各方当事人通过契约方式设定让与担保,形成一种受契约自由原则和担保经济目的双重规范的债权担保关系,不违反法律、行政法规的禁止性规定,应为合法有效。”②

除“让与担保”外,还有一种非典型担保方式,民法理论称为“后让与担保”,是指债务人或者第三人为担保债权人的债权,与债权人签订标的物买卖合同,约定将买卖合同中的标的物作为担保标的物,但权利转让并不实际履行,在债务人不能清偿债务时,需履行买卖合同将担保标的物的所有权转让给债权人,债权人据此享有的以担保标的物优先受偿的非典型担保方式。

对“后让与担保”的法律效力,最高人民法院以司法解释的方式给了答案。最

---

① 最高人民法院指导案例111号:中国建设银行股份有限公司广州荔湾支行诉广东蓝粤能源发展有限公司等信用证开证纠纷案。

② (2018)最高法民终119号民事判决书。

高人民法院《关于审理民间借贷案件适用法律若干问题的规定》第23条规定，当事人以订立买卖合同作为民间借贷合同的担保，借款到期后借款人不能还款，出借人请求履行买卖合同的，人民法院应当按照民间借贷法律关系审理。当事人根据法庭审理情况变更诉讼请求的，人民法院应当准许。按照民间借贷法律关系审理作出的判决生效后，借款人不履行生效判决确定的金钱债务，出借人可以申请拍卖买卖合同标的物，以偿还债务。就拍卖所得的价款与应偿还借款本息之间的差额，借款人或者出借人有权主张返还或补偿。

（二）股权让与担保

在股权让与担保中，尽管外观上的股权过户登记与设定担保的真实意思表示不一致，但就当事人之间的内部关系而言，还是要根据真实意思来认定，即认定股权让与担保中的权利人享有的是有担保的债权，而非股权。问题是，就外部关系而言，形式上的受让人毕竟登记的是股东，如果其债权人信赖其为股东，要求法院执行股权，法律应否保护此种信赖？这就涉及如何理解权利外观主义的问题。我们认为，基于登记的权利推定效力，名义股东的债权人有权请求执行名义股东的股权，但转让人作为实际股东可以请求确权，也可以通过提出执行异议之诉的方式保障自己的权利。当然，如果作为名义股东的受让人对股权进行了处分，如将股权转让或设定质押的情况下，第三人基于对登记的信赖，可以基于善意取得制度取得股权或股权质押。①

（三）不合法的股权让与担保

股权让与担保是一种新类型的担保，必须符合担保法的禁止性规定，如果违反了禁止性规定则为不合法的担保。如在中静汽车投资有限公司（以下简称中静公司）与上海铭源实业集团有限公司（以下简称铭源公司）、桂林客车工业集团有限公司（以下简称桂客公司）股权转让纠纷一案中，双方约定的股权让与担保违反了担保法禁止的流质。② 在该案中，中静公司提出受让股权的依据为铭源公司与朱某群签订的《融资借款协议》及其项下的《股权质押合同》及《股权转让协议》，从协议相关条款的内容来看，双方约定在铭源公司未能及时清偿债务时，朱某群

① 最高人民法院审判委员会刘贵祥2019年7月3日在全国法院民商事审判工作会议上的讲话。

② （2015）民二终字第384号民事判决书。

有权要求铭源公司将其持有的桂客公司 32.1510%（对应出资额 9785 万元）股权以 7000 万元的价格转让给朱某群指定的任意第三人，铭源公司不得拒绝，且该第三人亦无须向铭源公司支付股权转让款，而是直接支付给朱某群以偿还欠款。该约定的实质为在铭源公司不能如约偿还朱某群借款时，朱某群可将铭源公司质押的股权以事先约定的固定价格转让给第三方以清偿铭源公司所负债务，即在履行期限届满前已约定由质权人朱某群以固定价款处分质物，相当于未届清偿期即已固定了对质物的处分方式和处分价格，这显然与法律规定的质权实现方式不符。此种事先约定质物的归属和价款之情形实质上违反了《民法典》第 428 条禁止流质的强制性规定，故该约定条款应属无效。

三、分期付款

股权转让涉及金额往往比较大，转让一方有时无法及时付清全部转让款项，这就需要分期付款。如果分期付款一方无法继续付款的时候，股权转让是否成立就是一个问题。

对于分期付款中的合同解除，《民法典》有相应规定。如《民法典》第 634 条规定："分期付款的买受人未支付到期价款的金额达到全部价款的五分之一的，出卖人可以要求买受人支付全部价款或者解除合同。"那么在股权转让中是否适用该条规定呢？

有限责任公司股东将股权转让给公司股东之外的其他人时双方可以约定分期付款，由于本案买卖的标的物是股权，因此具有与以消费为目的的一般买卖不同的特点：一是购买受让股权的一方是为参与公司经营管理并获取经济利益，并非满足生活消费；二是股权出让人，基于其所持股权一直存在于目标公司中的特点，其因分期回收股权转让款而承担的风险，与一般以消费为目的分期付款买卖中出卖人收回价款的风险并不同等；三是双方解除股权转让合同，也不存在向受让人要求支付标的物使用费的情况。综上特点，股权转让分期付款合同，与一般以消费为目的分期付款买卖合同有较大区别，不宜简单适用《民法典》第 634 条规定的合同解除权。①

① (2015)民申字第 2532 号民事裁定书。

四、股权转让的刑事风险

公司及其股东在股权转让中如果不遵守国家法律法规,还有可能会涉嫌擅自发行股票罪。

案例4.19 上海市浦东新区人民检察院诉上海安基生物科技股份有限公司、郑某擅自发行股票案[①]

上海安基生物科技股份有限公司(以下简称安基公司)成立于1997年4月,股东包括两家单位和16名自然人。2001年安基公司为筹集研发资金,由被告人郑某提议经股东会集体同意后,委托中介公司及个人向社会不特定公众转让自然人股东的股权。此后直到2007年8月,由郑某负责联系并先后委托一些公司及个人,以随机拨打电话的方式,对外谎称安基公司的股票短期内将在美国纳斯达克上市并能获取高额回报,向不特定社会公众推销郑某及其他自然人股东的股权。郑某和中介人员具体商定每股转让价格为人民币2~4元不等。安基公司与受让人分别签订《股权转让协议书》和《回购承诺书》(承诺如果三年内公司不能上市就回购股权),并发放自然人股东缴款凭证卡和收款收据。经审计,被告单位安基公司向社会公众260余人发行股票计322万股,筹集资金人民币1109万余元,其中有157人在股权托管中心托管,被列入公司股东名册,并在工商行政管理部门备案。上述募集资金全部用于安基公司的经营活动和支付中介代理费。

本案的争议焦点是:被告单位安基公司与被告人郑某的行为是否构成擅自发行股票罪。法院认为,判断行为人的行为是否构成擅自发行股票罪,应从以下几个方面分析:

第一,发行股票行为是否经国家有关主管部门批准。

我国法律、法规及相关政策对非上市股份公司的股权能否转让、如何转让,有三个阶段的限制性规定。总体而言,国家一直禁止擅自进行非上市公司的股权交易。本案中,被告单位安基公司与被告人郑某在2001~2007年8月,连续不间断地擅自向社会公众转让股权,其行为违反上述规定,系在未经有关主管部门批准

① (2009)浦刑初字第917号刑事判决书。

的情况下实施了发行股票的行为。

第二,有无实施发行股票的行为。

《刑法》第179条规定的"擅自发行股票、公司、企业债券"的行为主要有以下几个特征。

(1)受让人属于不特定对象。区分特定对象与不特定对象,应当结合投资者的选择程序、承担风险能力与人数等因素进行综合分析。通常情况下,出让方委托中介机构面向社会公众采用推广会等方式进行宣传,随后筛选出合适的投资人,审查投资人的资产价值与申报财产内容的真实性、是否具备识别并承担风险能力等内容,明确提示投资风险,有明确的人数和资金总量的限制。对于符合上述条件的,应当认定为属于特定对象。相反,对于不设定任何标准和人数条件,不考察投资人的具体情况,只要出资即予以接纳的情况,应当认为属于不特定对象。本案中,被告单位安基公司委托中介公司与个人,随机向上海及浙江宁波等地的居民进行推销,不审查财产状况且没有人数限制,应当认定为向不特定对象转让股权。

(2)转让股权的价格具有不确定性。合法的转让股权应由第三方对公司财务状况进行审计,结合审计结论、运营情况、公司拟上市后的预增利润等综合因素,由出让方确定统一合理的出让价格,报证券监管部门批准备案后向全社会公布。本案中,转让股权价格未经过任何审计、批准备案、公开的程序,仅由被告人郑某与中介公司商定,按照注册资本3400万元确定为3400万股,审计报告显示,每股转让价格从1.5~4.2元不等,包括12种不同价格。这充分说明涉案股权转让价格具有极大的随意性和不确定性。

(3)采用公开的形式转让股权。判断公开与非公开方式的标准,是信息沟通渠道是否畅通。非公开发行,是指基于相互信任与意思自治原则,双方能够交流获取真实有效的信息,无须借助第三方力量传递信息便可以达到沟通目的。而公开发行由于面向社会公众且信息不对称,出让方需要借助中介力量,利用广告、公告、广播、电话、推介会、说明会、网络等方式传递信息,以达到吸引投资人获取资金的目的。本案中,被告单位安基公司与被告人郑某委托多家中介公司与个人,先采用随机拨打电话的方式,以提供理财帮助为名邀请不特定对象到中介公司,后由业务员介绍并推销股权,对于犹豫不决的客户,业务员反复打电话以动员劝诱。故可以认定涉案股权转让形式属于公开发行。

(4)转让股权的运作模式不合规。由于涉及社会公众权益,转让股权必须接受多方面的监管,要求运作模式必须合法规范,包括中介机构的主体资格、签订合同的内容、披露信息的要求、财务情况公开、区分收费账户与公司账户、按约履行权利义务等。本案中,被告单位安基公司与被告人郑某转让股权没有详细的工作计划,没有披露公司的详细财务状况,没有委托固定有资质的中介机构,没有签订规范的服务合同,在2002~2007年8月,被告方频繁地更换中介公司与个人,这种运作模式完全不符合规范。

(5)募集资金全部用于经营活动和支付中介费用。实践中,存在利用擅自发行股票的方法取得资金以实施集资诈骗的情况,这种集资诈骗罪与擅自发行股票罪的主要区别在于主观上是否具有非法占有的目的。集资诈骗罪是以非法占有为目的,行为人发行股票只是诈骗财产的一种手段,在取得钱款后往往出现携款逃跑、挥霍滥用、抽逃转移资金、隐匿销毁账目等情况。擅自发行股票罪的主观方面则是为了非法募集生产经营资金,不具备非法占有的目的。本案中,被告单位安基公司将募集资金1109万元均存入公司账户,有400万元支付中介代理费,另有600余万元用于公司的生产经营活动,包括租用厂房、购买设备、支付工资、研发费用等,且公司财务账册中未反映有挪用抽逃等不正常现象发生,仅由于客观上经营不善导致钱款不能返还,不能认定主观上具有非法占有目的。

结合前述特点进行研究之后,法院认为,被告单位安基公司违反国家政策及相关法律规定,未经证券监管部门的批准,委托他人以公开方式向不特定社会公众发行股票,情节严重,被告人郑某系安基公司直接负责的主管人员,其行为已构成擅自发行股票罪。

第五章　股东请求公司收购所持股份

股东诉请公司收购股份，在民间亦经常称为“请求公司回购股份”，其实质系股东在特殊情形下，要求与公司达成由公司购买其股份的相关合意之请求。显然，这与公司运营应遵循公司资本三原则（资本确定、资本维持、资本不变）的精神存在一些冲突，但此制度可“协助”股东在股权期待落空却无相应的退出机制时，为避免“资本多数决”制度可能引起的大股东压制和排挤小股东的不良现象出现，而衍生出的一种特殊的退出路径。此种退出机制与股权转让不同，股权转让强调的是出让人与受让人间的合意及保障公司股东间的人合性，而股权回购则更强调制度化和平衡性。正如一起案件中的判决所述：“以上法条规定了异议股东的股份收购请求权，具体是指当股东大会基于多数表决，就有关公司重大事项做出决议时，持异议的少数股东要求对其所持股份的价值进行评估并由公司以公平价格予以购买的权利。异议股东股份收购请求权制度的价值主要在于保护中小股东的利益，使异议股东选择以获得合理和公平的股份补偿方式‘走开’，而不再受到‘多数决’形成决议的约束。但该制度必然也会导致公司的减资而影响公司债权人的利益及其他股东的利益，所以该制度的适用必须严格按照法律的规定，不能突破法律的具体规定。”①

笔者认为，股份收购请求权是股权派生出的一种法定权利，由于其被公司法明文规定，故公司章程不能限制甚至排除该权利的实现方式及内容，但却可适当拓宽股东实现该权利的路径或降低门槛，尽管股东单方意思表示并不能实现股权被回购的法律后果，但该项制度的设立仍然为一些急于退出公司的股东提供了不一样的途径。

在我国，请求公司收购股份类的纠纷不算是常见的公司相关诉讼类型，但从

---

① （2019）云 0103 民初 5634 号民事判决书。

检索结果来看，该类型诉讼呈逐年递增趋势，这似乎显示出我国公民在股权权利意识方面的进步以及社会经济的活跃。尽管该类型的诉讼绝大部分都沉淀在基层法院，但依然有个别"大号案件"以当事人申请再审的途径上浮至高级人民法院甚至最高人民法院，更有案件成为最高人民法院的公报案例。① 根据现有法院判决所呈现的情况看，股东请求收购股份的主要事实和理由，和《公司法》第 74 条规定的三种情形基本对应，"公司变革之回购""分红异议之回购""解散异议之回购"三种类型自然是都存在，但其中前两者的案例数量明显多于第三者，毕竟启动该类诉讼的股东，大多属于在公司内不被重视和关注的小股东，他们要么明知公司有利润结余却无法实现收益权，要么就是看到大股东大量转移公司资产或主导企业兼并却无能为力，在无法通过股权转让实现退出的情况下，只得通过请求公司股份收购的方式实现退出公司的目的。而"解散异议之回购"的数量较少自然也不难理解，毕竟公司经营期限通常较长，而绝大多数公司章程亦不会约定非常容易触发的公司解散事由，故较少有公司出现营业期限届满或者约定解散的情况，这就造成很少有当事人通过此理由启动股份收购诉讼。

截至 2020 年 10 月，我们检索到的请求公司收购股份类的纠纷文书数量高达近 7000 份，但其中涉及保全、执行、管辖等的裁定就有近 6000 份，真正形成判决的文书大概有 800 份，由此可见，相比股权转让这类案件，请求公司收购股份类的案件数量简直是少之又少，这显示出股权转让仍然是股东退出公司经营的主流方式，回购股份毕竟是无奈下的选择。

综观这 800 多份判决书，我们大体做了一个总结，其中最多涉及的争议除主体资格及诉讼前置条件外，在法定的具体三类事由案件中亦存在特别的一些认定，这也是认定回购股份请求是否成立的关键。

第一节 请求公司收购股份案件的主体资格及诉讼前置条件

根据《公司法》第 74 条的规定，必须是对法定三种情形下的股东会投反对票的股东才可以行使该权利，而该权利如若想进入诉讼程序，还需要有 60 日的商议

① (2014)民申字第 2154 号民事裁定书。

期。也就是说,股东必须参加特定议题的股东会并投出明确的反对票,才具备提起诉讼的资格。在我们检索的判决书中,有相当大比例的案件,原告因为未能具备权利能力而被驳回诉请。例如,在冷某某与习水雄胜汽车维修服务有限公司请求公司收购股份纠纷案中,原告与目标公司达成退股的相关协议,后因协议的履行出现争议而诉至人民法院,法院在该案件判决中强调了请求公司收购股份的重要的前提条件。

案例 5.1　冷某某与习水雄胜汽车维修服务有限公司请求公司收购股份纠纷案

该案中法官认为:"对于公司依法回购股东所享有的股权,《公司法》作出了严格的限制性规定,只有出现了上述三种法定事由,公司才能对股东所享有的股权进行合法回购。在本案中,被上诉人冷某某与上诉人习水雄胜汽车维修服务有限公司在公司经营中产生分歧,遂产生退股的意思表示,但双方并未将该事项提交公司股东会决议,仅私下签订了《退股协议书》,约定相应的退还股份与回购金额,这并不属于《公司法》第 74 条规定的法定事由。股东与公司之间擅自签订退股协议,会减少公司资本,破坏公司资产结构的稳定性,不符合公司制度中的资本三原则之要求,且这种行为有可能损害公司以外的其他不特定债权人的利益,扰乱市场经济的正常运行秩序,故本院对于这种通过公司与股东私下签订退股协议以达到退股目的的行为不予支持。"①

类似的观点还出现在周某某与徐州金烁工程机械有限公司请求公司收购股份纠纷案中,但本案中江苏省徐州市中级人民法院对争议的处理方式更隐含了股东行使该权利的重要前置程序。

案例 5.2　周某某与徐州金烁工程机械有限公司请求公司收购股份纠纷案

该案中法官认为:"周某某虽申请通过司法鉴定程序查明徐州金烁工程机械有限公司(以下简称金烁公司)盈利情况,但其作为公司股东,我国法律已赋予其股东知情权,其可以通过行使知情权了解金烁公司经营状况,如其行使知情权受

① (2017)黔民终 668 号民事判决书。

阻,亦可通过诉讼进行救济。但若金烁公司有法定事由拒绝周某某的查询申请,人民法院如启动司法鉴定程序将损害金烁公司合法权益,故,一审法院未准许周某某提出的司法鉴定申请,并无不当。因周某某未提供充分证据证明,其与金烁公司之间存在依法请求公司收购其股权的情形,因此,一审判决驳回其该项诉请,并无不当。”①

在(2019)苏03民终527号一案中,原告请求公司收购股份的主要依据是“连续五年未分红”,但其却未准备主要证据,而是径直要求人民法院在审理过程中启动司法鉴定程序调查公司的经营情况,显然这种“一站式”的要求很难得到法院的认同。

除上述前置程序外,《公司法》第74条所规定的“九十日”的相关程序,也是法律明文规定的硬性条件,不满足该时间条件的请求将不会得到人民法院的支持。在李某某与湖北珞珈山置业有限公司请求公司收购股份纠纷案中,原告股东正是因为未能在法定期限内起诉而被认定不具备相关权利。

案例5.3 李某某与湖北珞珈山置业有限公司请求公司收购股份纠纷案

该案中法官认为:“李某某主张,湖北珞珈山置业有限公司(以下简称珞珈山公司)抵押公司的财产行为属于该条规定的‘转让主要财产’情形,进而要求珞珈山公司回购其股份。本院认为,珞珈山公司与农行洪山支行签订《最高额抵押合同》的时间为2010年7月18日,珞珈山公司做出同意该行为的股东会决议时间为2012年2月26日。依据《公司法》第74条第2款的规定,李某某应自2012年2月26日起九十日内向人民法院提起诉讼,而李某某向一审法院起诉的时间为2017年10月23日,其行为不符合上述规定。”②

综上可见,当事人若想要通过诉讼方式实现股权回购,需要同时具备以下的条件:(1)具有登记股东身份;(2)公司召开存在《公司法》第74条规定的三类特定议题的股东会,且形成了议题通过的决议;(3)原告股东对前述议题投出了反对票;(4)自股东会会议决议通过之日起60日内,股东与公司不能达成股权收购协议;(5)自股东会会议决议通过之日起90日内向人民法院提起诉讼。

---

① (2019)苏03民终527号民事判决书。

② (2018)鄂民终716号民事判决书。

针对上述的前置程序，有一个较为典型的原告胜诉案件，原告股东以“公司变革之回购”为主要理由，主张贵州钢绳（集团）有限责任公司出售主要资产，并在一系列相关议题的股东会上对该议题投出了反对票，在法律规定的期限内未达成回购协议的情况下，在90日内提起诉讼，最终获得人民法院的支持，堪称该类诉讼前期准备的典范。

案例5.4　中国华融资产管理公司与贵州钢绳（集团）有限责任公司请求公司收购股份纠纷案

该案中法官认为：“贵州钢绳（集团）有限责任公司（以下简称钢绳公司）2012年6月19日召开2012年第一次临时股东会，会议审议了关于向钢绳公司出售资产的议案，该议案拟出售资产为其生产经营所需的机器设备、车辆及电子设备等，这些固定资产的出售将直接影响公司章程所确定的相关金属制品的生产和销售业务，而且拟出售资产价值占公司净资产比重较高，应当认定该议案所确定的交易标的物属于公司的主要财产；公司股东会在审议该项决议时中国华融资产管理公司（以下简称华融公司）投了反对票，钢绳公司辩称华融公司的该投票行为系恶意行使股东权利，并列举华融公司在公司二届四次股东会、二届五次股东会、二届六次股东会上对与公司整体上市相关的议案投赞成票来支持自己的主张。法院认为，二届四次股东会、二届五次股东会、二届六次股东会审议通过的议案中制定了公司整体上市的目标，但在实现该目标的主要措施中均没有出售主要财产的事项，2012年第一次临时股东会上审议出售资产的议案与其他几次股东会上审议的议案不具有同质性。而且，《公司法》赋予了股东通过股东会行使对公司经营管理的权利，股东在股东会议上只要依法行使自己的权利，他人均不得干涉。华融公司就钢绳公司出售主要财产的议案行使了否决权之后，在法律规定的期限内未能与公司达成股权收购协议，在90日内向人民法院提起了诉讼，具有事实和法律依据，对其诉请，本院予以支持。钢绳公司关于华融公司恶意行使股东权利的答辩没有事实依据，相关证据不能证明其主张，关于因经营状况无力回购华融公司股权的答辩，并非《公司法》第75条所规定的股权回购条件的例外情形，且发回重审后再次开庭，庭审中钢绳公司亦同意按照合理价格进行回购，即双方达成了回购的合意,故本院认定华融公司要求钢绳公司收购股权的条件已经成就。”①

在这个案子中,原告作为公司股东,近乎完美的“布局”促成了其想要得到诉求的一系列前置条件,其具有等级股东身份,并在相关议题的会议中投出了否决票,最终在法定的时限内行使诉权,最终得到人民法院的支持。另外,值得一提的是,这个案子经历了最高人民法院发回重审,虽然提及了其他协议是否优于法定回购的问题,但并未否定原告的一整套合法合规的动作对本案获得认定的意义。

第二节　请求公司收购股份案件中合理回购价格的确定因素

合理回购价格的确定是案涉双方都十分关注的问题,人民法院在裁判过程中对此争议点亦非常谨慎,毕竟既要保护原告股东的实际权利,又要考虑公司资本的稳定性,在处理时势必需要参考实际数据。综合检索到的案例来看,法院参照的金额通常包括:公司所有者权益(通过鉴定、当事人提供财务资料等方式确定)、参照其他股东退出金额(通过当事人提供)、当事人约定优先并参照公司的实际经营情况。

一、以公司所有者权益作为回购价格因素

参照公司当时的所有者权益确定回购价格最为常见,毕竟股东作为公司的投资者,在参与公司经营一段时间后,无视公司盈亏而机械地按照出资额确定,对股东或者公司都不公平。根据回购时公司所有者权益来确定,自然更加客观,如若公司所有者权益较股东出资时增加,股东自然会获得一份较为合理的“回报”;而倘若公司所有者权益较股东出资时贬损,股东通常亦会因能够尽早变现而不致过分懊恼。在上海市第二中级人民法院处理的关于上海协力卷簧制造有限公司的股东要求回购股份的案件中,人民法院同意采用该方式确定回购价格。

---

① (2018)黔民初10号民事判决书。

案例 5.5　陈某某与上海协力卷簧制造有限公司请求公司收购股份纠纷案

该案中法官认为："至于回购的金额，陈某某系上海协力卷簧制造有限公司(以下简称协力公司)营业期限届满当年，同时也是陈某某明确提出回购请求当年的公司资产负债表数据作为计算依据，具有参考价值。协力公司认为资产负债表不能反映公司的真实财务状况，则其应当提供反证，即向法院提出委托审计、评估的申请，并配合预缴相关费用，以使法院有参考判断的明确依据。现协力公司在一、二审中均明确拒绝预缴审计、评估费用，致使本案无法启动审计、评估程序进一步核实事实，由此造成的不利后果应由协力公司自行承担。陈某某于二审审理期间提出撤回上诉的请求，不违反法律规定，本院予以准许。故本院对于未付利润一节亦不再评述。基于此，一审判令协力公司以其 2015 年年底资产负债表中记载的所有者权益为基数，向陈某某回购相应股权，合法有据，可予支持。"①

二、以当事人约定优先并参照公司实际经营情况的方式

在一些大型企业中，公司内部规章制度的法律构架在设计上具有前瞻性，通常会在律师的协助下，公司在章程或者其他协议中明确约定股份回购金额的计算方式及调整要素，不得不说这是具备法律意识的体现，有案例证明这种法律意识在司法裁判中具有重要意义。在最高人民法院审理的一起案件中，原告与目标公司间就股权回购的价值标准产生了极大的争议，原告信达公司认为应当根据公司的核心资产价值作为计算回购价格的因素，被告太西集团则认为应当根据双方签署的协议及公司的实际经营情况确定。

案例 5.6　中国信达资产管理股份有限公司与太西集团有限责任公司请求公司收购股份纠纷案

该案中法官认为："对于本案股权收购款项的计算方式，中国信达资产管理股份有限公司(以下简称信达公司)主张应以太西集团有限责任公司(以下简称太西集团)净资产投入为纽带，分别确定太西集团在宁夏煤业集团及神华宁煤集团的股权占比，进而确定信达公司持有太西集团的股权价值，太西集团应以信达公司

① (2017)沪 02 民终 6961 号民事判决书。

所持有的太西集团4.65%股份的合理价格进行收购,即28,245.23万元+神华宁煤集团2012年净资产增加额×0.97%+2007年至2012年应该通过太西集团从神华宁煤集团分配的股利,以及上述款项2012年之后至实际偿还之日的利息,利息按照中国人民银行逾期利息计算。太西集团认为,本案股权回购价格应当根据信达公司持股比例及太西集团实际资产状况确定合理价格,应在太西集团章程规定及《债权转股权协议》及其补充协议框架下,结合太西集团实际经营状况,信达公司所占股份原值大幅减少,应对其股权回购价格做出调整。信达公司无权要求太西集团依照神华宁煤集团的资产价值折算回购价格。本院认为,在股东之间对股权回购有明确约定的情况下,《公司法》第74条有关股东请求公司以合理的价格收购其股权的规定,并非能够完全脱离原出资协议约定而另行确定。太西集团章程第71条规定资产管理公司所持股权按《债权转股权协议》和《债权转股权补充协议》实施。信达公司于2000年5月29日及6月9日与石炭井矿务局及华融公司三方签订的《债权转股权协议》和《债权转股权补充协议》,不仅对上述三方股东共同设立太西集团的出资形式和比例作了约定,亦对各股东股权的退出及收购方式作了特别约定。2000年5月29日《债权转股权协议》第十章股权退出,约定信达公司以及华融公司所持有太西集团的股权,可以采取新公司回购、债权方向第三方转让和丙方石炭井矿务局收购三种退出方式,退出的时间为7年,从2000年开始退出,在2007年前全部退出。且对太西集团股权回购或者丙方石炭井矿务局收购计划约定了每年的股权退出比例、股权退出数,以及按照溢价率计算的每年股权退出的总价款。2000年6月9日,信达公司与石炭井矿务局、华融公司三方股东就股权退出问题及分取红利、股权退出价款支付计划调整等签订《债权转股权补充协议》作了进一步约定,其中第2条针对股权退出补充约定:债权方的股权通过新公司回购方式退出时,股权退出价格为债权方转股债权原值,不采取溢价方式计算,即当事人实际取消原协议中关于股权退出按照一定股权溢价率支付回购价款的约定。对此约定,并不违反国务院办公厅2003年2月23日《关于进一步做好国有企业债权转股权工作的意见》(国办发〔2003〕8号)第3条第5项对债转股协议和方案中'要求原企业全部购买金融资产管理公司股权的有关条款'予以废止的规定,上述规定中'原企业'是指当时的丙方石炭井矿务局,本案当事人争议的是信达公司是否有权请求由石炭井矿务局、华融公司及信达公司三方股东共同出资设立的新公司太西集团收购或回购其股权以及以何种价格收购或回购，而并非要求原出资一方购买股权，二者有本质区别。至于原出资人石炭井矿务局主体资格演变如何认定，并不影响对本案中由原出资一方购买股权和新设立的公司购买股权两种性质的判断。当事人约定由三方股东设立的新公司太西集团回购股份，回购方式也非一次性全部回购，而是约定分期分批进行，并没有加大新公司的负担。原审判决认定本案《债权转股权协议》及《债权转股权补充协议》为当事人意思表示真实，内容形式不违反法律、行政法规的强制性规定，协议合法有效，并无不当。信达公司上诉关于本案《债权转股权协议》《债权转股权补充协议》约定的回购方式，因违反国务院办公厅《关于进一步做好国有企业债权转股权工作的意见》(国办发〔2003〕8 号)第 3 条第 5 项有关规定，对当事人已不再具有效力的理由，不能成立，本院不予支持。太西集团主张原审判决不应该按照太西集团 2002 年股份账面原值计算收购股权价值，原审没有考虑太西集团资产因所属单位政策性破产而带来的股权价值变化的上诉理由，亦不能成立。对于股权退出方式及价格，是三方股东根据自愿原则自由商定的，对当事人具有法律约束力。至于成立的新公司后来资产发生了变化，并非必然导致股权价值的变化，股权价值还取决于公司其他因素。不能以股权回购时企业财产的实际状况已经发生减少，约定的股权收购价值就必须相应减少，当事人对此亦没有明确约定。况且信达公司债权转为股权作为对太西集团的出资，为太西集团减负，支持其经营，所起作用是显然的，要求相应减少股权回购款，对信达公司亦有不公。太西集团关于原审判决其承担 2007 年 1 月 1 日至判决生效之日的利息无事实和法律依据的上诉主张，本院认为，鉴于双方当事人在《债权转股权协议》《债权转股权补充协议》中约定信达公司股权必须到 2007 年前退出完毕，但太西集团并没有按照约定履行其义务，太西集团对迟延履行支付回购股权的款项，相应地给予利息，属法定孳息，具有合法依据。"①

三、参照市场公允价格或其他股东退出金额确定

人民法院在确定收购股权价格的时候，除了考虑财务资料所显示的公司真实的经营情况之外，也会考虑一些公司外部的因素，例如市场所认定的公允价格，毕竟股权的退出不仅意味着股东放弃了原先投资的核心成果，亦意味着放弃了公司

① (2016)最高法民终 34 号民事判决书。

未来的可期利益，当然这取决于公司究竟是经营着"朝阳产业"还是"夕阳产业"，倘若是"朝阳产业"，股东自然难以割舍，这也就会使收购价格产生溢价。在该种情况下发生股东请求公司收购股份的心理动机自然值得考虑，抑或是被大股东的欺压而不得已放弃美好未来，抑或是核心人物离开而导致的其他成员心灰意冷，总而言之该种情况下的退出通常呈现出"集体退出"的特征。在浙江省高级人民法院审理的一起案件中，针对"市场公允价格"的认定，原、被告双方展开了唇枪舌剑的辩论，但人民法院的处理则非常巧妙。

案例5.7　赵某某、海力生集团有限公司请求公司收购股份纠纷案

该案中法官认为："本案再审的争议焦点在于，一、二审法院确定股权收购价格为海力生集团有限公司（以下简称海力生公司）主张的股东出资额的2.5倍，是否属于《公司法》第74条规定的'合理的价格'。从现有证据及查明的事实看，一、二审法院认定股权收购的合理价格为出资额的2.5倍，有相应依据。首先，赵某某主张的通过第三方财务审计和资产评估来确定股权收购价，并非判断'合理的价格'的唯一途径。诚如二审法院所言，若根据案件具体情况已足以认定市场公允价格，则无须通过委托第三方进行评估来确定股权收购价格。认定合理价格的关键，仍在于法院在审查全案事实之基础上，就市场公允价格作恰当的司法判断。其次，按一般理解，公司收购异议股东股份的合理价格，应当是指按公司净资产计算出的股权价值。在公司财务会计制度规范的情况下，企业资产负债表中的所有者权益能够反映出公司真实的净资产，故即使如赵某某主张的当时2007年版公司章程对股权收购价未作约定，以年末所有者权益为据计算股权收购价也并无不妥。鉴于海力生公司2014年度财务报告已通过审计，而赵某某既没有提供直接充分的证据推翻该财务报告结果，也没有在原审中提交重新启动鉴定的书面申请，因此，一、二审法院采信该财务报告作为定价依据并无不当。最后，目前海力生公司已有21名自然人股东和191名持股会会员接受该价格转让了股权，也在一定程度上印证了出资额2.5倍的价格反映出海力生公司在市场交易中的真实股价。"①

在该判决中，人民法院首先明确了"认定合理价格的关键，仍在于法院在审查

① (2017)浙民再89号民事判决书。

全案事实之基础上,就市场公允价格作恰当的司法判断"这一非常高明的理论,毕竟公司的财务资料虽然能够反映公司经营的情况,但并不见得能反映出公司股权的实际可期利益,之后人民法院通过查明其他股东股权转让对价,并将该转让对价作为认定涉案股权收购价格的依据,不仅保障了股东利益,也符合当时的市场环境,值得点赞!

第三节 "公司变革之回购"中关于"变革"的认定

在异议股东股权收购请求权的相关诉讼中,《公司法》第 74 条中的第 2 项事由——"公司合并、分立、转让主要财产的",是诸多回购股权案件中最常见的事实与理由。其实这本不难理解,毕竟公司是活跃的经济主体,在市场的浪潮中,基于公司经营规模的扩大和经济活动的活跃,当然会经常性地出现合并、分立和转让财产的行为,而对于该类行为的合理性,公司内的股东看法极可能会不一致,而依据"资本多数决"的基本原则,自然就会产生持相反意见但表决权不够的股东,而这类股东中滋生出不满情绪,就有可能将该纠纷推向诉讼。

诚然,并不是一旦公司出现合并、分立、转让财产的情况,股东请求人民法院判令公司收购股份就理所应当的成立,毕竟前已有述,回购股份与公司资本三原则存在天然的冲突,人民法院在保障股东利益的同时,势必会考虑到公司的偿债能力以保障外部债权人的核心利益。这涉及一个"度"的问题,如何认定"公司合并、分立、转让主要财产的"所对应的回购权能够成立呢?这就需要进行司法认定和评价。

一、企业自救背景下的转让财产,不能作为请求回购股权的理由

公司在经营过程中,为了企业发展经常会进行一系列的经营操作,这其中除确有大股东利用优势地位进行资产转移外,实际上绝大部分的资产转移是出于经营层面的考虑,例如,公司为了产业结构调整将公司资产转至另一公司并进一步收购该公司股份,抑或是为了融资将公司部分资产进行让与担保,还有一些企业因政策要求需要进行资产转移等,这些行为在发生的过程中,不可避免地会出现小股东持异议的情况,但并不当然地认可其请求公司收购股权的理由。贵州省高级人民法院受理的一起案件中,人民法院正是认定转让行为实际系"企业自救行

为”,从而驳回了股东的诉请。

案例5.8 贺某某与水城县小牛矿业有限责任公司请求公司收购股份纠纷案

该案中法官认为:“《公司法》第74条的立法目的在于为保护小股东的合法权益免遭占优势地位的大股东滥用公司控制权所侵害,而专为持不同意见小股东设定的一种救济途径。而本案采矿权的转让是基于贵州煤矿企业兼并重组政策要求进行的,目的在于保存水城县小牛矿业有限责任公司(以下简称小牛矿业公司)的采取权。按照贵州煤矿企业兼并重组政策要求,六盘水市煤矿企业年产能不能低于200万吨,小牛矿业公司产能规模因未达到煤矿主体企业的产能要求,不能独立持有其采矿权,需过户到主体企业,并购买关闭指标进行配对关闭后,才能继续存在。因此,涉案交易属于企业的自救行为,有别于一般公司控股股东恶意损害小股东利益的行为,且从签订的转让协议及公司一年后形成的股东会决议内容看,已明确未经公司股东同意,江贵公司不得向第三人转让公司采矿权,否则应向公司承担赔偿责任。采矿权过户至江贵公司名下后,公司各股东行使股权不因采矿权名义过户而受到影响。且协议签订后,也是小牛矿业公司股东在实际经营管理,并非江贵公司经营管理,贺某某在签订协议后也仍然在小牛矿业公司担任经营矿长、副经理及董事。可见虽然采矿权转让了,但实际上小牛矿业公司的经营管理及决策者还是矿业公司的原股东,并非江贵公司。在小牛矿业公司的采矿权必须根据政策要求过户到达到产能规模的煤矿主体企业名下才能得以保存的情况下,相较于过户到其他煤矿主体企业名下,显然过户到其股东之一的江贵公司名下更为经济、更为安全。贺某某在不能提出其他对企业采矿权的合理救济途径的情况下,仅简单提出反对意见,并据此根据《公司法》第74条之规定要求公司收购其股份,显然与立法目的不符,且有违公平和诚实信用原则。”①

本案中,人民法院保护公司为了正常经营或者在自救背景下进行的资产转让行为,并未认定其系股东请求公司收购股权的理由,进而驳回了股东的诉请,笔者认为这体现了人民法院适用该条款的谨慎态度,最大限度排除了一些存在非法企图的小股东滥用股份回购制度的可能。

---

① (2018)黔民终1033号民事判决书。

二、被转让资产在公司经营中的地位，是认定的重要因素

前已有述，通常经营性质的公司资产转让行为并不能作为要求回购的前提依据，但何谓"不通常"的资产转让，我国法律并未明确界定，这就造成很多股东即使发现有资产转让，但往往因司法认定上的或然性望而却步。不过依然有一些非常具有价值的判决书对"公司主要财产"这一概念做了司法层面的认定，西安市中级人民法院审理的一起案件中，人民法院对这个问题很好地做了诠释，笔者认为极具参考价值。

案例5.9　深圳金信诺高新技术股份有限公司与西安三元达海天天线有限公司请求公司收购股份纠纷案

该案中法官认为："原告作为被告股东，依据《公司法》第75条之规定，请求被告以合理价格回购其股权，系在行使其异议股东股份回购请求权，该制度旨在公司结构发生重大变化时赋予异议股东在获得合理的补偿后退出结构业已发生重大变化的公司的权利。《公司法》第75条将转让主要财产列为异议股东提起股权回购之诉的事由，其目的在于防止不慎重地转让公司财产足以威胁公司的存在基础，对公司运营前景产生重大不利影响，并从根本上动摇股东对公司的投资预期。转让财产是否是公司常规经营核心资产，该财产占公司资产的比例，转让财产的行为是否实质影响了公司设立目的及公司存续，是否影响了公司的正常经营等是考量转让财产是否属于公司主要财产的因素。根据本案查明的事实，被告系从事信息传输、软件和信息技术服务业的公司，仪器仪表及相应的系统工程的检测仅为被告多个经营范围中的一个，而涉案实验室系天线测试实验室，原告未提交充分证据证明该实验室系被告常规经营核心资产；2013年年底该公司的资产总计为82,797,362.79元，被告转让的实验室的价值为1817.12万元，仅占其资产总额的21.9%；被告未提交证据证明转让实验室的行为使公司结构发生重大变化，影响了被告的正常运营。综上，原告主张实验室系被告主要财产依据不足，本院难以认可。"①

① （2014）西中民四初字第00350号民事判决书。

该判决对公司的主要资产做了几方面因素的考量：一是财产占据公司资产的比例，二是财产在公司设立目的及存续中的地位。这两点实际上并不难考量，例如房地产公司将公司享有的土地使用权转让，这显然涉嫌转让公司的主要财产。需要说明的是，该判决中引用的所谓《公司法》第 75 条，实际上就是修改后的《公司法》第 74 条，并不是判决存在谬误。

另有一案同上个案例类似，且论述的角度落在了“是否影响公司的正常经营和盈利”上，相比上个案例落脚点更“接地气”。

案例 5.10　薛某某与京卫医药科技集团有限公司请求公司收购股份纠纷案

该案中法官认为：“关于京卫医药科技集团有限公司（以下简称京卫公司）转让其持有的国康公司 51% 的股权是否为京卫公司的主要财产的问题。公司转让的财产是否为主要财产，取决于公司转让该财产是否影响了公司的正常经营和盈利，导致公司发生了根本性变化。京卫公司的经营范围为销售医用高分子材料及制品、卫生材料及敷料、医用电子仪器设备、包装食品，自营和代理各类商品及技术的进出口业务等，现有证据表明，京卫公司转让其持有的国康公司 51% 的股权的行为并未影响公司的正常经营和盈利，亦没有证据表明公司发生了根本性变化，故法院认为京卫公司转让其持有的国康公司 51% 的股权不能视为京卫公司的主要财产。薛某某主张，国康公司的资产总额、营业收入、归属于母公司所有者权益、归属于母公司所有者的净利润分别占京卫公司资产总额、营业收入、归属于母公司所有者权益、归属于母公司所有者的净利润的 72%、93%、53% 和 125%；国康公司 51% 的股份相对应的资产总额、营业收入、归属于母公司所有者权益、归属于母公司所有者的净利润分别占京卫公司（不含少数股东权益）资产总额、营业收入、归属于母公司所有者权益、归属于母公司所有者的净利润的 51%、75%、27% 和 127%，因此，京卫公司转让其持有的国康公司 51% 的股权系京卫公司的主要财产。对此，法院认为，上述比例仅是衡量国康公司股权价值的标准之一，并不能表明京卫公司转让其所持有的国康公司的 51% 的股权导致京卫公司发生了根本性变化，亦不能证明转让的该部分财产系京卫公司的主要财产，故对于薛某某的该项主张，法院不予支持。”①

① (2012)二中民终字第 02333 号民事判决书。

上述的裁判思路发生较早,笔者亦曾担心司法实务对裁判思路会有所调整,但经过充分检索发现,后期一些案件的裁判思路依然是按照该等逻辑进行的,可见上述案件显然给类似案件的裁判奠定了比较好的逻辑基础,在2018年的一宗案件中,依然是依据该逻辑进行裁判的。在该案中,双方的焦点主要集中在"主要财产"的认定上,同时划定的标准是"是否影响公司结构及运营情况"。

案例5.11　刘某某与潜江市天驰汽车大市场有限公司请求公司收购股份纠纷案

该案中法官认为:"至于刘某某的诉讼请求能否得到支持,还需对潜江市天驰汽车大市场有限公司(以下简称天驰公司)是否转让其'主要财产'做出进一步认定。关于什么是有限责任公司的'主要财产',《公司法》及其解释均未提供可供衡量或者参照的标准。一审法院认为,在理解《公司法》第74条中的'主要财产'时,应以转让该财产后所导致的公司结构与运营情况为标准,而不是单纯以该财产占公司资产总额的比例进行计算。有限责任公司'主要财产'的界定,主要是判断公司转让其财产后,是否会影响公司的正常经营和盈利,从而导致公司发生根本性变化。如果导致公司发生根本性变化,则该财产可被视为公司的'主要财产'。结合本案,天驰公司系一家自然人投资或控股的有限责任公司,其经营范围为汽车(不含小轿车)、摩托车零售,房地产开发经营、汽车、摩托车市场开发和管理,物流信息服务,场地出租。天驰公司对其所开发的房地产办理商品房预售许可证书和产权登记手续后,在不违反地方政府规定的'自持不动产不低于30%'这一限定条件的前提下,通过召开股东会议决定销售方案,有计划地进行销售,系其正常业务开展范畴。天驰公司将相关资产(A3#商铺、A2#商铺)销售后,所获价款用于2017年春节股东分红、偿还债务和缴纳税款等,既缓解了企业债务压力,又解决了股东分红资金短缺的困难,还削减了企业库存,增加了企业资本的流动性;而且,现有证据并不能证明天驰公司销售本案争议的资产后,会影响天驰公司的正常经营和盈利,继而导致公司发生根本性变化。故刘某某作为异议股东要求天驰公司溢价回购其持有的7.5%的股份的诉讼请求,因证据不足,一审法院依法不予支持。"①

① (2018)鄂96民终489号民事判决书。

笔者认为,相较于其他“分红异议之回购”和“解散异议之回购”,“公司变革之回购”在认定要件方面更加具有灵活性,毕竟“转让财产”一词既可以从转让的动机做出不利于回购股权纠纷原告股东的解读,又可以从财产的分量上做出不同的认定,其在司法实践中的自由裁量权极大,这就导致原告股东的举证难度着实不低。笔者之所以在该部分引用多个案例,亦正是让读者仔细体会司法机关在法律实践中对于“度”的把握。

第四节 “分红异议之回购”的认定要点

针对公司不分红而引发请求公司收购股份的诉讼,在数量上仅次于“公司变革之回购”,长期不分红的公司比比皆是,或者经营情况不佳,或者经营情况良好但不符合章程约定的分配条件,当然也存在大股东利用优势地位把控公司恶意不向小股东分红的情形。显然,并不是所有面临不分红的小股东都能通过请求公司收购股份的诉讼获得胜诉,这当中依然存在认定逻辑。从《公司法》第 74 条规定的条件看:“有下列情形之一的,对股东会该项决议投反对票的股东可以请求公司按照合理的价格收购其股权:(一)公司连续五年不向股东分配利润,而公司该五年连续盈利,并且符合本法规定的分配利润条件的……”如若要以此为由提起收购股权诉讼,应当同时符合以下三个条件:(1)公司连续 5 年不向股东分配利润;(2)该 5 年公司连续盈利;(3)符合《公司法》规定的分配利润条件,即公司在弥补亏损和提取公积金后所余税后利润依照《公司法》第 34 条的规定分配。在上述条件中,每个子项条件亦需参照《公司法》的其他规定,例如,《公司法》第 166 条规定:“公司分配当年税后利润时,应当提取利润的百分之十列入公司法定公积金。公司法定公积金累计额为公司注册资本的百分之五十以上的,可以不再提取。公司的法定公积金不足以弥补以前年度亏损的,在依照前款规定提取法定公积金之前,应当先用当年利润弥补亏损。公司从税后利润中提取法定公积金后,经股东会或者股东大会决议,还可以从税后利润中提取任意公积金。公司弥补亏损和提取公积金后所余税后利润,有限责任公司依照本法第 34 条的规定分配;股份有限公司按照股东持有的股份比例分配,但股份有限公司章程规定不按持股比例分配的除外。股东会、股东大会或者董事会违反前款规定,在公司弥补亏损和提取法定公积金之前向股东分配利润的，股东必须将违反规定分配的利润退还公司。公司持有的本公司股份不得分配利润。”《公司法》第34条规定：“股东按照实缴的出资比例分取红利；公司新增资本时，股东有权优先按照实缴的出资比例认缴出资。但是，全体股东约定不按照出资比例分取红利或者不按照出资比例优先认缴出资的除外。”根据这些法律规定可知，认定股东享有该条对应的请求收购股权的权利，既包括客观上的经营因素，亦包括公司内的决策因素。

一、关于分红、盈利与否的举证责任问题

尽管我国民事诉讼法规定了“谁主张，谁举证”的规则，但为查明案件事实，人民法院通常亦会根据案件当事人的举证能力分配举证责任。具体到请求公司收购股份的诉讼中，通常情况下人民法院依然会要求原告提供公司没有分红的证据，但更多的时候由于公司掌握财务资料，由公司一方提交证据更利于查明案件事实，故而会要求公司一方提供分红与否或者公司盈利与否的证据，甚至有的时候会到税务、工商等机关调取相关证据。但这并不代表原告就彻底脱离了举证责任，在最高人民法院审理的一起案件中，正在综合考虑了全案的证据对分红及盈利事实后做出了判断。

案例5.12　周某某等人与山东鸿源水产有限公司请求公司收购股份纠纷案

该案中法官认为：“本案再审审查的争议焦点问题是：原判决关于山东鸿源水产有限公司（以下简称鸿源公司）不存在连续5年盈利未向股东分配利润的事实认定是否缺乏证据证明、认定事实的主要证据是否为伪造，周某某等11人诉请公司回购股权的条件是否成立。”“周某某等11人以鸿源公司自2009年起至2014年连续5年盈利却不分配利润为由主张公司回购股份，根据上述法律规定，应当符合如下条件：1. 公司连续5年不向股东分配利润；2. 该5年公司连续盈利；3. 符合《公司法》规定的分配利润条件，即公司在弥补亏损和提取公积金后所余税后利润依照《公司法》第34条的规定分配。本案中，税务机关出具的鸿源公司的纳税证明、完税证明和鸿源公司的纳税申报材料体现鸿源公司在2012年度、2013年度没有产生企业所得税；周某某等11人虽主张鸿源公司2012年度、2013年度存在税后利润，但其提供的关于鸿源公司对外投资、经营规模的证据并不足以证明鸿

源公司在2013年度存在税后利润。周某某等11人主张相关税务机关的材料系鸿源公司虚假申报得出,但并未就此提供充分证据。因此,综合现有证据,原审判决关于鸿源公司不存在连续5年盈利的事实认定证据较为充分,现亦无充分证据证明认定事实的主要证据系伪造,周某某等11人以鸿源公司连续5年盈利却不分配利润为由诉请鸿源公司回购股权的条件不成立,原审判决结果并无不当。"①

由此可见,作为原告的股东一方,还是需要通过行使股东知情权的相关权利,在充分调取公司财务资料的基础上启动诉讼,若想当然地认为公司理应提供相反的证据,可能并不一定得到支持。

在昆明市盘龙区人民法院受理的(2019)云0103民初5634号案件中,人民法院依然认定原告未能提供公司盈利的相关证据,最终以举证不能为由驳回了原告的诉请。

案例5.13　朱某某与云南天厨园餐饮管理有限公司请求公司收购股份纠纷案

该案中法官认为:"庭审中,原告并未举证证明符合《公司法》第74条规定的公司收购异议股东股份的条件,虽然被告认可从2013年7月25日公司成立至今并未向股东分配过利润,但在庭审后原告申请对'被告云南天厨园餐饮管理有限公司(以下简称天厨园公司)自成立之日2013年7月25日至申请鉴定之日2019年10月22日期间是否达到连续五年盈利且达到分配利润的条件''以2019年10月22日为基准日,原告朱某某持有被告天厨园公司8.6207%的股份的价值'进行司法鉴定后,云南天禹资产评估有限公司于2020年3月23日向本院送达《退鉴函》,记载'被告仅提交了公司自2017年1月至2019年2月的支出资料,且绝大部分为收据、白条等,不具备评估条件'。通过被告提交的2015年1月25日的《股东会决议》可以看出,被告的股东于2015年开始就已经在协商餐厅转让事项,该情况与原告主张的公司连续5年盈利的情况是相矛盾的。综上,因本案中的证据无法证明已经达到了公司收购异议股东股份的条件,故本院对原告的诉讼请求不予支持。"②

---

① (2017)最高法民申2154号民事裁定书。

② (2019)云0103民初5634号民事判决书。

二、是否符合法定的分配条件至关重要

笔者经常遇到一些当事人，他们会说："我投资的那个公司，明明年年都盈利，但好多年都没有分红了，我要退股！"这种论调无论是从情感上还是从法律上都无可厚非，但却显然忽视了我们要向其反问的一点："那么你向公司要求过分红吗？公司怎么答复你的呢？"这其中的逻辑在于《公司法》第 74 条中规定的事由：符合法定分配条件。具体来说，就是公司章程是否有特别约定，如若没有特别约定的话，是否符合《公司法》第 34 条、第 166 条的规定，如若不符合相关规定，那么原告的诉请依然难以获得支持，在无锡市中级人民法院审理的一起案件中，做出公司层面决定是否分配利润的会议的合法和有效性成了认定的关键。

案例 5.14　吴某某、马某某与上药康德乐（无锡）医药有限公司请求公司收购股份纠纷案

该案中法官认为："具体到本案，要求公司连续 5 年不向股东分配利润，而公司该 5 年连续盈利，并且符合法律规定的分配利润的条件。在该情形下，股东要求分配利润的主张是合法的，但持有公司多数表决权的其他股东却通过股东会决议的形式阻碍了前者分配利润的合理利益的实现。然而本案中，首先，上药康德乐（无锡）医药有限公司（以下简称康德乐公司）是根据公司章程的约定、通过董事会决议的形式、到会全部董事（包含代表吴某某、马某某、胡某的董事）一致同意的情况下，决定公司不向股东分配利润，并不存在持有公司多数表决权的股东以股东会决议（本案是董事会决议）的形成阻碍了小股东分配利润的情形；其次，2017 年 7 月 31 日，虽然吴某某、马某某、胡某在康德乐公司召开临时股东会议并提出了 2012 年至 2016 年利润分配方案，但形式上并不符合公司章程约定的决定利润分配方案的议事规则，而且另一股东康德乐香港公司未出席也未表决，该次临时股东会并未能够做出有效的股东会决议，故也不存在对有效决议投反对票的股东；综上，本案不符合法律规定的公司回购股权的法定情形。"①

在另一案件中，原告股东已经能够证明公司连续 5 年盈利且没有分红，同样

① （2019）苏 02 民终 3301 号民事判决书。

因公司审议批准利润分配或就分配形成决议是否成就而被人民法院驳回请求。

案例5.15 郑某某与新疆双兴拍卖有限责任公司请求公司收购股份纠纷案

该案中法官认为:“关于原告郑某某以‘公司连续五年不向股东分配利润,而公司该五年连续盈利,并且符合本法规定的分配利润条件’的理由,要求新疆双兴拍卖有限责任公司(以下简称双兴拍卖公司)回购其股权的主张,本院认为,原告郑某某提交的证据及向本院申请调取的证据均显示,双兴拍卖公司存在连续五年盈利的情形,但根据《公司法》第37条、第46条规定,公司分配利润必须符合以下条件:有可分配的利润、董事会制定了公司的利润分配方案、股东会审议批准了公司的利润分配方案,形成了公司分配利润的有效决议。原告郑某某在本案中未提交证据,证明双兴拍卖公司股东会审议批准利润分配方案或就利润分配形成有效的决议,故原告以此要求回购其股权,尚不具备法定条件,其主张不能成立。”①

由此可见,人民法院对于以“连续五年不分红”为主要依据提起请求公司收购股份的案件,对“理应分红”方面的认定主要是从两个维度进行的,一是“确有盈利”,这需要原告股东提供充分的证据予以证明,也就是意味着需要在启动诉讼前进行充分的证据准备工作,甚至可能需要通过行使股东知情权作为获取证据的手段;二是“不分红程序完备”,即通常需要经过董事会的利润分配方案报请股东会表决通过,在实操层面这对于中小股东来说着实不易,对于一些股权比较分散的公司甚至需要多个股东合计持有一定的比例才能够启动相关程序。

第五节 “解散异议之回购”的核心认定要素

“解散异议之回购”是三大回购事由中检索案例结果最少的一个,这其中的原因前已有述,这同时也使得对这类案件的裁判思路的把握素材不够充分。当然,我们检索到的案例中,“反面案例”即不支持原告股东诉请的判例显然更多,于是我们更多的是从反面角度来考虑,从而得出“什么样的案情不能被支持”这样的结

① (2019)新0102民初3849号民事判决书。

果，这对于此类案件的思量依然具有不小的意义。

一、在经营期限届满前，公司股东会决议通过将公司经营期限修改延长时的权利基础问题

有很多公司会在经营的过程中改变自身章程约定的经营期限，同时在工商部门进行变更登记，更甚者会将公司经营期限改为“长期”，在这种情况下，原本试图在经营期限届满时启动回购股份诉讼的股东，是否仍然有充分的事实与理由呢？长春市双阳区人民法院受理的一起案件给出了比较明确的答案。

案例 5.16　高某某与长春市双阳区金田经济贸易有限公司请求公司收购股份纠纷案

该案中法官认为：“高某某另主张公司章程规定营业期限至 2019 年 12 月 31 日届满，但被告公司非经法定程序通过股东会会议决议修改章程，使被告公司的营业期限变为长期，导致原告股权利益进一步出现不确定性。首先，被告公司设立时公司章程规定的经营期限 2019 年 12 月 31 日尚未届满，2019 年 3 月 26 日被告公司召开股东会决议延长公司经营期限为长期，但被告公司在诉讼过程中召开股东会，决议将经营期限变更为原工商备案的章程确定的 2019 年 12 月 31 日并进行了工商变更登记，高某某据以行使异议股东回购请求权的关于延长经营期限的股东会决议实质已被否定，经营期限变更为与原公司章程规定经营期限一致后，对高某某的股东权益未产生实质损害。”①

由此可见，在期限尚未届满时，公司内部股东会通过决议修改经营期限的，属于公司意思自治的范畴，即使在该股东会上投反对票，依然不能作为回购股份理由，纵然我们可以引入合同法中规定的“不安抗辩权”的相关法律精神做出不同的解读，但这并不应当作为否定公司“资本多数决”的理由。

二、在经营期限届满后，公司股东会决议通过将公司经营期限修改延长时的权利基础问题

前述的案情是在公司章程约定的经营期限未届满时的情况，如若在已经届满

---

① （2019）吉 0112 民初 1140 号民事判决书。

的情况下,公司股东会又做出了类似决议,那么情况就显然不同了,在江苏省无锡市中级人民法院受理的一起案件中,法院查明:“新中润集团系于1998年11月30日设立的有限责任公司;原股东是无锡市国有资产管理委员会,后经2004年4月19日改制及数次股权变更,现股东为李某某等人及法人股东;新中润集团章程系由改制后股东签署形成,第4条约定‘股东的合营期限为12年,即自核准开业登记之日起至时满12年止’。”“另查明:2016年7月8日,新中润集团召开股东会临时会议,对是否同意将新中润集团章程第4条‘股东的合营期限为12年,即自核准开业登记之日起至时满12年止’修改为‘公司的营业期限为:长期’进行决议,其中李某某等人(合计持股79.32%)表决同意;傅某某等人(合计持股20.68%)表决反对。最终,新中润集团通过了将公司营业期限确定为‘长期’的股东会决议。”①也就是说,涉案公司的经营期限早已届满,却在经营期限届满后达成了延长公司经营期限的相关决议,最终该判决认定:“本案中,新中润集团2016年7月8日召开股东会并通过了延长新中润集团经营期限为长期的决议,对此,张某某表示反对,因此,张某某要求新中润集团以9,084,500.44元收购其持有的3.5%的股份,于法有据,应予以支持,对于超出该价格的部分,不予支持。”②

第六节 请求公司收购股权诉讼中的特殊情况

我们前述的一些案例,基本上都具有典型性,即是对《公司法》第74条规定的情况进行的案例剖析,但社会经济活动的形式五花八门,并不是所有的经济活动都循规蹈矩,在我们检索的案例中,我们亦发现了一些不同寻常的“异类”案件,颇具探讨价值,供大家探讨及拓展思路。

一、股东能否请求公司仅收购自持的部分股份

小股东对公司经营心灰意冷,产生了请求公司回购股份的想法,但对公司未来前景又没有彻底死心,还想保留部分股份,于是基于《公司法》第74条的规定启动诉讼,是否有可操作性呢?首先,笔者认为,此种情形公司法及体系内并未有明

---

① (2019)苏02民终1911号民事判决书。

② (2019)苏02民终1911号民事判决书。

确的规定，既不存在禁止性规定亦不存在建议性规定，所以并不宜当即就做出法律判断；其次，笔者认为，应当从《公司法》第 74 条规定的法律精神出发：法律对回购股份制度的规定，本身就是对中小股东利益以及公司资本三原则的一种平衡，司法实践中贯穿着在保障公司对外债权人利益的前提下，审慎地认定股东回购权成立的司法裁判精神。对于股东回购部分股权的相关请求，虽不应在裁判精神上予以颠覆，但要根据公司整体的运营及稳定性做出综合判断。在广东省深圳市中级人民法院受理的（2016）粤 03 民终 8891 号案件中，原告请求公司回购自持的部分股份，但希望保留公司 1% 的股份，继续以公司股东身份参与公司经营，尽管此要求看似并不过分，但从公司整体运营的角度考虑，其与公司其他股东间的理念冲突并不能因此而调和，有限责任公司的股东人合性会受到冲击，并产生股东经营过程中的排异心态，导致公司运营的不稳定，因此对其保留部分股权的要求不予支持。

案例 5.17　钟某某与深圳市康乐数码科技有限公司请求公司收购股份纠纷案

该案中法官认为："关于第二个争议焦点。深圳市康乐数码科技有限公司（以下简称康乐公司）系有限责任公司，具有资合和人合性。《公司法》第 74 条之所以规定在一定条件下，持反对意见的股东有权请求公司按照合理的价格收购其股权，系基于对持反对意见的股东财产权利的保护。因在上述公司法规定的情况下，持有反对意见的股东与公司其他股东之间存在观念上的冲突，即公司的人合性出现分裂和不可调和，持有反对意见的股东以退出公司的方式，由公司回购其拥有的公司股权，以保障其股权的资产价值。本案中，钟某某拥有康乐公司 14% 的股份，却要求康乐公司回购其 13% 的股份，保留了 1% 的股份，在原审法院向其释明后仍坚持要求公司回购 13% 的股份。钟某某保留 1% 的股份表明其同意康乐公司继续存续，并愿意继续保持作为康乐公司股东的身份，这与钟某某反对康乐公司继续经营的意见相互矛盾，也与上述立法精神相悖。故对钟某某主张康乐公司收购其拥有的康乐公司 13% 股份的诉讼请求，法院不予支持。"①

① （2016）粤 03 民终 8891 号民事判决书。

二、隐名股东是否有回购权

隐名股东相对于公司主体独立存在,抑或是出于考虑保障有限责任公司股东人合性,抑或是出于出资人不愿显名等原因,在《公司法司法解释三》规定出来前,隐名股东长期在我国公司法体系内缺少法律上的名分却在民间广为认可,现如今在相关司法解释的出台后,已经明确获得了法律名分。但是在请求公司收购股份的案件中,隐名股东是否享有相关权利呢?从检索的司法判例看,这其中的核心问题在于目标公司对隐名股东身份是否知晓,是否认可其具有直接的股东权利。在公司对隐名股东身份不知晓,不认可其有直接股东权利的情形下,在法律上不能作为股东认定,其在请求公司回购股份诉讼中首先就失去了诉讼主体资格,江苏省苏州市中级人民法院受理的案件中认可了该种观点,笔者认为是极具参考价值的。

案例 5.18　徐某某与常熟开关制造有限公司请求公司收购股份纠纷案

该案中法官认为:"徐某某与陈某订立《出资协议》,系双方当事人的真实意思表示,且不违反法律、行政法规的禁止性规定,应为合法有效。根据《出资协议》的约定,出资职工徐某某在常熟开关制造有限公司(以下简称开关公司)的出资挂靠于注册股东名下,委托注册股东代为出资,因此原审法院认定开关公司该次增资扩股中,徐某某与开关公司之间并无直接的投资关系,并无不当。《出资协议》还约定,'出资股东享有出资份额的所有权、损益权,不直接享有公司经营决策权,在公司内部只能通过注册股东加以表达',因此徐某某并不具备开关公司股东的法律地位,就其 3 万元出资也并不具有直接向开关公司主张结算及支付增值款的依据,徐某某的上诉理由不能成立,本院不予支持。"①

三、持瑕疵股权股东的股份回购权利问题

股权存在瑕疵的理由可能很多,但出资不实是其中最多出现的情况,在我国公司法允许认缴制度的背景下,大量公司未实缴到位即告设立,这本身当然不违法,但如若遇到了股东请求回购股份的问题,股东是否享有法律赋予的该等权利

① (2015)苏中商终字第 01966 号民事判决书。

呢？如若能够行使，则权利边界又为何呢？尽管这种情况在司法实践中比较罕见，但并不能否定这种情况在现实情况中会发生。笔者认为，在股东未完整出资的情况下，其所享有的股东权利并不必然受到限制，但鉴于请求公司回购股份是一种特殊的股东退出机制，理应更多地考虑到公司在注册资本未实缴情况下对公司外部债权人的影响问题，笔者认为“一刀切”式地驳回股东请求并不合适，在江苏省常州市中级人民法院审理的一起案件中，人民法院所持的观点与笔者正好相反。

案例5.19　仇某某、许某某与常州市钟楼区危积陋房屋改造开发有限公司请求公司收购股份纠纷案

该案中法官认为：“根据常州恒信会计师事务所对常州市钟楼区危积陋房屋改造开发有限公司（以下简称危积陋开发公司）资产审计结果，仇某某、许某某实际出资仅每人1万元，仇某某尚有60.2万元、许某某尚有19.4万元出资未补足。股东未补足出资之前，根据权利义务相统一的原则，其对股东权益的主张应受到限制，不宜行使股份回购请求权。”①

人民法院的判决具有普适性，但笔者依然坚持自己的观点，认为不应当限定出资期限届满前未实缴股东的请求回购权利，但可以在权利边界（如仅限出资额的范围）上加以限制，抑或是变相认定为这是公司的减资程序（尽管这个程序较为烦琐），当然这种观点的具体可操作性值得深度探讨。

---

① （2011）常商初字第59号民事判决书。

第六章　股东损害公司、其他股东及债权人利益的责任

损害股东利益责任纠纷的法律规定散见于其他纠纷的法律规定中，如股东知情权诉讼、盈余分配请求权诉讼等，对此可参考本书的其他章节。损害股东利益纠纷主要包括其他股东对股东利益的侵害和董事、高管、法定代表人对股东利益的侵害。

第一节　损害公司利益的责任

公司直接诉讼和股东代表诉讼是2005年《公司法》修订新增的重要制度。其目的是解决在公司怠于行使权利导致公司利益受损时，如何维护公司利益的问题。其中公司直接诉讼，是在维护公司自治的前提下寻求该问题的解决方案，由符合法定条件的股东，向公司监事会、监事或者董事会、董事提议，要求以公司的名义对外提起的诉讼，其本质仍旧为公司自身的行为，故称为公司直接诉讼。而股东代表诉讼则是在公司的监事会、监事或者董事会、董事经股东请求后，怠于代表公司行使权利，导致公司利益受损时，符合一定条件的股东为间接维护自身利益，以自己的名义为公司利益对外提起的诉讼。该项制度的运作，已经超出了公司自治的范围，属于股东在公司机制之外寻求救济路径的制度设计。因此，股东代表诉讼是公司自身运作失灵时的一个制度补充，属于维护公司利益的例外方案，因此《公司法》第151条设置了一系列的前提条件和程序。

一、追责方式之公司直接诉讼

公司直接诉讼，是指他人侵害公司利益给公司造成损失的，由符合条件的公

司股东向监事会、监事或者董事会、董事提议,由公司监事会、监事或者董事会、董事以公司名义直接提起的诉讼。公司直接诉讼以公司为原告,以监事会负责人、监事或者董事会负责人、董事为诉讼代表人。

《公司法》第151条第1款规定:"董事、高级管理人员有本法第一百四十九条规定的情形的,有限责任公司的股东、股份有限公司连续一百八十日以上单独或者合计持有公司百分之一以上股份的股东,可以书面请求监事会或者不设监事会的有限责任公司的监事向人民法院提起诉讼;监事有本法第一百四十九条规定的情形的,前述股东可以书面请求董事会或者不设董事会的有限责任公司的执行董事向人民法院提起诉讼。"

《公司法》第149条规定:"董事、监事、高级管理人员执行公司职务时违反法律、行政法规或者公司章程的规定,给公司造成损失的,应当承担赔偿责任。"

由以上法条可知,公司直接诉讼需符合以下要件:(1)必须存在侵害公司利益的事实;(2)必须有符合条件的股东向监事会、监事或者董事会、董事作出提议;(3)必须由公司监事会、监事或者董事会、董事提出诉讼;(4)必须以公司的名义提出诉讼。

(一)公司已提起的诉讼,股东不得再行提起股东代表诉讼

案例6.1 谭某兴与黎某炜、黎某芬、香河彩星经纬家居城有限公司,刘某董事、高级管理人员损害股东利益赔偿纠纷案

最高人民法院二审民事判决书认为:"谭某兴在本案中主张黎某炜、香河彩星经纬家居城有限公司(以下简称彩星公司)及黎某芬低价转受让案涉资产侵害其利益,其实质是主张黎某炜、彩星公司及黎某芬转让案涉资产侵害经纬公司的财产权益,并进而侵害其股权所代表的财产权益。本院认为,公司制度的核心在于股东的财产权与公司的财产权相互分离,股东以投入公司财产为代价获得公司的股权。股东对公司财产并不享有直接权利。经纬公司是案涉资产的所有权人,谭某兴仅对其投资享有股东权益,对公司的财产并不享有直接请求权。基于此,《公司法》第152条和第153条区分侵害公司权益与侵害股东权益两种情形,并分别作出不同的规定。《公司法》第152条规定,在董事、监事、高级管理人员执行公司职务时违反法律、行政法规或者公司章程的规定,给公司造成损失的,符合一定条件的股东有权要求公司监事、执行董事提起诉讼;在公司怠于提起诉讼时,符合一

定条件的股东才能提起公司代表诉讼。而本案中的经纬公司已经根据谭某兴的通知向彩星公司提起诉讼并形成河北省高级人民法院(2008)民二初字第21号案件,经纬公司在该诉讼中败诉。谭某兴依据《公司法》第152条所享有的权利已经行使,在此情形下,谭某兴再提起本案诉讼,其事实依据及法律理由仍然是案涉交易造成经纬公司损失并进而侵害其股东利益,显然不能成立。"①

(二)能够通过公司提起诉讼的不得提起股东代表诉讼

案例6.2 利高有限公司与辛某、陕西华建塑胶制品有限公司股东代表诉讼纠纷案

最高人民法院再审民事裁定书认为:"鉴于申请人的法定代表人与陕西华建塑胶制品有限公司(以下简称华建公司)的法定代表人系同一人,华建公司向本院出具的授权委托书加盖了公司印章,且李某胜作为华建公司的法定代表人在该授权委托书上签字确认,本案并无证据证明华建公司以自身名义提起诉讼在法律和事实上存在任何障碍,二审裁定驳回利高有限公司的起诉并无不当。"②

(三)公司介入诉讼的效果

案例6.3 大连天河大厦有限公司与被上诉人合肥百盛逍遥广场有限公司、狮贸控股有限公司、原审第三人大连天河百盛购物中心有限公司、原审第三人深圳市鑫辉实业有限公司股权转让纠纷案

大连天河大厦有限公司(以下简称大连天河公司)与狮贸控股有限公司共同出资成立大连天河百盛购物中心有限公司(以下简称大连百盛公司),后大连天河公司以狮贸控股有限公司操控大连百盛公司,把以深圳市鑫辉实业有限公司(以下简称深圳鑫辉公司)名义持有的鞍山百盛公司的股权转让给狮贸控股有限公司控股的关联企业合肥百盛逍遥广场有限公司(以下简称合肥百盛公司),侵害了大连百盛公司的利益为由,提起股东代表诉讼,诉讼中,大连百盛公司作为第三人参

① (2013)民一终字第126号民事判决书。

② (2013)民申字第2361号民事判决书。

加诉讼并认可大连天河公司的诉请。

关于该行为是否影响大连天河公司提起股东代表诉讼的问题，辽宁省高级人民法院认为："本案中大连天河公司认为案涉股权的转让侵犯了大连百盛公司的权益，且其在提起诉讼前向大连百盛公司的董事会递交了书面提起诉讼的请求，而大连百盛公司在收到书面请求后30日内未提起诉讼，此即符合了《公司法》第151条所规定的股东代表诉讼的条件。本案的股东代表诉讼正是由于大连百盛公司怠于行使诉权所提起。大连百盛公司在本案诉讼中为无独立请求权的第三人，大连百盛公司的请求权已被其股东大连天河公司代为行使，大连百盛公司在该诉讼中已经丧失了独立的请求权，不能放弃、变更诉讼请求。大连百盛公司因其与案件的处理结果具有法律上的利害关系而参加诉讼并发表意见的行为，并不能改变其怠于行使诉权的法律状态或法律后果。其以无独立请求权第三人的身份参加诉讼发表意见，不影响本案股东代表诉讼的成立。"①

（四）诉讼利益归公司

案例6.4　海航酒店控股集团有限公司与赵某海、陕西海航海盛投资有限公司、陕西皇城海航酒店有限公司损害公司利益责任纠纷案

陕西省高级人民法院二审民事判决书认为："海航酒店控股集团有限公司（以下简称海航控股公司）作为陕西皇城海航酒店有限公司（以下简称皇城酒店公司）母公司陕西海航海盛投资有限公司（以下简称海航投资公司）的控股股东，其对海航投资公司的运营、管理及人事具有实质的支配和控制能力，继而对于皇城酒店公司具有实际支配与控制权。作为对母、子公司经营活动均具有重要影响和控制能力的控股股东，海航控股公司应当忠实于公司并最大限度地以公司的利益作为行使权利的标准，若其怠于行使权利造成公司利益受损，其应承担相应的民事责任。在海航投资股东赵某海多次提出应将皇城酒店公司9~11层客房装修投入经营情况下，海航控股公司未作出有效回应，亦未采取有效措施防止损失产生，其应对皇城酒店公司因此造成的损失承担赔偿责任。故海航控股公司造成皇城酒店公司718.2万元的损失，该损失赔偿的利益应归属于皇城酒店公司，赵某海在

① (2014)辽民三终字第125号民事裁定书。

本案二审中对本案的胜诉利益归属皇城酒店公司表示认可。”①

二、追责方式之股东代表诉讼

《公司法》第151条第2、3款规定：“监事会、不设监事会的有限责任公司的监事，或者董事会、执行董事收到前款规定的股东书面请求后拒绝提起诉讼，或者自收到请求之日起三十日内未提起诉讼，或者情况紧急、不立即提起诉讼将会使公司利益受到难以弥补的损害的，前款规定的股东有权为了公司的利益以自己的名义直接向人民法院提起诉讼。他人侵犯公司合法权益，给公司造成损失的，本条第一款规定的股东可以依照前两款的规定向人民法院提起诉讼。”

从以上规定可以得出，股东代表诉讼需满足以下条件：(1)必须存在侵害公司利益的事实；(2)必须存在监事会、监事或者董事会、董事怠于履行职责维护公司利益的情况，但情况紧急的除外；(3)必须以股东自己的名义提出；(4)必须为公司利益进行诉讼，且诉讼利益归属公司。

(一)诉讼期间股东资格被解除，股东无权提起代表诉讼

案例6.5 上海高金股权投资合伙企业(有限合伙)诉许某荣、江苏省有色金属华东地质勘查局、第三人江苏华东有色投资控股有限公司等损害公司利益责任纠纷案

在该案中，上海高金股权投资合伙企业(有限合伙)(以下简称上海高金合伙企业)根据工商登记的信息(载明其为江苏华东有色投资控股有限公司持股12.13736%的股东)提起股东代表诉讼。最高人民法院认为：“上海高金合伙企业向一审法院起诉时依据《增资协议》和有关工商登记，证明其具有江苏华东有色投资控股有限公司股东资格，因此，一审法院受理本案并无不当。但在案件审理过程中，江苏华东有色投资控股有限公司股东会根据《增资协议》约定，在上海高金合伙企业未按《增资协议》约定缴纳第三期增资款，经过两次函告仍未缴纳的情况下，于2014年5月28日召开股东会年度会议并作出决议，以减少注册资本的形式解除了上海高金合伙企业的股东资格。根据《公司法》及相关司法解释的规定，有

① (2016)陕民终字第228号民事判决书。

限责任公司的股东会有权以股东会决议形式解除股东资格。江苏华东有色投资控股有限公司股东会年度会议关于解除上诉人股东资格的决议已经生效。然而，截至审裁定作出时，上海高金合伙企业并没有依法提起申请撤销股东会决议诉讼或申请确认股东会决议无效诉讼。因此，一审法院以上海高金合伙企业在本案中丧失了股东资格，无权提起股东代表诉讼，裁定驳回起诉，并无不当。”①

（二）股东代表诉讼的前置程序

在股东代表诉讼中，由大量的案例关注点集中在股东是否履行了《公司法》第151条规定的前置程序，即穷尽了公司内部的救济路径。按照最高人民法院的观点：“该前置程序是一项法定的强制性义务，只有存在情况紧急不立即诉讼公司将会受到不可弥补的损害的情形，才可免除前置程序。设定该前置程序的主要目的和意义，在于促使公司内部治理结构充分发挥作用，以维护公司的独立人格、尊重公司的自主意志以及防止股东滥用诉权、节约诉讼成本。”

案例6.6　青岛金天祺科技开发有限公司与航天信息股份有限公司、青岛航天信息有限公司与公司有关的纠纷案

最高人民法院民事判决书认为：“《公司法》第151条规定：有限责任公司合法权益受到他人侵犯，给公司造成损失的，股东在公司、董事会、监事会收到其提交的书面请求后拒绝提起诉讼的，有权为了公司的利益以自己的名义直接向人民法院提起诉讼。本案中，青岛金天祺科技开发有限公司（以下简称青岛金天祺公司）于2008年2月14日分别向青岛金穗公司董事会和两名监事发出《关于依法维护公司权益的函》，提出因航天信息股份有限公司将公司主营业务交其控股公司青岛航天信息有限公司（以下简称青岛航天信息公司），致使青岛金穗公司无法按照公司章程正常经营，系航天信息股份有限公司利用关联公司侵害了青岛金穗公司的权益，请求依法提起诉讼。在公司董事会和监事拒绝提起诉讼的情况下，青岛金天祺公司向一审法院提起本案诉讼，符合法律规定。原审判决将本案案由认定为股东代表诉讼纠纷正确，本院予以确认。”②

① （2014）民一终字第295号民事裁定书。

② （2015）民提字第123号民事判决书。

(三)"情况紧急"时前置程序的豁免

股东提起代表诉讼时是否具有《公司法》第 151 条所规定的"紧急情况",由法院在具体案件中根据案件情况予以认定。如在吴某建诉许某兴、北京普仁医院管理有限公司(以下简称普仁公司)损害公司利益责任纠纷案①中,许某兴占有普仁公司 90% 的股权并掌握公司印章,是普仁公司的控股股东,并且其与普仁公司之间存在关联交易。在股东之间因出资以及是否存在控股股东侵占公司资产等事情发生分歧的情况下,许某兴向北京市房山区人民法院申请对普仁公司进行破产。以上行为足以使吴某建有理由相信普仁公司出现了《公司法》第 151 条规定的紧急情况。故而,在该案中,两级法院均认为吴某建在普仁公司出现紧急情况下代表公司提起诉讼,于法有据,并无不当。

在公司印章、证照等资料被侵占的案件中,提起代表诉讼般不必经过前置程序。如在青岛市化学石油供销有限责任公司(以下简称青岛化学公司)与于某春诉讼纠纷案②中,青岛化学公司与于某春同为威海瀛海置业开发有限公司(以下简称瀛海公司)股东,且于某春担任瀛海公司法定代表人。依照瀛海公司董事会会议纪要,瀛海公司的印章、证照等应由青岛化学公司与于某春共同管理。于某春侵占瀛海公司印章证照不予归还,遂由青岛化学公司提起股东代表诉讼。山东省高级人民法院经审理认为,本案属符合"情况紧急、不立即提起诉讼将会使公司利益受到难以弥补的损害"的情形。

此外,清算阶段的代表诉讼,一般不必经过前置程序,已经发生解散事由公司的股东,能否提起代表诉讼,实践中一度存有争议。公司发生解散事由,即丧失正常从事商业活动的资格,此时虽具有法律人格,但已沦为清算法人,只能从事与公司清算有关的活动。在清算阶段,公司机关(如法定代表人、董事会、监事会)的职权已经被冻结而由清算组全面行使并履行清算职责。因此,提起股东代表诉讼,一般来说也无须再行经过前置程序。

(四)股东代表诉讼的管辖问题

多数法院包括最高人民法院,均认为股东代表诉讼属于侵权之诉,应依侵权

---

① (2009)二中民终字第 11811 号民事判决书。
② (2008)鲁民四终字第 103 号民事判决书。

行为地确定管辖法院。但对于公司和被告之间的仲裁条款是否约束股东代表诉讼，实务判例有不同的观点。从中国裁判文书网检索的案例情况来看，多数意见认为股东要受公司与第三人之间仲裁协议的约束，其主要理由大致包括两个方面：一是股东代表诉讼毕竟是股东在代表公司进行相关活动，应当受到公司与第三人之间协议的约束，其权利基础仍是公司与第三人之间的基础法律关系；二是最终利益成果归属于公司。

案例6.7　佛山市顺德区南华投资有限公司与佛山市天然气高压管网有限公司买卖合同纠纷案

广东省高级人民法院二审民事裁定书认为："佛山市顺德区南华投资有限公司（以下简称南华公司）在本案诉请判令佛山市天然气高压管网有限公司继续履行《天然气分销售合同》，该诉请事项应属于涉案仲裁条款所约定的'本合同项下引起的争议'，即属于仲裁事项。虽然南华公司不是《天然气分销售合同》的合同当事人，但港华公司就《天然气分销售合同》主张相关权益的权利是源于基础合同，现南华公司根据《公司法》第151条的规定，代表港华公司依据《天然气分销售合同》提起本案诉讼主张合同权益，只是在形式上代位行使港华公司所享有的请求权，其代位起诉所获得的诉讼利益直接归于港华公司。因此，南华公司代位提起本案诉讼，应受被代位人港华公司与佛山市天然气高压管网有限公司签订的《天然气分销售合同》中约定的仲裁条款约束，即本案所主张的事项应提交仲裁解决。"①

少数意见则认为，《公司法》第151条第3款有关"他人侵犯公司合法权益，给公司造成损失的，本条第一款规定的股东可以依照前两款的规定向人民法院提起诉讼"的规定已经明确排除了仲裁在股东代表诉讼中的适用，而且股东并非仲裁协议的一方当事人。

① （2016）粤民终字第468号民事裁定书。

案例6.8 北京合生北方房地产开发有限公司与中国融亿达资源投资有限公司企业借贷纠纷案

北京市高级人民法院二审民事裁定书认为:“中国融亿达资源投资有限公司(以下简称融亿达公司)以其与刘某、北京合生北方房地产开发有限公司(以下简称合生公司)签订的《合作协议书》中约定仲裁条款为由对院受理本案提出异议,认为本案不属于法院受理范围。合生公司认可该仲裁条款法有效,但主张该仲裁条款只能约束合生公司与融亿达公司,不能约束海盛公司,而本案系合生公司为了海盛公司利益而提起的企业借贷纠纷案件,不应适用该仲裁条款。对此问题本院认为,仲裁条款是当事人协商一致将纠纷提交仲裁解决的合意。仲裁条款的效力及于当事人、所选择的仲裁机构或仲裁庭以及法院,并分别产生仲裁条款对当事人的效力,对仲裁庭的效力和对法院的效力。因此,确定仲裁当事人的范围也就成为确定仲裁条款效力范围的关键。仲裁当事人是基于有效仲裁条款有权启动、参与仲裁程序并受仲裁裁决约束的当事方,确定仲裁当事人的实质标准是达成仲裁合意的人。立法对仲裁条款形式要件作严格规定,是出于对当事人意思自治的保护。自治性是仲裁不可动摇的根基,意思自治表明只有对仲裁达成合意的当事人才可以具有启动、参与仲裁程序的资格,只有参与了合意才能参与程序。进而本案涉及的仲裁条款中亦明确约定仲裁条款对合同甲方、乙方均有约束力。故海盛公司既非仲裁条款的签约方,亦非仲裁条款中明确约定受约束的当事人,故涉案的仲裁条款对海盛公司没有约束力。”①

无论《公司法》的相关司法解释,还是最高人民法院的相关指导性案例,均未就股东通过仲裁的方式发动股东代表诉讼作出明确规定或确认,这种规范上的缺失,导致实践中各地法院对该问题难以形成统一的意见。另外,股东毕竟不是仲裁协议的当事方,仲裁协议的效力能否扩张至股东,目前也缺乏《仲裁法》及《仲裁法司法解释》甚至最高人民法院相关批复、复函、答复上的依据。但是,正如前文所述,司法实践中已经形成了倾向性的意见,即股东应当受仲裁协议的约束。值得注意的是,这种意见已经被一些法院明确列入审判指引。例如,《广东省深圳市中级人民法院关于审理股东代表诉讼案件的裁判指引》(2015 年 10 月 15 日深圳

① (2016)京民终字第 34 号民事裁定书。

市中级人民法院审判委员会民事行政执行专业委员会第14次会议讨论通过)第3条规定:“公司与他人有书面仲裁协议,股东就仲裁协议规定的仲裁事项对他人提起股东代表诉讼的,人民法院应不予受理。”

第二节 股东损害其他股东利益的责任

《公司法》第20条第1、2款规定:“公司股东应当遵守法律、行政法规和公司章程,依法行使股东权利,不得滥用股东权利损害公司或者其他股东的利益;不得滥用公司法人独立地位和股东有限责任损害公司债权人的利益。公司股东滥用股东权利给公司或者其他股东造成损失的,应当依法承担赔偿责任。”

一、股东对其他股东权利的侵害类型

(一)侵害身份权

众所周知,公司股东身份的认定关系到投资人在以公司为联结点的法律关系体系运作过程中的权利配置与责任负担。除了股东身份确认之诉外,在各类股东权(如表决权、知情权、利润分配请求权、派生诉讼权等)的行使、股东会各类决议效力之异议等多类纠纷案件中,股东身份的认定标准都是一个重要的先决问题。实务中将冒用股东名义,伪造股东会决议上的签名认定对侵害股东身份权。

案例6.9 上诉人苏某谦、周某友、王某荣、金某二与被上诉人陈某、郑某成,原审原告邵某娜损害股东利益责任纠纷案

在该案中,苏某谦等四人明确陈某、郑某成侵权行为的表现为:“没有经过股东会,擅自改变238名股东的股份数额,并按照改变后的数额给在职股东分配红利,且按工龄每年增加21,600股,给在职股东和陈某、郑某成发放除工资之外的其他款项,损害了苏某谦等四人的‘所有者利益’。被上诉人陈某、郑某成提交的2005年10月25日公司《章程修正案》及股东会决议、2004年10月23日董事会会议摘要、2011年3月2日公司文件,证明对公司股权调整经过了股东会、董事会等会议,《章程修正案》也于2011年7月11日在工商部门备案。苏某谦等人认为陈

某、郑某成提交的证据均系伪造，根本就没有召开股东会等会议。”安徽省高级人民法院认为：“陈某作为公司董事长系本案损害股东利益责任之诉的适格被告，但苏某谦等人未提供证据证明上述股东会决议、董事会会议摘要、公司文件系陈某伪造，亦未提供证据证明股权调整和发放除工资之外的‘所有者权益’是陈某的个人行为，因此，苏某谦等四人诉请陈某作为公司董事长承担损害股东利益的赔偿责任，证据不足。”①

从法官的意见可知，如果苏某谦等四人有充足的证据证明陈某、郑某成提供的证据系伪造，陈某等人的行为则构成对苏某谦股东身份权的侵犯，其主张可能被支持。

（二）侵害重大事项决策权

案例6.10　福建省东门实业公司与福建邦辉集团有限公司、邦辉（集团）有限公司损害股东利益责任纠纷案

邦辉大酒店在福建省东门实业公司（以下简称东门公司）和福建邦辉集团有限公司（以下简称福建邦辉公司）、香港邦辉公司合资设立后一直由福建邦辉公司、香港邦辉公司承包经营，东门公司收取承包金而不参与经营。在福建邦辉公司、香港邦辉公司承包期间，邦辉大酒店两次向建行城北支行贷款共计本金12,760万元，并以土地使用权、房屋所有权提供抵押担保。福建省高级人民法院经审理认为：“以邦辉大酒店的土地使用权为抵押向银行申请12,760万元贷款属于重大事项，按照《中外合资邦辉大酒店章程》的规定，应由董事会决定。福建邦辉公司、香港邦辉公司作为实际控制邦辉大酒店的股东，以邦辉大酒店的名义向银行借款12,760万元，并以东门公司作为股东出资的土地使用权为抵押，该抵押贷款直接关系到东门公司的股东利益，因此福建邦辉公司、香港邦辉公司有义务通知东门公司委派的董事参加董事会或就上述贷款和抵押事宜征得东门公司同意。但有关《授权书》和《董事会决议》上只有福建邦辉公司、香港邦辉公司委派的董事签名，表明东门公司委派的董事并未参加董事会会议，福建邦辉公司也未能举证证明东门公司曾同意案涉抵押贷款事宜。因此，原审认定福建邦辉公司及

① （2015）皖民二终字第00054号民事判决书。

香港邦辉公司擅自以邦辉大酒店的土地使用权作抵押向银行借款的行为构成滥用股东权利，损害了东门公司的股东权利，应对东门公司的损失依法承担赔偿责任，并无不当。”①

（三）股权转让中侵害优先购买权

司法实践中，对于如何认定侵犯公司其他股东优先购买权的股权转让行为的效力，一直存在争议。鉴于《公司法》第71条第4款的规定，公司章程对于股权转让另有规定的，从其规定，因此，法律所规定的其他股东优先购买权并不属于强制性法律规则。实践中，法院认定侵害其他股东优先购买权无效的理由主要有以下两个：一是以合法的形式掩盖非法的目的，二是恶意串通损害国家、集体或者第三人利益。

从最高人民法院倾向性的司法观点来看，侵害其他股东优先购买权的合同应当认定可撤销而非无效。2012年5月10日，最高人民法院发布《关于审理买卖合同纠纷案件适用法律问题的解释》。该司法解释第3条第1款对于无权处分情况下的合同效力作出明确规定，即当事人一方以出卖人在缔约时对标的物没有所有权或者处分权为由主张合同无效，人民法院不予支持。根据“举重以明轻”的解释路径，可以得出侵害其他股东优先购买权的股权转让合同并不能归于无效的结论。

案例6.11　西电陕西陕开电器集团有限公司与陕西银河电力开关有限公司、陕西银河发展集团有限公司等股权转让纠纷案

2010年1月15日，陕西银河发展集团有限公司（以下简称银河发展公司）与南某利在西部产权交易中心签订产权转让合同，将其持有的陕西银河电力开关有限公司（以下简称银河电力公司）34.55%股权以182万元对价转让给南某利。银河电力公司章程第14条规定，任何一方转让其出资额，不论全部还是部分，都需经另一方同意。一方转让时，另一方有优先购买权。章程第15条规定，合营公司注册资本的增加、转让，应由董事会一致通过后，并报原审批机构批准，向原登记机构办理变更记录手续。西电陕西陕开电器集团有限公司（以下简称西电陕开公司）认为银河发展公司与南某利恶意串通，伪造2009年12月20日银河电力公司

① （2013）闽民终字第1025号民事判决书。

临时董事会决议,该股权转让应确认无效。西安市中级人民法院经审理后认为:"股东认为股权转让未征得其同意或者股权转让侵害了其优先购买权,该股东只能请求撤销股权转让合同;并且当股东行使撤销权时,还有一定的条件限制,即股东以未征得其同意或者股权转让侵害了其优先购买权为由请求撤销股权转让合同的同时,如果该股东不同意转让的,就应当购买。既不同意转让,又不购买该转让的股权,则撤销股权转让合同的请求不能成立。该案中,原告西电陕开公司主张股权转让合同为无效合同的主要理由就是银河发展公司、银河电力公司伪造董事会决议,在未征得其同意的前提下,擅自向第三方转让股权,侵害其优先购买权,且相关股权转让合同也未经审批机关批准。结合最高人民法院《关于审理外商投资企业纠纷案件若干问题的规定(一)》的相关规定,就该案而言,无论董事会决议是否系伪造,西电陕开公司以股权转让未征得其同意及优先购买权受到侵害而寻求司法救济的途径只能是主张撤销股权转让合同,并且应当按照向第三方转让的价格购买该转让的股权。西电陕开公司直接要求确认银河发展公司与第三方签订的产权转让合同为无效合同的诉讼请求,与法律规定不符,诉请相关主体承担连带赔偿责任亦缺乏法律依据。"①遂改判撤销原审判决,驳回西电陕开公司的诉讼请求。

(四)侵害财产分配请求权

在公司注销后,公司法人财产权消失,代之以股东的剩余财产索取权,此时提起损害股东利益责任纠纷更为普遍,但胜诉与否的关键就转化为证据问题,亦即滥用股东权利是否造成了公司财产的不正常损失、公司利润的不正常减少等。

案例6.12　蔡某1与蔡某2损害股东利益责任纠纷案

蔡某2与蔡某1系兄弟二人。2002年,蔡某2出资98万元、蔡某1出资102万元,设立达布尔公司,该公司经工商登记核准于2002年11月正式开业,蔡某1为法定代表人,蔡某2参与公司经营管理。自2006年起,蔡某2不再参与经营管理。在未经蔡某2同意的情况下,蔡某1于2009年8月28日在工商部门办理了达布尔公司的核准注销手续。蔡某2发现该情况后,即与蔡某1协商,双方就公

① (2015)西中民四终字第00180号民事判决书。

司剩余财产结算未达成一致，蔡某2遂向法院提起诉讼。江苏省苏州市中级人民法院审理后认为："达布尔公司在2003年1月至2006年1月，对常熟市杨园养路队、陈某文工地、潘阳工业园炜四路工程发生货款共计1,522,489元，且在财务账中均未发现有对以上3项目的销售和收款。蔡某2举证的收款收据，与审计报告的审计结果相冲突，不能证明其货款已经入账。上述货款并未记入达布尔公司财务账册，双方也未就收取的货款在账外进行过财物分配，更未在公司注销后作为剩余资产进行分配。本案中，达布尔公司由蔡某1、蔡某2共同出资设立，且已经注销登记。该公司的剩余资产，经过原审法院及苏州市中级人民法院裁判，已经分配完毕。因此，蔡某2就上述货款1,522,489元，在账外收款而未上交公司也未分配给蔡某1，侵害了作为股东的蔡某1的合法利益，理应由蔡某2根据蔡某1在达布尔公司的股份比例，赔偿其相应经济损失。"①

二、股东侵害其他股东的优先购买权

有限责任公司的股东优先购买权一直是公司法的重要制度之一，其事关平衡股权受让第三方的交易利益与有限责任公司人合性适度维持的关系，同时也关乎股东对自身财产处分的权利。在商业活动中，股东优先购买权行权中牵涉一系列实务问题，也是股权转让纠纷中的频发风险点之一，下面将从转让股东如何完成规定的通知程序、侵害股东优先购买权转让合同的效力、优先购买权损害救济三个方面进行简要探讨分析。

（一）股东优先购买权

有限责任公司的股东大多基于相互间信任而共同投资经营，因而有限责任公司具有较强的人合性和封闭性，基于此，公司股东在对外转让股权时，法律对转让行为制定了限制规则。《公司法》第71条对股东优先购买权作出原则性规范。

（二）股权优先购买权的行使

《公司法》虽然规定了股东优先购买权的制度，但是对于权利行使规范的不明确一度导致司法实践困惑。《公司法司法解释四》对股东优先购买权行权制度进

---

① （2015）苏中商终字第01759号民事判决书。

行了细化规定。

1. 通知方式

为保障股东优先权的行使，股东对外转让股权需就转让事宜书面通知其他股东，经其他股东过半数同意。随着社会通信技术的不断发展，书面通知的方式不再满足于交易效率和便捷的要求，在《公司法司法解释四》第17条，将通知方式进一步扩大，除书面通知外，增加了“其他能够确认收悉的合理方式”，适应技术发展以更有效实现《公司法》第71条对于转让通知的立法目的。

2. 通知次数和内容

《公司法》第71条对通知的内容有两层含义，一是转让股东就对外转让意向的表达，二是转让股东对转让条件的告知。根据该条规定，结合实务操作，是否需要进行两次通知才能完成通知程序？关于此问题，有的学者认为，转让股东需要履行两次通知义务，即是将前述通知内容拆分开，待股东对外转让意愿得到其他股东过半数同意后，再将转让的同等条件告知其他股东，在其他股东未同意对外转让前，对外转让同等条件不存在谈判的可能。我们倾向认为这种通知程序没有理论依据，也不符合公司实践，股东优先购买权行使的前提便是股东对外转让股权，且该制度旨在维护公司人合性，但并不限制股东自由处分其持有的股权以获得经济价值，其他股东对人合性的维持可以在同等条件交易上实现，并非有权禁止转让股东对外转让行为。实践中，股东转让股权时，与其他股东之间以及第三人之间就股权转让事宜通常经历反复多次的协商，限定通知次数和每次通知内容没有可操作性。《公司法司法解释四》第17条中也并没有就通知次数和每次通知的内容作出限制和要求，转让股东可以选择一次性将转让的主要条件和相关事宜通知其他股东。优先购买权行使的核心在于，无论通知次数和通知内容有何差异，但其他股东有权知晓对外转让股权的同等条件，在其他股东未获知同等条件前，其他股东优先购买权无法行使，行权缺乏前提，期限并不起算。

案例6.13　章某兰、徐某东股权转让纠纷案

法院认为，股东行使优先购买权的前提是通知其他股东拟对外转让股权的同等条件，在转让股东与第三人关于转让股权的数量、价格、支付方式及期限等因素未确定前，其他股东行使优先购买权的条件未成就。

股东行使优先购买权的前提是，拟出让股东与股东以外的人已经就股权转让达成合意，该合意不仅包括对外转让的意思表示，还应包括《公司法司法解释四》第18条所规定的转让股权的数量、价格、支付方式及期限等因素在内的完整对价。在本案中，虽然上诉人向两被上诉人发送的《股权转让通知书》确有拟转让股权的数量、价格、支付方式及拟受让的主体等内容，但从上诉人得知两被上诉人主张优先购买权后即通知拟受让人是否愿意参与竞价，而拟受让人则以发布竞价通知的方式作出欲以较高价格受让股权的意思表示这一过程来看，说明上诉人在向两被上诉人发送《股权转让通知书》时，其与案涉股权拟受人就股权转让的价款并未最终达成合意；同时，在本案中，亦无证据能够证实上诉人与案涉股权拟受让人之间存在以欺诈、恶意串通等手段，损害其他股东优先购买权的情形。因此，可以认定两被上诉人行使股东优先购买权的前提条件，并未成就。[①]

（三）侵害股东优先购买权的转让合同效力

转让股东未通知其他股东或者通知程序未履行完全，侵害股东优先购买权情况下，转让股东与第三方签署的股权转让合同效力认定在司法判例中曾有各种不同观点，包括有效说、无效说、可撤销等。有效说认为，《公司法》第71条规定不属于效力性强制性规定，且对外转让的合同继续有效也不损害国家和社会公共利益，比如青海高院（2014）青民再终字第6号判决书；无效的观点认为，转让股东与第三方的合同侵害了其他股东优先购买权，破坏了公司人合性的基础，比如山东高院（2012）鲁商终字第65号判决书；可撤销的观点认为，股东优先购买权受到侵害后，被侵害股东有权提出撤销股东与第三人之间的合同，该权利属于请求权，比如山东高院（2014）鲁民提字第6号判决书。《公司法司法解释四》第21条虽没有明确规定此种情形合同的效力，但对此问题，杜万华法官在答记者问中回应，此类合同效力，不能仅因损害股东优先购买权而认定合同无效或可撤销，应当严格依照合同法的规定对效力进行认定。2019年《全国法院民商事审判工作会议纪要》（以下简称《九民纪要》）第9条，将这一观点确定下来，即与第三方转让合同原则上有效，存在《民法典》效力认定的其他情形，则按照《民法典》规则认定。

《九民纪要》第9条规定："审判实践中，部分人民法院对公司法司法解释

① （2019）浙11民终1627号民事判决书。

（四）第 21 条规定的理解存在偏差，往往以保护其他股东的优先购买权为由认定股权转让合同无效。准确理解该条规定，既要注意保护其他股东的优先购买权，也要注意保护股东以外的股权受让人的合法权益，正确认定有限责任公司的股东与股东以外的股权受让人订立的股权转让合同的效力。一方面，其他股东依法享有优先购买权，在其主张按照股权转让合同约定的同等条件购买股权的情况下，应当支持其诉讼请求，除非出现该条第 1 款规定的情形。另一方面，为保护股东以外的股权受让人的合法权益，股权转让合同如无其他影响合同效力的事由，应当认定有效。其他股东行使优先购买权的，虽然股东以外的股权受让人关于继续履行股权转让合同的请求不能得到支持，但不影响其依约请求转让股东承担相应的违约责任。"

（四）优先购买权的损害救济

下面笔者围绕股东对外转让股权中两类不同主体的救济进行分析。

1. 侵害股东优先购买权

《公司法司法解释四》第 21 条赋予了其他股东享有强制缔约以行使优先购买权的权利，充分体现了立法保护的法益。该第 21 条第 1 款中但书部分则是出于维护公司稳定性的考虑。如果股权变动已然达到一定期间，新股东与原有股东之间形成了新的人合性，再次变动反而不利于公司的稳定经营。总结来讲，股权未变更登记情形下，股东可以在 30 日内要求行权；股权已经变更的，又分为两种情形：变更超过一年的，无法主张优先购买权；变更一年内的，股东仍可在 30 日内要求行使优先购买权。

侵犯优先购买权股东主张损害赔偿应按照《民法典》的规定，证明转让股东存在侵害行为、其受有损失、侵害行为与其所遭受损失之间有因果关系，以及侵权人具有过错。

案例 6.14　甘肃兰驼集团有限责任公司、兰州常柴西北车辆有限公司侵害企业出资人权益纠纷案

最高人民法院认为：《侵权责任法》第 6 条第 1 款（《民法典》第 1165 条）规定，行为人因过错侵害他人民事权益，应当承担侵权责任。侵权责任以过错责任为基本原则，只有在法律特别规定时才适用无过错责任原则或过错推定原则。据此，被侵权人提出侵权损害赔偿，应证明存在侵害行为、其受有损失、侵害行为与其所遭受之损失之间有因果关系以及侵权人具有过错。就本案而言，甘肃兰驼集团有限责任公司（以下简称兰驼公司）以其股东优先购买权遭受侵害为由提起损害赔偿之诉，其认为，由于常柴银川公司、万通公司以及兰州常柴西北车辆有限公司（以下简称西北车辆公司）恶意串通，导致万通公司非法实际控制经营西北车辆公司，造成公司亏损，从而损害其权益。对此，兰驼公司须证明西北车辆公司、常柴银川公司、万通公司存在共同侵权行为，还须证明该行为与西北车辆公司经营亏损之间有因果关系，西北车辆公司、常柴银川公司、万通公司对公司亏损存在共同过错，且兰驼公司有实际损失。①

2. 第三人因股东行使优先购买权后的救济

在其他股东行使优先购买权之后，而转让股东与第三人之间的股权转让合同有效，该合同便面临履行不能的情况。此时，应适用《民法典》第 580 条规定：法律上不能履行的非金钱债务，对方不得要求履行，因此第三人可以通过行使继续履行合同以外的其他权利，要求转让方承担违约责任，这也符合《九民纪要》第 9 条的规定。此外，有观点认为，对外受让方是善意第三人的，应适用善意取得，否则出让股东单方欺诈情形下，第三方仅能主张损害赔偿略显不公且不利于交易安全。但从现行司法解释和《九民纪要》来看，无过失的第三人并不适用善意取得，优先购买权行权体系目的在于保护公司的人合性，而非保护第三人受让股权的权利。

三、董事、高管、法定代表人损害股东利益

《公司法》第 152 条规定："董事、高级管理人员违反法律、行政法规或者公司章程的规定，损害股东利益的，股东可以向人民法院提起诉讼。"

案例 6.15　陆某燕与胡某峰损害股东利益责任纠纷案

胡某峰与陆某燕原系夫妻。1995 年 9 月 11 日，胡某峰与陆某燕共同出资设立上海贝亨实业有限公司（以下简称贝亨公司），2000 年 7 月 11 日二人离婚后，因贝亨公司财产分割事由诉至法院。陆某燕在本案原审中述称，双方在离婚诉讼中进行的审计结束时，由其从会计师事务所取回了贝亨公司的所有会计账簿和凭证等，存放在贝亨公司原先租用的厂房中，此后便不知所踪。上海市第二中级人民

① （2018）最高法民终 82 号民事判决书。

法院认为:“虽然胡某峰与陆某燕同为贝亨公司股东,且同在公司从事管理工作,但陆某燕作为贝亨公司法定代表人,并在贝亨公司停止经营且股东发生矛盾后,理应尽责保管好公司财务账册等资料,但其未能尽到该项义务,以致贝亨公司清算不能,在有证据证明贝亨公司存在隐瞒销售收入和虚列债务的情况下,陆某燕应对胡某峰承担相应的赔偿责任。”①

需要注意的是,监事不是损害股东利益责任诉讼的适格被告。根据《公司法》第216条的规定,公司高级管理人员,是指公司的经历、副经理、财务负责人,上市公司董事会秘书和公司章程规定的其他成员。可见,监事不是公司法意义上的高级管理人员。

侵害股东利益的主体为股东、董事、高管、法定代表人,但并非上述主体实施的所有行为均可认定为侵害了股东利益。法院在裁判时认为,股东依法行使表决权作出的股东会决议侵害了股东利益,不能认定为属于其他股东侵害股东利益的情形。公司董事、高管、法定代表人履行职务给股东造成的损害以及因决策失误给股东造成的损失不能认定为侵害股东利益的行为。

四、损害股东利益责任的程序问题

(一)管辖法院的确定

损害股东利益责任纠纷之诉的法院管辖问题,在实践中也存在较大争议。

1. 公司住所地法院管辖

有观点认为,该诉是与公司有关的纠纷,应由公司住所地人民法院管辖。其依据的规范如下:《民事诉讼法》第26条规定:“因公司设立、确认股东资格、分配利润、解散等纠纷提起的诉讼,由公司住所地人民法院管辖。”《民事诉讼法司法解释》第22条规定:“因股东名册记载、请求变更公司登记、股东知情权、公司决议、公司合并、公司分立、公司减资、公司增资等纠纷提起的诉讼,依照民事诉讼法第二十六条规定确定管辖。”

司法实务中,法院处理管辖问题也大多以此为标准。

---

① (2013)沪二中民四(商)终字第957号民事判决书。

案例6.16　安徽元一房地产发展有限公司、柏庄置业有限公司损害股东利益责任纠纷案

安徽省高级人民法院在民事裁定书中进一步作出了解释："虽《民事诉讼法》第26条及最高人民法院《关于适用〈中华人民共和国民事诉讼法〉的解释》第22条所列举的公司纠纷未包含损害股东利益责任纠纷，但因案涉纠纷属于与公司有关的纠纷，受《公司法》调整，故应以《民事诉讼法》第26条确定管辖。"①

2. 被告住所地、侵权行为实施地或结果发生地法院管辖

提起该诉的请求权性质为侵权请求权，根据《民事诉讼法》第28条的规定，因侵权行为提起的诉讼，由侵权行为地或者被告住所地人民法院管辖。《民事诉讼法司法解释》第24条规定，《民事诉讼法》第28条规定的侵权行为地，包括侵权行为实施地、侵权结果发生地。因此，损害股东利益责任纠纷之诉的管辖法院可以是侵权行为实施地、侵权结果发生地以及被告住所地法院。

案例6.17　南京骏发电子有限公司与李某敏损害股东利益责任纠纷管辖权异议案

江苏省高级人民法院支持了侵权行为地法院有权管辖的观点，并认为："南京骏发电子有限公司（以下简称骏发公司）起诉认为李某敏违反双方合作成立的维信公司的公司章程给其造成损失，且骏发公司和维信公司的住所地均在江苏省南京市，故南京市属于法律规定的侵权行为地，一审法院对本案享有管辖权。"②

案例6.18　秦皇岛万祥铝业有限公司、内蒙古霍林河煤业集团有限责任公司损害股东利益责任纠纷案

河北省高级人民法院也支持了侵权行为地法院有权管辖的观点，并认为："本案系因为公司股东滥用股东权利给其他股东造成损失引发的纠纷，案由应确定为损害股东利益责任纠纷案件。本案被告住所地及侵权行为地均在内蒙古通辽

① （2019）皖民辖终26号民事裁定书。

② （2017）苏民辖终311号民事裁定书。

市辖区，上诉人与被上诉人出资设立的内蒙古霍煤万祥铝业有限责任公司住所地亦在内蒙古通辽市辖区，同时本案诉讼标的额已经达到内蒙古所辖中级人民法院一审民商事案件管辖标准，因此内蒙古通辽市中级人民法院对本案有管辖权。”①

因此，公司所在地、被告所在地、侵权行为地以及侵权结果地均能够作为确定管辖法院的依据，相互之间是并列关系，而非排斥关系。至于如何选择，取决于如何理解这一纠纷所涉法律关系的性质，以及何处法院管辖对原告最便利。当然，也要注意司法实践中各地法院的不同认识，起诉之前有必要检视各地的审判实践。

（二）原告的确定

损害股东利益责任纠纷之诉的原告必须是利益受损的公司股东，对于非股东提起的诉讼，法院一般驳回其诉讼请求。因此，提起损害股东利益责任纠纷之诉，需先行通过其他方式确认股东资格。实践中，以下几种类型无法被认定为适格原告。

1. 隐名股东不是适格原告

隐名股东虽有代持协议，但并非此类纠纷的适格原告。

案例 6.19　许某力、蒋某祥损害股东利益责任纠纷案

河北省高级人民法院认为：“从邢台市工商行政管理局调取的新世纪公司工商注册登记档案显示，新世纪公司于 2000 年 3 月 28 日申请设立，于 2012 年 2 月 10 日被邢台市工商行政管理局吊销营业执照，在被吊销营业执照之前，该公司股东为邢台矿业（集团）有限责任公司、蒋某祥、逯某阳、贺某祥。原告许某力并非该公司登记的股东，许某力亦没有提交足以证明其是新世纪公司股东的证据，因此诉讼主体不适格。”②

---

① （2018）冀民辖终 99 号民事裁定书。

② （2018）冀民申 6736 号民事裁定书。

案例6.20　钟某业、肇庆市汉邦石油有限公司损害股东利益责任纠纷案

广东省高级人民法院指出："本案系损害股东利益责任纠纷，争议焦点在于钟某业是否仍是肇庆市汉邦石油有限公司（以下简称汉邦公司）的股东及享有股东权利的问题。二审法院认定刘某群已取得钟某业在汉邦公司的90%股权，有事实与法律依据，并无不当。虽然钟某业只是将其80%股权办理工商变更登记给刘某群，剩余10%股权没有办理工商变更登记，但该工商变更登记事项属于合同履行问题，刘某群的股东权利的实际取得与行使并不以工商变更登记程序完成为条件，且在签订转让协议后的16年期间，钟某业一直没有对汉邦公司及刘某群提出主张任何股东权利，也没有承担股东义务，亦没有对汉邦公司作任何投入和参与经营。因此，二审法院认为钟某业从2002年8月起不具有汉邦公司的股东资格，无权行使股东权利，符合本案的实际情况和法律规定，亦无不当。"①

2. 未办理变更登记的股权继承人不是适格原告

继承人基于继承可取得公司股权，但是，如果尚未取得完整的股权，比如尚未办理工商变更登记，则继承人并非这类纠纷的适格原告。

案例6.21　薛某荣、张某莲、江某亮损害股东利益责任纠纷案

2013年11月，原告黄某之夫康某向被告江某亮支付600万元购买获得了第三人莲花公司33%的股权用于开发"景德镇市莲花公益性项目"，并经工商局登记。2015年3月2日康某去世，薛某荣、张某莲、江某亮即终止了上述项目的开发。原告黄某认为三被告的行为导致其投资意愿落空，侵害了其权益。法院认为："虽然莲花公司章程中没有关于股东身份限制的规定，但原告黄某继承的只是股权中的财产权部分，而非当然承继该公司的股权份额，其要取得公司法上完整意义的股权，尚需完善法律规定的相关程序。到目前为止，原告黄某尚未取得该公司法律意义上的股东资格，即以莲花公司股东身份向本院提起损害股东利益之诉，属主体不适格。"②

① （2019）粤民申6871号民事裁定书。

② （2018）赣民再170号民事裁定书。

3. 基于离婚分得股权的股东配偶方(未办理变更登记)不是适格原告

配偶方可基于离婚分得股权,但是如未办理变更登记,仍非这类纠纷的适格原告。

案例 6.22 崔某环与李某山损害股东利益责任纠纷案

东赵公司成立于2002年7月23日,股东为李某山、秦某起、秦某增。2011年4月14日秦某起去世。崔某环提交离婚证一份、离婚协议书一份,证明其与秦某起已办理离婚登记,协议约定东赵公司股份归其所有。离婚证登记日期显示为2010年9月29日。离婚协议书的日期显示为2010年9月29日。但秦某生(秦某起之父)、秦某英(秦某起之母)称崔某环一直隐瞒2010年与秦某起离婚的事实,二人不同意秦某起的股份归崔某环所有。北京市朝阳区人民法院经审理后认为:"东赵公司工商登记的股东为李某山、秦某增、秦某起,崔某环提交的离婚协议书中虽载明,'东赵公司股权归其所有',但崔某环并不因此就必然取得股东资格。现李某山及秦某起的父母对于崔某环的股东身份均提出异议,故在崔某环的股东资格存在争议的情况下,应当先行提出确认股东资格之诉。"①

4. 其他情形

还有其他一些情形,比如在股份公司中,所谓的股东仅持股权证却无缴款凭证也未被记载于股东名册中,会被认定为不具有原告资格。

案例 6.23 王某坤、成都欣辉格林利科技有限公司损害股东利益责任纠纷案

四川省高级人民法院认为:"根据法律规定及原华升股份公司章程相关内容,阮某龙仅凭《股权证》主张股东权利,在公司章程没有将其记载为发起人,亦无其他缴款凭证以及发起人股票、股东名册相印证的情况下,原审判决对其股东身份不予认定并无不当。"②

① (2018)京0115民初字第15431号民事裁定书。

② (2018)川民申5906号民事裁定书。

第三节　股东损害债权人利益的责任

一、滥用法人人格与股东有限责任

公司具有独立的人格，表现为其作为独立的商事主体，公司财产与股东财产严格区分。股东以认缴的出资为限对公司的债务承担责任，公司以其全部资产对外承担责任。但在例外的情况下，法律可能揭开公司面纱否认公司所具有的独立人格，责令股东对公司的债务承担连带责任；或者在法律上将数个关联公司视为一体，共同对外承担法律责任。这就是公司法理论中所谓的"揭开公司面纱"或者"法人人格否认"制度。

法人人格否认的具体规定体现在《公司法》第 20 条第 3 款和第 63 条。第 20 条第 3 款规定："公司股东滥用公司法人独立地位和股东有限责任，逃避债务，严重损害公司债权人利益的，应当对公司债务承担连带责任。"《公司法》第 63 条规定："一人有限责任公司的股东不能证明公司财产独立于股东自己的财产的，应当对公司债务承担连带责任。"

（一）滥用法人人格损害债权人利益

案例 6.24　咸阳金钻理财资讯有限公司、赵某华、杨某华与解某鹏股东损害公司债权人利益责任纠纷案

陕西省高级人民法院法官认为："赵某华、杨某华通过制作虚假工作表的方式证明咸阳金钻理财资讯有限公司（以下简称金钻公司）的注册资金系用于发放员工工资的合法用途，且对公司的基本账户进行了销户，造成金钻公司无法清偿债务，赵某华、杨某华的行为符合《公司法》第 20 条规定的公司股东滥用公司法人独立地位和股东有限责任，逃避债务，严重损害公司债权人利益的情形，一、二审法院判决赵某华、杨某华向解某鹏连带偿还金钻公司的债务 223,000 元结果适当。"①

① （2016）陕民申 733 号民事裁定书。

(二)一人有限公司股东举证责任倒置

案例6.25　梓潼县聚源担保有限公司诉梓潼县凤凰建材有限公司、谢某牛等担保追偿权纠纷案

该案中,梓潼县凤凰建材有限公司(以下简称凤凰建材公司)(一人有限公司,股东为谢某牛)在2011年4月13日向梓潼县农村信用合作联社公司金融业务部贷款200万元,借款期限为一年,由梓潼县聚源担保有限公司(以下简称聚源担保公司)为其提供了信用担保。但该笔借款到期后,凤凰建材公司拒不履行还款义务,聚源担保公司代其将200万元贷款予以归还。现聚源担保公司向凤凰建材公司追偿200万元的款项。四川省高级人民法院经审理后认为:"谢某牛作为一人有限责任公司的股东,是否应当对公司债务承担连带责任,取决于其能否证明公司财产与个人财产是相互独立的。本案中,谢某牛提供了凤凰建材公司的纳税申报表、资产负债表、利润表等财务报表以及《审计报告》等证据证明凤凰建材公司的财产独立于股东谢某牛个人财产。首先,纳税申报表、利润表、资产负债表等财务报表及《审计报告》仅能反映公司在经营过程中某一特定时期财务状况、资金筹集、运用、收益分配等事实,并不能证明公司财产独立于股东财产;其次,《审计报告》附表中载明'公司无未决诉讼',事实上2012年8月梓潼县人民法院即依聚源担保公司的申请对凤凰建材公司进行了查封,后又裁定将案件移送绵阳市中级人民法院审理。该事实说明凤凰建材公司明知2012年有未决诉讼,而不予披露。凤凰建材公司及谢某牛提供的在案证据尚不足以证明凤凰建材公司财产独立于股东谢某牛自己的财产;应依照《公司法》第63条的规定,判决谢某牛对于凤凰建材公司的债务承担连带责任。"①

(三)关联公司共同对债权人承担连带责任

关联公司的人员、业务、财务等方面交叉或混同,导致各自财产无法区分,丧失独立人格的,构成人格混同;关联公司人格混同,严重损害债权人利益的,法院也会否认其法人人格。但这种情况下我们无法从《公司法》第20条第3款的规定

① (2013)川民终字第715号民事判决书。

中找到依据,这时便需要适用法律原则。事实上,法人人格否认制度的法理基础可以溯源至民法中的诚实信用原则。这也就不难理解我国法院在适用法人人格否认的案件中为何总是援引《民法通则》第 4 条(2021 年被《民法典》废止,现《民法典》第 7 条规定了诚实信用原则),而不是直接适用《公司法》第 20 条的规定。

案例 6.26　徐工集团工程机械股份有限公司诉成都川交工贸有限责任公司等买卖合同纠纷案

该案为最高人民法院第 15 号指导案例。法院即是以原《民法通则》第 4 条的规定作为判决的法律依据。最高人民法院公布的裁判要旨为:"关联公司的人员、业务、财务等方面交叉或混同,导致各自财产无法区分,丧失独立人格的,构成人格混同。关联公司人格混同,严重损害债权人利益的,关联公司相互之间对外部债务承担连带责任。"①

案例 6.27　中国信达资产管理公司成都办事处诉四川泰来装饰工程有限公司、泰来房屋开发有限公司、泰来娱乐有限责任公司借款担保合同纠纷案

此案中,最高人民法院即以"装饰公司、房屋公司、娱乐公司股权关系交叉,系由同一公司投资设立,三家公司在同一地址办公、法定代表人相同、联系电话相同,财务管理人员在一段时期内相同……(三家公司)构成人格混同,其行为违背了法人制度设立的宗旨和诚实信用原则"为由,判令三家公司对外承担连带责任。②

二、股东抽逃出资

抽逃出资的股东应对公司债权人承担补充清偿责任,但在债权人要求抽逃出资的股东承担民事责任的案件中,作为原告的债权人往往有举证方面的困难和障碍。这是因为,通常情况下抽逃出资的行为不易被外人察觉,公司的业务往来账册、资产负债表等关键证据均保存于公司内部,因而使得司法实务中认定抽逃出

① (2011)苏商终字第 0107 号民事判决书。

② (2008)民二终字第 55 号民事判决书。

资存在一定的难度。为此,《公司法司法解释三》做了列举性规定,公司成立后,公司、股东或公司债权人以相关股东的行为符合下列情形之一且损害公司权益为由,请求认定该股东抽逃出资的,人民法院应予支持。

(一)将出资款转入公司账户后又转出

案例6.28 长春市商业银行北国支行与新产业投资股份有限公司、吉林省商务厅等借款合同纠纷案

最高人民法院在终审判决的裁判要旨中明确:"出资人从公司收回资金,在其没有证据证明除注册资金外,另有其他形式资金投入公司的情况下,应当认定出资人收回的资金系公司资产的组成部分,出资人的行为属于抽逃公司资产,对于公司对外所负债务,公司首先应以其自有财产清偿,如果公司的财产不足以清偿债务,出资人应当承担相应的赔偿责任。"①

(二)制作虚假财务会计报表虚增利润进行分配

在公司不具备分配盈余条件的情况下进行盈余分配,或者向股东分配的盈余超过公司当期可分配的盈余与公司提取法定公积金的总和,即应当认定为抽逃出资。如在姜某先诉昌邑市华新矿业有限公司股东资格确认案②中,法院即认定被告华星矿业有限公司自成立以来一直按照每百元每月两元支付股东股息的做法属于变相抽逃出资。

(三)通过虚构债权债务关系将其出资转出

案例6.29 湖北省建工第五建设有限公司厦门分公司诉庄某某、第三人厦门嘉隆房地产开发有限公司等股东滥用公司法人独立地位和股东有限责任赔偿纠纷案

在该案中,法院查明,作为厦门嘉隆房地产开发有限公司(以下简称嘉隆公司)注

① (2007)民二终字第215号民事判决书。
② (2009)鲁民再字第4号民事判决书。

册资本金的1991.2万港元汇入嘉隆公司后，即大量地以“借款”等名义退还投资单位。法院同时明确，股东与公司之间的款项往来属于借款还是抽逃出资，应从有无借款合同、有无还款期限、有无支付利息、公司是否催讨债务、有无担保、公司有无召开董事会或股东会讨论进出款项的数额大小及款项进出的时间关系等方面综合进行判断。但被告庄某某以及第三人嘉隆公司均未能举证证明嘉隆公司与所谓的投资单位之间存在借款合同、担保合同、还款期限、利息支付以及公司就所谓的借款召开董事会或股东会予以讨论的事实。因此，嘉隆公司股东庄某某的行为属于抽逃出资而非借款。①

（四）利用关联关系抽逃出资

案例6.30　大柴旦西海化工有限责任公司等诉青海昆仑矿业有限责任公司股东知情权、盈余分配权纠纷案

在该案中，被告青海昆仑矿业有限责任公司在大股东操控下，以公司盐田为出资成立子公司青海昆仑盐湖开发有限公司，并将盐田租赁给其控股股东。而被告青海昆仑矿业有限责任公司的盐田本身就是由其控股股东出资而来的，实际上就是控股股东将盐田出资后又变相地自己使用，属于利用关联关系抽逃出资的情形。②

（五）其他抽逃出资的行为

司法解释难以将抽逃出资的情形一一列举，故设置此兜底条款。

案例6.31　张某某诉常德市美丽房产有限公司民间借贷纠纷案

法院认定股东将公司对外投资形成的股权转让给自己，构成抽逃出资。该案的基本案件事实是，常德市美丽房产有限公司（以下简称美丽房产公司）以酒店房产等实物出资2100万元与陈某军货币出资900万元于2009年4月7日注册成立托斯卡纳公司。4月16日，陈某军、黄某（均系美丽房产公司股东）即与美丽房产公司签订股权转让协议，将美丽房产公司在托斯卡纳公司的股权转至自己名下，

① (2009)厦民初字第260号民事判决书。
② (2005)青民二终字第19号民事判决书。

并进行工商登记。湖南省高级人民法院经审理后认为:"陈某军作为美丽房产公司股东,其将公司对外投资形成的股权转让给自己,足以使债权人对其抽逃出资产生合理怀疑,其应当在未能证明自己足额出资1200万元的本息范围内对公司债务不能清偿部分承担补充赔偿责任。"①

三、清算程序中股东或清算人员的赔偿责任

公司清算属于退出市场的方式,这时公司的财产很可能已经低于债权总额,因此需要对债权人的利益进行特殊保护。清算责任纠纷,是指有限责任公司的股东、股份有限公司的董事和控股股东以及公司的实际控制人未在法定期限内成立清算组进行清算,导致公司财产贬值、流失、毁损或者灭失;或者因怠于履行义务,导致公司主要财产、账册、重要文件等灭失,无法进行清算;或者恶意处置公司财产,给债权人造成损失;或者未经清算即办理注销登记,甚至以虚假的清算报告骗取公司登记机关办理法人注销登记,以及存在其他违反公司法和司法解释规定的行为,公司债权人有权向有限责任公司股东、股份有限公司董事和控股股东、公司实际控制人以及其他负有清算义务的人员提起清算责任纠纷诉讼。

(一)股东怠于履行清算义务

案例6.32　梁某洪、罗某洪等与潘某源、田某单清算责任纠纷案

广东省高级人民法院认为:"股东依法负有清算义务。根据《公司法》第184条的规定,在公司解散事由出现之日起15日内,股东应当成立清算组,对公司进行清算。佛山市石湾新科迪陶瓷有限公司于2010年1月被吊销营业执照。本案事实表明,4申请人作为股东,未能依法成立清算组,亦未能向法院提交用以清算的公司主要账册和重要文件。虽然申请人提交的证据初步显示公司部分账册和重要文件被公安部门扣留,但是这些账册及重要文件尚不能满足清算要求,直至本院再审审查时止4申请人仍未能向法院提交自公司成立至吊销营业执照时止公司的其他主要账册和重要文件。由于申请人怠于履行清算义务导致公司大部分的账册和重要文件等灭失,无法进行清算,故二审法院判决4申请人对公司债

① (2015)湘高法民一终字第9号民事判决书。

务承担连带清偿责任符合法律规定。”①

（二）以虚假的清算报告骗取注销登记

案例6.33　林某洋、林某等与林某洋、林某等清算责任纠纷案

最高人民法院再审民事裁定书认为：“本案中，申请人林某洋和林某夫妻作为康宇公司、永恩公司仅有的两名股东，分别担任两公司的法定代表人，在自行清算的过程中，在明知该两公司的资产不足以清偿案涉烟台银行债权的情况下，既未通知烟台银行申报债权，亦未依法向人民法院申请进行破产清算，反而以虚假的清算报告骗取公司登记机关办理了注销登记，其行为损害了债权人烟台银行的利益，依法应当认定为故意侵权行为。本案中，申请人林某洋、林某自行实施的违法清算行为，系对法人独立地位和股东有限责任的滥用，既不能产生债务人康宇公司和永恩公司免于清偿部分债务的法律后果，同时，作为股东的林某洋、林某也不再受到股东有限责任原则的保护。《公司法》第20条第3款规定：‘公司股东滥用公司法人独立地位和股东有限责任，逃避债务，严重损害公司债权人利益的，应当对公司债务承担连带责任。’据此，申请人林某洋、林某应当对康宇公司和永恩公司的全部债务承担责任。”②

① （2015）粤高法民二申字第1284号民事裁定书。

② （2015）民申字第916号民事裁定书。

第七章　股 权 丧 失

公司股东可能由于各种原因造成股权的丧失,这种股权的丧失带来的是股东商业利益上巨大的损失,这导致股东之间因此而产生的诉讼正在逐步增加,根据笔者在数据库中的查询,涉及股权丧失的案例主要集中在公司解散诉讼、股权丧失后的公司证照返还以及股权丧失后的股东变更登记诉讼。

第一节　公 司 解 散

一、公司解散的商业目的

公司兼具资和性与人和性的双重特点,因此往往当股东之间人和性出现巨大问题时就会使公司陷入僵局,这种公司僵局将严重影响公司的运营和发展,并且不利于市场经济的发展,因此法律必须对此适当的介入,从而使得公司股东能够从公司的僵局中摆脱出来,这也就是公司解散诉讼产生的法律背景。

(一)公司股东主体资格出现瑕疵导致的公司解散诉讼

案例7.1　东莞市虎门龙眼乡镇企业发展公司与东莞永泰电线电缆有限公司公司解散纠纷案

东莞永泰电线电缆有限公司(以下简称永泰公司)是由东莞市虎门龙眼乡镇企业发展公司(以下简称龙眼公司)与万泰(控股)有限公司(以下简称万泰公司)和东莞市虎门金盈实业公司(以下简称金盈公司)合资设立的有限责任公司,股东之一金盈公司因未年检而于2005年7月28日被工商行政主管部门吊销营业执照

(未办理解散清算),导致其无法继续从事经营活动,无法有效派员参加永泰公司的股东会等经营管理活动,导致永泰公司已超过两年未能召开股东大会。而且,由于金盈公司被吊销营业执照,导致永泰公司无法正常办理年检。这两点均导致公司经营管理发生严重困难。虽然龙眼公司和金盈公司均同意解散永泰公司,但由于金盈公司无法有效参加股东大会讨论永泰公司解散清算事宜,永泰公司的僵局无法通过其他途径解决,永泰公司继续存续使得股东利益受到重大损失。①

该案属于典型的因公司股东之一的金盈公司的法人资格问题导致永泰公司的公司僵局。

(二)公司股东无法联系导致的公司解散诉讼

案例7.2　中国电子科技集团公司第二十研究所与西安东强电子导航有限公司公司解散纠纷案

西安东强电子导航有限公司(以下简称东强公司)成立于1999年8月6日,股东为中国电子科技集团公司第二十研究所(以下简称二十所)和东方汽车电子(香港)有限公司(以下简称东方公司),其中二十所出资1500万元,占74.63%,东方公司出资510万元,占25.37%。根据公司章程的规定,董事会是公司的最高权力机构,决定合营公司的一切重大事宜,公司董事会由4名董事组成,合营双方各派驻2名,董事长由二十所委派。董事会会议由不少于3名董事亲自出席或委托代表出席的法定人数方能举行。董事会的一切决议需要(亲自或委托代表)出席董事会会议过半数的董事投赞成票通过。但是自2008年开始,东方公司下落不明,与二十所失去联系,即自东强公司召开第11届董事会决议开始,东方公司委派的董事失去联系,不再出席会议。根据法律及公司章程的规定,有效董事会已经无法召开,公司不能作出任何有效决议。其间,二十所通过各种途径联系东方公司,但均无消息,公司已经陷入经营僵局,继续存续会使股东东方公司利益受到重大损失。②

---

① (2010)东二法民四初字第25号民事判决书。

② (2017)陕01民初185号民事判决书。

该案即属于股东失联状态下，无法正常召开公司董事会，造成公司无法形成有效决议，公司陷入僵局。

（三）公司股东纠纷导致的公司解散诉讼

案例7.3 金濠（合肥）建设发展有限公司、江苏建坤置业有限公司公司解散纠纷案

金濠（合肥）建设发展有限公司（以下简称金濠公司）实际经营过程中，合计持有49%股权一方的股东兴华公司、侨康公司、欣意公司与持有51%股权一方的股东江苏建坤置业有限公司（以下简称建坤公司）之间，就金濠公司的项目开发、经营管理等发生一系列的矛盾与纠纷，多次或向安徽省、合肥市及高新区相关部门反映，或向人民法院提起诉讼。最终法院认定金濠公司已符合《公司法》及《公司法司法解释二》关于股东提起公司解散之诉的条件。[①]

上述案件中，金濠公司股东之间产生纠纷并陷入股权诉讼，股东之间已经丧失人合性，最终被迫进行公司解散诉讼。

我们通过大量的案例可以看到，公司陷入僵局后，股东内部无法进一步通过协商、沟通的方式保证公司的正常运转，由此造成的股东损失及市场资源的浪费是市场经济所不允许的，因此《公司法》赋予了股东提起解散诉讼的权利，这种公法介入私权利领域在理论上是严格限制的，其本质仍然是为了促进市场资源的优化配置。

因此，从股权权益上讲，公司解散的商业目的就是让股东减少损失，收回投资，维护自己的合法权益。而从公法调节的角度看，支持公司在僵局状态下进行解散诉讼，目的就是促进市场资源的优化配置。

二、公司解散的法律依据

公司解散的法律规定主要集中在《公司法》以及《公司法》司法解释中，其中《公司法》第180条规定的是公司解散的基本条件："（一）公司章程规定的营业期限届满或者公司章程规定的其他解散事由出现；（二）股东会或者股东大会决议解

① （2019）最高法民终1504号民事判决书。

散;(三)因公司合并或者分立需要解散;(四)依法被吊销营业执照、责令关闭或者被撤销;(五)人民法院依照本法第一百八十二条的规定予以解散。”

《公司法》第 182 条规定的是特殊情形下的公司解散,也就是公司解散诉讼的主要法条依据:“公司经营管理发生严重困难,继续存续会使股东利益受到重大损失,通过其他途径不能解决的,持有公司全部股东表决权百分之十以上的股东,可以请求人民法院解散公司。”

《公司法司法解释二》的出台,为公司解散诉讼提供了更为明确的依据,其中《公司法司法解释二》第 1 条明确了公司解散诉讼的受理标准:“单独或者合计持有公司全部股东表决权百分之十以上的股东,以下列事由之一提起解散公司诉讼,并符合公司法第一百八十二条规定的,人民法院应予受理:

（一）公司持续两年以上无法召开股东会或者股东大会,公司经营管理发生严重困难的;(二)股东表决时无法达到法定或者公司章程规定的比例,持续两年以上不能做出有效的股东会或者股东大会决议,公司经营管理发生严重困难的;(三)公司董事长期冲突,且无法通过股东会或者股东大会解决,公司经营管理发生严重困难的;(四)经营管理发生其他严重困难,公司继续存续会使股东利益受到重大损失的情形。”

《公司法司法解释二》第 4 条对于公司解散诉讼的各方诉讼主体的身份进行了明确的规定:股东提起解散公司诉讼应当以公司为被告。原告以其他股东为被告一并提起诉讼的,人民法院应当告知原告将其他股东变更为第三人;原告坚持不予变更的,人民法院应当驳回原告对其他股东的起诉。原告提起解散公司诉讼应当告知其他股东,或者由人民法院通知其参加诉讼。其他股东或者有关利害关系人申请以共同原告或者第三人身份参加诉讼的,人民法院应予准许。

总体来说,虽然在最高人民法院出台《公司法司法解释二》之后,有关公司解散诉讼的法律依据已经基本完善,但是相较于公司解散诉讼的复杂程度来说,法律依据仍然不太健全,实务中多依赖最高人民法院的指导案例来进行补充。

三、公司解散诉讼的司法管辖

（一）公司解散诉讼的司法管辖以公司登记地管辖为准

有关公司解散诉讼的司法管辖,在《公司法司法解释二》第 24 条第 2 款明确规定:“基层人民法院管辖县、县级市或者区的公司登记机关核准登记公司的解散诉讼案件和公司清算案件;中级人民法院管辖地区、地级市以上的公司登记机关核准登记公司的解散诉讼案件和公司清算案件。”

(二)申请公司解散的一方股东已经被破产受理的,由破产法院进行管辖

案例7.4 上海金港实业有限公司与中国华诚集团财务有限责任公司公司解散纠纷案

中国华诚集团财务有限责任公司(以下简称华诚财务公司)为上海金港实业有限公司(以下简称上海金港公司)股东,持股比例30%。华诚财务公司以上海金港公司管理陷入僵局为由,向法院请求解散上海金港公司。①

上海金港公司在提交答辩状期间就管辖权提出异议,请求将本案移送至由公司住所地基层人民法院上海市浦东新区人民法院管辖。

北京市高级人民法院二审认为,《企业破产法》第21条规定:“人民法院受理破产申请后,有关债务人的民事诉讼,只能向受理破产申请的人民法院提起。”经查,2012年6月26日,一审法院作出(2012)二中民破字第07279-2号《民事裁定书》,裁定宣告华诚财务公司破产。本案系华诚财务公司对上海金港公司提起的公司解散纠纷诉讼,属于有关债务人华诚财务公司的民事诉讼。鉴于华诚财务公司破产清算案件已被一审法院受理,与其相关的民事诉讼只能向一审法院提起。因此,一审法院对本案有管辖权。

(三)公司解散纠纷不属于可仲裁事项,公司股东之间约定的仲裁协议对于公司解散纠纷不应适用

案例7.5 美国大陆管理有限公司与陕西济生制药有限公司公司解散纠纷管辖异议案

该案中,原告起诉请求解散被告公司,并将岐山县圣龙工贸有限公司(以下简称圣龙公司)、西安东盛集团有限公司(以下简称东盛公司)列为第三人。被告及两第三人对此提出管辖权异议,主张原告公司与第三人圣龙公司、东盛公司三方签订了

① 2017京民辖终68号民事裁定书。

《陕西济生制药有限公司合同书》。该合同第42条约定:合营各方发生争议时,应尽量通过友好协商或调解解决。合营各方的争议经协商和调解无效,可以在中国国际贸易促进委员会对外经济贸易仲裁委员会仲裁,请求驳回原告起诉。①

该案的争议焦点问题有两个,一是股东之间签订的仲裁协议能否约束公司问题。有一种观点认为当事人之间基于意思自治达成的仲裁协议具有排他性,公司解散纠纷也属于股东之间的权益纠纷,故应适用该协议,驳回原告起诉。该观点忽视了本案的纠纷性质。原告与被告之间的纠纷虽然影响到其他股东的实际利益,但从法律主体及其利害关系的实质来看,属于股东与公司之间的纠纷,并非股东间的纠纷。公司为独立法人,不能与开办公司的股东混同,股东与公司之间的纠纷自不同于股东间纠纷。股东之间约定的仲裁协议,并没有公司的参与,不能代表公司的意思,因此该仲裁协议不应约束公司。公司股东确定公司解散事项,只能通过股东会(股东大会)决议或者公司章程的规定进行,从而以公司意志的形式表现出来,而不能脱离公司,以股东之间合营协议等股东间合同的形式进行约定,否则不能对公司产生效力。二是公司解散纠纷是否属于仲裁事项范围。关于仲裁机构有无权力审理公司解散纠纷案件,《仲裁法》及相关司法解释并无明文规定。但根据《仲裁法》的相关规定及其立法精神,仲裁事项应为双方当事人能够自由处分之财产性事项。公司解散纠纷涉及公司法人主体资格的消灭,具有一定的身份性,同时公司解散涉及众多的公司债权人、公司股东等相关主体,经济关系相对复杂,影响较大,具有一定的公共性,因此必须通过法定的程序才能进行,并非双方主体任意处分的事项,不应纳入仲裁范围。《仲裁法》仅将涉及自然人身份关系的纠纷明确排除在仲裁事项之外,但随着社会经济的发展,涉及公司法人主体资格的纠纷也应排除在外。此外,根据《公司法》第181条之规定,公司解散只有五类事由,其中包括人民法院依股东请求解散公司,但不包括仲裁解散公司。可见,公司解散纠纷应属于人民法院管辖事项,仲裁不得进行管辖。

四、公司解散诉讼的诉讼主体地位

《公司法》第182条规定,公司经营管理发生严重困难,继续存续会使股东利益受到重大损失,通过其他途径不能解决的,持有公司全部股东表决权10%以上

① (2017)陕03民初140-2号民事裁定书。

的股东,可以请求人民法院解散公司。

同时,《公司法司法解释二》第4条规定:股东提起解散公司诉讼应当以公司为被告。原告以其他股东为被告一并提起诉讼的,人民法院应当告知原告将其他股东变更为第三人;原告坚持不予变更的,人民法院应当驳回原告对其他股东的起诉。原告提起解散公司诉讼应当告知其他股东,或者由人民法院通知其参加诉讼。其他股东或者有关利害关系人申请以共同原告或者第三人身份参加诉讼的,人民法院应予准许。

解散公司诉讼中,原告必须是持有公司股权10%以上的股东,这一股东持股要求的是工商登记注册的登记股东,无论该股东是否真实出资到位,在人民法院审查是否属于解散公司诉讼的合格诉讼主体中是不予审查的。

案例7.6　徐某某与鸡西市申太房地产开发有限公司公司解散纠纷再审案

关于徐某某是否具备本案诉讼主体资格的问题,鸡西市申太房地产开发有限公司(以下简称申太房地产公司)主张徐某某有虚假出资和抽逃注册资本行为,并根据《公司法司法解释三》,通过股东会会议解除徐某某股东身份,因此认为徐某某不具备本案诉讼主体资格。最高人民法院认为,根据一、二审法院查明的事实,申太房地产公司成立时验资报告显示徐某某出资500万元;公司章程制定及第一次股东会会议均由徐某某以股东身份参加;申太房地产公司工商登记中徐某某为股东;同时申太房地产公司2008~2011年提交给鸡西工商局《公司年检报告书》中均确认徐某某的股东身份,其并未提供充分有效证据对上述证据予以推翻。综上,对于徐某某是否虚假出资和抽逃注册资金的事实,并未经有效法律文书认定或经有权主管行政机关予以认定,申太房地产公司也未提供充分证据证明,故一、二审法院对徐某某诉讼主体资格认定并无不当,申太房地产公司该项主张无事实和法律依据,不予支持。①

从上述案例中可以看出,公司解散诉讼中的原告主体身份审查是形式审查,对于股东是否真实享有股份或者股东是否有抽逃出资的情形属于另案审查的范畴,与公司解散诉讼无关。

---

① (2016)最高法民申2868号民事裁定书。

五、公司解散诉讼的认定条件

《公司法司法解释二》第 1 条第 1 款规定了人民法院受理解散公司诉讼案件形式要件及判决是否解散公司实体审查标准的四种情形:"(一)公司持续两年以上无法召开股东会或者股东大会,公司经营管理发生严重困难的;(二)股东表决时无法达到法定或者公司章程规定的比例,持续两年以上不能做出有效的股东会或者股东大会决议,公司经营管理发生严重困难的;(三)公司董事长期冲突,且无法通过股东会或者股东大会解决,公司经营管理发生严重困难的;(四)经营管理发生其他严重困难,公司继续存续会使股东利益受到重大损失的情形。"

虽然司法解释对于解散公司实体审查标准做了明确的规定,但是总体来说是严格限制司法介入公司内部争议来主导公司解散的,这实际上给予法官极大的自由裁量权,我们通过解析最高人民法院在近年的司法判例,在其中可以找到一些规律。

(一)经营管理严重困难的认定

判断公司的经营管理是否出现严重困难,应当从公司组织机构的运行状态进行综合分析,公司是否处于盈利状态并非判断公司经营管理发生严重困难的必要条件。

案例 7.7 董某某、长春东北亚物流有限公司公司解散纠纷再审案

法院认为,关于长春东北亚物流有限公司(以下简称东北亚公司)是否符合公司解散的法定条件的问题。东北亚公司的经营管理已发生严重困难。判断公司的经营管理是否出现严重困难,应当从公司组织机构的运行状态进行综合分析,公司是否处于盈利状态并非判断公司经营管理发生严重困难的必要条件。其侧重点在于公司经营管理是否存在严重的内部障碍,股东会或董事会是否因矛盾激化而处于僵持状态,一方股东无法有效参与公司经营管理。就本案而言,可以从董事会、股东会及监事会运行机制三个方面进行综合分析,客观上东北亚公司董事会已由董某某控制,荟冠公司无法正常行使股东权利,无法通过委派董事加入董事会参与经营管理。东北亚公司的内部机构已不能正常运转,公司经营管理陷入僵局。①

(二)公司解散不考虑僵局产生的原因,具有过错的股东仍然有权提起公司解散之诉

案例7.8　仕丰科技有限公司与富钧新型复合材料(太仓)有限公司、第三人永利集团有限公司解散纠纷案

最高人民法院认为,关于公司解散是否应当考虑公司僵局产生的原因以及过错问题。富钧新型复合材料(太仓)有限公司(以下简称富钧公司)上诉认为,仕丰科技有限公司(以下简称仕丰公司)委派的董事张某钦擅自离职,不参加董事会会议,人为制造公司僵局,损害富钧公司利益,法院不应支持仕丰公司具有恶意目的的诉讼。本院认为,公司能否解散取决于公司是否存在僵局以及是否符合《公司法》(2005年修订)第183条规定的实质条件,而不取决于复杂的公司僵局产生的历史原因和各方责任,故即使一方股东对公司僵局的产生具有过错,其仍然有权依据该条规定,请求解散公司。原告行使请求司法解散公司的诉权,符合《公司法》(2015年修订)第183条的规定,也不属于滥用权利、恶意诉讼的情形。至于仕丰公司委派的董事张某钦,是否存在违反董事竞业禁止义务的过错行为、应否承担赔偿富钧公司损失的民事责任,可由富钧公司通过另案解决,与本案无涉。②

(三)单纯的公司经营亏损不属于司法解散的法定理由

案例7.9　上海瑞华新能源汽车有限公司、海南瑞华特新能源汽车有限公司公司解散纠纷再审案

最高人民法院认为,公司亏损不是解散公司的充分条件,虽然尚无证据证实海南瑞华特新能源汽车有限公司已经实现盈利,但是公司已恢复经营,现有证据尚不足以证实公司存在经营管理发生严重困难,继续存续会使股东利益受到重大

---

① 最高人民法院公报案例,(2017)最高法民申2148号民事裁定书。

② (2011)民四终字第29号民事判决书。

损失的情形。原判决认定本案不符合公司法规定的解散条件,并无错误。①

(四)公司矛盾如果通过其他途径可以解决,则不宜以解散公司的方式进行

案例 7.10 赵某某、陕西义禧投资管理有限公司公司解散纠纷再审案

最高人民法院认为:赵某某与陕西义禧投资管理有限公司(以下简称义禧公司)的矛盾如果能够通过其他途径予以解决,则不宜以解散公司的方式进行。赵某某主要因义禧公司未分红、未召开股东会以及公司财务问题等事项而与义禧公司及蒲某川产生矛盾,认为其股东知情权、利润分配请求权等权益受损。根据《公司法司法解释二》第 1 条第 2 款"股东以知情权、利润分配请求权等权益受到损害或者公司亏损、财产不足以偿还全部债务,以及公司被吊销企业法人营业执照未进行清算等为由,提起解散公司诉讼的,人民法院不予受理"之规定,赵某某主张的事由并不属于公司应予以解散的事由。赵某某可依照《公司法》的有关规定,诉请要求分配利润或提供账册查询等,以对其认为受损的股东知情权、财产收益权进行救济。赵某某亦可依据原《合同法》第 410 条解除《授权委托书》,自行行使股东表决权。赵某某还可以依据其与义禧公司签订的《劳动合同》中双方的特别约定"为了保持公司的可持续发展,合同期内乙方离职,当月当年无奖金:乙方所持有的奖励性股权由公司收回,投资性股权由公司回购",主张义禧公司回购其股权。故赵某某得以循其他救济途径解决矛盾。②

(五)公司解散诉讼属于独立诉讼,与股东代表诉讼、股东直接诉讼不能合并审理

案例 7.11 重庆正浩实业(集团)有限公司与重庆正浩机电工业有限公司股东知情权及公司解散纠纷案

最高人民法院认为:原审判决所针对的本案当事人主要争议是公司解散之

① (2019)最高法民申 1787 号民事裁定书。

② (2019)最高法民申 2477 号民事裁定书。

诉，双方诉辩所涉及的重庆正浩实业（集团）有限公司（以下简称正浩实业）是否转嫁安置费给重庆正浩机电工业有限公司（以下简称正浩机电）、是否控制正浩机电将土地高价低卖、是否用正浩机电土地抵押贷款的问题，咨询报告的证明效力问题，国能投资根据审计结论在一审中增加诉讼请求，请求正浩实业赔偿正浩机电损失的问题，申请公司解散并清算的问题，因其属于股东直接诉讼与股东代表诉讼和公司解散之诉与公司清算之诉等不同类型的诉讼。上述诉讼，当事人的诉讼地位、讼争权源、权利义务和责任归属均不一致，因此不能合并审理，当事人提出的事实、主张，本案未予审理的，可以在公司解散后在公司清算中一并解决。原审判决对上述相关事实的认定，凡与判令公司解散之理由无关者，因不属于本案审理范围，本院不予审查。①

第二节　请求变更公司登记诉讼

一、请求变更公司登记诉讼的主要类型

请求变更公司登记诉讼纠纷，是指股东对于公司登记中记载的事项请求予以变更而产生的纠纷。

《公司登记管理条例》第 9 条规定："公司的登记事项包括：（一）名称；（二）住所；（三）法定代表人姓名；（四）注册资本；（五）公司类型；（六）经营范围；（七）营业期限；（八）有限责任公司股东或者股份有限公司发起人的姓名或者名称。"

在司法实践中，主要的请求变更公司登记的诉讼纠纷集中在法定代表人的变更以及有限责任公司股东的变更，这一方面与其他变更事项基本都属于企业经营领域，很少有公司会在业务经营领域产生纠纷并诉诸法律，而法定代表人的变更以及有限责任公司的股东变更，则意味着公司的控制权之争问题，这切实关系到诉讼双方的实质商业利益，属于双方不可能轻易放弃的领域。

（一）法定代表人变更

法定代表人是企业控制权的象征，从民事领域角度，法定代表人即能够代表

① （2007）最高法民二终字第 31 号民事判决书。

企业对外从事民事法律活动，一般情况下，法定代表人对外签署的合同、文书都对企业有一定的约束力；而在行政领域，行政机关认可的除了印章就是法定代表人的签字（公司印章的补办过程中，法定代表人的签字是必备环节），在很多时候股东会决议都没有法定代表人的授权更直接、高效。另一方面，由于种种原因，公司将与公司无关之人登记为法定代表人，或原法定代表人被撤销后仍未办理变更登记，此种情况更导致被登记者权利受侵犯，从而引发变更登记之诉。

案例 7.12　王某与赛瑞公司法定代表人变更登记纠纷案①

2011 年 3 月，王某受聘担任赛瑞公司法定代表人。同年 5 月王某离职，公司指定曹某接任法定代表人，但未变更登记。王某请求变更未果，遂诉诸法院，一、二审法院以法定代表人变更登记非法院受理范围为由驳回起诉。王某申请再审，最高人民法院认为，王某非公司股东无法通过召集股东会途径要求公司变更，若法院不受理其请求，则其承受的法律风险无法救济，因此王某请求变更法定代表人属于法院受理范围。

（二）有限责任公司股东变更

股东变更登记诉讼属于最为常见的变更登记诉讼，在实务中，发生此类诉讼的原因有很多种，包括股权转让过程中引起的股东变更登记诉讼、遗产继承过程中引起的股东变更诉讼、隐名股东纠纷引起的股东变更登记诉讼、无权处分引起的股东变更登记诉讼等。

股东变更登记诉讼之所以多见，是因为股权是公司类商事活动的根本利益，企业主一切权力的来源都在于股权，因此在遇到股权变更问题时，双方往往很难搁置争议，最终不得已而诉诸法律。

---

① （2020）最高法民再 88 号民事裁定书。

案例7.13　成某与北京恒泰永达房地产经纪有限公司、郭某某请求变更公司登记纠纷案

郭某某(甲方)与成某(乙方)于2015年12月12日签订《恒泰经纪公司股权转让协议》,约定:甲方将其持有的公司45%的股权转让给乙方,后成某向法院起诉要求:将北京恒泰永达房地产经纪有限公司登记在郭某某名下45%的股权变更登记至成某名下。本案为因股权转让引起的股东变更登记诉讼。①

二、请求变更公司登记诉讼的司法管辖

有关请求变更公司登记诉讼的司法管辖,《民事诉讼法司法解释》第22条规定:"因股东名册记载、请求变更公司登记、股东知情权、公司决议、公司合并、公司分立、公司减资、公司增资等纠纷提起的诉讼,依照民事诉讼法第二十六条规定确定管辖。"

《民事诉讼法》第26条规定:"因公司设立、确认股东资格、分配利润、解散等纠纷提起的诉讼,由公司住所地人民法院管辖。"

案例7.14　江阴瑞银投资有限公司、王某某确认合同效力及请求变更公司登记纠纷管辖权异议案

原告的诉求为:(1)确认股权转让协议无效;(2)请求变更公司股权登记。一审法院认为,该案属于确认合同效力纠纷,应当由被告住所地或者合同履行地人民法院管辖。二审法院认为,虽然原告两项诉讼请求存在密切关联,但其起诉的最终目的是将无锡金科公司持有的西湖置业公司100%股权变更登记至江阴瑞银投资有限公司名下。本案应当根据关于请求变更公司登记纠纷的有关规定确定案件的管辖权。②

从上述法律规定和案例不难看出,请求变更公司登记诉讼的司法管辖以公司住所地法院为准。

---

① (2019)京民申4682号民事裁定书。

② (2018)最高法民辖终63号民事裁定书。

三、请求变更公司登记诉讼的诉讼时效

最高人民法院《关于审理民事案件适用诉讼时效制度若干问题的规定》第1条规定："当事人可以对债权请求权提出诉讼时效抗辩，但对下列债权请求权提出诉讼时效抗辩的，人民法院不予支持：(一)支付存款本金及利息请求权；(二)兑付国债、金融债券以及向不特定对象发行的企业债券本息请求权；(三)基于投资关系产生的缴付出资请求权；(四)其他依法不适用诉讼时效规定的债权请求权。"

由此可见，由于债权请求权以财产利益为内容，不具支配性，若权利人长期怠于行使权利，会使法律关系处于不确定状态，不利于维护社会交易秩序的稳定，故债权请求权适用诉讼时效的规定。

变更公司登记的请求权并非以财产利益为内容的债权请求权，故不应适用诉讼时效的规定。

案例7.15　山东富硕光电科技有限公司与孙某某请求变更公司登记纠纷案

法院认为：如因股权转让导致公司登记事项发生变更的，公司应当办理变更登记，否则，当事人可以请求公司履行。(2014)钢商初字第80号民事调解书明确载明孙某某将其山东富硕光电科技有限公司(以下简称富硕公司)的全部股权转让给李某某，富硕公司作为该案的当事人之一对股权转让事项知晓，孙某某起诉要求富硕公司变更股权登记手续，符合法律规定，应予支持。孙某某的该诉讼请求是基于股东权利，而非基于债权，不适用诉讼时效规定，上诉人关于诉讼时效的上诉理由不成立，本院不予支持。[①]

四、变更法定代表人登记诉讼

变更法定代表人登记诉讼是请求变更公司登记诉讼类案件中的高发案件类型，需要我们结合案例就一些重点问题进行分析。

(一)变更法定代表人登记诉讼的当事人

1. 公司拒不按照股东会决议办理工商登记变更手续的，股东可以以公司为被

① (2019)鲁01民终641号民事判决书。

告提起民事诉讼,请求判令公司依照股东会的决议办理相关工商变更程序。

2. 若工商部门不作为,则可直接以工商部门为被告提起行政诉讼,请求人民法院判令工商部门依法履行职责。

(二)变更法定代表人诉讼,是否需要代表2/3以上表决权的股东通过

1. 法定代表人姓名未记载于公司章程

在此情况下,变更法定代表人的股东会决议须达到章程约定的一般事项表决比例,或依据《公司法》,经代表1/2以上表决权的股东通过即可。因为变更法定代表人并非公司法规定的要由代表2/3以上表决权的股东通过的重大事项,且无须修改公司章程。

案例7.16 江苏南通二建集团长信建设工程有限公司与上海大业投资管理有限公司请求变更公司登记纠纷案

再审法院认为,关于公司法定代表人变更是否属于重大事项,学理上虽有争议,但按照目前《公司法》规定以及上海大业投资管理有限公司章程的约定,原审法院认定不属于公司重大事项并无不当。①

2. 若法定代表人姓名记载于公司章程

在此情况下,司法实践中存在不同的做法。因为若变更法定代表人,则需要修改公司章程,而公司法规定修改公司章程必须经过代表2/3以上表决权的股东通过。

从立法目的上来看,只有对公司经营造成特别重大影响的事项才需要经代表2/3以上表决权的股东通过。因此"修改公司章程"不能看作是修改公司章程中的任何内容,应看作是修改实质上的内容,而非形式上的内容。法定代表人姓名的变更在章程中体现的是一种形式方面的记载。

---

① (2017)沪民申1356号民事裁定书。

案例 7.17 新疆豪骏贸易有限公司、张某某与乌鲁木齐市祥平实业有限公司、乌鲁木齐市祥平房地产开发有限公司公司决议撤销纠纷案

再审法院认为：乌鲁木齐市祥平房地产开发有限公司的章程对此也未作出特别约定。从立法本意来说，只有对公司经营造成特别重大影响的事项才需要经代表2/3以上表决权的股东通过。公司法定代表人一项虽属公司章程中载明的事项，但对法定代表人姓名的变更在章程中体现出的仅是一种记载方面的修改，形式多于实质，且变更法定代表人时是否需修改章程是工商管理机关基于行政管理目的决定的，而公司内部治理中由谁担任法定代表人应由股东会决定，只要不违反法律法规的禁止性规定就应认定有效。此外，从公司治理的效率原则出发，倘若对于公司章程制定时记载的诸多事项的修改、变更均需代表2/3以上表决权的股东通过，则反而是大股东权利被小股东限制，若无特别约定，是有悖确立的资本多数决原则的。若更换法定代表人必须经代表2/3以上表决权的股东通过，那么张某某、新疆豪骏贸易有限公司只要不同意就永远无法更换法定代表人，这既不公平合理，也容易造成公司僵局。因此，公司股东会按照股东出资比例行使表决权所形成的决议，理应得到尊重。公司更换法定代表人，只要股东会的召集程序、表决方式不违反公司章程的规定，即可多数决。[①]

综上，即使公司章程载明了法定代表人的姓名，变更法定代表人的股东会决议只需经代表1/2以上表决权的股东通过即可。

（三）公司法定代表人变更，应当办理变更登记，未办理登记的法定代表人变更，对外不得对抗善意第三人

案例 7.18 北京公达房地产有限责任公司诉北京祥和三峡房地产开发公司房地产开发合同纠纷案

最高人民法院提审认为：1995年4月13日刘某某作为北京祥和三峡房地产开发公司（以下简称三峡公司）的法定代表人与北京公达房地产有限责任公司（以下简称公达公司）签订了革新里项目转让协议，在该协议书上有三峡公司的公章

① （2014）新民再终字第1号民事判决书。

及刘某某的签字。此时,刘某某虽然已被三峡公司上级单位停止了工作,但直至1995年4月22日,工商登记才将三峡公司的法定代表人刘某某变更为张某某。即刘某某在与公达公司签订项目转让协议时,在三峡公司的工商登记上刘某某仍为该公司的法定代表人。刘某某以法定代表人的身份与公达公司签订协议符合企业法人对外进行民事活动的形式要件,并且该协议也加盖了三峡公司的公章,因此,双方签订的项目转让协议应当依法成立并生效。刘某某在签订协议时虽已被其上级单位决定停止职务,但该决定属三峡公司内部工作调整,刘某某代表三峡公司对外进行民事活动的身份仍应以工商登记的公示内容为依据。不能以其公司内部工作人员职务变更为由,否认其对外代表行为的效力。原审法院以三峡公司内部人员调整为由认定刘某某与公达公司签订协议为无权代理,属认定事实错误,应予纠正。①

(四)公司被执行人的挂名法定代表人被限制高消费,可以提起变更公司登记诉讼

案例7.19　龙某某与天津津都新天资产管理有限公司、天津天宇海丰投资有限公司请求变更公司登记纠纷案

法院认为:龙某某既非天津津都新天资产管理有限公司(以下简称津都公司)股东,亦与之不再存在劳动关系,且在执行董事任期届满未获连选连任,同时明确表示不再担任法定代表人的情况下,其已无法代表公司行使法定代表人的职权,亦不能对外代表津都公司。同时,龙某某因为担任法定代表人,在津都公司涉诉案件中均被告知需要配合法院出庭应诉或配合执行工作,在实际上已经因为法定代表人身份的存在影响到其个人信誉、生活及工作。津都公司作为一人有限公司,在明知原告多次要求变更法定代表人,在执行董事任期3年届满的情况下,违反公司章程规定,怠于办理变更法定代表人的相关手续。在此情况下,考虑到原告对此问题已无其他救济途径,故本院判令津都公司限期办理法定代表人的变更登记手续。②

依据《公司法》第13条,公司法定代表人依照公司章程的规定,由董事长、执

① (2009)民提字第76号民事判决书。
② (2016)津0116民初2431号民事裁定书。

行董事或者经理担任，并依法登记。董事长、执行董事或者经理则是根据公司章程的规定进行选举或聘任的。该条规定表明，董事长、执行董事或者经理的选举或聘任属于公司内部治理的事项，在实践中法院可能出于不宜过分干涉公司的选举及聘任等内部治理事项等原因而不予支持，但仍有公开判例显示，挂名法定代表人通过提起请求变更公司登记诉讼成功要求公司变更法定代表人。但值得注意的是，如原挂名法定代表人是影响债务履行的直接责任人员，那么即便其已通过提起请求变更公司登记诉讼的方式变更了其法定代表人身份，法院依然有可能根据最高人民法院《关于适用〈中华人民共和国民事诉讼法〉执行程序若干问题的解释》第 37 条的规定对其采取限制高消费等措施。

五、变更股东登记诉讼

变更股东登记诉讼是请求变更公司登记诉讼类案件中的另一类高发案件类型，其中各级法院也已经就一些重点问题形成了统一的裁判思路。

（一）变更股东登记诉讼的当事人的确定

1. 当事人依法履行出资义务或者依法继受取得股权情形

观点一：应以对股东姓名记载存异议的当事人为原告，以目标公司为被告。

《公司法司法解释三》第 23 条规定："当事人依法履行出资义务或者依法继受取得股权后，公司未根据公司法第三十一条、第三十二条的规定签发出资证明书、记载于股东名册并办理公司登记机关登记，当事人请求公司履行上述义务的，人民法院应予支持。"

根据上述规定，办理公司登记机关登记的义务人为公司，而不是通过股权转让方式取得股权时的转让方。

案例 7.20　马某某、张某某与三庆实业集团有限公司股权转让纠纷案

法院认为：马某某、张某某将其持有的宝雅公司的股权转让给三庆实业集团有限公司（以下简称三庆公司）后，三庆公司作为继受取得股权的股东，宝雅公司亦认可三庆公司实际行使马某某的股东权利并承担相应股东义务，如果需办理过户变更登记手续，其可以要求宝雅公司办理股权变更登记，而无权要求转让人马某某、张某某协助办理股权登记。[①]

观点二:股权转让方与目标公司作为共同被告,皆有义务办理工商变更登记。

案例7.21 王某某与姜某某、烟台三环锁业集团有限公司请求变更公司登记纠纷案

法院认为:被告烟台三环锁业集团有限公司(以下简称三环集团公司)董事会关于将被告姜某某持有的8%的股权以每股1.34元的价格转让给原告的决议的内容合法有效,两被告均应履行该决议确定的义务。原告以其已履行了将股权转让款存于被告姜某某名下之义务为由,主张被告姜某某将其持有的被告三环集团公司的8%的股权变更登记至原告王某某名下,并由被告三环集团公司予以协助的诉讼请求于法有据,本院予以支持。[②]

2. 冒名股东变更登记情形

被冒名人不承担法律责任,法律并不赋予被冒名人任何公司股东的义务,因此被冒名人亦不应享有任何公司股东的权利,从而被冒名人无权请求变更公司工商登记,但为妥善解决公司工商登记中股东名实不符问题,减少可能产生的矛盾和纠纷,法院认定被冒名股东有义务协助办理股东变更登记手续。

案例7.22 杨某某等与北京东方上宇科技发展有限公司请求变更公司登记纠纷案

北京市第二中级人民法院认为:根据《公司法司法解释三》第28条的规定,冒用他人名义进行登记的行为人应当就其冒用行为向公司、其他股东、公司债权人等承担法律责任,而被冒名人不承担相关法律责任;也就是说法律并不赋予被冒名人任何公司股东的义务,相应地,被冒名人亦不应享有任何公司股东的权利。据此不应将杨某某视为北京东方上宇科技发展有限公司(以下简称东方上宇公司)法律上的股东。由于杨某某并非东方上宇公司法律上的股东,故其要求变更东方上宇公司的工商登记为杨某某在东方上宇公司占有2%出资额的上诉请求,

① (2015)鲁商终字第527号民事判决书。

② (2014)芝商初字第1162号民事判决书。

缺乏事实和法律依据,本院不予支持。①

案例 7.23　潘某某与上海好丝精日用化工有限公司请求变更公司登记纠纷案

上海市高级人民法院认为:本案纠纷系因潘某某身份信息被冒用而引发,潘某某对此虽不存在过错,但潘某某作为公司登记机关记载的股东,对外仍具有公示效力。原审法院为尽快妥善解决上海好丝精日用化工有限公司(以下简称好丝精公司)工商登记中股东名实不符问题,减少可能产生的矛盾和纠纷,判令潘某某协助好丝精公司办理股东变更登记手续,并无不当。②

(二)出让股权的股东在退出公司后应当协助办理相应工商变更登记

案例 7.24　杜某、刘某某等与董某某请求变更公司登记纠纷案

法院认为:2013 年 5 月 6 日金月汇公司形成了关于被告退出公司、收回入股款和借款的会议纪要,之后被告收取了相应款项,上述会议纪要的内容已经履行,被告已经完成了转出股权的行为,其应当协助原告办理相应的工商信息变更登记。杜某在将 40 万元股权款由杜某支付给董某某后,取得董某某的相应股份。第三人作为标的公司,在股东进行变更的情况下,亦应依据我国公司法的相关规定,在公司登记机构办理变更登记。③

(三)请求变更公司登记纠纷可以与股东资格确认纠纷合并审理

案例 7.25　欧阳某与巨野闽峰房地产开发有限责任公司股东资格确认纠纷案

2010 年 7 月 29 日,欧阳某等 6 人签订合作协议,约定股东 6 方共同成立巨野闽峰房地产开发有限责任公司(以下简称巨野闽峰公司)。2011 年 7 月 26 日,上述 6 人签订巨野融城项目股东内部协议。约定巨野闽峰公司的投资人为江西闽峰公司,实际投资人是上述 6 位股东。后欧阳某认为其是巨野闽峰公司的实际出资

① (2015)二中民(商)终字第 12365 号民事判决书。

② (2017)沪民申 1631 号民事裁定书。

③ (2019)陕民申 1087 号民事裁定书。

人,为确认其股东地位,维护自身合法权益,特诉至法院,请求法院判决:确认其持有巨野闽峰公司10%的股份且要求巨野闽峰公司为其办理公司登记机关登记手续。①

该案同时涉及股东资格确认及请求变更公司登记两种法律关系,人民法院作出判决确认欧阳某持有巨野闽峰公司10%的股份,判令欧阳某限期向巨野闽峰公司给付金钱,并判令巨野闽峰公司限期为欧阳某办理公司登记机关登记手续。以此确认分属"股东资格确认纠纷""请求变更公司登记纠纷"的两项诉求可以合并审理。

(四)股权转让合同中未约定双方的履行顺序,不得以未支付股权转让款为由拒绝办理工商变更登记

案例7.26　孙某某与青岛国建节能科技有限公司请求变更公司登记纠纷案

法院认为:协议二的合同相对方为孙某某与付某某,且合同中并未约定双方的履行顺序,青岛国建节能科技有限公司(以下简称国建节能公司)不得以股权转让款的履行与否对抗其已经生效的股东会决议及《章程修正案》,且对于股权转让款付某某可另案主张,本案不予处理,故对于国建节能公司的该抗辩意见原审法院不予采纳。判决国建节能公司于判决生效后10日内协助孙某某办理将原付某某名下40%股份变更至孙某某名下的股权变更登记手续。②

(五)通过继承取得公司股权且公司章程无相反规定的,继承人可以提起请求变更公司登记诉讼

案例7.27　龙井市泰林建筑有限责任公司与李某某之间股东资格确认、股东名册记载、请求变更公司登记纠纷案

吉林省高级人民法院再审认为:依据《公司法》(2013年修正)第76条规定,"自然人股东死亡后,其合法继承人可以继承股东资格;但是,公司章程另有规定的除外",龙井市泰林建筑有限责任公司(以下简称泰林公司)章程并没有规定自

① (2014)菏商初字第21号民事判决书。
② (2016)鲁02民终8287号民事判决书。

然人股东死亡后其合法继承人不可以继承股东资格，因此李某某作为合法继承人有权继承鱼某某的股份。依据《公司法司法解释三》第23条“当事人依法履行出资义务或者依法继受取得股权后，公司未根据公司法第三十一条、第三十二条的规定签发出资证明书、记载于股东名册并办理公司登记机关登记，当事人请求公司履行上述义务的，人民法院应予支持”之规定，李某某向泰林公司提出的变更股东名册、签发出资证明书、变更工商登记的请求属于人民法院受案范围。[①]

第三节　公司证照返还

一、公司证照返还诉讼的概述

股东权利丧失后，新老股东对于公司证照的移交成为一个重要的环节，由此引发的诉讼也屡见不鲜。在公司日常的经营过程中，公司作为拟制法人，以公司财产独立对外承担相应的民事权利与义务。公司的证照相对于自然人来说，就如同自然人的“身份证”，对于公司主体拥有特殊的意义。

公司证照返还纠纷案由虽为“公司证照返还纠纷”，但该类纠纷的返还标的物范围并不仅限于公司证照，其外延还包括公司的各类印章，以及其他对于公司拥有特殊意义的动产，返还标的物的一般范围包括以下几项。

（一）公司证照

公司的证件包括营业执照、组织机构代码证、税务登记证（现部分地区已采取五证合一）、银行开户许可证、社保登记证等。对于特许经营行业、中外合资企业、中外合作企业等特殊公司，在设立时除一般证件外，还需要先行进行行政审批，拥有特殊的特许经营或批准文书或执照，这些证件对于这类特殊企业来说，亦是生存经营的重中之重。前述证件、批文等均在公司证照返还纠纷的标的物范围之内。

---

① （2015）吉民申字第1304号民事裁定书。

(二)公司印章

一般来说,公司的印章包括公司公章、财务专用章、发票专用章、法定代表人人名章。部分公司由于内部系统庞大,业务繁多,为考虑用章之便,会根据实际需要自行刻制合同专用章、部门专用章,甚至是项目专用章,此类情况在建设工程领域最为常见,为建设工程项目的采购、劳动合同签订之用。

(三)其他对于公司具有特殊意义的动产

公司的特殊动产包括很多,除公司证照、印章之外,公司的财务账册、会计凭证(包括记账凭证及相关原始凭证)、各类资质证书、银行开户支票本、房产证及公司土地使用证、公司的档案、机密文件等均属于其他范畴。

二、公司证照返还诉讼的商业背景

公司证照返还诉讼名义上是要求返还证照,但是实际上其背后的商业目的都不是如此简单,更多隐含的是股东之间的"控制权争夺"。

(一)股东之间的"控制权争夺"引发的公司证照返还诉讼

案例7.28 娜某与北京长信汇金投资咨询有限公司公司证照返还纠纷案

法院认为,公司证照对外代表着公司的意志,是公司的表象。公司因开展经营活动依法刻制的公章当然属于公司财产,公司对此享有占有和使用的权利,他人不得侵犯。因公司证照返还引发的纠纷,表面上是返还证照等原物,但实质上往往涉及公司内部治理中对公司控制权的争夺。通常情况下,公司证照返还纠纷多发生于公司相关人员出现变化后,以前有权保管、持有公司证照的人员可能不再继续有权保管、持有公司证照,此时应当将公司证照返还给公司。如果相关人员不履行返还证照义务,则发生公司证照返还纠纷,本案亦属于此种情形。①

① (2018)京01民终5505号民事判决书。

（二）股权转让纠纷引发的公司证照返还诉讼

案例7.29　苏州市天绿印刷包装有限公司与王某、王某某公司证照返还纠纷案

法院认为，王某作为苏州市天绿印刷包装有限公司（以下简称天绿公司）前任法定代表人、执行董事，且与天绿公司现任法定代表人唐某某签订股权转让协议时也约定了应将公司印章、财务资料、文件移交给唐某某，因此应将其所掌握的印章、资料等移交给天绿公司，唐某某作为现任公司法定代表人，有权代表天绿公司诉请王某返还。①

（三）董事、高管侵权引发的公司证照返还诉讼

案例7.30　于某某、北京富卓创业房地产开发有限公司与施某某、张某某、孙某某公司证照返还纠纷案

二审法院认为，北京富卓创业房地产开发有限公司（以下简称富卓公司）提起本案诉讼要求孙某某、张某某、施某某返还富卓公司印章、证照、贷款卡、财务报表、会计账簿、财务凭证、公司对外签订的合同，并交由富卓公司法定代表人于某某或者其指定的人保管。本案根据查明的事实，于某某是富卓公司工商登记的股东、董事长、法定代表人，孙某某、张某某是富卓公司工商登记的股东、董事，因此，本案实质是富卓公司内部相关人员就公司证照等相关物品的占有问题发生争议引发的纠纷。②

三、公司证照返还诉讼的法律规定

公司证照是一种特别的财产，被侵占后，公司主要的法律依据条文是《民法典》。《民法典》第235条规定："无权占有不动产或者动产的，权利人可以请求返还原物。"

除此之外，公司证照返还诉讼中还包括公司董事、高管侵权诉讼的竞合，因此

① （2018）苏0507民初2916号民事判决书。

② （2017）京02民终6391号民事判决书。

在诉讼行为中,公司除了可以依据上述《民法典》的规定主张权利外,还可以依据《公司法》的相关规定主张权利。

《公司法》第 147 条规定:"董事、监事、高级管理人员应当遵守法律、行政法规和公司章程,对公司负有忠实义务和勤勉义务。董事、监事、高级管理人员不得利用职权收受贿赂或者其他非法收入,不得侵占公司的财产。"

《公司法》第 149 条规定:"董事、监事、高级管理人员执行公司职务时违反法律、行政法规或者公司章程的规定,给公司造成损失的,应当承担赔偿责任。"

《公司法》第 147 条主要规定了违反公司忠实义务的表现形式,此类行为均为损害公司利益行为,并且明确不得侵占公司的财产。虽然其中并没有明确规定侵占公司证照、印章及财务账册的行为,但前述行为亦属于明显侵害了公司利益的行为。并且,虽然公司证照、印章及财务账册等经济价值不大,但是亦属于公司财产的范畴,故侵占公司证照、印章及财务账册的行为属于"违反对公司忠实义务的其他行为"的兜底规定。

董事、监事、高级管理人员在执行职务时,是经手公司证照、印章、财务账册等机会最多的人员,《公司法》第 149 条规定,当执行公司职务时违反法律、行政法规或者公司章程的规定,应承担的责任为"赔偿责任",而非"返还义务",故公司返还证照纠纷的请求权基础并不直接适用于此。但此条又与公司返还证照纠纷密切相关,在前述公司特定职务人员发生侵占公司证照、印章、财务账册等情况下,除了要求提起返还之诉外,仍可根据本条规定要求公司董事、监事、高级管理人员承担相应的赔偿责任,前提是证明公司因此遭受了损失。

对于公司董事、监事、高级管理人员之外的第三人发生侵占公司证照、印章、财务账册等特殊公司财产的行为,其本质上也是一种侵权行为,违反了《民法典》的规定。结合《民法典》第 1167 条所规定的承担侵权行为的主要方式,依法应对此承担停止侵害、排除妨碍、消除危险等侵权责任。前述承担责任的方式既包括"返还财产"也包括"赔偿损失",甚至是"消除影响、赔礼道歉"等。

所以在请求返还公司证照的同时,当侵占行为本身给公司带来损失的时候,除了提起返还之诉外,可同时提起赔偿之诉,甚至是当公司证照、印章等在侵权人占用时发生了有损公司声誉的行为,还可一并提出侵权人作出"登报赔礼道歉"等其他诉讼请求,全面进行维权。

四、公司证照返还诉讼的司法管辖

公司证照纠纷属于特殊损害公司利益性质的纠纷,应适用于特殊管辖,应以公司连接点相关管辖,推理理解为“公司住所地”管辖法院。

案例7.31　张某与杭州共远科技有限公司证照返还纠纷案

法院经审查认为:本案系公司证照返还纠纷,涉及公司本身利益,应属于民事诉讼法规定的由公司住所地法院管辖的公司诉讼类型。①

但是,实际上,由于公司证照返还诉讼中往往存在董事、高管的侵权行为,因此两者之间存在一定的竞合,按照《民事诉讼法》第28条的规定:“因侵权行为提起的诉讼,由侵权行为地或者被告住所地法院管辖。”关于侵权行为地,根据《民事诉讼法司法解释》第24条的规定,“侵权行为地包括侵权行为实施地和侵权结果发生地”。

案例7.32　杭州科隆五金工具厂与赵某某公司证照返还纠纷案

经再审认为,根据申请人的诉请,本案系公司证照返还纠纷。因公司证照返还纠纷提起诉讼的管辖,应以《民事诉讼法》的相关规定为基础,并综合考虑公司所在地等因素来确定管辖法院。由于本案的请求权基础侵权法律关系,故依照《民事诉讼法》第28条及《民事诉讼法司法解释》第24条的规定,公司住所地作为侵权行为地的,其住所地人民法院具有管辖权,故杭州市江干区人民法院对本案依法享有管辖权。②

因此,公司返还纠纷案由的管辖地包括:被告住所地、侵权行为实施地、侵权结果发生地。

五、公司证照返还诉讼的诉讼主体

在公司证照返还诉讼中,存在很多种特殊情况,比如,公司公章缺位,被告的选择问题。

---

① (2015)浙杭辖终字第470号管辖裁定书。

② (2019)浙民再446号民事裁定书。

(一)公司公章缺位的原告主体选择

公司公章缺位时,根据《公司法》第13条及公司工商信息对外公示的信赖制度,公司的法定代表人是唯一受法律认可、且为不特定第三人所信赖的公司意志代表人,在公章缺位时,法定代表人即可代表公司对外从事民事行为,法定代表人的签字可直接代表公司意志。

案例7.33 苏某某、龙岩市红邦水电有限公司公司证照返还纠纷案

最高人民法院认为,公司法定代表人作为代表公司从事民事活动的负责人,在不与公司章程、授权冲突的前提下,有权行使对内管理公司运营、对外代表公司履行职务等行为。本案中,陈某某作为法定代表人有权代表龙岩市红邦水电有限公司就公司证照返还提起诉讼。[①]

公司公章缺位时,还可以通过公司股东会直接行使公司权力,这种情况一般出现在公司法定代表人怠于行使公司权力或公司法定代表人本身属于侵权人的情形。

案例7.34 黄某某与中山市长洲实业集团有限公司、中山市西区长洲经济发展公司公司证照返还纠纷案

中山市富洲酒店有限公司(以下简称富洲酒店)的股东为中山市长洲实业集团有限公司(以下简称长洲集团公司)(出资3700万元、占股92.5%)、中山市西区长洲经济发展公司(以下简称长洲发展公司)(出资300万元,占股7.5%),即本案被申请人。本案纠纷发生前,两位被申请人作为富洲酒店的股东召开股东会并形成一致同意免去黄某某的董事长职务、将公司法定代表人变更为黄某某的股东会决议。从二审查明的事实来看,股东会的召集和股东会决议的作出在程序上符合该公司章程的第17条、第18条的规定,其内容亦无违反法律和行政法规,故二审法院认定上述股东会决议为合法有效的决议是正确的。在黄某某被免除董事长和法定代表人职务后,其继续持有公司公章已失去必要的事实基础。虽然公

① (2019)最高法民申2444号民事裁定书。

司财产独立于股东财产而存在，但是鉴于本案对外代表公司意思表示的公章为黄某某持有且黄某某拒绝协助公司办理法定代表人的变更登记等实际情况，富洲酒店要以公司名义提起诉讼在客观上存在一定障碍和困难，且公司股东利益亦受到一定程度的损害，因此两位被申请人作为公司股东以自己的名义为自己和公司的共同利益提起返还之诉并无不妥，二审法院判决黄某某向两位被申请人指定的自然人返还公司公章符合《公司法》第153条的规定，本院予以维持。①

但是，公司公章缺位时，股东是不能通过股东代表诉讼的方式提起证照返还诉讼的。根据《公司法》第149条、第151条的规定，股东提起代表公司之诉的条件为：公司董事、监事、高级管理人员或他人对公司实施了侵权行为，并且给公司带来了损失，则股东可以代表公司要求侵权人承担相应的赔偿责任。

实践中，公司股东、高级管理人员、工作人员或其他第三人因故将公司的印章证照霸占、隐匿而拒不交出，往往出于公司控制权的争夺或其他内部矛盾，这些侵占公司印章的行为一时未对公司产生实际损失，在此情况下，侵权人应承担的是返还印章的责任，而并非为赔偿责任。因此，此类案件并不能采用"股东代表之诉"的形式进行维权。

案例7.35　陈某某、付某公司证照返还纠纷案

该案中，上诉人陈某某系惠州市君汇物业管理有限公司（以下简称君汇公司）的法定代表人、股东，被上诉人付某曾任君汇公司出纳，现已离职。审理中，二审法院认为：本案为公司证照返还纠纷，上诉人陈某某要求被上诉人付某返还的会计凭证、会计账簿等并非为上诉人所有，而属于君汇公司所有。上诉人主张其基于《公司法》第151条的规定提起股东代表诉讼，但从本案证据材料来看，上诉人未能举证证明被上诉人侵犯了公司合法权益并给公司造成损失，且上诉人作为被上诉人履职公司的法定代表人，由其提起股东代表诉讼并非纠正公司怠于行使诉权行为的唯一救济途径，故上诉人并非本案的适格原告，对上诉人的上诉主张，本院不予支持。②

---

① （2013）粤高法民二申字第734号民事裁定书。

② （2019）粤13民终327号民事裁定书。

（二）公司证照、印章返还诉讼的被告主体

一般来说，公司证照返还诉讼的被告主体应当为证照、印章的实际保管人，但是在诉讼活动中，原告很难证明谁应当是证照、印章的实际保管人。

现行公司法对于公司证照、印章等并没有作出详细规定，这属于公司内部管理性事务，故法律并没有过多干涉公司“内政”，公司有权利自行决定公司证照、印章等由谁掌管，属于公司章程所规定的范围。但通常情况下，公司章程不会对证照、印章的保管作出明确的规定，一般是通过公司内部管理制度进行确定的，根据《公司法》第46条规定，公司内部管理机构的设置以及公司基本制度的制定均属于董事会的职权。

因此，确定证照、印章的保管人除了章程之外，相关公司制度以及董事会决议也是确定被告主体的重要方式。

此外，公司的法定代表人是法律认可、社会公众信赖的最能代表公司意志的自然人，在没有书面文件的情况下，公司证照、印章等特殊重大意义动产的保管义务应被推定为公司法定代表人履行。

案例7.36　陈某某、厦门嘉裕德汽车电子科技有限公司公司证照返还纠纷案

二审法院认为：公司是企业法人，有独立的法人财产，享有法人财产权。公司公章、证照等是公司的合法财产，公司对其公章、证照的所有权受法律保护，任何单位和个人不得侵犯。本案中，陈某某主张其持有公章的依据是其系公司股东，但其未能提交相关证据证明其对公司公章的占有、控制和管理有公司章程、董事会决议、法定代表人的授权。厦门嘉裕德汽车电子科技有限公司作为公章的所有权人主张陈某某予以返还，于法有据，应予支持。①

六、公司证照返还诉讼认定的主要争议

公司证照返还诉讼中涉及的争议点比较多，笔者查阅了大量各级法院的审判案例后，对于公司证照返还诉讼中的一些裁判原则和尺度进行了整理。

---

① （2017）闽民终1213号民事判决书。

（一）法定代表人登记的法律效力

法定代表人登记属于备案性质，未办理工商变更登记并不影响股东会决议确定的新公司法定代表人的效力。公司新选举出的法定代表人，有权代表公司提起诉讼。

案例7.37　竹某某与北京时代欧创混凝土有限公司公司证照返还纠纷案

一审法院认为，2018年10月28日召开的北京时代欧创混凝土有限公司（以下简称时代欧创公司）的股东会决议召集程序合法，参会人数及通过决议比例均符合《股东出资协议书》中的约定，该股东会决议合法有效，股东会决议自作出之日起即产生相应的法律效力。竹某某没有证据证明该股东会决议存在无效、可撤销或不成立的情形，亦未提起诉讼要求撤销上述股东会决议，或要求确认股东会决议无效或不成立，依据该股东会决议可以认定任某龙为时代欧创公司的法定代表人，其有权代表时代欧创公司提起本案诉讼。基于上述股东会决议，竹某某虽然仍为时代欧创公司工商登记记载的法定代表人，但依据公司股东会决议，其已经不再是公司的法定代表人，其无权再保管时代欧创公司的公章，故该院对时代欧创公司要求竹某某返还公章的诉讼请求予以支持。①

（二）公司证照是公司特殊财产

公司的营业执照、印章等，并非一般意义上的公司财产，而是特殊财产，此类财产通常由公司的法定代表人持有、使用，他人使用则需要得到批准。在没有批准情况下，即使是公司的监事、股东等其他高级管理人员，仍可作为公司返还纠纷中的被告。

案例7.38　范某与北京一得阁墨业有限责任公司公司证照返还纠纷案

上诉人范某为北京一得阁墨业有限责任公司（以下简称一得阁公司）的股东之一，一得阁公司向一审法院起诉请求：范某立即将一得阁公司的公章和一得阁

① （2019）京01民终9653号民事判决书。

公司全资成立的北京一得阁墨汁店的公章返还给一得阁公司。二审法院经审理后认为:首先,公司拥有对公司印章的所有权,掌管公司印章应依据法律规定或公司章程及公司内部有关制度的规定。其次,范某仅为一得阁公司的股东之一,并非一得阁公司和墨汁店的法定代表人或指定的印章保管人,其要求掌管一得阁公司的公章及墨汁店的公章缺乏法律依据,也没有公司章程及公司内部有关制度方面的依据。最后,范某诉称其是一得阁公司临时管理小组负责人,有权掌管一得阁公司和墨汁店的公章。但根据2014年10月17日一得阁公司临时股东会会议决议内容,在该决议上签字的股东所代表的表决权不到全部表决权的30%,不符合一得阁公司章程的相关规定,且该决议中并未明确临时管理小组的具体组成人员名单,亦没有指定范某掌管一得阁公司和墨汁店公章的内容。据此,范某上诉主张其有权掌管一得阁公司和墨汁店公章,缺乏依据,一审法院判决范某向一得阁公司返还上述公章,并无不当,本院予以维持。①

(三)公司证照不可作为留置物

公司证照返还纠纷中并不适用债权人留置制度进行抗辩,根据我国《民法典》第448条的规定,债权人留置的动产应当与债权属于同一法律关系,故因债权而留置公司证照的行为没有法律依据。

案例7.39 孙某某诉林敦国际贸易(上海)有限公司公司证照返还纠纷案

一审法院认为,根据我国《物权法》第231条(现为《民法典》第448条)的规定,债权人留置的动产应当与债权属于同一法律关系,而本案中社会保险费债权和公司财物(证照、印章等)显然并不属于同一法律关系,孙某某及其子离职后继续持有林敦国际贸易(上海)有限公司财物没有法律依据。②

二审中,法院认为,公司证照属于公司所有的财产,员工虽在职期间作为占有辅助人合法持有,但离职后即应予返还,此与公司是否为员工缴纳社保费用无法律上的关联,员工如要求公司缴纳相关费用,应另行通过合法途径解决,但扣留公司证照作为要求对方补缴社保之谈判条件,即属不法。

---

① (2017)京02民终2878号民事判决书。

② (2015)沪一中民四(商)终字第126号民事判决书。

（四）因公司证照持有的归属产生的纠纷涉及公司内部治理，应以合法有效的公司意志作出判断

案例 7.40　魏某某与北京京鲁伟业科技发展有限公司公司证照返还纠纷案

法院认为：北京京鲁伟业科技发展有限公司（以下简称京鲁公司）在其原法定代表人张某某死亡后，需要选举新的法定代表人代表公司作出意思表示。本案中，京鲁公司 2012 年股东会决议明确由祝某某担任法定代表人，该决议已达到章程规定的表决权比例，其内容应视为公司意志的体现。魏某某并非京鲁公司的法定代表人，其取得公司营业执照正副本和公章的行为亦未经过股东会的同意，因此，魏某某无权代表京鲁公司开展经营业务，其继续持有京鲁公司的证章显属不当。①

（五）改制等历史背景上的联系不是持有公司证照、公章的合法依据

案例 7.41　北大方正集团有限公司与北京招润投资管理有限公司等公司证照返还纠纷案

针对北大方正集团有限公司（以下简称方正公司）所述的改制背景，一审法院认为，尽管方正公司与北京招润投资管理有限公司（以下简称招润公司）存在各种联系，但二者作为分别独立的法人，独立享有民事权利，独立承担民事义务和责任，历史背景上的联系并非方正公司占有招润公司证照、公章的合法依据。何况相关改制批复中明确招润公司持有方正公司股份，系方正公司股东，而没有内容显示方正公司有权控制、使用招润公司的财产物品。二审中，关于方正公司以其自改制之初一直负责保管招润公司公章、证照，从而要求招润公司等当事人归还招润公司证照的意见，法院认为：公司证照系用于公司的生产经营活动，公司当然享有所有权。方正公司与招润公司分别为不同的民事主体，不管历史上基于何种原因，即便方正公司曾保管、使用过招润公司的证照，也均不构成方正公司继续占有招润公司证照、公章的合法理由。②

---

① （2015）一中民（商）终字第 7961 号民事判决书。
② （2018）京 01 民终 4566 号民事判决书。

(六)清算组在清理公司资产的时候,有权利也有义务收回公司公章

案例7.42　上海利久投资管理有限公司清算组与秦某某公司证照返还纠纷案

我国《民法通则》第117条第1款规定,侵占国家的、集体的财产或者他人财产的,应当返还财产,不能返还财产的,应当折价赔偿。本案中,被告既不是上海利久投资管理有限公司(以下简称利久公司)高级管理人员,亦不是利久公司股东,故其持有利久公司公章、财务章等缺乏权源,属无权占有,被告理应将上述材料返还给利久公司。现利久公司已经进入清算程序,故原告作为利久公司的清算组有权代表利久公司进行诉讼。①

(七)清算组成员的变更与否并不能阻碍公司要求返还公司公章

案例7.43　江苏新中期股份有限公司与杜某某公司证照返还纠纷案

二审法院认为,现江苏新中期股份有限公司(以下简称新中期公司)处于依法清算阶段,清算组的职责包括接管公司财产、印章、账簿、文书等资料,故由清算组负责人吴某某作为诉讼代表人以新中期公司名义要求杜某某返还公章于法有据,应予支持。此外,清算组成员的变更与否并不能阻碍新中期公司向杜某某要求返还公司公章。当事人双方如对清算组成员变更事项有争议,可另案解决。②

再审法院认为,本案审理的是公司证照返还纠纷,杜某某自不再担任公司董事长后,就应当向新中期公司交还公章。至于公司清算组成员是否变更等问题,则不是本案审理的范围。本案二审判决业已向双方当事人释明,如对清算组成员变更事项有争议的,可另案解决。

七、公司证照返还纠纷的其他救济途径

公司证照返还诉讼只是解决公司证照返还纠纷的一种路径,事实上,从解决问题的实际角度出发,我们仍然可以寻求其他路径来实现最终目的。

---

① (2013)奉民二(商)初字第1524号民事判决书。

② (2014)苏审三商申字第00358号民事裁定书。

(一)司法行政救济

公司先行以召开公司股东会形式选举新法定代表人或执行董事等职务,并以股东会决议形式授权其代为向公安机关申请办理公司印章重新刻制或补证事宜。但是实践中,由于公安机关或工商行政管理部门的经办人员并非了解《公司法》及公司意志代表的法理原理,非常有可能会站在自身规避风险或教条式操作规程的角度拒绝办理。此时,需要坚定要求相关司法行政部门出具"拒绝办理裁定"等法律文书,后通过行政复议或行政诉讼方式要求对此问题予以解决。

案例7.44　连云港万锦房地产开发有限公司与连云港市公安局海州分局不履行法定职责纠纷案

2015年10月28日,连云港万锦房地产开发有限公司(以下简称万锦公司)法定代表人任某某向连云港市公安局海州分局(以下简称海州公安分局)提交要求刻制公章和财务章的备案申请,以公司公章和财务章被公司以外的人员王某非法占有,拒不返还,临时股东会决议公章和财务章作废为由申请办理备案手续。同时提交了公司章程、营业执照、机构代码证、执行董事居民身份证、2015年第一次临时股东会会议决议等材料,海州公安分局以万锦公司的公章及财务章因万锦公司内部股东之间的争议由另一股东王某控制,不符合重新刻制印章的条件为由,未予办理备案手续。①

后万锦公司起诉至法院,法院经审理认为:被上诉人在收到上诉人的相关申请后,应就是否符合上述规定的条件进行审查并作出处理,被上诉人客观上存在不履行法定职责的情形。鉴于上诉人客观上已新刻制了相关印章,判决被上诉人履行法定职责已无意义,最终确认被上诉人不履行法定职责的行为违法。

(二)刑事报案

以侵占公司财务为由向公安机关报案。因公安机关事务较多,接到的各类报案也较多,立案较难成功,因此,公司在准备报案材料过程中,一定要准备充分,证

① (2016)苏07行终18号民事判决书。

据扎实。侵占人惧怕公安机关的权力及限制自由的措施,如报案成功,对侵占人具有较好的威慑效果,也有助于问题的解决。

(三)其他

事实上,除了上述几种路径外,实践中也有大量通过自力救济方式来实现自身目的,虽然不能准确评价其采取路径的合法性,但是在合法权利受到侵害时,自力救济也是一种解决问题的方式。

自力救济存在一定的法律风险,如可能会被公安机关认为运用暴力手段,从而导致治安处罚等后果,因此,自力救济需要在合法的情况之下使用。

参 考 文 献

一、论文类

期刊论文

1. 朱广新:《论法人与非法人组织制度中的善意相对人保护》,载《法制研究》2017 年第 3 期。
2. 赵燕:《股东权利辨析》,载《时代金融》2012 年第 4 期中旬刊。
3. 理喻:《涉公司股东权益司法实务答疑——专访最高人民法院民二庭负责人》,载《法律适用》2013 年第 7 期(总第 328 期)。
4. 张庆:《我国有限责任公司的股权回购制度》,载《中国律师》2007 年 9 月刊。

博士、硕士论文

1. 郭平宜:《第三人侵害缔约关系的民事责任研究》,西南政法大学 2009 年博士学位论文。

二、专著类

1. 最高人民法院民事审判第二庭:《最高人民法院商事审判指导例 · 公司与金融》,中国民主法制出版社 2013 年版。
2. 范健、王建文:《公司法》,法律出版社 2014 年版。
3. 人民法院出版社:《最高人民法院司法观点集成(商事卷)》(第 3 版),人民法院出版社 2017 年版。
4. 最高人民法院民事审判第二庭:《最高人民法院公司法司法解释(四)理解与适用》,人民法院出版社 2017 年版。
5. 最高人民法院执行工作办公室:《执行工作指导》,人民法院出版社 2008 年版。
6. 王东敏:《公司法审判实务与疑难问题案例解析》,人民法院出版社 2017 年版。

引用案例汇总

一、判决书类

1. 广东省高级人民法院,(2015)粤高法民二提字第9号民事判决书。

2. 郴州市北湖区人民法院,(2017)湘1002民初531号民事判决书。

3. 浙江省台州市中级人民法院,(2014)浙台商终字第154号民事判决书。

4. 江西省上饶市中级人民法院,(2017)赣11民终1330号民事判决书。

5. 黑龙江省牡丹江市中级人民法院,(2018)黑10民终1061号民事判决书。

6. 黑龙江省高级人民法院,(2019)黑民终230号民事判决书。

7. 安徽省马鞍山市中级人民法院,(2018)皖05民初71号民事判决书。

8. 江苏省高级人民法院,(2014)苏商终字第394号民事判决书。

9. 江西省高级人民法院,(2019)赣民终180号民事判决书。

10. 杭州市滨江区人民法院,(2010)杭滨商初字第361号民事判决书。

11. 广西壮族自治区柳州市中级人民法院,(2019)桂02民终456号民事判决书。

12. 桂林市叠彩区人民法院,(2017)桂0303民初831号民事判决书。

13. 山东省高级人民法院,(2019)鲁民终272号民事判决书。

14. 最高人民法院,(2018)最高法民终88号民事判决书。

15. 海南省海口市中级人民法院,(2014)海中法民二终字第179号民事判决书。

16. 昆明市西山区人民法院,(2016)云0112民初7118号民事判决书。

17. 山东省烟台市中级人民法院,(2018)鲁06民终3375号民事判决书。

18. 北京市第二中级人民法院,(2014)二中民终字第00286号民事判决书。

19. 最高人民法院,(2018)最高法民终390号民事判决书。

20. 最高人民法院,(2016)最高法民终745号民事判决书。

21. 最高人民法院,(2016)最高法民再87号民事判决书。

22. 山东省高级人民法院,(2009)鲁民再字第4号民事判决书。

23. 最高人民法院,(2013)民提字第226号民事判决书。

24. 最高人民法院,(2010)民提字第79号民事判决书。
25. 最高人民法院,(2012)民二终字第39号民事判决书。
26. 山东省青岛市中级人民法院,(2015)青民四初字第63号民事判决书。
27. 最高人民法院,(2019)最高法民再106号民事判决书。
28. 最高人民法院,(2016)最高法民终717号民事判决书。
29. 最高人民法院,(2018)最高法民终913号民事判决书。
30. 最高人民法院,(2019)最高法民再106号民事判决书。
31. 最高人民法院,(2018)最高法民终390号民事判决书。
32. 最高人民法院,(2010)民提字第136号民事判决书。
33. 最高人民法院,(2019)最高法民终230号民事判决书。
34. 福建省厦门市中级人民法院,(2018)闽02民终1736号民事判决书。
35. 最高人民法院,(2016)最高法民终324号民事判决书。
36. 山西省高级人民法院,(2013)晋商终字第9号民事判决书。
37. 最高人民法院,(2015)民二终字第85号民事判决书。
38. 最高人民法院,(2013)民提字第226号民事判决书。
39. 最高人民法院,(2016)最高法民再87号民事判决书。
40. 最高人民法院,(2013)民二终字第119号民事判决书。
41. 上海市奉贤区人民法院,(2016)沪0120民初8315号民事判决书。
42. 安徽省合肥市中级人民法院,(2017)皖01民终6212号民事判决书。
43. 最高人民法院,(2018)最高法民终209号民事判决书。
44. 天津市第二中级人民法院,(2016)津02民终3229号民事判决书。
45. 重庆市第二中级人民法院,(2018)渝02民终457号民事判决书。
46. 山东省高级人民法院,(2014)鲁商初字第23号民事判决书。
47. 最高人民法院,(2019)最高法民再111号民事判决书。
48. 云南省高级人民法院,(2008)云高民二终字第197号民事判决书。
49. 广西壮族自治区高级人民法院,(2015)桂民四终字第36号民事判决书。
50. 贵州省高级人民法院,(2016)黔民终9号民事判决书。
51. 上海市第二中级人民法院,(2017)沪02民终8813号民事判决书。
52. 上海市第一中级人民法院,(2016)沪01民终10173号民事判决书。
53. 江苏省泰州市中级人民法院,(2016)苏12民终1390号民事判决书。
54. 湖北省高级人民法院,(2017)鄂民终3277号民事判决书。
55. 湖南省湘潭市中级人民法院,(2015)潭中民三终字第475号民事判决书。

56. 江苏省高级人民法院,(2010)苏商外终字第0012号民事判决书。
57. 广西壮族自治区高级人民法院,(2013)桂民提字第154号民事判决书。
58. 湖北省黄石市中级人民法院,(2016)鄂02民终862号民事判决书。
59. 北京市高级人民法院,(2009)高民终字第1147号民事判决书。
60. 河北省石家庄市中级人民法院,(2016)冀01民终3776号民事判决书。
61. 海南省高级人民法院,(2015)琼民二终字第19号民事判决书。
62. 贵州省高级人民法院,(2018)黔民终936号民事判决书。
63. 天津市滨海新区人民法院,(2018)津0116民初30号民事判决书。
64. 福建省南平市中级人民法院,(2019)闽07民终1327号民事判决书。
65. 新疆维吾尔自治区高级人民法院,(2014)新民再终字第1号民事判决书。
66. 上海市第一中级人民法院,(2014)沪一中民四(商)终字第125号民事判决书。
67. 浙江省嘉兴市中级人民法院,(2012)浙嘉商终字第317号民事判决书。
68. 海南省海口市中级人民法院,(2019)琼01民终47号民事判决书。
69. 广东省江门市中级人民法院,(2017)粤07民终3420号民事判决书。
70. 广东省广州市中级人民法院,(2016)粤01民终62号民事判决书。
71. 北京市第二中级人民法院,(2018)京02民终532号民事判决书。
72. 重庆市高级人民法院,(2015)渝高法民终字第00335号民事判决书。
73. 上海市第二中级人民法院,(2013)沪二中民四(商)终字第406号民事判决书。
74. 广西壮族自治区柳州市中级人民法院,(2012)柳市民二终字第295号民事判决书。
75. 湖北省武汉市中级人民法院,(2014)鄂武汉中民商终字第00964号民事判决书。
76. 湖北省高级人民法院,(2019)鄂民终403号民事判决书。
77. 湖南省高级人民法院,(2016)湘民再2号民事判决书。
78. 广东省佛山市中级人民法院,(2017)粤06民终11097号民事判决书。
79. 上海市第一中级人民法院,(2015)沪一中民四(商)终字第2656号民事判决书。
80. 江苏省高级人民法院,(2015)苏商外终字第00035号民事判决书。
81. 最高人民法院,(2009)民二终字第3号民事判决书。
82. 最高人民法院,(2017)最高法民终392号民事判决书。
83. 广东省东莞市中级人民法院,(2014)东中法民二终字第32号民事判决书。
84. 黑龙江省高级人民法院,(2017)黑民终491号民事判决书。
85. 湖北省高级人民法院,(2018)鄂民终716号民事判决书。
86. 江苏省南京市中级人民法院,(2014)宁商终字第1518号民事判决书。
87. 湖北省高级人民法院,(2014)鄂民二终字第00037号民事判决书。

88. 最高人民法院,(2016)最高法民终 34 号民事判决书。
89. 浙江省高级人民法院,(2017)浙民再 88 号民事判决书。
90. 最高人民法院,(2019)最高法民终 521 号民事判决书。
91. 最高人民法院,(2013)民二终字第 30 号民事判决书。
92. 最高人民法院,(2016)最高法民终 646 号民事判决书。
93. 江苏省高级人民法院,(2015)苏商终字第 00511 号民事判决书。
94. 江苏省高级人民法院,(2015)苏商终字第 00203 号民事判决书。
95. 山东省高级人民法院,(2008)鲁民四终字第 103 号民事判决书。
96. 最高人民法院,(2013)民二终字第 43 号民事判决书。
97. 最高人民法院,(2015)民再字第 2 号民事判决书。
98. 最高人民法院,(2015)民二终字第 416 号民事判决书。
99. 最高人民法院,(2014)民一终字第 210 号民事判决书。
100. 最高人民法院,(2015)民二终字第 304 号民事判决书。
101. 最高人民法院,(2013)民二终字第 83 号民事判决书。
102. 最高人民法院,(2015)民二终字第 176 号民事判决书。
103. 最高人民法院,(2014)民提字第 60 号民事判决书。
104. 最高人民法院,(2014)民二终字第 244 号民事判决书。
105. 最高人民法院,(2013)民二终字第 40 号民事判决书。
106. 最高人民法院,(2013)民二终字第 42 号民事判决书。
107. 最高人民法院,(2014)民二终字第 59 号民事判决书。
108. 最高人民法院,(2013)民四终字第 37 号民事判决书。
109. 最高人民法院,(2006)民二终字第 1 号民事判决书。
110. 最高人民法院,(2014)民四终字第 33 号民事判决书。
111. 最高人民法院,(2014)民四终字第 11 号民事判决书。
112. 最高人民法院,(2015)民二终字第 384 号民事判决书。
113. 最高人民法院,(2018)最高法民终 295 号民事判决书。
114. 最高人民法院,(2017)最高法民终 607 号民事判决书。
115. 最高人民法院,(2018)最高法民终 295 号民事判决书。
116. 最高人民法院,(2018)最高法民终 1150 号民事判决书。
117. 最高人民法院,(2015)民二终字第 161 号民事判决书。
118. 最高人民法院,(2014)民二终字第 255 号民事判决书。
119. 最高人民法院,(2014)民提字第 162 号民事判决书。

120. 最高人民法院,(2018)最高法民终 813 号民事判决书。
121. 最高人民法院,(2017)最高法民终 840 号民事判决书。
122. 最高人民法院,(2017)最高法民终 11 号民事判决书。
123. 最高人民法院,(2016)最高法民终 805 号民事判决书。
124. 最高人民法院,(2016)最高法民终 224 号民事判决书。
125. 最高人民法院,(2014)民二终字第 127 号民事判决书。
126. 最高人民法院,(2016)最高法民终 234 号民事判决书。
127. 广西壮族自治区南宁市中级人民法院,(2016)桂 01 民终 306 号民事判决书。
128. 浙江省杭州市中级人民法院,(2014)浙杭商终字第 138 号民事判决书。
129. 最高人民法院,(2014)民抗字第 15 号民事判决书。
130. 最高人民法院,(2015)民再字第 1 号民事判决书。
131. 最高人民法院,(2012)民抗字第 39 号民事判决书。
132. 最高人民法院,(2019)最高法民终 230 号民事判决书。
133. 最高人民法院,(2014)民提字第 60 号民事判决书。
134. 最高人民法院,(2014)民二终字第 48 号民事判决书。
135. 通道侗族自治县人民法院,(2016)湘 1230 民初 42 号民事判决书。
136. 佛山市顺德区人民法院,(2016)粤 0606 民初 9291 号民事判决书。
137. 安徽省芜湖市中级人民法院,(2015)芜中民二终字第 00185 号民事判决书。
138. 江苏省泰州市中级人民法院,(2014)泰中商终字第 0108 号民事判决书。
139. 湖南省常德市中级人民法院,(2017)湘 07 民终 2306 号民事判决书。
140. 湖北省襄阳市中级人民法院,(2016)鄂 06 民终 2277 号民事判决书。
141. 湘潭市雨湖区人民法院,(2018)湘 0302 民初 2858 号民事判决书。
142. 江苏省南通市中级人民法院,(2015)通中民终字第 00402 号民事判决书。
143. 汝州市人民法院,(2016)豫 0482 民初 1188 号民事判决书。
144. 湖南省湘潭市中级人民法院,(2017)湘 03 民终 1785 号民事判决书。
145. 巨鹿县人民法院,(2016)冀 0529 民初 1217 号民事判决书。
146. 重庆市第一中级人民法院,(2016)渝 01 民终 739 号民事判决书。
147. 浙江省丽水市中级人民法院,(2015)浙丽商终字第 599 号民事判决书。
148. 最高人民法院,(2018)最高法民终 119 号民事判决书。
149. 最高人民法院,(2015)民二终字第 384 号民事判决书。
150. 上海市浦东新区人民法院,(2009)浦刑初字第 917 号刑事判决书。
151. 昆明市盘龙区人民法院,(2019)云 0103 民初 5634 号民事判决书。

152. 贵州省高级人民法院,(2017)黔民终 668 号民事判决书。
153. 江苏省徐州市中级人民法院,(2019)苏 03 民终 527 号民事判决书。
154. 湖北省高级人民法院,(2018)鄂民终 716 号民事判决书。
155. 贵州省高级人民法院,(2018)黔民初 10 号民事判决书。
156. 上海市第二中级人民法院,(2017)沪 02 民终 6961 号民事判决书。
157. 最高人民法院,(2016)最高法民终 34 号民事判决书。
158. 浙江省高级人民法院,(2017)浙民再 89 号民事判决书。
159. 贵州省高级人民法院,(2018)黔民终 1033 号民事判决书。
160. 陕西省西安市中级人民法院,(2014)西中民四初字第 00350 号民事判决书。
161. 北京市第二中级人民法院,(2012)二中民终字第 02333 号民事判决书。
162. 湖北省汉江中级人民法院,(2018)鄂 96 民终 489 号民事判决书。
163. 江苏省无锡市中级人民法院,(2019)苏 02 民终 3301 号民事判决书。
164. 乌鲁木齐市天山区人民法院,(2019)新 0102 民初 3849 号民事判决书。
165. 长春市双阳区人民法院,(2019)吉 0112 民初 1140 号民事判决书。
166. 江苏省无锡市中级人民法院,(2019)苏 02 民终 1911 号民事判决书。
167. 广东省深圳市中级人民法院,(2016)粤 03 民终 8891 号民事判决书。
168. 江苏省苏州市中级人民法院,(2015)苏中商终字第 01966 号民事判决书。
169. 江苏省常州市中级人民法院,(2011)常商初字第 59 号民事判决书。
170. 最高人民法院,(2013)民一终字第 126 号民事判决书。
171. 陕西省高级人民法院,(2016)陕民终 228 号民事判决书。
172. 最高人民法院,(2015)民提字第 123 号民事判决书。
173. 北京市第二中级人民法院,(2009)二中民终字第 11811 号民事判决书。
174. 山东省高级人民法院,(2008)鲁民四终字第 103 号民事判决书。
175. 安徽省高级人民法院,(2015)皖民二终字第 00054 号民事判决书。
176. 福建省高级人民法院,(2013)闽民终字第 1025 号民事判决书。
177. 陕西省西安市中级人民法院,(2015)西中民四终字第 00180 号民事判决书。
178. 江苏省苏州市中级人民法院,(2015)苏中商终字第 01759 号民事判决书。
179. 浙江省丽水市中级人民法院,(2019)浙 11 民终 1627 号民事判决书。
180. 最高人民法院,(2018)最高法民终 82 号民事判决书。
181. 上海市第二中级人民法院,(2013)沪二中民四(商)终字第 957 号民事判决书。
182. 四川省高级人民法院,(2013)川民终字第 715 号民事判决书。
183. 最高人民法院,(2007)民二终字第 215 号民事判决书。

184. 山东省高级人民法院,(2009)鲁民再字第 4 号民事判决书。
185. 湖南省高级人民法院,(2015)湘高法民一终字第 9 号民事判决书。
186. 东莞市第二人民法院,(2010)东二法民四初字第 25 号民事判决书。
187. 陕西省西安市中级人民法院,(2017)陕 01 民初 185 号民事判决书。
188. 最高人民法院,(2019)最高法民终 1504 号民事判决书。
189. 重庆市合川区人民法院,(2016)渝 0117 民初 7879 号民事判决书。
190. 山东省济南市中级人民法院,(2019)鲁 01 民终 641 号民事判决书。
191. 新疆维吾尔自治区高级人民法院,(2014)新民再终字第 1 号民事判决书。
192. 天津市滨海新区人民法院,(2016)津 0116 民初 2431 号民事判决书。
193. 山东省高级人民法院,(2015)鲁商终字第 527 号民事判决书。
194. 烟台市芝罘区人民法院,(2014)芝商初字第 1162 号民事判决书。
195. 北京市第二中级人民法院,(2015)二中民(商)终字第 12365 号民事判决书。
196. 山东省菏泽市中级人民法院,(2014)菏商初字第 21 号民事判决书。
197. 山东省青岛市中级人民法院,(2016)鲁 02 民终 8287 号民事判决书。
198. 北京市第一中级人民法院,(2018)京 01 民终 5505 号民事判决书。
199. 苏州市相城区人民法院,(2018)苏 0507 民初 2916 号民事判决书。
200. 北京市第二中级人民法院,(2017)京 02 民终 6391 号民事判决书。
201. 福建省高级人民法院,(2017)闽民终 1213 号民事判决书。
202. 北京市第一中级人民法院,(2019)京 01 民终 9653 号民事判决书。
203. 北京市第二中级人民法院,(2017)京 02 民终 2878 号民事判决书。
204. 上海市第一中级人民法院,(2015)沪一中民四(商)终字第 126 号民事判决书。
205. 北京市第一中级人民法院,(2015)一中民(商)终字第 7961 号民事判决书。
206. 北京市第一中级人民法院,(2018)京 01 民终 4566 号民事判决书。
207. 上海市奉贤区人民法院,(2013)奉民二(商)初字第 1524 号民事判决书。
208. 江苏省连云港市中级人民法院,(2016)苏 07 行终 18 号行政判决书。

二、裁定书类

1. 黑龙江省高级人民法院,(2019)黑民申 1998 号民事裁定书。
2. 江苏省高级人民法院,(2013)苏商申字第 534 号民事裁定书。
3. 最高人民法院,(2019)最高法民申 5080 号民事裁定书。
4. 最高人民法院,(2018)最高法民申 2964 号民事裁定书。
5. 最高人民法院,(2013)民申字第 2479 号民事裁定书。

6. 最高人民法院,(2018)最高法民申 1632 号民事裁定书。
7. 最高人民法院,(2005)民二监字第 56 号民事裁定书。
8. 北京市高级人民法院,(2016)京民申 2849 号民事裁定书。
9. 最高人民法院,(2014)民申字第 1705 号民事裁定书。
10. 最高人民法院,(2016)最高法民申 2652 号民事裁定书。
11. 最高人民法院,(2013)民申字第 286 号民事裁定书。
12. 最高人民法院,(2018)最高法民申 6184 号民事裁定书。
13. 最高人民法院,(2018)最高法民申 3309 号民事裁定书。
14. 最高人民法院,(2015)民申字第 2591 号民事裁定书。
15. 最高人民法院,(2018)最高法民申 4631 号民事裁定书。
16. 最高人民法院,(2018)最高法民辖终 140 号民事裁定书。
17. 最高人民法院,(2017)最高法民辖终 103 号民事裁定书。
18. 最高人民法院,(2018)最高法民申 168 号民事裁定书。
19. 最高人民法院,(2013)民申字第 1374 号民事裁定书。
20. 最高人民法院,(2019)最高法民申 2186 号民事裁定书。
21. 最高人民法院,(2018)最高法民申 2015 号民事裁定书。
22. 最高人民法院,(2018)最高法民申 2300 号民事裁定书。
23. 最高人民法院,(2014)民提字第 170 号民事裁定书。
24. 最高人民法院,(2019)最高法民申 509 号民事裁定书。
25. 最高人民法院,(2018)最高法民申 4156 号民事裁定书。
26. 最高人民法院,(2016)最高法民申 334 号民事裁定书。
27. 最高人民法院,(2019)最高法民申 297 号民事裁定书。
28. 广西壮族自治区高级人民法院,(2018)桂民申 2399 号民事裁定书。
29. 广西壮族自治区高级人民法院,(2016)桂民申 1572 号民事裁定书。
30. 最高人民法院,(2012)最高法民二终字第 125 号民事裁定书。
31. 山东省滨州市中级人民法院,(2019)鲁 16 民终 157 号民事裁定书。
32. 最高人民法院,(2018)最高法民申 3057 号民事裁定书。
33. 河南省高级人民法院,(2019)豫民申 1958 号民事裁定书。
34. 最高人民法院,(2016)最高法民申 3785 号民事裁定书。
35. 最高人民法院,(2019)最高法民申 1755 号民事裁定书。
36. 最高人民法院,(2012)民申字第 635 号民事裁定书。
37. 最高人民法院,(2013)民申字第 2141 号民事裁定书。

38. 最高人民法院,(2019)最高法民申 424 号民事裁定书。
39. 最高人民法院,(2017)最高法民申 3628 号民事裁定书。
40. 最高人民法院,(2015)民四终字第 4 号民事裁定书。
41. 最高人民法院,(2016)最高法民申 363 号民事裁定书。
42. 浙江省高级人民法院,(2012)浙商终字第 43 号民事裁定书。
43. 最高人民法院,(2014)民申字第 1166 号民事裁定书。
44. 最高人民法院,(2019)最高法民再 88 号民事裁定书。
45. 最高人民法院,(2017)最高法民申 2827 号民事裁定书。
46. 江苏省高级人民法院,(2017)苏民申 259 号民事裁定书。
47. 江苏省常州市中级人民法院,(2017)苏 04 民终 910 号民事裁定书。
48. 最高人民法院,(2017)最高法民申 2154 号民事裁定书。
49. 最高人民法院,(2018)最高法民申 793 号民事裁定书。
50. 湖北省高级人民法院,(2018)鄂民申 1907 号民事裁定书。
51. 广西壮族自治区高级人民法院,(2019)桂民申 5118 号民事裁定书。
52. 最高人民法院,(2013)最高法民申字第 645 号民事裁定书。
53. 最高人民法院,(2015)民二终字第 38 号民事裁定书。
54. 最高人民法院,(2015)民一终字第 66 号民事裁定书。
55. 最高人民法院,(2014)民一终字第 295 号民事裁定书。
56. 广东省高级人民法院,(2013)粤高法立民终字第 439 号民事裁定书。
57. 最高人民法院,(2013)民四终字第 46 号民事裁定书。
58. 辽宁省高级人民法院,(2014)辽民三终字第 125 号民事裁定书。
59. 最高人民法院,(2014)民提字第 170 号民事裁定书。
60. 最高人民法院,(2013)民申字第 2361 号民事裁定书。
61. 最高人民法院,(2019)最高法民终 597 号民事裁定书。
62. 最高人民法院,(2015)民提字第 230 号民事裁定书。
63. 最高人民法院,(2015)民申字第 514 号民事裁定书。
64. 最高人民法院,(2014)民申字第 678 号民事裁定书。
65. 山东省高级人民法院,(2012)鲁商终字第 134 号民事裁定书。
66. 最高人民法院,(2015)民四终字第 54 号民事裁定书。
67. 最高人民法院,(2015)民提字第 230 号民事裁定书。
68. 最高人民法院,(2015)民二终字第 317 号民事裁定书。
69. 最高人民法院,(2017)最高法民终 417 号民事裁定书。

70. 最高人民法院,(2018)最高法民辖终42号民事裁定书。
71. 最高人民法院,(2015)民一终字第221号民事裁定书。
72. 最高人民法院,(2018)最高法民辖终90号民事裁定书。
73. 最高人民法院,(2017)最高法民辖终391号民事裁定书。
74. 广东省高级人民法院,(2016)粤民终468号民事裁定书。
75. 广东省高级人民法院,(2014)粤高法执复字第167号执行裁定书。
76. 最高人民法院,(2015)民抗字第14号民事裁定书。
77. 最高人民法院,(2013)民二终字第74号民事裁定书。
78. 广东省高级人民法院,(2018)粤执监50号执行裁定书。
79. 广东省高级人民法院,(2016)粤民申3323号民事裁定书。
80. 最高人民法院,(2015)民申字第2532号民事裁定书。
81. 最高人民法院,(2017)最高法民申2154号民事裁定书。
82. 最高人民法院,(2013)民申字第2361号民事裁定书。
83. 辽宁省高级人民法院,(2014)辽民三终字第125号民事裁定书。
84. 最高人民法院,(2014)民一终字第295号民事裁定书。
85. 广东省高级人民法院,(2016)粤民终468号民事裁定书。
86. 北京市高级人民法院,(2016)京民终34号民事裁定书。
87. 安徽省高级人民法院,(2019)皖民辖终26号民事裁定书。
88. 江苏省高级人民法院,(2017)苏民辖终311号管辖裁定书。
89. 河北省高级人民法院,(2018)冀民辖终99号民事裁定书。
90. 河北省高级人民法院,(2018)冀民申6736号民事裁定书。
91. 广东省高级人民法院,(2019)粤民申6871号民事裁定书。
92. 江西省高级人民法院,(2018)赣民再170号民事裁定书。
93. 北京市大兴区人民法院,(2018)京0115民初15431号民事裁定书。
94. 四川省高级人民法院,(2018)川民申5906号民事裁定书。
95. 陕西省高级人民法院,(2016)陕民申733号民事裁定书。
96. 广东省高级人民法院,(2015)粤高法民二申字第1284号民事裁定书。
97. 最高人民法院,(2015)民申字第916号民事裁定书。
98. 北京市高级人民法院,(2017)京民辖终68号民事裁定书。
99. 最高人民法院,(2016)最高法民申2868号民事裁定书。
100. 最高人民法院,(2019)最高法民申1787号民事裁定书。
101. 最高人民法院,(2019)最高法民申2477号民事裁定书。

102. 北京市高级人民法院,(2019)京民申 4682 号民事裁定书。
103. 最高人民法院,(2018)最高法民辖终 63 号民事裁定书。
104. 上海市高级人民法院,(2017)沪民申 1356 号民事裁定书。
105. 上海市高级人民法院,(2017)沪民申 1631 号民事裁定书。
106. 陕西省高级人民法院,(2019)陕民申 1087 号民事裁定书。
107. 吉林省高级人民法院,(2015)吉民申字第 1304 号民事裁定书。
108. 浙江省杭州市中级人民法院,(2015)浙杭辖终字第 470 号管辖裁定书。
109. 浙江省高级人民法院,(2019)浙民再 446 号民事裁定书。
110. 最高人民法院,(2019)最高法民申 2444 号民事裁定书。
111. 广东省高级人民法院,(2013)粤高法民二申字第 734 号民事裁定书。
112. 广东省惠州市中级人民法院,(2019)粤 13 民终 327 号民事裁定书。
113. 江苏省高级人民法院,(2014)苏审三商申字第 00358 号民事裁定书。

三、公报案例

(一)判决书类

1.《最高人民法院公报》2009 年第 2 期(总第 148 期),最高人民法院,(2008)民二终字第 79 号民事判决书。
2.《最高人民法院公报》2007 年第 9 期(总第 131 期),最高人民法院,(2007)民二终字第 26 号民事判决书。
3.《最高人民法院公报》2018 年第 8 期(总第 262 期),最高人民法院,(2016)最高法民终 528 号民事判决书。
4.《最高人民法院公报》2017 年第 12 期(总第 254 期),最高人民法院,(2016)最高法民终 802 号民事判决书。
5.《最高人民法院公报》2005 年第 2 期(总第 100 期),最高人民法院,(2003)民二终字第 143 号民事判决书。
6.《最高人民法院公报》2008 年第 10 期(总第 144 期),最高人民法院,(2008)民二终字第 55 号民事判决书。
7.《最高人民法院公报》2014 年第 2 期(总第 208 期),最高人民法院,(2011)民四终字第 29 号民事判决书。
8.《最高人民法院公报》2010 年第 11 期(总第 169 期),最高人民法院,(2009)民提字第 76 号民事判决书。
9.《最高人民法院公报》2016 年第 5 期(总第 235 期),上海市第二中级人民法院,(2014)沪二中民四(商)终字第1566号民事判决书。

10.《最高人民法院公报》2009年第5期(总第151期),最高人民法院,(2007)民二终字第219号民事判决书。

11.《最高人民法院公报》2011年第3期(总第173期),最高人民法院,(2010)民提字第48号民事判决书。

12.《最高人民法院公报》2015年第5期(总第223期),上海市虹口区人民法院,(2013)虹民二(商)初字第763号民事判决书。

13.《最高人民法院公报》2009年第6期(总第152期),最高人民法院,(2008)民二终字第123号民事判决书。

(二)裁定书类

1.《最高人民法院公报》2016年第1期(总第231期),最高人民法院,(2014)民申字第2154号民事裁定书。

2.《最高人民法院公报》2020年第6期(总第284期),最高人民法院,(2019)最高法民终1679号民事裁定书。

3.《最高人民法院公报》2018年第7期(总第261期),最高人民法院,(2017)最高法民申2148号民事裁定书。

四、指导案例

1. 指导案例10号:上海市第二中级人民法院,(2010)沪二中民四(商)终字第436号民事判决书。

2. 指导案例15号:江苏省高级人民法院,(2011)苏商终字第0107号民事判决书。

3. 指导案例96号:陕西省高级人民法院,(2014)陕民二申字第00215号民事判决书。

4. 指导案例111号:最高人民法院,(2015)民提字第126号民事判决书。

后　　记

《股权纠纷商事诉讼实战指南》的写作过程既艰难又有趣。说其艰难是因为本书写作的框架没有任何前人的成书可以借鉴,当前已经出版的涉及股权的书,没有一本与本书的写作框架相似。通常的写作思路都是根据公司法体系或者其他某一部门法的体系来展开,而我们在诉讼实践中感觉到股权纠纷事关公司股东的切身利益,而这些利益无法以体系化的法律框架来展现。因此,本书以实务中与股东权益发生股权纠纷案件的数量类型多少作为线索展开,兼顾《公司法》的逻辑体系。目录中每一种股权纠纷类型发生的数量至少在300起诉讼以上,纠纷数量多的甚至高达11万起。这样以涉及股权纠纷数量类型为框架,才能准确切中股东的痛点,才能最真实地反映股权纠纷的争点。说其有趣,是因为在写书过程中,我们查阅了大量的股权纠纷诉讼案例,每一个案例都是股东真实人生经历中的磕绊所在,每一类纠纷中都能发现商事诉讼的难点。以真实案例作为本书的写作基础,也让我们认识到法律适用在股权纠纷中的实际争点,提升了我们的实战能力,同时我们也感受到了化解法律难点的乐趣。

这些艰难与乐趣为整个编写团队所经历过,编写团队成员有副主编:朱时敏,法学博士,西北政法大学教师,公司企业法教研室主任,负责撰写本书第一章“股东资格确认”;麻婷婷,女,法律硕士,陕西学前师范学院教师。撰稿人:禄子文,中共党员,硕士研究生,现任中共北京德恒(西咸新区)律师事务所党委书记、高级合伙人,负责撰写本书第六章“股东损害公司、其他股东及债权人利益的责任”(第二节“二、股东侵害其他股东的优先购买权”除外);王博,北京德恒律师事务所合伙人,负责撰写本书第六章第二节“二、股东侵害其他股东的优先购买权”;毕登科,北京德恒(西咸新区)律师事务所高级合伙人,负责撰写本书第七章“股权丧失”;何国文,专职律师,合伙人,负责撰写本书第二章“股东出资”以及第三章“股东权利的行使”;林睿,北京德恒(西咸新区)律师事务所律师,合伙人,负责撰写本书第五章“股东请求公司收购所持股份”。

这些艰难与乐趣也为协助编写团队的那些律所同仁们所经历过。因而,我们必须要对所有协助本书编写的朋友致以感谢,对支持本书出版的律所同仁表示谢意。尤其是王东芳律师、俞梦玮律师,她们以自己的细心与耐心为书稿的校对与资料整理作出了贡献。

任何书稿,都是对其创作时所处时代的总结,因而写作完成之日,就是其落后于时代之时。我们期望随着实践的发展,经历若干年之后,能够有机会对本书进行升级,以适应新的司法实践。

图书在版编目(CIP)数据

股权纠纷商事诉讼实战指南 / 彭涛主编. -- 北京 :
法律出版社, 2021
ISBN 978 -7 -5197 -5696 -3

Ⅰ. ①股… Ⅱ. ①彭… Ⅲ. ①股权-经济纠纷-民事
诉讼-研究-中国 Ⅳ. ①D925.104

中国版本图书馆 CIP 数据核字(2021)第 118542 号

股权纠纷商事诉讼实战指南
GUQUAN JIUFEN SHANGSHI SUSONG
SHIZHAN ZHINAN

彭 涛 主 编
朱时敏 麻婷婷 副主编

策划编辑 似 玉
责任编辑 似 玉
装帧设计 鲁 娟

出版发行 法律出版社
编辑统筹 法律应用出版分社
责任校对 朱海波
责任印制 吕亚莉
经　　销 新华书店

开本 710 毫米×1000 毫米 1/16
印张 21.75 **字数** 368 千
版本 2021 年 7 月第 1 版
印次 2021 年 7 月第 1 次印刷
印刷 中煤(北京)印务有限公司

地址:北京市丰台区莲花池西里 7 号(100073)
网址:www.lawpress.com.cn
投稿邮箱:info@lawpress.com.cn
举报盗版邮箱:jbwq@lawpress.com.cn

销售电话:010-83938349
客服电话:010-83938350
咨询电话:010-63939796

书号:ISBN 978-7-5197-5696-3 **定价**:88.00 元